Controladoria

Auster Moreira Nascimento
Luciane Reginato

Controladoria
Instrumento de apoio ao processo decisório

2ª Edição

Revista e ampliada

SÃO PAULO
EDITORA ATLAS S.A. – 2015

© 2009 by Editora Atlas S.A.

1. ed. 2010; 2. ed. 2015

Capa: Nilton Masoni
Projeto gráfico e composição: Set-up Time Artes Gráficas

Dados Internacionais de Catalogação na Publicação (CIP)
(Câmara Brasileira do Livro, SP, Brasil)

Nascimento, Auster Moreira
Controladoria – Instrumento de apoio ao processo decisório / Auster Moreira Nascimento, Luciane Reginato. -- 2. ed. --
São Paulo: Atlas, 2015.

Bibliografia.
ISBN 978-85-224-9902-1
ISBN 978-85-224-9903-8 (PDF)

1. Administração de empresas 2. Contabilidade 3. Controladoria
4. Empresas – Contabilidade 5. Empresas – Controle I. Reginato, Luciane. II. Título.

09-08218
CDD-658.151

Índice para catálogo sistemático:

1. Controladoria : Empresas : Administração financeira 658.151

TODOS OS DIREITOS RESERVADOS – É proibida a reprodução total ou parcial, de qualquer forma ou por qualquer meio. A violação dos direitos de autor (Lei nº 9.610/98) é crime estabelecido pelo artigo 184 do Código Penal.

Depósito legal na Biblioteca Nacional conforme Lei nº 10.994, de 14 de dezembro de 2004.

Impresso no Brasil/*Printed in Brazil*

Editora Atlas S.A.
Rua Conselheiro Nébias, 1384
Campos Elísios
01203 904 São Paulo SP
011 3357 9144
atlas.com.br

SUMÁRIO

PARTE 1 – A CONTROLADORIA COMO UM RAMO DO CONHECIMENTO HUMANO, 1

1   O AMBIENTE EMPRESARIAL, 5

1.1   O ambiente externo à organização, 6
    1.1.1   O macroambiente organizacional, 6
    1.1.2   O domínio operacional, 7
1.2   O ambiente interno organizacional, 8
1.3   O sistema empresa, 10
    1.3.1   Os subsistemas da empresa, 11
        1.3.1.1   Subsistema social, 12
        1.3.1.2   Subsistema físico, 14
        1.3.1.3   Subsistema formal, 14
        1.3.1.4   Subsistema de informações, 16
        1.3.1.5   Subsistema de gestão, 18
    1.3.2   Características comuns dos sistemas abertos, 19
    1.3.3   A atuação da área de Controladoria sob a perspectiva da visão sistêmica da empresa, 25

2   ABORDAGENS TEÓRICAS DE APOIO À CONTROLADORIA, 27

2.1   Institucional, 28
    2.1.1   Entendendo as instituições no campo da economia, 28
    2.1.2   Economia institucional: velha e nova, 29
    2.1.3   A velha economia institucional, 29
    2.1.4   A nova economia institucional, 30
    2.1.5   Economia institucional sob a ótica da sociologia, 31

2.1.6   A aplicação dos conceitos da teoria institucional à Controladoria, 32

2.2   Teoria da contingência, 34

    2.2.1   Entendendo a teoria da contingência, 34

    2.2.2   Os primeiros estudos sobre teoria da contingência, 35

    2.2.3   A aplicação dos conceitos da teoria contingencial à Controladoria, 36

2.3   Ciclo de vida, 37

    2.3.1   A aplicação dos conceitos de ciclo de vida das empresas à Controladoria, 41

2.4   Dependência de recursos, 42

    2.4.1   Perspectiva baseada em recursos e a relação com a Controladoria, 43

3   MODELO DE GESTÃO, 47

3.1   Entendendo o modelo de gestão, 48

3.2   Características da gestão empresarial, 52

    3.2.1   Organização, 54

    3.2.2   Planejamento, execução e controle, 65

    3.2.3   Pessoas, 71

4   PROCESSO INFORMACIONAL E DECISORIAL, 75

4.1   Características relacionadas ao processo informacional, 75

    4.1.1   Informação e sua comunicação, 76

    4.1.2   Sistema de informações, 77

    4.1.3   Tecnologia, 78

4.2   Características relacionadas ao processo decisório, 79

    4.2.1   Tomada de decisão, 80

    4.2.2   Comunicação, 83

    4.2.3   Liderança, 85

5   ASPECTOS RELACIONADOS À CULTURA DA EMPRESA, 89

5.1   Uma introdução acerca de cultura, 89

5.2   Cultura no ambiente empresarial, 94

6   SISTEMA DE GOVERNANÇA CORPORATIVA, 109

6.1   Um breve histórico e o significado da governança corporativa, 110

6.2   Os órgãos externos, 114

    6.2.1   O conselho fiscal, 114

    6.2.2   Auditoria externa, 115

6.3   Os órgãos internos de governança, 118

6.3.1   O conselho de administração, 118

6.3.2   A auditoria interna e a governança corporativa, 119

6.3.3   A área de Controladoria e seu apoio à governança corporativa, 121

6.4   Instrumentos de governança corporativa, 123

6.4.1   A informação contábil como um instrumento de governança corporativa, 123

6.4.2   Os atributos da informação contábil como norteadores da governança corporativa, 125

6.4.3   Os usuários da informação contábil e os aspectos da governança corporativa, 127

6.4.4   A transparência na divulgação das informações contábeis e sua relação com a governança corporativa, 129

6.4.5   A tecnologia da informação como instrumento de governança corporativa, 131

6.4.5.1   A tecnologia da informação e o processo de gestão, 131

6.4.5.2   A tecnologia da informação e o controle operacional, 132

6.4.5.3   A tecnologia da informação e o sistema de controles internos, 133

6.4.5.4   A tecnologia da informação e a Controladoria, 134

6.4.6   O sistema de controles internos como a plataforma da governança corporativa, 136

PARTE 2 – A CONTROLADORIA COMO UM ÓRGÃO ADMINISTRATIVO, 139

7   A CONTROLADORIA E O SEU AMBIENTE DE ATUAÇÃO, 141

7.1   O ambiente da área de Controladoria, 142

7.2   O controle organizacional sob a perspectiva da área de Controladoria, 144

7.2.1   Visão dimensional de controle organizacional, 145

7.2.1.1   Dimensão de controle de gestão, 146

7.2.1.2   Dimensão de controle de dados e informações, 149

7.2.1.3   Dimensão de controles e procedimentos internos, 155

7.3   Os atributos de um *controller*, 156

8   SISTEMA DE CONTROLES INTERNOS, 163

8.1   A definição de sistema de controles internos, 164

8.2   A importância do sistema de controles internos, 165

8.3   Princípios de controles internos, 166

8.4   Hierarquia entre os princípios de controles internos, 173

viii CONTROLADORIA • Nascimento, Reginato

8.5 Os ciclos operacionais de controles, 176
    8.5.1 Ciclo de vendas – contas a receber – recebimentos, 177
    8.5.2 Ciclo de compras – contas a pagar – pagamentos, 178
    8.5.3 Ciclo de recursos humanos, 181
    8.5.4 Ciclo de produção, 182
    8.5.5 Ciclo dos ativos fixos, 183
8.6 O modelo de gestão da empresa e seu sistema de controles internos, 185

9 PLANEJAMENTO ESTRATÉGICO, 187

9.1 O ambiente externo à empresa, 187
9.2 A dimensão geral do ambiente da empresa, 189
9.3 A dimensão de domínio operacional da empresa, 193
9.4 Estratégias empresariais, 196
9.5 Elaboração do planejamento estratégico, 198
9.6 Modelos de análise ambiental: *SWOT* e Porter, 203
    9.6.1 Modelo *SWOT*, 203
    9.6.2 Modelo de Porter, 206
9.7 A responsabilidade pela escolha da estratégia, 207

10 PLANEJAMENTO OPERACIONAL E ORÇAMENTO, 213

10.1 O planejamento operacional, 214
10.2 Orçamento empresarial, 215
10.3 As vantagens do orçamento, 216
10.4 As desvantagens do orçamento, 218
10.5 Requisitos a serem considerados na elaboração do orçamento, 220
10.6 Tipos de orçamentos, 224
    10.6.1 Orçamento flexível, 224
    10.6.2 Orçamento contínuo ou *rolling forecast*, 226
    10.6.3 Orçamento estático, 228
    10.6.4 Orçamento base zero, 229
10.7 A Controladoria no processo orçamentário, 230
10.8 A importância das premissas orçamentárias para a qualidade das projeções, 231
10.9 A integração e o monitoramento das premissas orçamentárias pela área de Controladoria, 233
10.10 Sequência para a elaboração de um orçamento, 234
10.11 A Controladoria no processo de elaboração do orçamento, 238
10.12 O conceito de produtividade, 239
10.13 Modelo de orçamento, 240
    10.13.1 Análise do ambiente de negócios, 240
    10.13.2 Orçamento de vendas, 241
    10.13.3 O orçamento de materiais, 246

10.13.4   Orçamento de investimentos, 249
        10.13.4.1   Investimentos de manutenção das atividades, 249
        10.13.4.2   Investimentos para aumento da capacidade produtiva, 250
10.13.5   Orçamento de mão de obra direta, 250
10.13.6   Mão de obra indireta, 255
10.13.7   Orçamento de despesas, 258
10.13.8   Demonstração de resultado, 263
10.14 Controle orçamentário, 265
   10.14.1   Controle da execução do orçamento, 265
   10.14.2   Estreitando o controle sobre a execução do orçamento, 273

11 O CONCEITO DE CUSTOS DE OPORTUNIDADE NA ATIVIDADE DECISORIAL, 279

11.1   Principais contribuições acerca de custos de oportunidade, 280
11.2   O papel da empresa segundo a visão econômica, 287
11.3   A mensuração dos custos de oportunidade, 288
   11.3.1   Área de marketing, 290
   11.3.2   Área de vendas, 293
   11.3.3   Área de compras, 297
   11.3.4   Área de produção, 299

12 SISTEMAS DE APOIO À GESTÃO, 303

12.1   SIC – Sistema Integrado de Controle, 305
12.2   SICO – Sistema de Indicadores de Controle Operacional, 306
   12.2.1   Dimensão de preço, 308
   12.2.2   Dimensão de pontualidade, 326
   12.2.3   Dimensão de qualidade, 334
   12.2.4   Dimensão de atendimento a clientes, 342
   12.2.5   Dimensão de responsabilidade social, 349
12.3   SICA – Sistema Integrado de Controle Administrativo, 357
12.4   Outros sistemas e instrumentos de controle empresarial, 359

Considerações finais, 369

Bibliografia, 371

PARTE 1

A Controladoria como um ramo do conhecimento humano

Empreender é algo instintivo, nato, que requer daqueles que possuem este talento audácia, senso de oportunidade, visão de negócio e capacidade de ação. A partir desses atributos se originam os empreendimentos, que se materializam e se convertem em autênticos mecanismos de geração de riquezas individuais e de integração social.

A perenidade dos negócios, entretanto, não é algo natural. Ela requer racionalidade pura, usada em conjunto com metodologias de administração que possibilitem a gestão de variáveis complexas intrínsecas ao meio ambiente, bem como a controlabilidade do empreendimento.

Empreender e administrar são duas atividades interdependentes e nem sempre essas são habilidades presentes em uma mesma pessoa, embora uma requeira intensamente a outra. Empreender com sucesso depende de controle e esse, por sua vez, de habilidades e técnicas de gestão específicas que apoiem os gestores em suas atividades de gerenciamento e controle dos resultados decorrentes de suas ações.

O ato de iniciar-se uma empresa, envolvendo a administração de todos os meios disponíveis no seu ambiente para se alcançarem os objetivos por ela pretendidos, se caracteriza como empreender. Já o controle pode ser definido como dirigir as ações para um determinado rumo desejado, buscando-se alinhar expectativas, recursos e condições para alcançá-lo.

Desse contexto surgem os estudos sobre o controle de gestão, que abarcam todos os aspectos no entorno da administração de uma empresa, sejam eles os comportamentais, que explicam os comportamentos individuais, a própria cultura organizacional e outros aspectos que dizem respeito aos meios disponíveis para que as decisões sejam tomadas em uma empresa da forma mais segura que as circunstâncias o permitirem, bem como para que os resultados econômicos sejam mensurados, avaliados e comunicados aos gerentes de forma tempestiva para a correção de eventuais rumos operacionais, se necessário for.

Além das vocações empreendedoras de seus líderes, a chave para o crescimento sustentável de uma empresa reside principalmente em seu conhecimento sobre o mercado num sentido amplo, abrangendo os comportamentos de seus clientes, dos supridores de matérias-primas, dos concorrentes, e, fundamentalmente, depende da qualidade, tempestividade e formato das informações sobre as operações passadas e presentes da empresa, de forma a possibilitar aos seus gerentes tomarem decisões corretas e oportunas. Nesse contexto a informação é vista como um recurso que ganha um contorno especial, tornando-se o pilar de uma administração empresarial bem-sucedida.

A importância do recurso informação para o processo decisório empresarial é um dos aspectos que mais motivam o crescente interesse de estudiosos sobre o tema Controladoria, posto que em uma empresa este é o nome que recebe a principal área incumbida do suprimento de informações para a tomada de decisões.

Os estudos relacionados ao tema se concentram na compreensão de toda a dinâmica do processo decisório e as suas nuances, bem como no perfeito entendimento dos modelos de decisão dos gestores e nas ferramentas que sustentam tal processo e que permitem a tomada de decisões corretas.

A missão da área de Controladoria é a de promover a eficácia organizacional, o que é possível apenas por meio do provimento de informações na medida e formato exatos, que levem às escolhas das melhores alternativas de decisão.

Mas não se restringe aos fatos mencionados a justificativa para os estudos da Controladoria como um ramo do conhecimento humano. Para realizar a sua missão, a Controladoria, como uma área administrativa, deve conhecer a organização sob uma perspectiva sistêmica, e isso implica ter o conhecimento pleno das relações de poder entre os membros organizacionais, das crenças e valores dos líderes da organização, da cultura organizacional e demais aspectos a ela intrínsecos.

As informações prestadas pela área de Controladoria alcançam não apenas o processo decisório, mas essa área também provê informações que possibilitam a avaliação de gestores e outras que visam transmitir confiança àquele proprietário de um negócio que não esteja necessariamente participando de sua gestão. Nesse sentido, o zelo pelos sistemas de informações e de controles internos, entre outros, são aspectos que proporcionam a essa área a realização dessa função.

É também nesse sentido que a Controladoria deve ser entendida como um ramo do conhecimento, pois deve apropriar-se de conhecimentos oriundos da psicologia, da antropologia, da administração, da economia, das teorias de sistemas e de decisões, entre outras teorias, sempre no sentido de entender os modelos decisórios, o ambiente cultural da organização, bem como os problemas de decisão nos quais ela está envolta, assim como atender a suas necessidades de proteção quanto à qualidade da informação divulgada a qualquer que seja o seu usuário.

O conhecimento sobre contabilidade societária, gerencial, custos, orçamento, sistemas de indicadores é fundamental e faz parte do rol de instrumentais utilizados pela área de Controladoria como um órgão administrativo. Contudo, tem a sua importância reduzida se o profissional que dominar essas técnicas não souber algo mais sobre as características humanas de gestores, dos ambientes interno e externo e de outros fatores relacionados à organização sobre a qual essa área tem a responsabilidade e a missão de promover a eficácia de seus resultados econômicos.

Assim, a Controladoria como um ramo do conhecimento é um campo multidisciplinar. O *controller* deve-se municiar de conhecimentos de várias áreas para executar adequadamente as suas funções.

Esta obra visa apresentar os principais aspectos que norteiam as atividades em uma área de Controladoria e as ferramentas e conceitos básicos de controle gerencial, proporcionando aos profissionais da área, aos estudantes de graduação e pós-graduação um contato aprofundado com o tema, permitindo-lhes a ampliação de suas visões sobre a missão da área de Controladoria e sobre os mecanismos por ela utilizados para o pleno alcance de tal missão.

1

O AMBIENTE EMPRESARIAL

Um sistema é composto por um conjunto de partes que interagem entre si e com o meio ambiente. A empresa é caracterizada como um sistema aberto, haja vista a sua interação com as outras variáveis externas às suas operações. A adaptação da empresa ao ambiente evita a entropia, princípio segundo o qual toda forma de organismo ou sistema tende à deterioração, desorganização e, consequentemente, à morte.

O ambiente empresarial é complexo, dinâmico e incerto. As variáveis que o compõem nem sempre permitem às empresas a manutenção de um equilíbrio, ou estado firme, tornando-as suscetíveis às turbulências inerentes, demandando de suas administrações uma correta leitura do comportamento ambiental, no sentido de que elas possam se manter equilibradas e, com isso, deter o processo entrópico inerente aos sistemas abertos.

A manutenção do equilíbrio da empresa em seu ambiente externo está condicionada à qualidade de sua administração, dependendo fundamentalmente dos processos e da forma como está organizado o seu ambiente interno. A estrutura do ambiente interno tem de estar arranjada de forma que os fatores a ele intrínsecos interajam entre si de forma permanentemente coesa.

A maior dificuldade para que isso ocorra diz respeito ao fato de que muitos desses fatores têm natureza subjetiva, por estarem associados aos comportamentos individuais das pessoas que integram a empresa e que fomentam o seu funcionamento e promovem, ou não, o seu desenvolvimento e progresso.

Neste capítulo, discutem-se aspectos da empresa como um sistema, e, sob essa perspectiva, abordam-se as suas características, a forma como ela se relaciona com o ambiente externo e como este afeta as suas operações.

Trata-se, ainda, de aspectos inerentes ao ambiente interno da empresa, abrangendo-se os seus subsistemas, facilidades e dificuldades de interação entre eles e os impactos que isso causa aos objetivos organizacionais, bem como à própria manutenção da estabilidade da empresa.

Como respaldo teórico, abordam-se os aspectos da Teoria Geral dos Sistemas que fundamentam o estudo da empresa como um sistema aberto e, finalmente, as contribuições que essa visão presta às áreas de Controladoria e outras na solução de problemas do cotidiano e na estruturação das atividades empresariais.

1.1 O ambiente externo à organização

No ambiente externo, as empresas não interagem apenas com a sua cadeia de valor. Elas também se relacionam sistemicamente com uma ampla rede de entidades e uma gama de variáveis que afetam sobremaneira o seu desempenho, e sobre as quais, em muitos casos, elas têm pouco ou nenhum controle. Nessa situação, as empresas passam a ser um agente passivo que apenas reage às imponderabilidades do cenário ambiental como forma de atenuar a fragilidade que isso possa representar às suas operações.

A literatura que versa sobre ambiente organizacional, sob uma perspectiva sistêmica, visa auxiliar o gestor e outros membros organizacionais no diagnóstico de situações que envolvam as suas áreas e atividades e que afetem positiva ou negativamente os seus funcionamentos.

Pela importância e complexidade deste tema, é oportuno, para fins didáticos, abordar o ambiente em dois diferentes níveis, o externo e o interno, sendo que o primeiro pode ainda ser classificado em duas dimensões, o macroambiente e o domínio operacional. A seguir, abordam-se as duas dimensões do ambiente externo para, mais tarde, tratar-se o nível interno e suas interações sistêmicas.

1.1.1 O macroambiente organizacional

O macroambiente consiste naquele composto por entidades e variáveis sobre as quais as empresas têm um reduzido controle, e por essa razão uma baixa capacidade de interferir em seus comportamentos. Essas variáveis ambientais têm características intangíveis, embora as suas causas tenham origens conhecidas. Entre elas, destacam-se as econômicas, as políticas, as legais, as tecnológicas e as sociais, entre outras.

Em muitos casos, essas variáveis têm origem a partir de ações governamentais, ou mesmo na ausência delas, de situações que envolvem o cenário internacional e a própria evolução dos mercados consumidores e dos produtos oriundos de progressivos desenvolvimentos tecnológicos. O fato é que esses fatores estão, de alguma forma, interligados, afetando sistemicamente uns aos outros e forçando, como decorrência, as empresas a eles se ajustarem. Esse universo composto pelas variáveis do macroambiente tende a selecionar as organizações que a ele não se adaptem.

Um entendimento sistêmico do macroambiente possibilita uma melhor compreensão das operações de uma empresa. Também, para uma análise mais apurada, as partes do sistema podem ser isoladas para melhor avaliação. A decomposição e o estudo das partes facilitam o entendimento das interações existentes, podendo-se atuar direcionadamente naquelas que demandem melhorias ou mudanças.

Noutras palavras, o macroambiente pode ser entendido como um sistema, composto de subsistemas, entre os quais as próprias empresas que, quando analisadas isoladamente, tornam-se elas os sistemas. Esse é um raciocínio que pode ser utilizado para se estudarem as formas de manter uma empresa em equilíbrio com o seu ambiente externo.

1.1.2 O domínio operacional

Se, por um lado, o macroambiente é composto por entidades e variáveis que atuam sistemicamente, e sobre as quais as empresas têm pouco ou nenhum domínio, apesar de serem afetadas por elas, em seu domínio operacional os comportamentos dos agentes que o integram são mais previsíveis, embora também possuam fatores cujo controle por parte da empresa seja difícil.

Nesse ambiente, situam-se entidades que podem ser mais sensíveis às ações e às interações de uma sobre a outra, sendo, por outro lado, mais fácil a ocorrência de sinergia entre elas. Podem-se citar como exemplos desse ambiente: os fornecedores de capital ou insumo, os clientes, os sindicatos, a mão de obra disponível no mercado, os concorrentes, entre outros. São esses os elementos que atuam interagindo entre si, como subsistemas do macroambiente.

A principal característica desse ambiente é a de que todos os seus agentes tentam ampliar o seu domínio, buscando a primazia sobre os mesmos recursos. São eles os clientes, as matérias-primas, as melhores condições de sobrevivência, imagem perante o mercado em que atuam e daí por diante. Isso se expande por todo o domínio operacional. As organizações, como forma de tornarem-se fortes, crescerem e atingirem níveis de eficácia que lhes permitam desenvolvimento e resultados sustentáveis, buscam ampliar as suas influências sobre esses agentes do domínio operacional.

O grande dilema acerca dessa questão é que o comportamento das variáveis macroambientais, a dimensão mais remota do ambiente, tem efeito distinto sobre cada agente que povoa o domínio operacional, independentemente da sinergia que elas tenham entre si. Isso ocorre porque cada empresa é passível de situações específicas, sejam elas econômicas, tecnológicas, entre outras. Assim, um dado comportamento de uma variável pode ser favorável a uma empresa e afetar negativamente a outra, devendo ser esse fenômeno foco de atenção por parte dos gestores.

Nessas condições, o desafio para os gestores da empresa é antecipar os efeitos das variáveis ambientais sobre cada agente pertencente ao seu domínio operacional, como forma de antever os desempenhos das empresas concorrentes, clientes e demais entidades componentes desse domínio, avaliando esses efeitos nas suas próprias atividades, aspirações de crescimento e continuidade. Esse assunto é discutido em detalhes neste livro quando tratado o tema planejamento estratégico.

Para o adequado entendimento dos efeitos das variáveis ambientais sobre os demais agentes do domínio operacional, e para o aproveitamento das oportunidades que isso possa representar, em termos de permitir-lhe ampliar o seu espaço nesse domínio, ou pelo menos mantê-lo, é necessário que a organização esteja em equilíbrio também em seu ambiente interno. A seguir, abordam-se os aspectos relacionados ao mencionado ambiente interno.

1.2 O ambiente interno organizacional

Por mais paradoxal que possa parecer, o ambiente interno das empresas é aquele sobre o qual algumas delas exercem um controle precário, muitas vezes dificultando um melhor posicionamento em seu domínio operacional e, não raras vezes, levando-as a situações que dificultam suas continuidades.

Embora devessem ter total controle sobre as suas atividades internas, as empresas apresentam dificuldades para harmonizarem o funcionamento e a interação de seus subsistemas. É justamente sob essa perspectiva que a visão sistêmica da organização ganha contornos relevantes, se não fundamentais, para o seu progresso sustentável.

Essa relevância parte do pressuposto de que a eficácia somente é alcançada quando os subsistemas da empresa atuam de forma sincronizada e otimizada, possibilitando a ela manter-se em perfeito equilíbrio com o seu ambiente externo, no que tange à correta utilização dos recursos que demanda para a realização de suas operações.

Assim, a capacidade de a gestão da empresa diagnosticar com precisão o estado de um de seus subsistemas adquire um contorno essencial para que se entendam os reflexos que o funcionamento deste pode causar aos demais e, por conseguinte, às atividades operacionais.

Esse exame permanente dos subsistemas facilita a identificação de eventuais falhas, pelas quais um dado fenômeno distancia a empresa da eficácia, o que pode levá-la a um emaranhado de atividades desconectadas, provocando a perda de energia, de competitividade e de atratividade para seus clientes, fornecedores, colaboradores e outros agentes.

Podem existir situações nas quais o funcionamento precário de uma atividade seja, em princípio, reputado a problemas de interação de determinado subsistema com outro. Contudo, após uma análise sistêmica cuidadosa, pode-se detectar, não sem a possibilidade de surpresas, que os problemas estejam sendo causados, na verdade, não por aquele subsistema inicialmente considerado o responsável por isso, mas por outro que, na cadeia de subsistemas, está mais longe do cenário onde ocorrem as dificuldades operacionais comuns.

Por exemplo, verifica-se que a área de produção tem baixa produtividade e poderia se imputar a ela essa responsabilidade. Entretanto, uma análise mais aprofundada dos processos inerentes pode revelar que existem problemas de comunicação entre a área de vendas e a de produção; por exemplo, a de vendas promete uma entrega de produtos a um cliente sem antes consultar as possibilidades da área de produção fabricá-los em tempo hábil para isso.

Nesse sentido, a análise sistêmica da empresa, compreendendo-se todos os seus subsistemas e áreas, facilita a tarefa de organizarem-se as suas atividades, sem a possibilidade de ocorrência de prejuízo a algumas delas, provocado por diagnósticos que não reflitam a realidade daquilo que de fato acontece.

Em outras palavras, o ambiente interno da empresa é tão complexo e importante quanto o externo, pois se naquele a empresa tem pouca ou nenhuma capacidade de influência, no interno os elementos que levam o sistema ao correto funcionamento estão ao alcance e sob a completa responsabilidade de sua própria gestão. Isto é, se não dominarmos as variáveis que existem dentro de nossa própria casa, como poderíamos ser capazes de ampliar o nosso alcance em outros ambientes sobre os quais temos menor conhecimento e capacidade de interferência?

A resposta para essa questão é simples: o sucesso empresarial depende, fundamentalmente, da capacidade da gestão em manter o funcionamento sistêmico adequado da empresa, possibilitando a execução de suas atividades de forma harmônica, onde cada parte age de forma integrada com a outra, buscando o benefício do resultado do conjunto, ao invés de buscar atingir os seus próprios objetivos.

1.3 O sistema empresa

Como qualquer outro sistema, a empresa depende da interação coordenada de suas partes, que são, em síntese, responsáveis pela transformação dos recursos que ela obtém do ambiente externo, podendo ser mencionados, entre outros, os recursos financeiros, materiais, humanos e tecnológicos.

A habilidade que tem a alta administração da empresa em proporcionar um funcionamento harmônico desses subsistemas é o fator que determinará o grau de eficácia que ela alcançará em seus resultados. Isso não é uma tarefa fácil, posto que envolve um profundo conhecimento das variáveis existentes no entorno do ambiente organizacional, seja ele interno ou externo.

As dificuldades para a harmonização dos subsistemas são um dos fatores que explicam por que, em alguns casos, organizações não conseguem alcançar os seus objetivos, cumprir as suas missões e obter os mesmos resultados que outras atuantes no mesmo segmento e que disputam os mesmos mercados.

As administrações de empresas que entendem a essência do funcionamento de seus subsistemas, e que promovem a necessária sinergia entre eles, encontram respaldo para promover os seus crescimentos de forma sustentável, garantindo as suas longevidades. Contudo, é um desafio atingir esse nível de amadurecimento organizacional.

Em muitos casos, organizações jovens não superam a fase crucial, que é a de entender os seus subsistemas e a importância que o funcionamento sinérgico destes tem para o alcance de seus objetivos. Consequentemente, têm dificuldades para reagir às mudanças das variáveis do macroambiente e de seu domínio operacional, ou melhor, não conseguem implementar ações corretivas em tempo hábil para aproveitar as oportunidades, ou evitar as ameaças diuturnamente observadas em seus ambientes. Por conseguinte, têm dificuldades de sobrevivência e, não raras vezes, encerram suas atividades.

Não são apenas as empresas jovens que são suscetíveis aos efeitos potencialmente nefastos da incompreensão de seu ambiente interno, ou de seus subsistemas. Existem também aquelas que resistem no tempo, são longevas e ganham em volume de operações, mas também apresentam problemas, por terem crenças enraizadas que as impedem de implementar as mudanças necessárias para o bom funcionamento de seus subsistemas. Muitas dessas mudanças são necessárias em decorrência do dinamismo ambiental, que leva à necessidade de um permanente reexame da empresa no que se refere à forma como ela conduz a sua administração e aos meios, técnicas, crenças e valores pessoais inerentes a esse processo.

São empresas cujos modelos de gestão não facilitam o funcionamento sistêmico do ambiente interno, que atua muitas vezes na contramão das tendências ambientais, e que, mesmo sendo longevas, estão fadadas ao atrofiamento. Em capítulo específico deste livro, serão tratadas as questões acerca de modelos de gestão.

1.3.1 Os subsistemas da empresa

Embora se possa pensar que as áreas das empresas sejam os seus subsistemas, isso não é uma realidade. Elas são os meios utilizados pela administração para promoverem a sinergia dos subsistemas de forma a levar a organização à consecução de seus objetivos.

Os estudos sobre os subsistemas que compõem uma empresa não são recentes, sendo esse tema abordado por autores consagrados, tais como Katz e Kahn (1973), que os classificaram em cinco diferentes tipos, quais sejam:

a) subsistemas de produção: que visam fazer com que as atividades de produção sejam realizadas;

b) subsistema de apoio: que trata das disposições e relações institucionais;

c) subsistema de manutenção: que vincula as pessoas a seus papéis funcionais;

d) subsistemas adaptativos: que dizem respeito às mudanças organizacionais; e

e) subsistemas gerenciais: que se relacionam à direção do negócio, à adjudicação e ao controle dos muitos subsistemas e atividades da estrutura.

No Brasil, são várias as obras que tratam desse tema, porém, um trabalho pioneiro que consolidou os subsistemas empresariais, contribuindo para o melhor entendimento do assunto, e que ainda hoje é uma referência para aqueles que se dispõem a estudá-lo, foi realizado por Guerreiro (1989) por meio de sua tese de doutoramento intitulada *Modelo conceitual de sistema de informação de gestão econômica: uma contribuição para a teoria da comunicação da contabilidade*.

Em seu trabalho, o autor classificou os subsistemas de uma empresa, denominando-os de: (a) subsistema institucional; (b) subsistema físico; (c) subsistema social; (d) subsistema formal; (e) subsistema de informação; e (f) subsistema de gestão.

Para fins deste livro, serão estes os subsistemas que se tomarão como referência para o melhor entendimento do sistema empresa.

1.3.1.1 Subsistema social

O subsistema social da empresa compreende todos os aspectos das pessoas que a compõem. É um dos principais subsistemas entre os demais integrantes do sistema empresa, pois diz respeito ao elemento humano e a todas as variáveis que o cercam, sendo as principais, conforme Guerreiro (1989): as necessidades dos indivíduos, suas criatividades, seus objetivos individuais, os aspectos relacionados à sua motivação e à sua capacidade de liderança e, entre outros, os relacionados ao desenvolvimento das habilidades de liderança, fundamentais para que se alcancem níveis de capacitação e de competência gerencial que possam contribuir para a qualidade no processo de tomada de decisão.

Outros aspectos relacionados ao subsistema social

O subsistema social é um dos mais complexos entre todos os outros componentes do sistema empresa, justamente por ser este o responsável por tratar a dimensão humana que é inerente ao ambiente organizacional. É, talvez, aquele que causa os maiores problemas para a integração com os demais, além das dificuldades que a alta administração tem para tornar a sua atuação congruente e comprometida com as necessidades da empresa. Além disso, é também um dos mais críticos, dado o emaranhado de características individuais que envolvem as pessoas que trabalham na empresa.

A coexistência de um grupo de pessoas com diferentes crenças e valores, objetivos pessoais, situações socioeconômicas e familiares, faixas etárias, entre outras peculiaridades, dificulta sobremaneira a gestão desse subsistema, tornando-a um dos fatores críticos de sucesso empresarial.

Como já discutido, a empresa é um sistema aberto e depende da perfeita interação de seus subsistemas para atingir os seus objetivos de forma otimizada. Assim, pode-se afirmar que não existem empresas perfeitas, pois elas funcionam principalmente pela intervenção do elemento humano, o que por si só permite antever as dificuldades de sincronização, interação e otimização de seus subsistemas, tendo em vista as imponderabilidades naturais existentes e intrínsecas ao ser humano.

As dificuldades de harmonização dos objetivos individuais existentes entre as pessoas no subsistema social podem ser um fator impeditivo para que a empresa alcance os seus objetivos. Diante disso, a liderança legítima e o carisma de seus líderes, postos em prática de forma adequada, podem, de forma positiva, provocar a sinergia necessária aos elementos desse subsistema, tornando-o um fator que a impulsione não só ao alcance dos mencionados objetivos, mas a sua superação.

Essa é uma das razões pelas quais as empresas não obtêm resultados iguais, ainda que atuem em um mesmo segmento e sob as mesmas condições econômicas e operacionais. A união dos indivíduos é que coloca a empresa em pleno funcionamento.

As organizações sólidas acabam sucumbindo quando o seu subsistema social apresenta disfunções quanto a sua interação com os demais, levando-as à desorganização e à entropia, provocadas pelo rompimento do elo sistêmico que deve lhe proporcionar a sustentação e o equilíbrio frente ao ambiente externo no qual elas operam.

Assim, o subsistema social influencia o funcionamento de todos os demais, condicionando o desenvolvimento da empresa, na medida em que determina a cadência segundo a qual suas atividades são desenvolvidas. Essa é a principal razão pela qual os estudiosos dos temas relacionados à área de Controladoria destinam particular atenção aos aspectos existentes no entorno desse subsistema.

1.3.1.2 Subsistema físico

O subsistema físico compreende todos os recursos utilizados pela empresa em sua operação, exceto os humanos. Nessa categoria se incluem as instalações, as máquinas e os equipamentos, os veículos, as disponibilidades, os créditos com fornecedores em geral, os estoques, entre outros.

Outros aspectos relacionados ao subsistema físico

Esse subsistema é de particular importância para a prosperidade ou sobrevivência de uma empresa, pois ele representa a estrutura de recursos físicos e estruturais que a viabiliza. Importante ressaltar também que o conhecimento detalhado das potencialidades e das fragilidades desse subsistema são fatores críticos para que este esteja sempre alinhado à necessidade de produção da empresa.

Assim, a otimização do uso desses recursos é um fator determinante para que ela alcance de forma plena os seus objetivos.

1.3.1.3 Subsistema formal

Guerreiro (1989) caracterizou o subsistema formal como a forma segundo a qual a empresa se organiza para a execução de suas atividades, abrangendo a constituição de seus departamentos, a dimensão de sua administração, o grau de descentralização desejável, a utilização de funções de assessoria, os aspectos relacionados à autoridade e responsabilidade, entre outros.

Outros aspectos relacionados ao subsistema formal

O subsistema formal de uma empresa representa a base utilizada pela administração para estabelecer critérios e posturas a serem seguidos pelos seus membros. Ele abrange a arquitetura do organograma da empresa, a sua operacionalização, a forma de comunicação existente entre gestores e outros colaboradores, os graus de poder e responsabilidade de cada nível hierárquico, a postura dos funcionários no ambiente de trabalho.

O subsistema formal não implica que a empresa tenha formalizados todos os fatores a ele correspondentes, pois isso depende dos formatos definitivos desenhados de acordo com o seu modelo de gestão.

Outro importante aspecto relacionado ao subsistema formal diz respeito à estrutura de poder da empresa, ao seu grau de formalidade e ao nível de comprometimento que essa estrutura fomenta entre as pessoas. O subsistema formal está diretamente relacionado ao subsistema social e ao de gestão, especificamente ao modelo de gestão, assunto que será explorado em capítulo subsequente deste livro.

A estrutura de poder define os níveis de proximidade dos gestores no âmbito do organograma da empresa, isto é, quanto maior for a aproximação entre eles, maior a tendência de cooperação mútua entre si, enquanto, contraposto a isso, quanto maior for a distância entre eles, maiores as possibilidades de formação de feudos, ou de gestores que se preocupam apenas com os resultados de suas próprias áreas, em detrimento do resultado coletivo. Esse fato é minimizado quando a alta administração adota sistemas de monitoramento e avaliação de desempenho que preveem a integração e a cooperação entre gestores como uma das formas que eles têm de consecução de suas metas.

A tendência de que os gestores persigam prioritariamente as suas próprias metas, em detrimento do resultado coletivo, foi observada por Katz e Kahn (1973), que entenderam que um requisito para o êxito organizacional é o nível de confiança que se deposita nos papéis desempenhados pelos gestores. Para esses autores, toda empresa tem a necessidade de implementar

1.3.1.4 Subsistema de informações

mecanismos com a função, de alguma forma, de reduzir a variabilidade, instabilidade e espontaneidade dos atos humanos individuais.

1.3.1.4 Subsistema de informações

Uma empresa se caracteriza pela relação de troca mútua que a possibilita cumprir a sua missão através, em um nível sintético, da captação de recursos do ambiente, de sua transformação em bens ou serviços e do retorno desses produtos à sociedade em geral.

Segundo Guerreiro (1989), dentre as inúmeras atividades executadas na empresa, existem aquelas que objetivam basicamente a manipulação da informação, que são derivadas da execução das diversas atividades necessárias ao desenvolvimento das funções empresariais básicas. Essas atividades se caracterizam por três aspectos básicos: recebimento e processamento de dados e geração de informações prontas para serem utilizadas pelos usuários.

O subsistema de informações tem o propósito de apoiar os processos administrativos e decisórios em todos os seus níveis.

Outros aspectos relacionados ao subsistema de informações

A informação é a principal matéria-prima do processo decisório empresarial, e como tal merece particular atenção por parte dos administradores. Em uma organização, os problemas relacionados à demanda e à aplicação de recursos fazem parte do dia a dia do empresário. Nesse cenário, a solução ótima depende fundamentalmente da qualidade das informações necessárias para a tomada de decisão e do momento em que elas são disponibilizadas para o decisor. Esse fato faz com que o subsistema de informações seja um dos pilares da administração de uma empresa.

O subsistema de informações abrange não apenas os *softwares* utilizados pelas áreas de atividades. Ele inclui quaisquer aparatos que possibilitem a comunicação e a fluência da informação entre os seus usuários. O nível de integração dos *softwares* com os demais mecanismos de geração e transmissão das informações é o fator que determinará a dinâmica do processo decisório, interferindo na velocidade e no nível de acerto das decisões. Por consequência, interfere também na qualidade dos resultados oriundos dessas decisões.

A manutenção de adequado banco de dados e de um sistema de geração e comunicação de informações consiste em um dos principais itens de investimentos normalmente realizados pelas empresas. Quando o subsistema de informações em si não está solidamente estruturado e adequadamente integrado aos processos da empresa, a sua interação com os demais subsistemas é afetada, prejudicando todo o funcionamento do sistema empresa.

Apesar da importância do subsistema de informações para a organização, não é raro, principalmente em empresas de porte menor, que o seu funcionamento seja precário, sendo esse fato decorrente de três aspectos, quais sejam:

a) a escassez de recursos para investimentos em *hardwares* e *softwares*, posto que a administração da empresa elege as prioridades para a aplicação de recursos frente às suas possibilidades;

b) o modelo de gestão da empresa, que, como se verá em capítulo específico apresentado na sequência deste livro, determina a dinâmica da operação do negócio em todas as suas particularidades, muitas vezes por meio de critérios subjetivos, uma vez que tal modelo se caracteriza pela influência de crenças e valores dos indivíduos – os líderes da organização. Esse fator é determinante para a importância que a empresa confere à funcionalidade de seus subsistemas e para o nível de investimentos que seus líderes estão dispostos a oferecer para a robustez de tais funcionalidades;

c) a sua interação com os demais subsistemas da empresa e o fato de que a informação, produto desse subsistema, é gerada com a interferência da ação humana. A exatidão decorrente de seu armazenamento por meios eletrônicos não garante o seu valor para o processo decisório. O fato de a qualidade da informação depender da ação humana significa que ela está suscetível tanto às falhas individuais quanto às próprias vicissitudes intrínsecas às crenças dos indivíduos em se tratando da solução de problemas.

De certa forma, a qualidade de uma informação depende do tipo de cultura formada pelas pessoas que passam pela organização. Se nessa cultura estiver incutida a crença de que uma informação adequada leva a uma boa decisão e de que a organização como um todo depende dos resultados de decisões acertadas, então, considerando a existência de *softwares* adequados, a qualidade das informações estará assegurada.

1.3.1.5 Subsistema de gestão

O subsistema de gestão consiste no processo de planejamento, execução e controle, através do qual se busca a manutenção do equilíbrio do sistema empresa em seu ambiente. Trata-se de um processo complexo, por estar suscetível a impactos decorrentes do comportamento de variáveis internas e externas à empresa, e seu funcionamento depende da informação, tanto para tornar possível o processo de planejar e executar quanto para controlar o real desempenho organizacional.

Aspectos adicionais relacionados ao subsistema de gestão

Esse subsistema representa o processo de gestão da empresa, no qual diuturnamente são tomadas decisões que envolvem o consumo de recursos, a geração de receitas e custos e, como consequência, de resultados. Nele se concentram as ações dos gestores responsáveis, em última instância, pela continuidade da empresa e pelo cumprimento de sua missão.

O subsistema de gestão da empresa depende fortemente do recurso informação e do funcionamento e interação harmônica de todos os outros subsistemas. Ele contempla o processo decisório e todas as variáveis envolvidas em seu entorno. É formatado pelo modelo de gestão da empresa, por essa razão, significativamente influenciado pelas crenças e valores de seus fundadores e principais líderes.

A finalidade de uma empresa, segundo Drucker (1977), é alheia ao aspecto econômico e deve estar voltada à sociedade, pois existe para ser um órgão social. A existência de uma empresa não deve estar centrada apenas no apetite de seus donos pelo lucro; isso deve ser consequência. A sua existência justifica-se por uma missão, razão pela qual foi criada, e sua continuidade estará sujeita ao cumprimento dessa missão.

Por sua vez, o cumprimento da missão da empresa e sua continuidade dependem da forma como ela administra os recursos necessários para isso. Nesse particular, está envolvida a forma como o seu subsistema de gestão realiza as operações básicas administrativas relacionadas à obtenção de recursos do meio ambiente, a sua transformação em bens e serviços e a posterior disponibilização destes para a sociedade. A crescente preocupação dos consumidores com a qualidade dos processos vinculados à obtenção, ao processamento e à oferta de bens e serviços com menor impacto ao meio ambiente são igualmente fatores que compõem o subsistema de gestão.

Ineficiências de uma empresa em decorrência da inadequada integração entre os seus subsistemas geram custos e costumam ser penalizadas pela sociedade, pois os consumidores não estão dispostos a pagar preços por bens e serviços superiores àqueles cobrados por produtos similares que lhes agregam a mesma satisfação. Sob essa perspectiva, o subsistema de gestão tem realçada a sua relevância, posto que é por meio deste que as decisões sobre obtenção e transformação eficazes de recursos em bens e serviços se tornam possíveis, levando a empresa ao cumprimento de sua missão e ao alcance de seus objetivos.

1.3.2 Características comuns dos sistemas abertos

A maioria dos sistemas abertos, sejam eles biológicos ou sociais, tem características comuns. A análise detalhada dessas características aplicada às empresas auxilia a preencher a necessidade de se corrigir o mal funcionamento do sistema como um todo, isto é, quando ele não estiver alcançando de forma plena os objetivos para o qual foi criado.

Nas empresas, não são poucas as situações que envolvam a existência de dificuldades estruturais causadas por problemas de interação e desajustes entre seus subsistemas O risco de se tentar solucioná-los sem uma ponderação analítica da influência mútua que cada uma dessas partes exerce entre si é aquele de se tentar corrigir determinado processo administrativo tido como responsável por resultados indesejáveis quando, na realidade, o mau funcionamento tem a sua origem em outra fonte. A consequência de equívocos na avaliação das causas e efeitos de problemas em processos administrativos e operacionais é o desarranjo sistêmico de toda a organização.

Dessa forma, o diagnóstico adequado das causas de dificuldades estruturais passa necessariamente pela apreciação de forma ampla de todo o sistema empresa, e das relações entre as suas partes. Nesse sentido, conhecerem-se as características comuns dos sistemas abertos auxilia nessa tarefa, tornando-a menos falível.

São várias as características comuns e aplicáveis aos sistemas abertos, e esse assunto é tratado de forma farta pela literatura sobre o tema *gestão empresarial*, porém, com pouca variação entre as obras conhecidas. Katz e Kahn (1973) estão entre os autores que estudaram e classificaram tais características sobre as quais se discorre na sequência deste livro. São elas:

a) Importação de energia

Todo sistema aberto importa energia do ambiente externo através de estímulos contínuos. Uma organização, seja ela biológica ou social, não é autossuficiente, ela depende de outras instituições para a sua estruturação e funcionamento, e essa necessidade é atendida através da importação dos suprimentos renovados da energia do ambiente no qual ela se insere.

O ser humano necessita para a sua sobrevivência do oxigênio, da alimentação, da sociedade e de outros elementos providos pelo meio ambiente. As empresas, da mesma forma, precisam obter insumos tais como: matérias-primas, recursos financeiros e humanos, informações, tecnologias, entre outros, para os seus desempenhos e alcance de seus objetivos.

b) Transformação

Os sistemas abertos transformam a energia obtida do meio ambiente através de seu processamento, possibilitando a geração de produtos que são posteriormente exportados para esse meio.

O homem se utiliza dos insumos que obtém de seu mundo e os converte em informações, trabalho, bens, entre outros, que são devolvidos a este após processados. Nas empresas, matérias-primas, recursos financeiros, humanos e informacionais são transformados em bens e serviços que se destinam à sociedade.

c) Sistema como ciclo de evento

Define-se ciclo de eventos como a troca de energia ocorrida entre um sistema e o seu ambiente. Através de um ciclo, os sistemas suprem a sua própria fonte de energia por meio da repetição de suas atividades, que são necessariamente reproduzidas de forma igual para a obtenção de resultados similares. A troca de energia ocorre tanto no âmbito externo quanto no interno do sistema.

No caso das empresas, por exemplo, utilizam-se insumos para a produção de bens e serviços que permitem a geração de um resultado econômico, que possibilita a aquisição de novos insumos para produção de novos bens e serviços que, por sua vez, geram novos resultados. Assim ocorre sucessivamente, em um ciclo que não se interrompe enquanto o sistema empresa estiver operando. De forma similar, os sistemas biológicos têm o mesmo comportamento.

Ainda no caso das empresas, o ciclo de eventos se reforça ainda mais com a sinergia que ela promove entre os produtos e serviços que ela produz e o emprego de mão de obra. Cada trabalhador é também um sistema, nesse caso, biológico, que também interage com o meio, o que possibilita à empresa que o emprega reforçar os seus laços com esse meio, alimentando e fortalecendo o ciclo de eventos.

d) Entropia negativa

Existe um princípio oriundo da teoria geral dos sistemas segundo o qual toda forma de organização tende à desorganização, à deteriorização e, em última instância, à morte. Esse é o princípio da entropia.

Os sistemas abertos possuem meios de combater esse processo entrópico a partir do desenvolvimento da chamada entropia negativa, que significa a capacidade do sistema em acumular energia além daquela que ele consome, fato este que possibilita armazená-la para o seu posterior uso, em momentos em que este elemento estiver escasso.

Em uma situação normal, a empresa desenvolve a entropia negativa por meio da promoção da eficácia de seus subsistemas, tanto em nível de atuação quanto da interação entre estes. Isso não apenas a possibilita otimizar os insumos dos quais necessita para a produção de bens e serviços, através de seu uso correto, mas também permite que ela acumule resultados econômicos líquidos superiores aos montantes despendidos em sua operação.

A incapacidade de a empresa desenvolver o princípio da entropia negativa é um dos fatores que podem levá-la à descontinuidade. O fato de esse princípio estar intimamente associado ao consumo de recursos e geração de resultados é uma das razões que levam os profissionais e estudiosos da área de Controladoria a examiná-lo com um particular interesse.

e) Insumo de informação, *feedback* negativo e processo de codificação

Os sistemas vivos importam do meio ambiente não apenas os insumos básicos à sua sobrevivência, tais como alimentos, água e oxigênio, entre outros. Eles também obtêm do meio informações que lhes possibilitam se situarem em seu ambiente. O tipo mais comum dessas informações é o *feedback*, informação essencial para a manutenção e continuidade do sistema.

As suas atividades de importação de energia, de sua conversão e transformação em produtos devem ocorrer na exata proporção em que isso for necessário para a preservação do equilíbrio do sistema. Se ele importar mais insumos do que necessita, ou mesmo convertê-los e exportá-los em quantidades que distorçam esse equilíbrio, eles se desorganizam, entram em um estado entrópico e deixam de ser um sistema. Daí a importância do mecanismo característico dos sistemas abertos, o *feedback* negativo, que é a forma da qual se utilizam para perceberem quando há algo errado em seu funcionamento.

Da mesma forma, os sistemas abertos possuem meios que os levam a codificar os insumos que recebem do meio ambiente, direcionando-os para as suas finalidades específicas. Ao mesmo tempo, suas estruturas recebem sinais claros quando os seus funcionamentos são prejudicados em decorrência de algum desses insumos ter o seu uso desviado daquele que deve ser o seu objetivo principal, através do mecanismo chamado *feedback* negativo.

Como ilustração, o ser humano obtém alimentos do seu meio e estes são codificados e transformados em açúcares, enzimas, aminoácidos, vitaminas, entre outros elementos, cada qual canalizado para determinada função do corpo humano. Em algumas situações, sintomas físicos, como a febre, por exemplo, se encarregam de alertar o sistema humano sobre a existência de algum desajuste nesse processo.

Assim também ocorre com as empresas, cujos subsistemas estão preparados para decodificarem os insumos que recebem do ambiente e canalizá-los para as suas apropriadas aplicações. O *feedback* negativo se manifesta quando há alguma disfunção no uso desses recursos e isso é percebido a partir de sinais recebidos do ambiente interno e externo, na forma de ocorrências operacionais não previstas, tais como: problemas com a qualidade dos produtos, perdas de funcionários, fornecedores e clientes, perda de mercado, entre outros sintomas.

Dada a característica de seletividade na absorção de insumos, o desafio para a gestão dessas empresas é aperfeiçoar e monitorar a adequada captação dos sinais que forem emitidos pelo ambiente, no sentido de se evitarem danos para a continuidade do sistema empresa.

f) Estado firme e homeostase dinâmica

Uma das formas de que um sistema biológico dispõe para o combate da entropia é a característica de estado firme e homeostase dinâmica, que diz respeito à relação de troca de energia com o ambiente, que se dá através da importação de energia, de seu processamento e exportação para esse ambiente, esperando-se que haja certa constância nesse processo, como forma de se deter a entropia.

Segundo Katz e Kahn (1973), o princípio homeostático não se aplica literalmente ao funcionamento de todos os sistemas, pois, contrariando a entropia, eles se movimentam em direção ao crescimento e à expansão. Contudo, essa aparente contradição pode ser solvida se reconhecermos a complexidade dos subsistemas e suas interações, prevendo as mudanças necessárias para a manutenção de um estado firme global.

Ao mesmo tempo, os sistemas possuem a capacidade de adaptação às mudanças ambientais, até onde isso for possível, através do princípio da homeostase. Como ilustração, em condições normais, o ser humano, mesmo sob uma temperatura de 40 ou 20 graus Celsius, mantém a temperatura do corpo em torno de 36 graus.

As empresas, como sistemas abertos, devem buscar um estado firme e desenvolver processos homeostáticos de gestão que as possibilitem alcançar os seus objetivos, por meio da importação, processamento e exportação de insumos, sem afetar o seu equilíbrio em seu ambiente, mesmo frente às turbulências tão comuns a ele. Ao procurar se adaptar ao seu meio, as empresas somente o conseguirão se capacitarem-se a controlar ao máximo as variáveis existentes no entorno desse meio.

g) Diferenciação

Todo sistema aberto biológico é dotado de particularidades que lhe permitem evoluir e se desenvolver, se diferenciar de seus estados primários. Isso significa que padrões difusos e globais são substituídos paulatinamente por funções mais especializadas.

Sob uma perspectiva empresarial, as organizações evoluem com o passar do tempo e, na medida em que desenvolvem outras características dos sistemas abertos, tornam-se mais complexas e completas, canalizando os seus esforços por estruturas que são preparadas para a execução de atividades específicas, tornando-se mais consistentes, embora se requeira de seus subsistemas uma perfeita interação para que elas alcancem realmente um estado sólido durante esse processo.

h) Equifinalidade

Outra característica dos sistemas abertos, segundo Bertalanffy (1977), é o da equifinalidade, que diz respeito à variação de caminhos de que um dado sistema dispõe para alcançar um mesmo objetivo, isto é, a direção que escolhe não o impede de atingir o estado final desejado. O autor citado se utilizou de um exemplo envolvendo os ouriços-do-mar, cuja espécie pode se desenvolver através de um ovo completo, da metade de um deles ou da fusão de dois ovos.

Nesse sentido, um sistema, de acordo com esse princípio, pode alcançar o mesmo estado final, por meio de vários caminhos trilhados a partir de condições iniciais igualmente distintas.

Na empresa, tal princípio se aplica às diversas maneiras que sua gestão dispõe para abordar determinado problema de decisão de alocação de recursos e da variedade de meios de que ela pode se utilizar para a implementação dessa decisão.

Administrar uma empresa não é tarefa fácil, dadas as interações que são requeridas de seus subsistemas e da aptidão de seus gestores em observá-la sempre sob uma perspectiva sistêmica, considerando essa visão em cada ação que implementam e os seus reflexos no todo.

Os erros da gestão de uma empresa na obtenção e aplicação dos recursos podem ser minimizados se houver a familiaridade com essa visão por parte de cada responsável por decisões tomadas e implementadas e pelo monitoramento dos efeitos destas nos objetivos centrais da empresa. O conhecimento das características dos sistemas abertos biológicos e a sua associação com outros de natureza social, como o são as empresas, possibilita uma análise crítica e um correto diagnóstico sobre o funcionamento do sistema empresa, tornando menos árdua a atividade empresarial.

1.3.3 A atuação da área de Controladoria sob a perspectiva da visão sistêmica da empresa

A área de Controladoria tem como uma de suas funções básicas a promoção da otimização do resultado da empresa, por meio do constante apoio ao processo decisório e do monitoramento das consequências econômicas decorrentes das ações que são implementadas a partir desse processo.

A área de Controladoria deve ter um amplo conhecimento de cada detalhe das atividades operacionais, pois essa é a única forma de cumprir a sua missão e de prever os efeitos de determinada decisão sobre o resultado da empresa, buscando preservar os objetivos da organização, o que se dá, basicamente, a partir de uma de suas atribuições que é possibilitar à alta administração a integração de todas as áreas em torno desses objetivos.

Por essa razão, é condição fundamental para o *controller* que este tenha como um de seus atributos a habilidade de conhecer sistemicamente as atividades organizacionais, bem como as características dos subsistemas que interagem entre si exercendo influência sobre elas. Isso equivale a dizer que tal profissional deve não só entender, mas também compreender a forma como os resultados econômicos da empresa são gerados.

O *controller*, ao entender os meios (interação de atividades, recursos e subsistemas), pode compreender melhor os fins (resultados), proporcionando aos gestores que corrijam as rotas de suas atividades, sempre que necessário, reposicionando-as de maneira a possibilitarem a otimização de seus próprios resultados e, por consequência, os da empresa. Em suma, analogamente, é necessário que o *controller* visualize a floresta para depois olhar individualmente as árvores, e isso somente ocorrerá se ele próprio e, por consequência, a sua equipe tratarem a empresa da forma como de fato ela deve ser tratada: como um sistema aberto.

Os outros gestores também devem ter uma visão sistêmica da empresa. Quanto mais isso ocorrer, mais fluente será a interação entre áreas, melhor o intercâmbio entre a empresa e seu ambiente e mais fácil será para ela cumprir a sua missão. Essa seria a situação ideal. Entretanto, o tipo de atividade de cada gestor, ou de suas características individuais, conforme discutido na seção de subsistemas sociais, pode tornar difícil esse cenário ideal, pois é previsível o fato de que muitas vezes eles se voltem somente para as metas de suas próprias áreas, mesmo quando isso não for desejável para a preservação do objetivo central da empresa.

Além disso, a interação dos gestores, no que se refere à geração de resultados econômicos, é particularmente difícil, tendo em vista que os dados de uma área não são disponibilizados para todas as demais no momento em que são tomadas as decisões que formam tais resultados.

Por essas razões, compete à área de Controladoria proporcionar os meios para que as áreas atuem consoante as expectativas da alta administração, apoiando-as para que o processo decisório da empresa funcione de forma integrada em torno de seu objetivo central, evitando-se que a prevalência das expectativas individuais dos gestores implique em consumo de recursos que não contribuam de forma eficaz para a obtenção de resultados.

Para alcançar esse objetivo, essa área deve atuar de forma neutra em relação às demais, integrando os planos de cada uma delas, tendo como principal meta a busca da otimização do resultado global da empresa, exercendo o monitoramento e posicionando cada gestor sobre os eventuais desvios observados entre os resultados por eles obtidos face àqueles esperados, apoiando-os com a disponibilização de informações úteis e tempestivas e, por fim, participando da modelagem do sistema de informações.

Entre outras tarefas, a realização destas mencionadas de forma coordenada pela área de Controladoria facilita à alta administração a avaliação permanente do negócio, a apreciação do funcionamento dos subsistemas da empresa, bem como a integração entre as equipes que a compõem e o alcance dos objetivos por ela traçados. É esse o fator que torna a visão sistêmica da empresa um pré-requisito para o *controller* e sua equipe de trabalho.

2

ABORDAGENS TEÓRICAS DE APOIO À CONTROLADORIA

O objetivo deste capítulo é o de, em linhas gerais, apresentar algumas teorias administrativas que visam apoiar a Controladoria no sentido de propiciar-lhe o conhecimento e o entendimento necessários para a sua atuação, haja vista que cada uma delas busca explicações que respaldam o funcionamento de uma empresa e a execução de suas atividades.

A Controladoria como ramo do conhecimento caminha junto às vertentes teóricas que apoiam a gestão de uma empresa, entendendo as causas e as consequências da forma como as empresas são administradas, de suas estruturas física, financeira, operacional e humana. Esse conhecimento a mune de recursos para atuar como área administrativa.

Quanto mais vasto for o conhecimento adquirido, mais recursos essa área terá para exercer as suas funções de monitorar o sistema empresa, disponibilizar as informações necessárias aos gestores para as respectivas tomadas de decisões, participar da elaboração destes, indicar possíveis correções quando houver desvios entre esses planos e as suas execuções, entre outras funções administrativas atribuídas à área que se encarrega de orquestrar o mencionado sistema.

Entre as teorias e abordagens teóricas existentes, aqui se pincelam a institucional, a contingencial, a dependência de recursos e a relativa ao ciclo de vida das empresas. Outras, tais como a de sistemas e a da decisão, são tratadas em outros capítulos juntamente com as abordagens pertinentes. Com o conhecimento acerca das teorias mencionadas, acredita-se que a área

2.1 Institucional

2.1.1 Entendendo as instituições no campo da economia

Muitos são os trabalhos que tentam aproximar as questões relacionadas às instituições sociais e às que norteiam os tópicos da pesquisa econômica. Entre eles estão os estudos de Douglass North, Thorstein Veblen, Mancur Olson, Andrew Schotter, Oliver Williamson, Ronald Coase e muitos outros.

Ao se tratar de economia institucional, importante se faz o entendimento sobre instituições e, então, sobre a sua ligação com a economia.

Nesse sentido, Douglass North, ganhador do Prêmio Nobel de 1993, clarificou que as instituições compreendem regras formais, limitações informais (normas de comportamento, convenções e códigos de conduta autoimpostos) e os mecanismos responsáveis pela eficácia desses dois tipos de normas. Constituem o arcabouço imposto pelo ser humano para o seu relacionamento com os outros (NORTH, 1990). Para ele, a vida econômica é o resultado do comportamento dos agentes, que está associado a um conjunto de motivações estabelecido dentro de determinado arranjo institucional, ou seja, as instituições são as regras do jogo e os agentes econômicos, os jogadores.

As instituições consistem em um conjunto de pensamentos e ações que estão ancorados em hábitos de um grupo ou nos costumes de pessoas, fixando os limites e as formas das atividades humanas. Elas, as instituições, são, portanto, as minimizadoras de incertezas dentro das sociedades, visto que definem o padrão de comportamento socialmente desejável (HAMILTON, 1932).

A partir dessas conceituações, depreende-se que as instituições no âmbito econômico são restrições para os agentes no curso de suas ações e transações econômicas, isto é, interferem em todo e qualquer tipo de atividade econômica por meio de regras formais ou informais, específicas ou holísticas. Stinchcombe (1997) contribuiu com isso afirmando que instituições repartem a criação e as funções de unidades em mercados e a relação entre eles.

Tendo em vista o conceito de instituições dentro da economia, torna-se possível o início da abordagem sobre economia institucional e suas vertentes.

2.1.2 Economia institucional: velha e nova

Algumas teorias ou abordagens teóricas, antes tratadas pela economia neoclássica e pela revolução Keynesiana, ressurgiram nos últimos anos e entre elas está a economia institucional, que, muitas vezes, acaba gerando dúvidas quanto ao entendimento de suas nomenclaturas ou classificações, haja vista a existência da economia institucional, da velha economia institucional e da nova economia institucional. É nessa linha que se prende essa subseção.

Selznick (1996) apregoou que, apesar da existência da nova e da velha economia institucional, o mais importante é integrá-las e reconciliá-las em busca da continuidade teórica e empírica. Mesmo sabendo da importância dessa integração, o que se percebe observando a literatura e os estudos já realizados é que há divergências e conceitos distintos, o que as transforma em vertentes, talvez, destoantes e que apresentam argumentos dicotômicos.

Entretanto, há autores, tais como Hodgson (1991), que asseveram que o termo *nova* traz consigo a distinção entre as mais recentes abordagens e que a *"velha"* escola institucionalista de Thorstein Veblen, John Commons, Wesley Clair Mitchell e outros completava os paradigmas encontrados entre os economistas americanos em 1920 e 1930. Para ele, Hodgson, a emergência do *"novo"* institucionalismo se deu para reavivar um debate sobre a natureza e a viabilidade do *"velho"*. Diante dessa necessidade emergente de revisar ou revolucionar conceitos já existentes, surgiu o novo institucionalismo na década de 1970, com uma vasta lista de contribuições, incluindo Kenneth Arrow, William Niskanen, Mancur Olson, Eirik Furubotn, James Buchanan, Richard Posner, Friedrich Hayek, Robert Sugden, Douglass North, Robert Thomas, Harold Demsetz, Michael Jensen, William Meckling, Oliver Williamson, Ronald Coase e outros.

Alguns aspectos de cada uma das vertentes podem ser resumidos nos tópicos a seguir expostos.

2.1.3 A velha economia institucional

Malcon Rutherford, um estudioso da tradição institucionalista americana, hoje chamada de velha economia institucional, identificou dois programas de pesquisa diferentes dentro dessa vertente. Um deles, que tem como referência Veblen e Ayres, girou em torno dos aspectos pecuniários e industriais da economia, tocando em pontos relacionados ao poder econômico das corporações. O outro, baseado em Commons, concentrou-se em aspectos legais, direitos de propriedades e organizações, sendo que as instituições são vistas sob a ótica de processos de resolução de conflitos (RUTHERFORD, 1996).

O velho institucionalismo, segundo Hodgson (1993), estabeleceu a importância das instituições e proclamou a necessidade por uma economia evolucionária genuína, mas procedeu em direções descritivas, deixando muitas questões teóricas sem respostas. Isso não significa que foi irrelevante, mas sim que marcou a rejeição pelas presunções ontológicas e metodológicas do liberalismo clássico.

A velha economia institucional, que se dá como uma abordagem alternativa à economia, rejeita os princípios conceituais neoclássicos. Os agentes são movidos não somente por interesses puramente econômicos, tendo como influenciadores a cultura, a força social, as crenças, o poder etc. É uma abordagem holística, pois toma o ambiente como um todo ao invés de considerar os princípios reducionistas neoclássicos. A instituição é o principal objeto de análise e não mais o comportamento racional e maximizador dos indivíduos tomadores de decisões, conforme aceito pela teoria neoclássica.

2.1.4 A nova economia institucional

Assim como identificou na velha, Rutherford apontou na nova economia alguns programas de pesquisa. Um é concentrado nos direitos de propriedade, segundo Achian e Demsetz e Posner; outro envolve a escolha pública, de acordo com Olsen e Mueller; e o último focaliza organizações, essencialmente os custos de transação (Coase; Williamson), bem como a teoria da agência de Jensen e Meckling.

Além desses assuntos, a nova economia institucional também abarca contribuições advindas da teoria dos jogos, da escola austríaca ou da neo-schumpeteriana e da abordagem de North. Ela tem contribuído para estimular pesquisas em instituições sociais e ações econômicas (NEE, 2001). Dentre os estudos nessa linha, Coase introduziu em seu estudo publicado em 1937 as instituições com sua respectiva importância econômica e o custo de transação, Williamson tratou do aprimoramento dos custos de transação e contratos e Douglas North abordou os direitos de propriedade e a organização econômica das entidades, construindo um modelo a partir de críticas aos autores neoclássicos.

Zylbersztajn (1995), por seu turno, mencionou dois pressupostos fundamentais para essa teoria: existem custos na utilização do sistema de preços, bem como na condução de contratos intrafirma, e as transações ocorrem em um ambiente institucional estruturado em que as instituições interferem nos custos de transações. Também se inserem na nova economia institucional os conceitos de racionalidade limitada, oportunismo, teoria da agência.

A nova economia institucional, sob uma última análise, parte do pressuposto de que as instituições de uma sociedade se formam por meio de complexos processos de negociação entre indivíduos e os seus grupos, de modo a reduzir os custos de transação, que, por seu turno, existem quando há rompimentos de acordos, implícitos ou explícitos, estabelecidos para realizar empreendimentos conjuntos.

Em geral, no que tange à economia institucional, Tsuru (1997) se mostrou otimista ao revisitar conceitos e tratar de seu futuro mencionando que a convergência é algo inevitável, ou seja, ela terá de ser eficiente na busca do entendimento e do empenho em conciliar problemas econômico-políticos reais, o que é também, de certa forma, defendido por Powell e DiMaggio (1991), os quais comentaram que, dentre os estudos organizacionais, a teoria institucional é aquela que tem atentado para os aspectos empíricos, visto que, não raro, o que se observa empiricamente é inconsistente com os apontamentos feitos pelas teorias contemporâneas. A economia institucional, como uma das vertentes da citada teoria, caminha para essa consistência ou convergência entre problemas reais e as proposições teóricas, seja ela chamada de nova ou velha.

2.1.5 Economia institucional sob a ótica da sociologia

A teoria institucional pode ser vista sob a ótica da economia e da sociologia, porém, isso não altera o significado e o entendimento acerca de instituições.

Nesse ínterim, Scott apresentou um conceito que parece esclarecer o significado de instituições sob uma ótica social. Segundo ele, as instituições consistem em estruturas cognitivas, normativas e regulatórias e atividades que melhoram a estabilidade e o significado do comportamento social, elas são veiculadas por meio da cultura, de estruturas e rotinas e funcionam em múltiplos níveis de jurisdição.

Analisando esse conceito, pode-se perceber que as instituições, base da teoria institucional, são formadas por meio do relacionamento entre as pessoas e seus grupos, conforme explanado no Capítulo 5 desta obra que trata de cultura. As pessoas são as responsáveis pela formação de instituições.

Depreende-se que um processo na empresa é institucionalizado quando este passa a ser executado ou visto como rotina, padrão, parte da estrutura empresarial. Podem surgir a partir de hábitos; esses hábitos são repetidos e transmitidos de uma pessoa para outra, formando uma cultura característica e, por consequência, transformam-se em comportamentos ou processos institucionalizados.

Podem-se visualizar diversos processos ou hábitos institucionalizados nas empresas ou em outros campos. Muitos exemplos podem ser dados, como o fato de as práticas gerenciais adotadas por uma empresa, com o passar do tempo, se tornarem parte de sua estrutura. Assim é com práticas como *Balanced Scorecard*, sistemas de informatização, planejamento estratégico, orçamento etc. Também, em se tratando de marketing, há marcas que são trabalhadas de tal forma que as pessoas em geral nunca as esquecem quando acionado o mecanismo de associação entre produtos, serviços etc.

Entretanto, ocorre que em determinadas empresas um processo é institucionalizado, enquanto em outras, muitas vezes do mesmo segmento, não o é. Isso pode acontecer de acordo com a cultura existente no ambiente da empresa.

A área de Controladoria, por seu turno, se constitui como aquela que deveria entender esses hábitos e processos institucionalizados e a partir desse entendimento auxiliar os gestores a entenderem a estrutura na qual operam, os motivos pelos quais alguns fatos ocorrem na empresa fluentemente, ao passo que outros sofrem resistência por parte das pessoas para que possam ser efetivados. Esses pontos e outros, em linhas gerais, são discutidos na próxima seção.

2.1.6 A aplicação dos conceitos da teoria institucional à Controladoria

É possível encontrar na literatura diversos estudos que discutem a aplicação ou a utilização dos conceitos da teoria institucional, seja nova ou velha, no campo da administração, principalmente no campo da economia, no entanto, não se percebe a relação direta e explícita entre Controladoria e essa teoria.

A velha economia institucional sugere que rotinas sejam institucionalizadas em um processo ou "caminho" instrumental, ou seja, como rituais organizacionais elas são usadas para preservar o *status* e o poder ou interesses de grupos específicos. São, portanto, agentes que formam e mantêm a estrutura da empresa de uma mesma forma por tempo indeterminado, por vezes de irreversível mudança.

O exame da natureza das regras, rotinas e instituições, bem como a descrição do processo de institucionalização, é essencialmente importante para a Controladoria. Isso, pois, para entender e, por vezes, modificar um processo preexistente, antes é preciso examinar o percurso realizado para a formação desse processo.

Sob a abordagem baseada em economia a Controladoria pode ser vista como a provedora de informações desenhadas para favorecer a tomada de decisões na empresa, propiciando um equilíbrio no processo de mudanças das regras e rotinas preestabelecidas. Ao mesmo tempo em que são estáveis e duradouras, as regras podem também ser mutáveis. Ressalte-se que essas mutações podem ser lentas devido a uma cultura previamente formada.

A Controladoria deve buscar o entendimento sobre a formação de hábitos, a cultura existente, os comportamentos repetidos das pessoas. A par disso, sempre que houver necessidade de mudança na empresa, será mais facilitada a função dessa área no sentido de fornecer as informações e monitorar o sistema todo de forma completa.

A psicologia, por exemplo, aponta para a importância de o indivíduo conhecer a si mesmo, e muitas vezes saber as causas de seus comportamentos passados e presentes, para se tornar mais confiante em suas tomadas de decisões e desenhar um futuro mais acessível do que foi o passado. Assim também ocorre com a empresa que é um sistema aberto, em completa interação com o seu ambiente, formado por pessoas e grupos, que funciona em decorrência das interações de outras pessoas inseridas na sociedade que são as consumidoras de seus bens e serviços.

Ao surgir a necessidade de mudança estrutural, adoção de novas práticas, reestruturação de processos, de áreas ou da empresa toda, é primordial analisar o que nela está institucionalizado e, com isso, traçar os planos sobre a forma como modificar o que se pretende. Nesse contexto, conta-se diretamente com o apoio constante da área de Controladoria.

2.2 Teoria da contingência

2.2.1 Entendendo a teoria da contingência

A teoria da contingência parte da premissa de que a empresa é um sistema aberto em contínua relação com o ambiente no qual ela opera. Adicionalmente, Lawrence e Lorsch (1969) afirmaram que as variáveis organizacionais internas passam por um inter-relacionamento complexo entre si e com as condições no ambiente externo. Ainda, pressupõem que de acordo com as mudanças ocorridas nas variáveis que compõem esse ambiente a empresa adapta sua estrutura e os processos internos. Segundo a teoria na qual se insere o estudo dos autores citados, não existe uma forma ideal de administrar as mencionadas mudanças que não seja a adequação da organização ao seu ambiente ou às situações específicas por ela vivenciadas (DONALDSON, 1999), isto é, a quantidade e a abrangência das funções organizacionais refletem o grau de intensidade do relacionamento da empresa com o meio ambiente, devendo ela, portanto, modelá-las de acordo com essa condição (COVALESKI et al., 1996).

Muitos são os estudos que tratam da teoria contingencial, sendo que a maior parte deles mostra que ela é oriunda de teorias e estudos de campos diversos, que procuraram delimitar a validade dos princípios gerais da administração. Dentre as teorias, as citadas como precedentes ao surgimento da teoria da contingência são: a teoria clássica, a das relações humanas e, essencialmente, a da abordagem sistêmica que incorre em se analisarem as trocas de energias entre os ambientes interno (empresa) e externo (ambiente externo à empresa).

Percebe-se que a teoria da contingência, de certa forma, contraria os conceitos universalistas das teorias anteriores, tais como a sistêmica, para a qual havia uma forma mais adequada de se organizar que se aplicava a qualquer empresa. A teoria da contingência apregoa que a melhor forma de se organizar passaria a depender das características situacionais com as quais a organização se depara.

O fato de não existir uma única maneira de se organizar é o que torna importante as empresas estarem sistematicamente ajustadas às condições ambientais. Otley (1994) corrobora esse pensamento quando afirmou que o contexto das empresas requer sua contínua adaptação.

A consolidação da teoria da contingência se deu através dos estudos empíricos iniciais realizados por pesquisadores, como Woodward (1965), Lawrence e Lorsh (1969), Thompson (1976), Burns e Stalker (1977) e Chandler (1990).

2.2.2 Os primeiros estudos sobre teoria da contingência

Em 1961, os sociólogos Burns e Stalker divulgaram um estudo, no qual examinaram cerca de 20 firmas industriais na Inglaterra, com foco na forma como o padrão de práticas administrativas relacionava-se com as facetas do ambiente externo. Eles concluíram pela existência de uma estrutura organizacional adequada para cada tipo de ambiente externo, que varia de uma estrutura mecanicista a uma orgânica (BURNS; STALKER, 1977).

O estudo, coordenado por Woodward e iniciado em 1953, verificou em 100 empresas britânicas a relação existente entre tecnologia e a estrutura organizacional escolhida, utilizando, para tanto, o agrupamento das firmas de acordo com suas técnicas de produção. A conclusão apontou para a percepção de que a forma como as empresas se organizavam se alterava em consonância com a tecnologia empregada (WOODWARD, 1965).

Chandler trouxe, em 1962, outra contribuição para a teoria, analisando as mudanças estruturais de quatro grandes corporações americanas. Ao final da pesquisa, demonstrou que o mercado era determinante na mudança estrutural e na estratégia das empresas pesquisadas. Noutras palavras, a mudança externa à empresa modelou as suas estratégias que, por seu turno, implicaram formatar as estruturas administrativas (CHANDLER, 1990).

Lawrence e Lorsch realizaram um estudo, divulgado em 1967, sobre a relação entre o ambiente externo e alguns elementos de sua estrutura interna. Eles observaram organizações dos setores de *containers*, alimentação e plástico. Os resultados da pesquisa indicaram que quando o ambiente era muito complexo e instável, as atividades de cada área analisada divergiam significativamente. Em ambientes incertos e instáveis, as organizações são mais eficazes quando são menos formais, mais descentralizadas e mais integradas. Em um ambiente relativamente estável e previsível, as organizações são mais eficazes quando têm estruturas mais padronizadas, formalizadas e centralizadas (LAWRENCE; LORSCH, 1969).

Thompsom, por sua vez, desenvolveu três níveis relacionados à forma como as empresas organizam a sua produção: por padronização, coordenação por plano, e coordenação por ajuste recíproco, evidenciando, nesse estudo, que o ambiente e a tecnologia impactam o formato da estrutura organizacional (THOMPSON, 1976).

Após esses estudos iniciais, muitos outros foram realizados, utilizando essa abordagem contingencial. Alguns tratando de contabilidade gerencial, outros explanando a respeito de práticas administrativas diversas. De fato, o que se percebe analisando a literatura existente é que todos seguiram os estudos precedentes.

Chenhall (2003) contribuiu com isso, afirmando que os estudos vêm utilizando variáveis semelhantes, apregoadas nos primeiros estudos sobre teoria contingencial, e que a principal mudança com o passar do tempo foi a adoção de termos mais contemporâneos.

2.2.3 A aplicação dos conceitos da teoria contingencial à Controladoria

Sabendo que a teoria da contingência defende que a empresa deve adaptar-se às variações do ambiente, a área de Controladoria volta ao cenário, pois ela deve estar permanentemente atenta não só às mudanças internas, mas também às externas.

Como ela é uma área que existe para monitorar o sistema empresa e apoiar o corpo diretivo e gerencial, deve-se manter informada sobre as alterações que podem ocorrer na economia, política, tecnologia, legislação, na cadeia logística e de valores em que a empresa atua. Isso facilita que ela esteja munida de informações atualizadas para que, sempre que preciso for, opere juntamente com os gestores que tomam decisões estratégicas no sentido de manter a estrutura ou adaptá-la com vistas a garantir a continuidade de suas atividades.

Pode acontecer, por exemplo, uma considerável alteração econômica, como no caso de uma crise local ou global. Diante disso, a Controladoria coleta informações sobre o mercado, projeções, instabilidades, propensões etc. e, imediatamente, isolada ou juntamente com os gestores, passa a traçar cenários e simular possíveis adaptações para manter a empresa estável durante a referida crise. Nesse tracejo de cenários, os gestores podem perceber que a empresa precisa adotar novas políticas de vendas. A Controladoria, por sua vez, se encarrega de monitorar o andamento da implementação dessas novas políticas sem, contudo, opinar sobre as suas validades, reportando à alta administração e/ou demais gestores todas as informações cabíveis para a contínua análise de cenários. É essencial que o gestor que toma decisões obtenha informações precisas e oportunas, para no momento certo tomar a decisão correta.

Expuseram-se aqui noções sobre os motivos pelos quais a Controladoria deve conhecer as teorias administrativas. Com elas, essa área de controle constante consegue aplicar o que já se tratou em capítulo inicial desta obra: a visão sistêmica.

2.3 Ciclo de vida

Sabe-se que as organizações nascem, se desenvolvem e se estabilizam com o passar do tempo, entretanto, algumas não resistem ao processo de maturação e passam por um processo de entropia até o estágio em que deixam de existir. Outras, ao contrário, atingem a maturação e se revestem de mecanismos que garantam as suas continuidades. Esses estágios, que caracterizam o processo em que as empresas jovens ou novas e pequenas se transformam em velhas e grandes, são estudados dentro do assunto denominado ciclo de vida. Nele, é possível verificar abordagens de autores distintos, mas o aspecto relevante desse assunto é que há a formação de estágios futuros que são previsíveis e por meio disso se torna possível se antever quando elas necessitam se preparar, a partir do estágio no qual se encontram.

Os ciclos de vida das empresas podem explicar os motivos pelos quais as organizações adotam certos tipos de instrumentos gerenciais; reagem de formas distintas às mudanças ambientais; estruturam-se internamente de maneiras diferentes.

É possível procurar entender, por exemplo, por que empresas do mesmo segmento adotam medidas e têm resultados distintos umas das outras. É plausível afirmar-se, mesmo antes de alguns conceitos serem citados, que as empresas reagem assim por causa do estágio em que se encontram, ou seja, dificilmente uma empresa que está nascendo, normalmente – nova e pequena – apresentará estrutura, instrumentos gerenciais etc. semelhantes aos de empresas grandes e que, consequentemente, já não são novas, mas devem se preparar para isso.

Naturalmente, esses comentários não são, necessariamente, válidos para empresas que já nascem grandes, em decorrência de sociedades já existentes, pois essas herdam a cultura oriunda das empresas ou sociedades que a formaram.

Em algumas literaturas, identifica-se que o assunto, assim como outras teorias ou abordagens na área de gestão, tem sua raiz no campo da economia e, nesse sentido, uma das primeiras publicações que discutiram acerca das firmas exibindo uma aproximação a alguns tipos de ciclos de vida nas empresas, mais especificamente os seus estágios de crescimento, foi a de Chapman e Ashton, em 1914, os quais afirmaram que o crescimento de um negócio, bem como o seu tamanho e a sua forma de atuação, são determinados pelos mesmos aspectos de um organismo animal ou vegetal, isto é, um sistema vivo que nasce, cresce, amadurece e morre.

Outros trabalhos, como o de Chandler (1962), também seguiram essa linha, discutindo o modelo do estágio de crescimento, sendo este a base para muitos estudos posteriores sobre o assunto em discussão.

Posteriormente, Kimberly e Miles (1980) propuseram uma estruturação do modelo de ciclos de vida, a fim de criar coesão entre os autores e abordagens inerentes. Além destes, há uma variedade muito grande de propostas de modelos de estágios ou ciclos de vida.

Alguns deles cercam estudos, tais como o de Scott (1971), que apresentou um modelo com três estágios, defendendo que o foco deve ser a forma como os gestores agem e gerenciam as suas tarefas dentro das estruturas em cada estágio e não as estruturas em si. Para ele, uma empresa passa naturalmente com um ou poucos gestores, para uma empresa maior, com vários gestores e diversas tarefas, e nesse sentido o que mais importa nessa transição é a atitude desses gestores perante a ascensão dentro dos estágios.

Já Greiner (1972) classificou os estágios em criatividade, direção, delegação, coordenação e colaboração. Torbert (1972), por sua vez, propôs um modelo composto por nove estágios: o pré-nascimento, no qual são pensados os objetivos e demais detalhes antes da abertura da empresa; o financeiro, o qual retrata os recursos necessários para o funcionamento da empresa; o de experimentação, que é quando os fundadores experimentam os planos;

o de produtividade predefinida, no qual se define a qualidade do produto ou serviço a ser exportado pela empresa no seu processo final; o de colaboração e concordância para escolher a estrutura da empresa; a formação de uma comunidade após a ocorrência de uma crise; a disciplina e, por fim, a formação de novos valores e a renovação da administração, necessários para a continuidade da empresa.

Assim como Scott (1971), Katz e Kahn (1978) propuseram um modelo com os estágios primitivo, estável, elaborativo e estrutura de suporte. Também Quinn e Cameron (1983) classificaram os estágios em empreendimento, coletividade, formalização e elaboração.

Um estudo realizado por Miller e Friesen (1984) objetivou identificar como a organização responde à crescente complexidade da tarefa administrativa à medida que progride em seu ciclo de vida. Eles definiram cinco estágios de ciclo de vida, quais sejam: nascimento, crescimento, maturidade, rejuvenescimento e declínio.

Na fase de nascimento, a empresa é pequena, tem estrutura informal, o poder é altamente centralizado e os métodos de processamento de informação e de tomada de decisão são precários. Na fase de crescimento, ela é de tamanho médio, mais velha, já tem alguma formalização em sua estrutura, menos centralizada, início do processamento formal de informações e de métodos de tomada de decisões. Quando ela está na fase de maturidade, apresenta estrutura formal e burocrática, centralização moderada, investimento em processamento da informação. Já na fase de rejuvenescimento, ela é grande e mostra uma base divisional, controles, monitoramento, comunicação e processamento de informações apoiado por sistemas sofisticados. A última fase, o declínio, é caracterizada por estrutura formal e burocrática, centralização moderada, sistemas de processamento de informações e métodos de tomada de decisões menos sofisticados.

Os autores usaram essa estrutura para embasar as suas pesquisas. Após a aplicação do estudo, eles comprovaram que os desafios são respondidos pelas empresas através de soluções estruturais, de estilos de tomada de decisão e de estratégia crescentemente complexos e que os fatores contingenciais são determinantes para os seus ciclos de vida.

Na mesma linha, porém, com foco nos ciclos de vida de empresas familiares, Gersick et al. (1997) apresentaram um modelo que pode ser útil para os demais negócios também, que é composto por três dimensões: a primeira diz respeito à propriedade, a segunda é relativa à família e a terceira, ao negócio. O primeiro eixo engloba a parceria, o consórcio entre as pessoas e o controle do proprietário; o segundo envolve a entrada das pessoas da família no negócio, o trabalho em conjunto e o momento em que cada um passa adiante as suas atribuições, cargos, funções etc. O último, referente ao negócio em si, compõe-se de sua fase inicial, que é aquela que o impulsiona, da fase de expansão e de formalização, onde a empresa trabalha para alcançar a estabilidade e, por fim, da fase de maturidade, na qual a empresa atua para manter as suas conquistas e o sucesso já alcançado.

Embora sejam classificações diversificadas para o mesmo tema, nota-se que há peculiaridades e convergências entre uma e outra roupagem dada pelos autores apresentados. Todas, indubitavelmente, originaram-se dos estudos iniciais que abordaram a relação empresa e a sua existência com os organismos vivos estudados pela própria biologia, ou seja, houve inicialmente uma tentativa de aproximação e posteriormente uma separação das vertentes, entre a economia que iniciou suas discussões sobre a firma e a biologia que analisava os espectros e variações nos seres vivos. Ocorreu aí uma junção de ambos os conceitos que resultou em várias abordagens que sustentam o campo da administração e, no caso apresentado por esta obra, da Controladoria e da gestão de empresas.

Depreende-se que os estágios de vida das empresas se iniciam a partir das aspirações de seus fundadores. Depois disso, ocorre o processamento de outras fases que espelham o desenvolvimento e a estabilidade da empresa, tais como o seu modelo de gestão, a estrutura formal de gestão adotada, as estratégias escolhidas e implementadas, os estilos de liderança, a forma de respostas às condições ambientais ou às contingências, as ferramentas gerenciais e operacionais implantadas, a forma como o processo de gestão é visto e executado, o comportamento das pessoas, a cultura, entre outros aspectos inerentes ao sistema empresa. Dependendo do ciclo de vida em que a empresa está, ela revela determinadas características que, ao trocar de fase, são alteradas em prol de sua continuidade e de novos cenários com os quais ela se defrontará.

Em linhas gerais, pode-se entender que um empreendimento é composto por três grandes fases: a fase inicial, a fase de expansão e a fase de maturidade, deixando-se de lado nesse momento a fase de declínio, que também é tratada pela literatura.

Analisando a literatura e os estudos realizados sobre esse assunto, encontram-se várias propostas de modelos, inúmeras classificações para ciclos de vida; no entanto, para fins deste capítulo, é evidenciada na seção subsequente a relação entre ciclos de vida e Controladoria.

2.3.1 A aplicação dos conceitos de ciclo de vida das empresas à Controladoria

Como tem sido mostrado nos demais capítulos e seções, esta é mais uma abordagem que tem relação direta e pode explicar os comportamentos empresariais também abrangidos pelos estudos sobre Controladoria.

A fim de clarificar o elo entre os dois assuntos, mostra-se a seguir uma figura sucinta e a respectiva análise no sentido de tornar mais visual as fases pelas quais uma empresa passa e qual a postura da Controladoria em cada uma delas.

Como já tratado anteriormente, as empresas vivenciam fases semelhantes, pois os sistemas vivos ou em funcionamento pressupõem a passagem pelas fases de nascimento, crescimento, maturação e morte. Entre essas fases há outras que podem intermediar este processo e em cada uma delas podem existir outros estágios, mas o caminho natural é esse que pode ser visualizado na Figura 2.1.

Figura 2.1 – Ciclo de vida

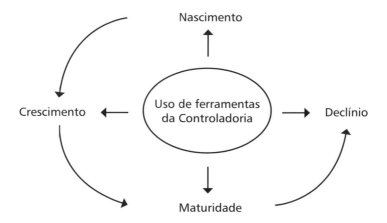

A Controladoria atua de forma distinta em cada estágio de vida da empresa. Na fase de nascimento, ela muitas vezes nem existe, só é criada com a transição entre o nascimento e o crescimento. Isso porque quando uma empresa é criada, ela começa a funcionar sem a necessidade de controles complexos, poucos são os gestores e em muitos casos ela é administrada inicialmente pelos próprios fundadores. À medida que as operações se expandem e que a dinâmica da empresa aumenta, os processos se tornam mais complexos, necessitando, sobretudo, que ela contrate novos gestores e adote instrumentos mais sofisticados de apoio à gestão.

Nesse momento, os gestores passam a requerer informações mais elaboradas para tomarem as suas decisões e conforme as operações tornam-se mais numerosas, as decisões a serem tomadas precisam ser cada vez mais precisas e acertadas. Para que isso possa acontecer, os tomadores de decisões clamam por informações tempestivas, consistentes e que atendam às necessidades deles para aquele momento. Diante disso, para que essas informações apresentem esses atributos, elas precisam ser geradas em meio a um processo coeso, apoiado por instrumentos confiáveis, disponibilizados e utilizados pela área de Controladoria.

Em cada um dos estágios, a Controladoria tem um papel peculiar. Nos mais avançados, nos quais as empresas já cresceram e estão praticamente estabelecidas em seus mercados, ela geralmente trabalha com instrumentos gerenciais que possibilitam a adequada mensuração e o controle eficiente das operações, desde o uso e controle de sistemas de coleta e de processamento de informações contábeis até mecanismos de mensuração de desempenho de gestores e da empresa em geral. Assim ocorre em cada estágio de vida da empresa. A Controladoria deve ser a apoiadora da gestão, por meio da disponibilização de instrumentos adequados de mensuração e de controle do sistema empresa. Para isso, deve conhecer o ciclo de vida em que a empresa se encontra.

2.4 Dependência de recursos

A abordagem da dependência de recursos, também tratada como teoria por alguns autores como Pfeffer e Salancik (1978), trabalha com a ideia de que as empresas podem ter certa autonomia em relação ao ambiente externo. Entretanto, isso intensifica a necessidade de elas controlarem ativamente as incertezas inerentes a esse ambiente, para lhes possibilitar ações rápidas e coerentes no intuito de administrar apropriadamente os recursos disponíveis, procurando limitar a sua dependência em relação a esses.

Os recursos, por sua vez, não são abundantes e suas disponibilidades dependem da complexidade, do dinamismo e da riqueza do mercado. Na medida em que existem mais consumidores para esses recursos eles se tornam ainda mais escassos, aumentando-se os custos e a incerteza de sua obtenção. Assim, as organizações têm entre as suas prioridades estabelecerem estratégias e parcerias para a obtenção dos recursos de que necessitam, de forma a diminuírem os efeitos da incerteza ambiental do mercado fornecedor sobre as suas operações.

Essa teoria é bastante similar à teoria da contingência, no que se refere à forma como a empresa administra sua relação com o ambiente. Seu foco está em que a prioridade de uma organização deve ser a minimização de sua dependência das outras entidades ambientais, garantindo seu suprimento de recursos, ao mesmo tempo em que busca formas para influenciá-las a tornarem seus recursos sempre disponíveis. A forma de interação com o ambiente, portanto, é o desenvolvimento da influência da organização sobre outras entidades ambientais, além de seu propósito final de atender às necessidades e responder à demanda das outras organizações em seu ambiente (JONES, 1995).

Essa abordagem de dependência de recursos nos remete à ideia de que para a empresa ter certo domínio sobre, pelo menos, parte de seu ambiente externo, é necessário prioritariamente organizar os seus próprios recursos, inclusive os que se originam em seu ambiente interno. Pode-se, assim, ampliar a discussão do tema desta seção para o que a literatura tem chamado de perspectiva baseada em recursos (RBV – *resource-based views*). Destaque-se que são duas abordagens distintas, mas que, no entanto, podem ser vistas como dependentes uma da outra, tendo em vista que uma empresa deve se organizar internamente a fim de ganhar forças perante o ambiente externo e até mesmo modelá-lo, quando possível, de acordo com as suas necessidades.

2.4.1 Perspectiva baseada em recursos e a relação com a Controladoria

A perspectiva baseada em recursos (PBR) parte do princípio de que toda empresa possui recursos que podem torná-la mais competitiva e passível de ter melhores resultados. Isso depende, é claro, da forma como cada uma os administra e de como os valoriza.

Esse conceito é visto por alguns autores como uma inovação. Peng (2001), de seu lado, considera-o como uma inovação por vários motivos. Um deles centra-se na ideia de que a PBR pode ser um dos determinantes para o desempenho da empresa, haja vista que considera o seu ambiente interno. Outro motivo repousa no fácil entendimento do conceito e, consequentemente, na facilitação de sua aplicabilidade prática. Esse conceito é também flexível aos seus estudiosos, pois tem elos com outras perspectivas teóricas, possibilitando, assim, que uma estrutura conceitual completa seja criada, incluindo a PBR.

Considerando-se os aspectos da PBR citados por Peng (2001), é coerente supor que a Controladoria, de alguma forma, utiliza os conceitos da PBR para a sua estruturação e funcionamento. Alinhada à noção estratégica presente no próprio escopo da RBV, essa área busca, por meio da gestão dos recursos da empresa, a obtenção de melhores resultados econômicos, como também o fazem outras áreas organizacionais.

A Controladoria, por seu turno, deve orientar seus esforços na identificação de recursos que produzem diferenciais competitivos, tendo em vista que eles podem representar importantes direcionadores de valor, os quais, com o passar do tempo, melhoram o desempenho da firma. Aplicando-se o conceito da PBR, a empresa como estrutura deixa de ser o centro da atenção dos gestores e o que ganha destaque são os seus recursos internos, visto que estes é que consistem na fonte que pode propiciar melhor *performance* para a empresa.

A Figura 2.2 procura tornar visual essa abordagem conceitual descrita até o momento, contemplando o ambiente interno e o externo.

Figura 2.2 – Dependência de recursos externos

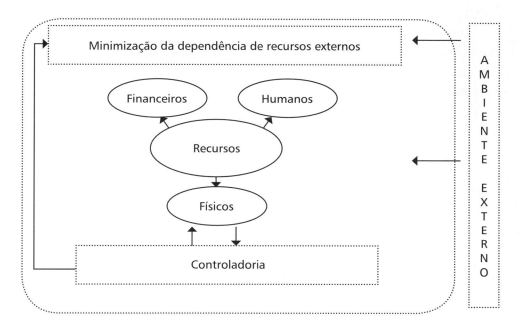

Na ilustração da Figura 2.2, visualiza-se que a empresa obtém recursos do ambiente como meio de realizar as suas operações. Esses recursos podem ser desde os materiais dos quais necessita para compor seus produtos ou serviços, os recursos financeiros que precisa captar de órgãos externos, até a importação de competências (recursos humanos) para efetivar o funcionamento de suas atividades.

A abordagem da dependência de recursos apregoa justamente essa captação ou dependência da empresa por recursos disponíveis em seu ambiente. Nesse sentido, a empresa, a fim de tornar-se menos dependente ou menos suscetível às mudanças desse ambiente, pode adaptar o uso de seus recursos internamente para responder de uma forma mais adequada a essas também chamadas contingências.

Dessa forma, a perspectiva baseada em recursos nada mais é, como visto anteriormente, do que a otimização e o gerenciamento adequado dos recursos que a empresa possui em sua estrutura, em um ambiente de seu inteiro domínio.

A Controladoria atua diretamente nesse processo de otimização de recursos, pois é ela que se encarrega de disponibilizar instrumentos para o controle das operações e para a mensuração do desempenho, tanto das áreas individuais como da empresa como um todo. Através do uso de sistemas informatizados, são gerados relatórios e demais informações para os gestores e tomadores de decisões. Com eles, os gestores podem decidir a respeito da mudança de planos, sobre as medidas que devem ser tomadas para o uso apropriado dos recursos disponíveis, sobre quais os ajustes são necessários para o aumento da produtividade, entre outras possibilidades de decisões.

3

MODELO DE GESTÃO

Este capítulo atende à lógica de que o modelo de gestão é, em sua essência, formado por crenças, valores, desejos etc. de pessoas que se propõem a iniciar um empreendimento e que dispõem tais elementos para a formação do negócio. Podem ser várias as razões que guiam um indivíduo a empreender um negócio, mesmo face aos riscos que o meio ambiente o expõe, exigindo de sua administração desenvoltura para mantê-lo na rota de seus objetivos. Entre essas razões, além da oportunidade do negócio em si e da experiência do empreendedor, estão os fatores intrínsecos à sua própria personalidade.

As crenças e os valores do fundador da empresa são decorrência de sua formação cultural, em sentido amplo, e se tornam a essência da organização tal a forma como a afetam. Isso reflete a sua capacidade de atrair pessoas que possuam, se não as mesmas, pelo menos características convergentes com as mencionadas.

Ao eleger os seus principais colaboradores, o fundador de uma empresa presumivelmente leva em consideração, além de suas experiências, a forma de pensar destes, as suas afinidades, os seus temperamentos, os seus valores. Esse fator pode explicar a perenidade dos efeitos das crenças e valores do fundador durante a existência da empresa, pois da mesma forma como os seus principais colaboradores se tornam seus seguidores, também eles tendem a eleger seus subordinados observando-se os mesmos quesitos sob os quais foram avaliados quando se juntaram à organização.

Dessa forma, as crenças e os valores são os elementos básicos que sustentam o modelo de gestão, o qual contempla características que configuram a forma como a empresa realiza as suas atividades básicas, isto é, o tipo de estrutura que será por ela adotado, o desenho e o fluxo de seus processos administrativos e o tipo de relacionamento humano que deverá reger o comportamento dos indivíduos na organização.

Apesar de as crenças e os valores do fundador serem uma espécie de DNA da empresa, o núcleo de seu modelo de gestão, esse elemento pode sofrer alterações, tanto decorrentes da necessidade de adaptação da empresa ao seu ambiente quanto devido à entrada de novos membros organizacionais que, embora possam ter características individuais convergentes para aquele núcleo, trazem consigo as suas próprias crenças e valores, além de experiências e hábitos próprios.

As crenças e os valores dos indivíduos que ingressam na organização durante e após o seu amadurecimento podem interferir na forma como ela é administrada, sendo que os hábitos deles, em seu conjunto, formam a cultura organizacional.

3.1 Entendendo o modelo de gestão

Os indivíduos, de maneira formal ou simbólica, estabelecem modelos ou padrões para si durante a sua existência, quer de êxito profissional, quer de reconhecimento social, ético, entre outros. Tentam resolver seus problemas de absorver os diversos espectros do ambiente trabalhando com abstrações, idealizando ou pensando em modelos. Assim, "os modelos são na realidade as imagens intelectuais sobre as quais se desenvolve o conhecimento obtido de um trabalho explícito ou não, de seleção dos elementos relevantes da porção da realidade em análise" (GUERREIRO, 1989). Podem, portanto, ser caracterizados como um artifício, uma simplificação de determinada realidade que facilita a comunicação.

Na sociedade, em geral, percebem-se diversos exemplos de modelos, tais como os modelos de carro, de escola, de casa, de empresa etc., que formam as percepções e até mesmo guiam as escolhas das pessoas dentro da realidade em que vivem. Esses modelos são o resultado de um processo de criação, educação e vivências em geral, ao qual os indivíduos são submetidos ao longo de suas vidas, conforme abordado na seção deste livro pertinente à cultura.

As tentativas de externalizar ideias, pensamentos ou abstrações ocorrem em qualquer ambiente de convívio, seja familiar ou empresarial, como exemplos. Para alcançar êxito em seus propósitos no ambiente empresarial, o indivíduo, como gestor, estabelece em um primeiro momento um modelo para a sua gestão, segundo o qual conduzirá a sua equipe na direção dos objetivos a serem alcançados.

Os modelos de gestão parecem ter sido primeiramente amparados e sistematizados em meio às bases filosóficas de cientistas e filósofos como René Descartes, Isaac Newton e Francis Bacon, cujos pensamentos tiveram importância marcante na cultura da qual emergiram as teorias administrativas, influenciando consideravelmente a construção da sociedade industrial.

A visão mecanicista, representada pelos teóricos e propositores Taylor, Ford e Fayol, também marcou a sociedade industrial, tocando em pontos como: (a) a produtividade e eficiência na produção, princípios do planejamento, preparação, controle e execução do trabalho (TAYLOR, 1995); (b) a invenção de Ford da linha de montagem na produção, ressaltando os princípios de intensificação, economicidade, produtividade (MAXIMIANO, 1995); (c) a divisão de trabalho, autoridade e responsabilidade, disciplina, unidade de comando, unidade de direção, subordinação, remuneração do pessoal, centralização, hierarquia, ordem, equidade, estabilidade do pessoal, trabalho em equipe e iniciativa das pessoas (FAYOL, 1989).

Note-se que, a partir desses modelos, oriundos das teorias da administração e do empirismo vivenciado pelos consagrados autores supracitados, as empresas em geral se firmam. Elas podem, de fato, modificar as bases teóricas, administrativas, mas em essência guardam os resquícios precedentes. Elas, na verdade, reformatam modelos predeterminados.

Às abordagens filosóficas e mecânicas junta-se também a abordagem humanística, que marcou a descoberta da influência dos fatores psicossociais sobre a produtividade. Unindo as abordagens que norteiam a parte estrutural e comportamental de uma empresa, podem-se compreender de forma mais apurada os modelos de empresas.

No Brasil, o assunto modelo de gestão foi inicialmente discutido, conceituado e entendido pelos estudiosos Armando Catelli e Reinaldo Guerreiro. Eles apresentaram os princípios e as diretrizes de um modelo de gestão, a saber.

O modelo de gestão, segundo Guerreiro (1989), é caracterizado por um conjunto de princípios que devem ser observados pelos membros organizacionais. Esses princípios existem para que se procure garantir:

a) que a missão da empresa seja cumprida;

b) que seja inserida na empresa uma estrutura adequada que ofereça o devido suporte para as suas atividades e o seu funcionamento sistêmico;

c) que se institucionalize um estilo de gestão condutor para a criação de uma cultura que permita a integração das pessoas em torno dos objetivos estabelecidos pela empresa;

d) que a execução dos planos preestabelecidos, juntamente com os recursos utilizados para tal execução, seja devidamente aferida, a fim de que os possíveis desvios provenientes de desajustes na operacionalização desses planos sejam corrigidos;

e) que as variáveis do ambiente externo, bem como as do ambiente interno, sejam observadas atentamente para que, em caso de necessidade, novos recursos sejam disponibilizados para o processamento dos bens e serviços propostos pela empresa. Nesse quesito, é importante que se observe o comportamento de todas as variáveis do ambiente, como, por exemplo, as macrovariáveis ambientais – econômica, tecnológica, social, legal etc. – e outras relacionadas às suas entidades de relacionamento – clientes, concorrentes, fornecedores etc.

Cada empresa tem, decerto, o seu próprio modelo de gestão, o que implica entender que cada uma delas possui seus próprios líderes, com suas aspirações, crenças, valores, estilo de gestão e de liderança, suas formas peculiares de tomarem decisões e delegarem poder e autoridade, entre outras características.

Entretanto, mesmo a par dessas diferenças normais no cenário empresarial, Guerreiro (1989) ainda defendeu que existe um conjunto básico de definições que devem ser incorporadas pelo modelo de gestão de qualquer empresa, ou seja, propôs um modelo comum ou "ideal", baseado em suas pesquisas e constatações empíricas. Essas definições, de acordo com o autor, se transformam em diretrizes, que, de seu lado, podem oportunizar à empresa que as pessoas nela envolvidas trabalhem em prol dos planos e objetivos traçados pela sua administração. Elas consistem, primeiramente, na existência de um planejamento estratégico, construído a partir da observância das variáveis externas e internas que cercam as operações da empresa.

A fim de operacionalizar o planejamento estratégico, outra diretriz entra em cena e diz respeito ao planejamento operacional, cujas atividades executadas, oriundas dele, necessitam de um constante controle, necessário para que se visualizem os compassos e descompassos entre as expectativas dos líderes, expressas por meio do planejamento, e os resultados de sua execução por parte dos gestores e demais pessoas executoras.

Revisões e, por vezes, ajustes devem ser constantemente feitos no planejamento conforme alternâncias das variáveis ambientais externas e internas, pois elas podem interferir na execução dos planos, seja direta ou indiretamente. Por conseguinte, todas as mencionadas variáveis devem ser analisadas cuidadosa e detalhadamente, em se tratando de seus impactos na estrutura da empresa e no seu adequado funcionamento. A título de exemplo, se uma variável econômica sofrer uma considerável mudança, é natural supor que a empresa deva rever o seu planejamento considerando essa alteração, pois supõe-se que as suas políticas comerciais, de compra e de venda, entre outras, precisam ser reafirmadas ou então modificadas.

Outra definição sugerida está calcada na forma como a responsabilidade e a autoridade de cada gestor são delineadas, haja vista que elas devem permitir a eles que atuem de maneira a serem avaliados por aquilo que estão sendo responsabilizados. A clareza na definição de responsabilidades e na delegação de autoridade para os gestores elimina as chamadas áreas cinzentas, que nada mais são do que aquelas nas quais há a execução de atividades, porém, não há exatamente alguém que responda por elas ou que seja responsabilizado no caso de serem necessários ajustes ou mudanças.

Não se pode deixar de considerar os sistemas de informações, que são essenciais para a tomada de decisão dos gestores e, portanto, devem ser formais e possibilitar a integração de todas as áreas da empresa, cujos relatórios devem atender às necessidades dos usuários dado que cada um tem o seu próprio perfil. Nesse ínterim, destacam-se as ferramentas da tecnologia da informação, que existem para facilitar o processamento e a disponibilidade das informações aos usuários que as requererem.

Tem-se até então um perfil do modelo de gestão a partir do qual emergem as diretrizes que orientam os negócios do sistema empresa como um todo.

Catelli (2001), por seu turno, divulgou o modelo de gestão como sendo o conjunto de princípios, nem sempre formalizados, que pode ser contemplado por meio da observância dos instrumentos de gestão, tais como planejamento, controle, sistemas de informações etc., e demais práticas gerenciais adotadas na empresa. Noutras palavras, ele se constitui de um conjunto de crenças e valores a respeito da maneira como administrar uma empresa. Dele decorre uma série de diretrizes que impactam os subsistemas e o sistema organizacional como um todo. Essas diretrizes mostram se a empresa tem ou não planejamento e controle, qual o grau de participação dos gestores nas decisões, quais os critérios de avaliação de desempenho, quais os papéis dos gestores na empresa, entre outros.

Catelli propôs alguns princípios alicerçados na visão sistêmica da empresa, que servem de base para o modelo de gestão de quaisquer delas. São eles:

- processo decisório descentralizado;
- funções e responsabilidades definidas claramente e decorrentes da missão;
- autoridade compatível com as funções e responsabilidades;
- estilo participativo;
- postura empreendedora por parte dos gestores;
- processo de gestão: planejamento estratégico, planejamento operacional, execução e controle;
- avaliação de desempenho de gestores baseada no resultado econômico da empresa.

3.2 Características da gestão empresarial

O modelo de gestão de uma empresa explica a forma como ela é gerida. É ele o sincronizador dos seus elementos vitais. Esses elementos envolvem desde o processo de gestão expresso na forma de planejamento, execução e controle, até o ato de organizar a empresa e sua estrutura, formatar sistemas que apoiem as demais funções, delinear as relações entre as pessoas. É nessa ideia que esta seção procura se ater.

Diversos são os autores que tratam dos elementos da gestão. Consultando a literatura, percebe-se que as tarefas da administração, como as de planejar, executar, controlar, organizar, coordenar etc., têm sido estudadas por autores consagrados no âmbito da administração, como mencionado na seção anterior deste trabalho. Entre eles, encontra-se Fayol (1989), que já sumarizava os elementos essenciais da gestão como sendo a previsão, a organização, o comando, a coordenação e o controle.

Assim também Fayol (1989), Stoner e Freeman (1985) e Daft (2004) desenvolveram a ideia de que uma administração deve se ater ao planejamento, à organização, à liderança e ao controle. Robbins (1978) trouxe os mesmos elementos expostos por seus precedentes, classificando-os em planejamento, organização, liderança e avaliação.

Com essa mesma abordagem, Steiner e Miner (1981) trataram os elementos da gestão. Para eles, o planejamento deve incluir todas as decisões que cercam as atividades da empresa; o controle dos planos deve ter incutido em seu processo a avaliação do desempenho organizacional, além do que as atividades e as relações entre as pessoas precisam ser coordenadas.

O que fica transparente ao compilar os elementos de gestão entre a diversidade de bibliografias existente, essencialmente as que tangem às ciências administrativas, é que a empresa pode ser visualizada por meio de tarefas fundamentais e gerais de gestão, tais como prever, organizar, comandar, coordenar e controlar, como já era estudado por Fayol. Tais tarefas foram expandidas e reclassificadas por outros autores, inserindo-se grupos que espelham os aspectos de gestão de pessoas e de sistemas, por exemplo.

As características a serem tratadas aqui envolvem a organização, o planejamento, execução e controle, as pessoas e os sistemas informacionais. A característica pertinente às pessoas visa refletir as relações entre elas e a forma como são tratadas na empresa. A organização engloba as funções e responsabilidades, o poder e a autoridade e a estrutura organizacional, aspectos estes que se destinam a formatar o desenho da empresa. O planejamento, sua execução e o seu controle formam o processo de gestão da empresa. E, por fim, após desenrolar os processos estruturais, humanos e de gestão, abordam-se os sistemas informacionais – destinados ao apoio geral ao sistema empresa.

Ressalte-se que esta última característica – sistemas – será explorada em capítulo subsequente juntamente com os aspectos do processo decisório.

3.2.1 Organização

O elemento organização se refere ao desenho dado à estrutura da empresa, seja por meio da estrutura física, seja via relações humanas. Como Robbins (1978) mencionou, organização é o estabelecimento de relações entre as atividades a serem desempenhadas, o pessoal que vai desempenhá-las e os fatores físicos. Os recursos existentes em uma empresa demandam, primeiramente, um claro desenho da estrutura formal de relações de responsabilidades e autoridade, sendo que a principal preocupação nesse processo é com a divisão de tarefas a serem executadas, a formação de grupos de trabalho, a equalização da autoridade e responsabilidade e a administração de recursos humanos.

Justificando a importância do fator organização, Simon (1965) a reiterou, pois é no ambiente empresarial que os indivíduos passam a maior parte de seu tempo, sendo ele o gerador das forças modeladoras e orientadoras do desenvolvimento, de suas qualidades e de seus hábitos pessoais, além do que a organização propicia àqueles que ocupam posições de responsabilidade os meios para exercerem autoridade e influência sobre os demais. Esses parecem ser dois motivos relevantes para a empresa atentar para uma organização adequada.

Scalan (1979) sugeriu alguns passos para organizar a empresa, que podem facilitar o seu funcionamento. O primeiro deles diz respeito aos objetivos claramente definidos, visto serem eles que apoiam, em última análise, a estrutura organizacional. O segundo passo se refere à divisão de atividades. Além disso, necessário se faz focar a estrutura organizacional no trabalho a ser realizado, nas pessoas que devem realizá-lo e no ambiente, bem como definir claramente as relações de autoridade, responsabilidade e prestação de contas.

Outra visão é a de Daft (2004), que tratou também do processo organização. Para ele tal processo se divide em estrutura organizacional, representada visualmente pelo organograma; especialização do trabalho, que espelha o grau segundo o qual as tarefas são distribuídas entre os indivíduos; cadeia de comando, que expressa o quesito autoridade, especificando quem se reporta a quem; autoridade, responsabilidade e delegação; amplitude administrativa ou de controle, que demonstra o número de pessoas e a quem se subordinam; centralização e descentralização, referentes à autoridade de decisão que os gestores possuem; formalização, que se revela por meio de documentação que norteia as pessoas e suas atividades na empresa; departamentalização, que evidencia a forma como ocorre a aglutinação dos funcionários em departamentos, cujas abordagens podem ser funcional, vertical, divisional, matricial, baseada em equipe, baseada em rede.

Nesse sentido, foram apresentados, em linhas gerais, os quesitos básicos para organizar a empresa, quais sejam: especialização do trabalho, departamentalização, cadeia de comando, amplitude de controle, centralização e descentralização e formalização.

Mostrando um linear compasso com os autores antes mencionados, Litterer (1970) acrescentou que além da unidade de comando e da amplitude de controle, a estrutura da empresa anatomicamente é formada com base no ambiente.

Na opinião de Gibson, Ivancevich e Donnelly (1988), complementar às anteriores, existe na empresa o processo decisório do qual decorre a estrutura delineadora das relações entre gestores e áreas de atividades. A divisão e a especialização de tarefas entre as pessoas da empresa, a departamentalização, ou a recombinação das tarefas individuais, a definição do tamanho do grupo e a hierarquia à qual ele está ligado (amplitude de controle) e a distribuição de autoridade são demarcadores da estrutura de uma empresa, segundo a ótica dos referidos autores.

Dadas as diversas definições, entre outras existentes no meio literário, desenhou-se para este livro uma estrutura para o processo organização, a qual envolve cinco grupos: a definição das funções e responsabilidades de cada pessoa na empresa, o poder e autoridade delegados e exercidos por essas pessoas, a centralização e descentralização de decisões, e a estrutura em si expressada, via de regra, por meio de um organograma.

A Figura 3.1 mostra a subdivisão de organização, que será tratada a seguir.

Figura 3.1 – Organização

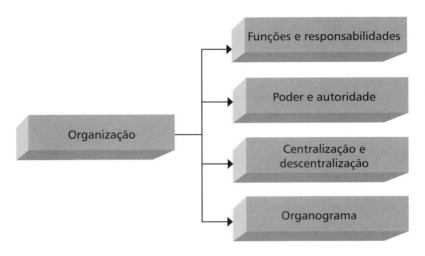

a) Funções e responsabilidades

As funções e responsabilidades dizem respeito à definição das relações entre gestores e as atividades a serem realizadas, a fim de que não existam áreas cinzentas na empresa que impossibilitem os gestores de conhecerem claramente suas funções e responsabilidades, o que poderia prejudicar o desenvolvimento adequado das atividades inerentes às suas funções.

Uma função existe na estrutura organizacional para respaldar a necessidade de controlar as atividades a serem realizadas pelas pessoas. Entende-se que qualquer trabalho para ser controlado demanda a compreensão de suas peculiaridades. No entanto, não basta apenas compreender-se isso, é necessário, também, envidarem-se esforços no sentido de garantir que os resultados desejados sejam alcançados, ou seja, uma obrigação que se assume exige a responsabilidade da pessoa que a assumiu. A responsabilidade se expressa por meio da realização das tarefas de uma melhor forma possível e da obrigação de prestar contas dos desempenhos alcançados a uma hierarquia superior.

Etzioni (1974) relatou que na estrutura burocrática de Weber uma empresa reveste-se de funções oficiais ligadas por regras, cujas finalidades são as de economizar esforços eliminando a necessidade de encontrar uma nova solução para cada problema e cada ocorrência e de facilitar a padronização e igualdade no tratamento de casos diversos.

Voltando à teoria de sistemas abertos e aos subsistemas empresariais, tratados no Capítulo 1 desta obra, tem-se que a empresa, para cumprir com sua missão e seu papel na sociedade, importa recursos do ambiente no qual atua, os transforma em produtos ou serviços e a seguir exporta-os ao referido ambiente. O processo de transformação, todavia, demanda que as funções inerentes a ele sejam delineadas e distribuídas, a fim de seguir-se um curso coordenado e contínuo de ações.

Dessa forma, entende-se que as funções devam ser estabelecidas adequadamente na empresa, bem como devem ser atribuídas às pessoas as responsabilidades compatíveis às funções que cada uma delas exerce.

b) Poder e autoridade

O poder e a autoridade são aspectos-chave em se tratando de comportamento nas empresas, pois eles também definem as estruturas e relações entre as pessoas das áreas organizacionais. Eles podem influenciar, negativa ou positivamente, os comportamentos e, com isso, o desempenho dos gestores e da empresa como um todo.

Para Siu (1979), o poder é uma habilidade latente que influencia as ações, os pensamentos ou as emoções de outras pessoas. Entretanto, Hales (1993) afirmou que o poder somente pode ser exercido por meio do uso de recursos de poder, haja vista ser ele aquele que pode influenciar e modificar comportamentos em uma empresa. Este último autor classificou os referidos recursos sob as perspectivas física, econômica, de conhecimento administrativo e técnico e normativo.

Os recursos físicos envolvem os pontos fortes individuais na empresa, enquanto os econômicos abarcam as riquezas e os ganhos alcançados pelos indivíduos. Já os recursos de conhecimento administrativo dizem respeito à *expertise* e o técnico, às habilidades individuais. Os últimos, que se referem aos recursos normativos, são compostos pelas crenças, valores, ideias e qualidades pessoais (HALES, 1993).

Percebe-se que o poder, nessa visão exposta por Hales, se faz valer por intermédio de aspectos que envolvem o comportamento individual e do grupo. Aspectos estes mais culturais do que propriamente tangíveis. Talvez por isso, haja pessoas nas empresas, e também em outros grupos sociais, que exercem naturalmente poder sobre outras integrantes do grupo do qual participam ou pelo qual são responsáveis. Esse poder natural foi chamado por Bourdieu (1989) de poder simbólico – o poder que está em todas as partes, muitas vezes de forma aparente e, em outras, de forma invisível.

Cabe aqui também analisar o poder segundo Hiley (1987), para quem diferentes modelos podem clarificar a relação ética corporativa entre poder e valores. Ele distinguiu o modelo comportamental do ideológico e do disciplinar. O primeiro é aquele no qual as concepções de centros de poder consistem no comportamento declarado/formal e intencional de indivíduos ou grupos, onde existe conflito explícito ou resistência e no qual as resoluções dos conflitos parecem explicar o fato de um indivíduo ou grupo ter mais poder sobre os demais.

O segundo, comportamental, pode ser visto frequentemente no ambiente empresarial, onde um gestor tem poder sobre o outro, seja formal ou informal. O consenso, bem como a resolução ou inexistência de possíveis conflitos decorrentes da sobreposição de poderes, pode ser inerente à cultura organizacional e, mais especificamente, do aqui tratado modelo de gestão, visto que a condução das linhas de poder, e dos outros elementos de gestão, faz parte da organização da empresa.

Outro modelo interessante nessa abordagem de Hiley é o ideológico. Esse modelo de poder vai ao encontro do sistema de crenças ou do conjunto de valores dos indivíduos ou grupos na empresa, estruturando condições para certos resultados explícitos. Enquanto o modelo comportamental foca a intenção dos atores sociais, o ideológico exprime esforços nos fatores estruturais em um sistema de crenças e valores. Pensamentos acerca do modelo ideológico estão associados com a análise marxista das classes dominantes.

O terceiro e último modelo é o disciplinar, derivado da complexa análise de Michel Foucault sobre a relação entre as ciências humanas e as formas de poder na idade moderna. O foco dele esteve na forma como o poder influencia os pensamentos como, por exemplo, os burocráticos e os regimentais. O poder nesse modelo não tem o objetivo de solucionar conflitos ou alcançar uma dominação ideológica, mas o de realizar eficientemente e reduzir a contrariedade entre os processos de regimentos, regularização e supervisão.

Para Hiley (1987), os modelos não são excludentes, eles podem nortear diferentes áreas organizacionais em termos de relações entre poder e valores. O modelo ideológico pode melhorar a base para entender a influência da cultura organizacional ou do conjunto de valores não só nas tomadas de decisões dos gestores, oriundas de seus pensamentos, como também moldando certos interesses para a realização de discussões entre eles. O modelo disciplinar pode oferecer um suporte para avaliar o desempenho.

Já, em se tratando de autoridade, Simon (1965) recorreu à argumentação de que ela é a que distingue de maneira mais eficaz o comportamento dos indivíduos como participantes da organização, proporcionando à organização a sua estrutura formal, podendo-se esmiuçar melhor os modelos de influência organizacional após a especificação dessa estrutura. Segundo ele, autoridade é uma relação entre dois indivíduos, um superior e outro subordinado, sendo que o primeiro delimita e transmite decisões na expectativa de que elas sejam aceitas pelo subordinado.

Em uma organização formal, segundo Simon (1965), a autoridade ganha formas diferentes. A primeira é aquela exercida sobre os indivíduos que têm controle sobre o grupo para estabelecer e fazer cumprir o esquema da organização formal; a segunda espelha o fato de o próprio esquema da organização formal prescrever as linhas de autoridade e a divisão de trabalho a serem obedecidas na execução do trabalho da organização.

Diante disso, entende-se que em uma empresa podem-se ter poder e autoridade formais e informais. Informais são aqueles simbólicos, que não são declarados ou regulamentados pela empresa, são na verdade os que fogem à organização formal. Já os formais são os inerentes ao próprio desenho organizacional, devidamente declarados ou formalizados. Tanto um quanto o outro são aspectos oriundos do modelo de gestão. Isso porque a cultura organizacional se origina, também, da observância dos comportamentos dos líderes principais da empresa, aqueles que a iniciaram ou que são responsáveis pelo seu total funcionamento.

c) Centralização e descentralização

De forma sumarizada, pode-se entender que a centralização ocorre quando a tomada de decisão é efetivada nos níveis mais elevados da hierarquia organizacional e a descentralização se materializa quando essa decisão deixa de ser tomada somente por um pequeno grupo do alto escalão e passa a ser disseminada entre outros níveis hierárquicos.

As empresas descentralizadas são caracterizadas pela necessidade de um grau mais elevado de monitoramento sobre as decisões tomadas por seus gestores, até porque elas deixam de ser centralizadas por alguns deles e passam a ser tomadas por vários e em distintos níveis hierárquicos. Contudo, é interessante entender que a noção de descentralização não deve ser endossada a toda a organização, tampouco em todas as situações (VECCHIO, 2006). Aí reside a importância de se analisarem o modelo de gestão que apoia a empresa, a estrutura de controle que ela possui, a robustez do sistema de informações que ela possui, entre outros fatores.

Descentralizar não significa que a administração esteja retirando-se do comando da empresa. Pelo contrário, isso pode ocorrer por existirem situações que requeiram que as decisões sejam descentralizadas, como forma de aumentar a rapidez e eficácia do processo decisório. Por outro lado, isso implica maior necessidade de controle, pois fatos significantes passam a ser decididos por um grupo maior de pessoas, o que pode acarretar riscos operacionais.

Para Simon (1965), a eficiência em uma empresa aumenta quanto menos níveis hierárquicos existirem. A orientação do autor é para uma simplificação possível da estrutura organizacional, por meio da descentralização dessas decisões.

Vecchio (2006) ainda contribuiu explanando as possíveis desvantagens associadas às estruturas descentralizadas. Para ele, se não há uma coordenação centralizada, a tendência é de os gestores focarem problemas e funções daquele momento, ignorando oportunidades para crescimento e inovação, assim como a divisão de recursos – estruturais, *staff*, facilidades – e de funções pode criar dificuldades para se controlar o percurso das atividades de cada um. Além disso, podem acontecer disputas e conflitos internos difíceis de serem resolvidos porque cada área opera com relativa independência. Disputas entre as áreas e decisões controladas inadequadamente também podem ser observadas.

Há, entretanto, autores, como os da linha de estratégia, que acreditam ser salutar a existência dessa disputa entre gestores e áreas, argumentando que a competição saudável contribui para o crescimento geral da empresa. Obviamente, essa disputa precisa ser controlada por gestores ou pelo líder de um nível hierárquico superior, para que a competição saudável não se transforme em conflitos inadministráveis.

Nesse instante, fica claro que a questão primordial envolvida quando se trata de centralização e descentralização é a decisão. Ela é que dá o tom para o curso que a empresa tomará. Como afirmou Robbins (1978), "a decisão é o cerne da ação administrativa", e essa ação é o resultado de uma integração entre os elementos da organização – estruturais, humanos, informacionais, entre outros, que contribuem para que a empresa cumpra a sua missão.

Para Brousseau et al. (2006), o papel de todo gestor é tomar decisões, porém, o modo como ele as toma modifica-se à medida que ele muda de nível hierárquico. Por exemplo, "em níveis mais elevados, o trabalho envolve decisões sobre quais produtos ou serviços oferecer e como desenvolvê-los", enquanto em níveis inferiores, "sua função é levar o produto ao mercado". A pesquisa realizada pelos autores indicou que gestores do alto escalão analisam e enfrentam problemas de uma forma bem diferente de colegas menos experientes, ou seja, a empresa deve sim atentar para essas peculiaridades quando resolve permear em sua estrutura a descentralização ou a centralização das decisões.

Como já abordado em seção anterior, o perfil do corpo de gestores da empresa é formado de acordo com as expectativas de seu líder principal. Esse líder adota um estilo de gestão e espera que as pessoas recrutadas possam aderir a ele a fim de a empresa toda ser orquestrada no mesmo ritmo. Ressalte-se que cada gestor tem o seu próprio perfil para tomar decisões, mas em linhas gerais deve respeitar as diretrizes emanadas desse nível hierárquico, de liderança, mais elevado.

Quanto aos estilos de tomada de decisão, uma classificação interessante é a de Brousseau et al. (2006), que, por meio de seus estudos, indicaram os estilos decidido, hierárquico, flexível e integrador. O decidido é um estilo de decisão direto, eficiente, ágil e firme; o hierárquico é altamente analítico e focado, espera que suas decisões, depois de tomadas, sejam definitivas e duradouras; o flexível preza a agilidade e a adaptabilidade, tomando decisões com rapidez para acompanhar o ritmo de situações imediatas, e o integrador oferece contornos mais amplos ao problema, tomando decisões que envolvem diversos cursos de ação que evoluem à proporção que as circunstâncias mudam.

Percebe-se que há vários estilos de tomada de decisões e que cada perfil de líder, geralmente, tende a se encaixar em alguma atividade empresarial que necessite dele. Se essa compatibilidade ocorrer, isto é, o compasso entre funções e responsabilidades, fica mais fácil adotarem-se medidas mais descentralizadas na estrutura organizacional.

d) Estrutura organizacional

A estrutura organizacional pode ser compreendida como aquela que representa o delineamento de todos os elementos da organização, sejam eles funções, responsabilidades, poder, autoridade, centralização, descentralização, posições hierárquicas etc.

Vários são os autores para quem a estrutura organizacional engloba a definição de tarefas, a departamentalização, a especialização, a padronização, a amplitude de controle, a autoridade, as relações hierárquicas, entre outros elementos que mostram o desenho da empresa, seja estrutural, seja aquele que permeia os recursos humanos (EVAN, 1963; HAGE, 1965; PUGG et al., 1968; LITTERER, 1970; ROBBINS, 1978; STONER; FREEMAN, 1985; GIBSON; IVANCEVICH; DONNELLY, 1988; DAFT, 2003).

Evan (1963) ofereceu, como forma de mensurar a estrutura hierárquica da empresa, três dimensões centrais, que consistiram em hierarquia das habilidades, hierarquia de recompensas e hierarquia de autoridade. Para cada dimensão ele desenvolveu indicadores a serem aplicados empiricamente. Entre os indicadores estão o porte e a idade da empresa, o grau de mecanização, diversidade de produtos, grau de competição da empresa no segmento em que atua, nível de industrialização, grau de cooperação nas relações entre os gestores, ênfase na igualdade como um valor cultural, nível de produtividade, taxas de crescimento e lucratividade, grau de crescimento de normas dentro da empresa, grau de comprometimento das pessoas com as metas estabelecidas por ela.

Percebe-se que o dimensionamento oferecido por Evan abrange as já mencionadas relações estruturais e humanas que ocorrem em uma empresa, e são justamente elas que formam a estrutura organizacional. Repare-se que em cada dimensão podem-se visualizar os elementos discutidos por outros autores. Por exemplo, a dimensão da hierarquia das habilidades pode envolver o desenho dos aspectos, tais como pessoas alocadas em funções compatíveis com suas habilidades, enquanto a hierarquia de recompensas pode englobar o dos aspectos relativos às responsabilidades que cada um tem sobre a realização de suas funções. Já a hierarquia de autoridade está envolta com todos os aspectos referentes às questões de poder, autoridade, centralização e descentralização.

Hage (1965) não afastou a sua visão dessas hierarquias propagadas por Evan. Em um artigo, ele discutiu a teoria axiomática das organizações, explorando variáveis que compõem os tipos organizacionais. Há duas classificações plausíveis para tais variáveis: a dos fins e a dos meios. As pertinentes aos meios dizem respeito à especialização, na qual a empresa é medida por número de especialidades ocupacionais e da extensão de treinamento exigido para cada uma; à centralização, ou como abordado por Evan (1963), hierarquia de autoridade, onde se mede a empresa por meio da proporção de participação de cada gestor na tomada de decisões e o número de áreas pelas quais ele é responsável; à formalização ou padronização, medida por meio da proporção de tarefas codificadas e a taxa de variação tolerada dentro das regras que definem essas tarefas, e, por fim, à estratificação, mensurada pela determinação das variações e normas ao redor das tarefas e das recompensas aos gestores (HAGE, 1965).

Em relação aos fins organizacionais, o tipo ou estrutura pode ser analisado sob o prisma da flexibilidade ou adaptabilidade, no qual a empresa é medida por meio do número de novos programas de trabalho e técnicas adotadas, taxas de mudança; da produção, onde a empresa é medida pelo número de unidades produzidas (eficácia) e pela sua taxa de crescimento anual; da eficiência, ou custo, usando-se a quantidade em valores monetários consumida para produzir cada unidade e a quantidade de recursos ociosos, e da satisfação no trabalho, que se mede por meio da atitude padrão das pessoas e pelo *turnover* na empresa.

O autor referido, ao consolidar a teoria, concluiu que ela é formada também pelas variáveis supracitadas e oferece base para as empresas melhorarem os seus desempenhos, pois, por exemplo, se a eficiência ótima é desejada, então a teoria sugere o aumento da formalização de regras, assim como se o desejado é a máxima satisfação das pessoas no trabalho, sugere-se a diminuição da estratificação de recompensas. Ou seja, para cada necessidade da empresa podem-se adotar medidas distintas analisando-as sob a ótica das variáveis componentes da estrutura geral, propostas por Hage.

Os elementos da estrutura organizacional, independentemente das distintas classificações e denominações, necessitam estar interligados e geralmente aderem às linhas tradicionais da estrutura organizacional, a qual gira em torno das questões de autoridade, centralização, formalização, responsabilidades, entre outros elementos já explanados aqui nesta seção.

As tarefas fazem parte de um processo de divisão de trabalho, que tende a delimitar o número de atividades exercidas de cada funcionário na empresa. A definição da amplitude e profundidade das tarefas demanda análise sobre a divisão delas em atividades sucessivamente menores. A esse processo denomina-se departamentalização. Daí é que são definidas as junções de atividades e divisões por produto, por área, por território etc., analisando-se sempre o número de atividades, as compatibilidades entre elas e as respectivas responsabilidades das pessoas que as executarão, como pode ser visto na literatura sobre o assunto.

A descentralização pode produzir um clima competitivo entre os gestores, visto que cada um é motivado a contribuir por estar sendo comparado aos seus colegas no tocante aos resultados planejados *versus* os que de fato alcançaram. Os gerentes podem exercitar mais a própria autonomia e isso satisfaz ao desejo de participar da solução de problemas, fazendo-lhes melhorarem o desempenho de suas funções.

Em relação à formalização ou organização formal, esta consiste no processo de registrar e controlar, sob o conhecimento de todos os funcionários, as definições e descrição de tarefas, a alocação de funções especializadas em diversas divisões, as responsabilidades entre os gestores de distintos níveis hierárquicos, a amplitude de níveis hierárquicos, a missão, as metas e os objetivos, as práticas e políticas operacionais, as práticas e políticas pessoais, as medidas no nível de eficiência e de produção, o que acaba sendo considerado um modelo burocrático onde se definem as características organizacionais condutoras de uma organização lógica.

Os estudos organizacionais eram tratados somente como formais, princípio decorrente do modelo de burocracia de Weber, no entanto, passou-se a estudar o aspecto informal por talvez ser tão ou mais importante do que o formal em uma empresa, haja vista o seu poder promissor de veiculação de informações e de formação da cultura dos grupos.

A organização formal se resume em escritas, regras, padrões etc., ao passo que a informal, segundo Gibson, Ivancevich e Donnelly (1988), pode ser vista por meio da cultura organizacional, sucessora de um processo psicossociológico e de conduta ocorrido entre as pessoas na empresa. Entre os componentes mais notáveis da organização informal estão o poder emergente e os padrões de influência; visões pessoais sobre a empresa; padrões de relacionamento interpessoal e entre grupos; percepções do papel individual e orientações de valor; sentimentos, necessidades e desejos emocionais; relacionamento afetivo entre gerentes e subordinados; medidas de nível de satisfação e desenvolvimento, entre outros.

A representação dessas relações funcionais, estruturais e humanas, expressas por meio de dimensões, elementos e variáveis, dependendo da linha adotada pelo autor, pode ser visualizada através do organograma, que pode ser entendido como o mapa das relações formais e hierarquias, onde se deixa claro a divisão das áreas da empresa, as responsabilidades, as funções etc., ou seja, todos os elementos que envolvem a característica de organizar.

A par dos aspectos relacionados à organização da empresa e suas peculiaridades, passa-se a tratar, a seguir, de planejamento, execução e controle, onde as definições e os delineamentos acerca de funções e responsabilidades, poder e autoridade, centralização e descentralização e estrutura organizacional tomam a forma de ação administrativa.

3.2.2 Planejamento, execução e controle

Esse processo compreende o conjunto de ações necessárias para se administrar um negócio. Para Simon (1965), ele nada mais é do que um processo decisório, no qual se estabelecem métodos para a rotina e a operacionalização das decisões tomadas, ou seja, "se a tarefa do grupo consiste em construir um barco, começa-se pela preparação do desenho do mesmo, o qual, uma vez aprovado pela organização, passa a limitar e guiar as atividades das pessoas que efetivamente constroem esse barco".

Para Robbins, o processo de gerir a empresa engloba também a organização, porém, para fins deste capítulo, considerou-se a tarefa de organizar como primordial para então iniciarem-se os demais processos operacionais e gerenciais. Esse processo é também conhecido no meio literário como processo de gestão, ou o processo de gerir a organização por meio do estabelecimento de diretrizes de planejamento e de sua execução, do controle e da avaliação dos resultados alcançados. Esta seção tem o objetivo de tratar cada um deles, em sua forma conhecida, qual seja: planejamento, execução, controle e *feedback*. Veja-se o desenho geral na Figura 3.2.

Figura 3.2 – Processo administrativo

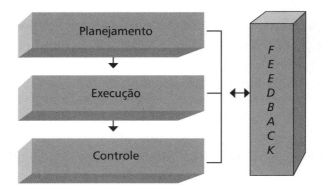

a) **Planejamento**

O planejamento empresarial se desenvolveu em meio a distintos estágios históricos. Para Gehrking (1997), o primeiro estágio pode ser representado pela produção em massa, no início do século XX; o segundo espelha o marketing, ocorrido até a metade do século XX, passando a dar ênfase ao ambiente externo, e, após este, surgiu o terceiro estágio, representado pelo recurso informação, tão e talvez mais necessário e valorizado para o processo de planejamento e tomada de decisões do que os anteriores.

O planejamento consiste em um processo que envolve o estabelecimento dos objetivos da empresa a serem alcançados pelos seus gestores e a forma por meio da qual eles serão atingidos. Envolve decisões que, se tomadas adequadamente e executadas de modo apropriado, podem aumentar a possibilidade de se obter um resultado favorável para a empresa (ACKOFF, 1970).

Para Ackoff (1970), a necessidade de planejar advém do fato de que a situação desejada pela empresa só será alcançada caso alguma ação seja tomada, ou seja, o curso natural dos acontecimentos, sem a interferência dos gestores, tende a não produzir o estado futuro desejado, sendo necessárias decisões sobre o que e como fazer antes que se requeira uma ação.

Outra definição é a de Ewing (1968), para quem o planejamento consiste em um método de orientar os gestores a fim de que as suas decisões e ações afetem o futuro da empresa de uma forma coerente e racional, e da forma projetada pela alta administração. Também em consonância com a opinião deste autor, constatou-se que muitas variações ao redor do tema planejamento podem ser contempladas na literatura, tais como estratégico, tático, operacional, de longo prazo, de médio e curto prazo.

Uma empresa necessita de planejamento para se moldar às variáveis ambientais presentes e aos seus comportamentos futuros esperados, a fim de evitar a estagnação e projetar a sua expansão no segmento em que atua, pois se não planejar possivelmente não saberá a direção certa a seguir. Nesse sentido, embora possa haver variantes, os passos genéricos para o desenho de um planejamento são determinar os objetivos da empresa; analisar o comportamento das variáveis mercadológicas, estabelecer ou reiterar a estratégia de atuação; estabelecer metas congruentes com a estratégia; elaborar um plano de ação para o alcance das metas; quantificar o plano de ação; elaborar os orçamentos de investimentos e mão de obra; preparar os orçamentos de cada área; consolidar os orçamentos individuais após os ajustes necessários, estabelecer as formas de acompanhamento da execução do planejamento.

Embora seja desejável a elaboração de planejamentos formais, nem sempre eles o são. Isso faz surgir diversos tipos destes, incluindo terminologias que os diferenciam, assunto que será tratado a seguir.

Os tipos de processos de planejamento estratégico

a) Planejamento estratégico

Não se pode generalizar sobre qual o nível hierárquico de pessoas que devam participar do processo de elaboração da estratégia, pois isso depende do tipo de modelo de gestão da empresa. Porém, para efeito de se quantificar o planejamento, dada a dependência de informações sobre as operações passadas da empresa e de seu mercado, pode-se afirmar que vários gestores devam ser acionados para possibilitar a elaboração do plano decorrente. Entretanto, esta pode ser uma participação de natureza passiva, isto é, que normalmente não interfere na estratégia adotada. Assim, convém, para efeito desta obra, entender-se em que nível se dá a participação do corpo gerencial da empresa na escolha da estratégia que ela adota, bem como se tal processo de escolha é formalizado ou não.

a1) Processo formalizado de planejamento

Há correntes da literatura, como, por exemplo, Ansoff (1965) e Kaplan e Norton (1997), que defendem a tese de que a estratégia deve ser o produto de uma reflexão unicamente da alta administração da empresa. Esses autores consubstanciam suas opiniões na realidade de que aqueles que têm a verdadeira responsabilidade pelo futuro da empresa são executivos inteiramente comprometidos com os seus objetivos de curto, médio e longo prazo.

Também não há consenso sobre se o processo de escolha da estratégia deve ou não ser formalizado.

Não há como deixar de levar em conta as opiniões de autores consagrados, como os citados, sobre esse assunto. Porém, o que enriquece a ciência de um modo geral são justamente as diferenças de opiniões entre estudiosos, que devem ser cuidadosamente consideradas sob a perspectiva de um universo amplo, no qual tudo pode ser possível. Assim, em algumas circunstâncias, o planejamento estratégico formalizado pode ser o caminho mais recomendável para a empresa, dependendo da situação em que ela esteja e, principalmente, de seu modelo de gestão. Saliente-se que a formalização ou não desse processo não elimina a sua importância.

Neste ponto, retomam-se os estudos de Burns e Stalker e Lawrence e Lorsch, para quem quando o ambiente é estável e relativamente certo as empresas com estruturas formalizadas e padronizadas são mais eficazes, enquanto em um ambiente mais dinâmico e incerto, as organizações com estruturas mais flexíveis se sobressaem, em termos de eficácia. Este raciocínio pode ser extensivo ao planejamento, ou seja, dependendo da necessidade e do modelo da empresa, o planejamento poderia ser mais ou menos formalizado.

a2) Processo não formalizado de planejamento estratégico

Em administração de empresas, não existem fórmulas que possam ser aplicadas indistintamente a todas elas. Dependendo do modelo de gestão da empresa, os seus processos podem ser executados de forma satisfatória sem que precisem ser formalizados ou, inversamente, ser desejável a formalização.

No caso do planejamento estratégico, não são raras as situações em que o líder da empresa reúne os seus *key people* e lhes dá orientações sobre as diretrizes a serem seguidas a curto, médio e longo prazo, de forma totalmente não formalizada. Sob essa perspectiva, há vantagens e desvantagens na não formalização desse procedimento, não exploradas neste texto por não ser este o seu foco, que são amplamente defendidas por autores, entre os quais

Mintzberg (1994), Wilson (1986), Liedtka (1998), Gehrking (1997), entre outros.

Por outro lado, dependendo do porte da empresa e da amplitude da área e mercados em que atua, é difícil para os seus principais líderes se reunirem com executivos, alguns do alto escalão, para decidirem sobre o futuro da empresa. Para aquelas com atuação global, ou outras de grande porte, é mais provável que um conselho de administração se apoie em assessorias externas especializadas para este fim.

b) Planejamento operacional

O segundo elemento do planejamento, o operacional, é visto como produto ou consequência do planejamento estratégico e, segundo Roehl-Anderson e Bragg (1996), se caracteriza por definir os objetivos operacionais e os meios necessários para se implementarem ações que levem à consecução de tais objetivos, simulando-se resultados para a escolha da melhor alternativa de curso de ação e traduzindo-se os atributos qualitativos do planejamento estratégico em objetivos quantificados.

Dessa forma, o planejamento operacional pode ser considerado como a tradução e a quantificação daquilo que foi definido no planejamento estratégico. Nesse estágio, ocorre o detalhamento das ações e dos resultados esperados de cada atividade operacional da empresa, por meio do qual se procura assegurar a uniformidade entre os objetivos das áreas e aqueles traçados pela administração para a empresa como um todo. Torna-se uma das partes principais do controle gerencial, visto que, além dos aspectos mencionados, instiga os gestores à reflexão sobre as operações da empresa, seu mercado de atuação e aquilo que deles se espera.

Os temas planejamento estratégico e operacional serão tratados com maior profundidade em capítulos específicos deste livro.

c) Execução

A execução do plano de negócios da empresa, a implementação da sua estratégia, é um dos mais sensíveis pontos assinalados pela literatura, posto que de nada adiantaria planejar se não houvesse cuidados específicos na operacionalização desse plano (ACKOFF, 1970).

Executar um plano de negócios significa dinamizar o processo administrativo, momento no qual as ações dos gestores são tomadas para fins da efetivação do planejamento. O êxito do processo de execução caracteriza-se, primeiramente, como um desafio para qualquer gestor, pois ele deve alcançar as metas preestabelecidas visto que o seu desempenho é avaliado com base nelas. Em segundo lugar, terá êxito se a estratégia que estiver sendo executada tiver sido adequadamente formulada, haja vista que "a execução realmente começa com uma boa estratégia", uma estratégia inadequada resulta em uma execução deficiente (HREBINIAK, 2005).

Nesse processo, tomam-se decisões constantemente. Por isso, o modelo de gestão ganha relevo, pois tomar decisões implica em autonomia, e esta, por sua vez, ocorre dependendo das diretrizes empresariais, como já visto em seções precedentes. A empresa pode centralizar as decisões ou pode descentralizá-las e isso influencia sobremaneira o desempenho e a dinamicidade nas ações de cada gestor em sua área de responsabilidade. Por exemplo, se o gestor da área de compras tiver como incumbência consultar o seu superior hierárquico antes e sempre que precisar tomar uma decisão, possivelmente, o processo de execução do plano se tornaria mais lento e poderia sofrer viés, pois nem sempre esse superior hierárquico tem o conhecimento necessário daquela determinada área para opinar ou decidir sobre suas operações peculiares.

d) Controle e *feedback*

É inócuo planejar se não ocorrer controle sobre a execução do planejamento. É nessa fase que os resultados realizados são cotejados com aqueles esperados, possibilitando-se a identificação de desvios, das suas causas e das possíveis correções necessárias para o alcance dos objetivos previamente traçados.

Ackoff (1970) realçou, entre as etapas do processo administrativo, a etapa de controle como sendo o conjunto de tarefas relacionadas à reunião de informações sobre o real desempenho dos gestores; à comparação desse desempenho com aquele que foi previsto; à identificação das decisões ineficientes e à correção dos procedimentos que as geraram e de suas possíveis consequências.

Portanto, a fase de controle busca aferir os resultados alcançados diante dos objetivos preestabelecidos, fazendo com que, junto com a avaliação dos resultados, possa ser avaliado o desempenho dos gestores responsáveis em cada atividade.

É, possivelmente, a etapa mais crítica do processo de gestão, podendo proporcionar à empresa informações que permitam aos gestores conhecerem os detalhes sobre suas ações e corrigirem eventuais efeitos negativos que elas possam trazer ao resultado da organização, considerando-se aquilo que foi planejado. Esse procedimento também é tratado pela literatura sobre o tema como *feedback*.

O *feedback* oferecido aos gestores sobre seus desempenhos torna-se essencial, pois reforça ou encoraja esses gestores a optarem por um caminho eficaz de trabalho; redireciona um conhecimento ou chama a atenção para a produtividade em suas ações; pode melhorar a *performance* dos gestores e da empresa como um todo; pode contribuir para o aprendizado e desenvolvimento de cada um dos participantes desse processo; melhorando o relacionamento da equipe, mostrando quão relevante é a interação do grupo.

Desse modo, o *feedback* pode contribuir inclusive para a reformulação cultural da empresa, pois possibilita que as pessoas percebam as suas atitudes, as consequências de suas decisões e de seus comportamentos, expressos por meio de seus desempenhos. A cultura organizacional pode permitir um adequado mecanismo de *feedback*, no qual a equipe possa reunir-se, emitir e receber críticas, modelar e construir mudanças no sentido de corrigir possíveis falhas ou distorções entre plano e execução, e que facilite e propicie uma contínua avaliação de desempenho operacional, econômico, de gestores e da empresa.

3.2.3 Pessoas

As pessoas formam o subsistema social da empresa, conforme tratado em seção anterior deste livro. Elas representam indivíduos ou grupos e são elementos-chave do comportamento organizacional. Destaque-se esse elemento do modelo de gestão, pois as pessoas estão à frente dos demais elementos, visto serem elas que integram, desenvolvem e viabilizam o consumo dos recursos materiais, tecnológicos e financeiros da empresa.

A organização, representada por sua estrutura, define os relacionamentos formais entre as pessoas na empresa, sendo que esses relacionamentos demandam atenção por poderem dificultar ou facilitar o processo decisório. Os sistemas de informações e a tecnologia oferecem recursos com os quais as pessoas desenvolvem suas atividades e exercem suas funções. No processo administrativo elas têm uma importância inquestionável, visto que ele só se realiza com eficácia se as pessoas se dispuserem a isso e forem alocadas adequadamente para executarem suas funções, e, como consequência, sentirem-se motivadas para tais execuções (DAVIS; NEWSTROM, 2002).

As empresas podem ser influenciadas constantemente por seu ambiente externo, e isso, conforme Davis e Newstrom (2002), pode influenciar "as atitudes das pessoas, afetar as condições de trabalho e promover competições por recursos e poder".

Frederick Taylor, em meados do início do século XX, despertou o interesse pelos recursos humanos nas empresas, assegurando que assim como há uma máquina adequada para executar cada trabalho, também existem formas mais aprimoradas de as pessoas executarem-no (TAYLOR, 1995). Ou seja, desde então, tem-se estudado a importância e a influência das pessoas nas empresas.

Os conceitos de cultura, autoridade, poder, funções, responsabilidades, execução, controle, entre outros, estão estritamente ligados ao tipo de relacionamento entre as pessoas ocorrido dentro da empresa. Assim, assuntos tais como motivação, liderança, trabalho em equipe, avaliação de desempenho e treinamento ganham destaque na literatura acerca de comportamento organizacional (HAIRE, 1974; McGREGOR, 1966; HAMPTON, 1990; HERSEY, 1974; BOWDITCH; BUONO, 1992; HERZBERG, 1968; SKINNER, 2003; entre muitos outros autores que estudam o tema e escrevem sobre ele).

Realçam-se, contudo, os aspectos relativos à avaliação de desempenho, que diz respeito, em última instância, aos recursos humanos *versus* desempenho organizacional, e, acima de tudo, enfatiza-se a cultura organizacional, assunto que será tratado em capítulo posterior, que é formada pelas pessoas e por seus grupos. Assim sendo, a seguir destacam-se alguns estudos que visaram relacionar esses elementos organizacionais, bem como outros que apresentaram conceitos fundamentais para esse entendimento. Relação essa que se procura ilustrar por meio da Figura 3.3.

McGregor (1966) contribuiu, sinteticamente, para o entendimento das características do modelo de gestão, essencialmente aquelas relacionadas às pessoas. Segundo ele, o conceito convencional da tarefa de administrar para aproveitar os recursos humanos da empresa pode ser evidenciado de acordo com algumas proposições, chamadas de teoria X. Tais proposições sumarizam-se da seguinte forma:

Figura 3.3 – Característica relacionada às pessoas na empresa

A administração da empresa é responsável pela organização dos elementos produtivos, sejam eles materiais, financeiros ou humanos, para fins econômicos.

Em se tratando das pessoas, esse é um processo de coordenar os seus esforços, motivando-as, controlando as suas ações e mudando-se seus comportamentos, sempre tendo em vista as necessidades da empresa.

As pessoas seriam passivas, mesmo resistentes, às necessidades da empresa, caso não houvesse intervenção de sua administração. As pessoas devem, portanto, ser persuadidas, recompensadas, punidas, controladas – suas atividades devem ser dirigidas pela administração da empresa. "Muitas vezes sumarizamos isso afirmando que a administração consiste em fazer fazer [sic]".

Analisando a teoria proposta por McGregor, percebe-se certa objetividade no sentido de afirmar que a administração deve mudar até mesmo os comportamentos das pessoas. Apesar de parecer demasiado objetivo, concorda-se que as pessoas têm de seguir as diretrizes traçadas pela empresa, para que as atividades sejam integradas e os resultados consistentes e promissores, ou seja, não pode haver descompasso entre as pessoas e a alta administração, caso contrário, pode haver tendência de os resultados não serem alcançados ou de não haver controle e, por consequência, continuidade da empresa.

Como pode ser visto em Haire (1974), o objetivo dos superiores hierárquicos deve consistir em treinar as pessoas que estão nos níveis inferiores da hierarquia quanto aos tipos de atitudes e de habilidades que garantiriam a produção ou o processo de transformação de recursos em produtos e serviços finais. O treinamento, em outras palavras, ajuda a formar a cultura e o perfil das pessoas na organização. As empresas "que são incapazes de recrutar, treinar e conservar pessoal adaptável e produtivo não podem esperar crescer e prosperar" em um ambiente competitivo como o que se apresenta em seus meios (MINER, 1977).

Quanto à avaliação de desempenho, Nascimento et al. (2007) verificaram o efeito do uso de instrumentos de avaliação de desempenho no resultado econômico das organizações. Para isso, partiu-se de algumas características do modelo de gestão, inerentes a um sistema de avaliação, sendo elas: o estabelecimento de metas e indicadores de desempenho, a definição de funções e responsabilidades, a divulgação clara de informações, o sistema de apoio informacional e a atribuição de recompensas ou punições a gestores. O estudo abrangeu as empresas que constam do *ranking* da revista *Valor 1.000* no período compreendido entre os anos de 2000 e 2004. Após a análise das respostas, concluiu-se que entre as empresas pesquisadas as que definem as funções e responsabilidades de seus colaboradores divulgam as informações de forma clara e atribuem recompensas aos gestores que apresentam resultados econômicos diferenciados em relação àquelas que não o fazem.

Ressalte-se, observando este estudo, que a característica *pessoas* está estritamente ligada ao desempenho da empresa, haja vista que a definição de funções e responsabilidades, bem como a atribuição de recompensas pelas metas alcançadas são fatores preponderantes no alcance de resultados positivos. Maior detalhamento sobre avaliação de desempenho pode ser encontrado no capítulo de sistemas de apoio à gestão (Capítulo 11).

Evoca-se que, de uma forma ou de outra, existem relações significativas entre o comportamento das pessoas, que pode ser percebido por meio da análise da cultura organizacional e os desempenhos das empresas. O modelo de gestão, em vista de envolver diversos elementos empresariais, parece influenciar, de forma semelhante à cultura, os desempenhos das pessoas e os da empresa como um todo.

No Capítulo 4, evidencia-se a característica do modelo de gestão sistemas e os aspectos relativos ao processo decisório, inerentes aos modelos de informação e de decisão adotados na empresa.

4

PROCESSO INFORMACIONAL E DECISORIAL

4.1 Características relacionadas ao processo informacional

A perspectiva de uma contínua e dinâmica mudança tecnológica pode oferecer oportunidades de negócio para a empresa, ao mesmo tempo em que a sua ausência pode também ameaçar as suas atividades, pois uma tecnologia nova desencadeia forças que provocam mudanças nos valores dos consumidores dos bens e serviços que ela produz. Assim, as variáveis em torno da tecnologia e dos sistemas que a apoiam sustentam as atividades de uma empresa e podem interferir significativamente na sua forma de atuação, como afirmado por Woodward (1965), e, por consequência, no nível requerido de qualidade das decisões tomadas pelos seus gestores, o que implica na necessidade de disponibilização de informações acuradas e oportunas que os alimentem durante o processo decorrente.

Trata-se nesta seção dos sistemas e tecnologia de informações, tendo em vista que a melhor comunicação de informações entre os usuários e as áreas possibilita aos administradores coordenarem suas decisões de forma mais eficaz e sistêmica, melhorando o desempenho global da organização (ACKOFF, 1970). Veja-se um esquema geral esboçado na Figura 4.1.

Figura 4.1 – Sistemas e tecnologia de informações

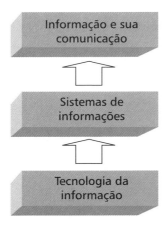

4.1.1 Informação e sua comunicação

Glautier e Underdown (1976) afirmaram que a informação tem como um de seus méritos propiciar à empresa condições para que seus gestores tomem decisões apropriadas, através da combinação e do uso eficiente de outros recursos, tais como os humanos, os tecnológicos e os físicos, que compõem a sua estrutura.

O raciocínio dos citados autores é corroborado por McGee e Prusak (1994), para quem a informação se apresenta como um recurso saliente, decorrente de seu potencial em influenciar as relações e as decisões tomadas pelos gestores. Segundo eles, a informação pode ser considerada um recurso estratégico que permite a análise sistêmica dos planos traçados pela administração e o monitoramento do uso dos recursos necessários para as suas execuções, bem como viabiliza o constante *feedback* aos gestores sobre os seus desempenhos face ao que a empresa espera deles.

Nessa direção, Murdick e Ross (1975) defenderam que o valor da informação depende de seu potencial em influenciar uma decisão, ou seja, deve conduzir a resultados diferentes e mais otimizados do que aqueles que seriam obtidos sem o seu uso. Tendo isso em vista, o recurso informação se torna um dos principais elementos no processo decisório ao possuir os atributos capazes de modificar os conhecimentos que se têm sobre o ambiente, atenuando as incertezas e proporcionando condições para maior precisão nas decisões.

Esse entendimento é perceptível também em Moscove, Simkin e Bagranoff (2002), para os quais o nível de êxito nas atividades da empresa depende da forma como seus gestores gerenciam e usam as informações. Aqui se visualiza a relevância das pessoas e de suas relações, pois são elas que usam e comunicam as informações disponibilizadas pelos sistemas.

A informação disponibilizada ao usuário sofre um processo de transformação em que dados são inseridos em um sistema e processados para, ao final, resultarem em informações específicas, comunicadas aos seus consumidores. É a partir disso que se destacam alguns aspectos conceituais de sistemas de informações na seção seguinte.

4.1.2 Sistema de informações

O sistema de informações pode ser entendido como um conjunto integrado de informações, cujo propósito consiste em apoiar as operações e funções de gestão de uma empresa e de propiciar a análise de situações que a cercam, ou seja, visa facilitar a captação dos eventos ocorridos, gerar relatórios e, com isso, possibilitar a orientação do processo administrativo em todas as suas fases (DAVIS; OLSON, 1985). O sistema tem o objetivo de promover a geração de informações relevantes, confiáveis e que estejam disponíveis aos gestores no tempo e formato adequados, e, para cumprirem com sua finalidade, contam com o apoio das ferramentas de tecnologia da informação, voltadas à ampliação de sua utilidade.

Um sistema de informações reúne uma série de componentes inter-relacionados que coletam e transformam os dados e possibilitam a distribuição das informações, que são o seu produto (STAIR, 1998; ROSS, 1970), através de relatórios formatados. Por meio desse produto, torna-se possível formar um mecanismo de *feedback* aos gestores sobre as execuções dos planos.

Quanto a uma possível classificação para sistemas, O'Brien (2004) os segregou em dois grupos inter-relacionados: sistema de apoio às operações e sistema de apoio gerencial. O primeiro processa dados gerados pelas operações realizadas na organização, isto é, referentes ao processamento de transações, aos processos industriais e à colaboração entre equipes e grupos de trabalho. O segundo fornece informações necessárias para a tomada de decisão, classificando-se em: sistema de informação gerencial (SIG), baseado em relatórios padronizados para os gerentes; sistema de apoio à decisão (SAD), estritamente ligado ao apoio interativo à decisão; e sistema de informações executivas (SIE), o qual apresenta informações elaboradas especificamente para os executivos.

Em suma, a função de um sistema de informações planejado adequadamente é interpretada como uma importante contribuição para a eficácia operacional e gerencial e se apresenta como um elemento vital para o desenvolvimento de produtos e serviços que a empresa oferece ao mercado.

4.1.3 Tecnologia

Para atender às necessidades informacionais dos usuários, não se pode desconsiderar a tecnologia da informação e os seus respectivos recursos na utilização de sistemas de informações e na consequente geração e transmissão do recurso informação (REZENDE; ABREU, 2003). A mencionada tecnologia pode auxiliar a empresa a melhorar a eficiência de seus processos, a tomada de decisões de seus gestores e, com isso, fortalecer uma posição competitiva em seu mercado (O'BRIEN, 2004).

A tecnologia da informação e suas ferramentas consistem em um fator proeminente na geração e utilização do recurso informação, que, contudo, precisa ser adequadamente comunicado quanto a seu formato e no momento em que é requerido pelos usuários nele interessados (McGEE; PRUSAK, 1994). Assim, para que a informação seja útil aos tomadores de decisão, é necessário que sua apresentação ocorra de tal forma que esses usuários possam obtê-la e com ela satisfazerem as necessidades específicas requeridas em suas atividades.

Dada a sua ascensão e relevância para as organizações, é importante ressaltar, conforme Keen (1993), que o conceito de tecnologia da informação é mais abrangente do que os sistemas de informações ou conjunto de *hardware* e *software*, ou seja, a TI envolve, além dos referidos sistemas, também os aspectos humanos, administrativos e organizacionais. Isso porque a implementação e a comunicação da informação dependem necessariamente das pessoas que compõem a estrutura da empresa, bem como das diretrizes estabelecidas para a execução de suas atividades.

Dessa forma, pode-se compreender que tecnologia da informação consiste em um conjunto de recursos disponibilizados para apoiar os sistemas existentes na organização, geração e uso das informações. Cruz (1998) asseverou que pode ser todo dispositivo com capacidade para tratar dados, gerando informações sistêmicas ou específicas, que visem atender às necessidades naquele momento.

Partindo do raciocínio de que a TI existe para flexibilizar e tornar dinâmicos os sistemas existentes, e auxiliar na veiculação da informação entre os usuários que dela necessitam para realizar suas atividades, ela pode contar com recursos tais como *Business Intelligence* (BI), que se apresenta como uma evolução dos sistemas informacionais e permite ao usuário que ele formate a informação de acordo com as suas necessidades, antecipando tendências, simulando cenários, fazendo comparações e previsões, transformando dados em informações com o intuito de controlar todas as atividades empresariais (BARBIERI, 2001).

Voltando a atenção para o capítulo precedente sobre modelo de gestão, resgata-se a ideia já exposta de Guerreiro (1989), para quem os sistemas e a tecnologia da informação são fundamentais para o processo decisório da empresa. Portanto, o modelo de gestão da empresa deve formalizá-los e torná-los integradores de processos, áreas e pessoas.

Não são apenas as características de uma administração aquelas que formam o modelo de gestão de uma empresa, há que se considerarem também aquelas relacionadas aos gestores, ou seja, os atributos ligados estritamente aos aspectos intrínsecos aos gestores, tais como a tomada de decisão, a comunicação e o perfil de liderança.

4.2 Características relacionadas ao processo decisório

O gestor de uma empresa toma decisões, se comunica e lidera, primariamente, de acordo com suas próprias características, que são pessoais e intransferíveis, e também levando em consideração os objetivos e as expectativas daqueles que o contrataram.

Há na empresa alguns aspectos importantes que dependem essencialmente dessas características e dos comportamentos do gestor, e que podem ser materializados como o processo de tomar decisões, de se comunicar e de liderar. Deles resultam os demais processos, bem como o alcance ou não dos objetivos da empresa.

4.2.1 Tomada de decisão

A função de um gestor é, principalmente, tomar decisões. Ele está, constantemente, às voltas com a obtenção, análise e transmissão de informações que embasem as decisões, avaliando alternativas de ação, incorporando diretrizes, conciliando os interesses da equipe, acompanhando a execução dos planos e monitorando os resultados decorrentes. Entretanto, a natureza de cada decisão depende do nível hierárquico do gestor; em alguns casos, há demanda por decisões mais complexas, em outros, elas exigem menor responsabilidade e o processo se dá de maneira mais simplificada.

Há várias formas de se tomar uma decisão e a literatura tenta expressá-las por meio de etapas que se seguem desde o surgimento da necessidade de se tomá-la até o momento em que, de fato, ela é tomada. Nesse ínterim, Martin (2007), em um artigo sobre como pensa um líder de sucesso, apresenta uma classificação interessante para essa discussão. Segundo ele, existem quatro estágios de tomada de decisões que podem ser visualizados sob a ótica de duas tipologias de raciocínio, o que é demonstrado no Quadro 4.1.

Quadro 4.1 – Tomada de decisões

ETAPAS DA TOMADA DE DECISÃO	RACIOCÍNIO CONVENCIONAL	RACIOCÍNIO INTEGRATIVO
Determinação do que é de fato relevante	Atenção exclusiva a aspectos obviamente relevantes	Busca de fatores menos óbvios, mas potencialmente relevantes
Análise da causalidade	Considera relação linear entre variáveis (mais de A produz mais de B)	Considera relações em vários sentidos, não lineares, entre variáveis
Definição da arquitetura da decisão	Divide o problema em partes e trata cada uma separada ou sequencialmente	Encara o problema como um todo, analisando como as peças se encaixam e como uma decisão afeta as demais
Solução	Opção eleita exclui as demais, após escolher a melhor disponível	Resolve de forma criativa a tensão entre ideias que se opõem, gerando resultados inovadores

Fonte: Adaptado de Martin (2007).

Observando essa tipificação, percebe-se que o gestor que adota um raciocínio convencional busca a simplificação das coisas no processo, estando sujeito a aceitar soluções pouco satisfatórias. Já o gestor que tem um raciocínio integrativo tende à aceitação da complexidade, sendo que nesse processo as etapas podem ser repetidas para que se solucione de modo criativo o objeto da decisão.

A tomada de decisão pode sugerir que ela se diferencie sob dois ângulos: no sentido em que o gestor usa a informação que recebe e no número de alternativas que gera para então escolher a melhor entre elas. Nesse sentido, Brousseau et al. (2006) sugerem quatro estilos de tomadas de decisões, quais sejam: decidido, hierárquico, flexível e integrador.

O estilo decidido mostra eficiência, agilidade e firmeza. Em equipe, ele é visto como um estilo voltado a tarefas e que utiliza menos informações para a tomada de decisão. Já o estilo hierárquico é altamente analítico, intelectual e complexo e espera que suas decisões sejam definitivas e duradouras, para isso necessitando de mais informações.

O estilo flexível preza a agilidade e a adaptabilidade. O gestor toma decisões com rapidez e dinamicidade, é altamente social e responsivo, necessitando de menor quantidade de informações para tomar as decisões. O estilo integrador, por sua vez, precisa de mais informações e amplia o problema, usando várias fontes de análise, é criativo e participativo e toma decisões que envolvem distintos cursos de ação que possam evoluir na mesma proporção em que o ambiente se modifique.

Entretanto, um gestor pode demonstrar um estilo flexível diante de sua equipe e aplicar um raciocínio hierárquico no momento em que está analisando as informações e decidindo qual das alternativas é a melhor. Isto é, os estilos podem ser híbridos, levando-se em conta a imagem do gestor emitida às demais pessoas e a sua individualidade e forma de raciocinar. Cada gestor tem uma forma peculiar de pensar e de organizar as informações, alguns são mais analíticos e demoram mais para chegar a uma conclusão sobre qual a melhor opção, enquanto outros podem ser rápidos e dinâmicos.

Dessa forma, ressalte-se a importância de se alocar o gestor na função e no nível hierárquico compatível com as suas características profissionais. Esse processo se inicia a partir do delineamento a respeito daquilo que os principais líderes esperam do gestor que fará parte do corpo gerencial da empresa, passando pela etapa de recrutamento e seleção e, em seguida, pela etapa de validação do perfil do gestor *versus* a função a ele atribuída, bem como pela avaliação de sua capacidade potencial de implementar a parcela do plano sob a sua responsabilidade de forma bem-sucedida.

Sob a ótica do modelo de gestão, pode-se visualizar o processo de tomada de decisão por meio da Figura 4.2.

Figura 4.2 – Processo de tomada de decisões

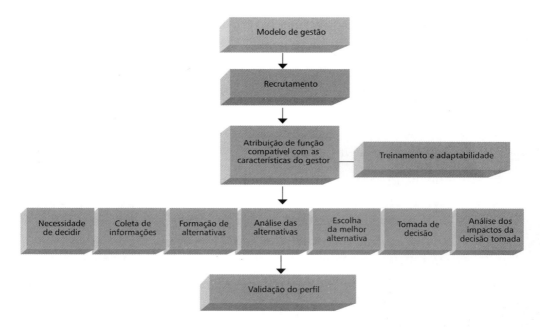

A partir do modelo de gestão, recruta-se o gestor que tenha o potencial de atender as suas expectativas e diretrizes. A etapa seguinte, conforme já mencionado, é a de atribuir a ele função, e também responsabilidades, compatíveis com as suas características, habilidades e potenciais. Durante esse processo de adaptação do gestor em sua função, deve haver treinamento, juntamente com constante *feedback* sobre o seu desempenho.

O perfil do gestor é validado na medida em que ele toma decisões, que podem se materializar em sete etapas. Inicialmente, surge a necessidade de tomar uma decisão, então o gestor necessita ser munido de informações sobre o objeto da decisão e suas vertentes. Com essas informações, formam-se as possíveis e potenciais alternativas de decisões. Dependendo de suas complexidades, analisam-se elas por meio de simulações de cenários e escolhe-se a que potencialmente apresentar o resultado. Após a implementação da decisão, o gestor analisa os seus impactos no resultado da empresa. Com isso, ele consegue aferir se está alcançando os objetivos previamente definidos pela alta administração e esta, por seu turno, verifica se o gestor está respondendo adequadamente às expectativas aguardadas para a sua função.

Entretanto, não basta apenas tomar a decisão acertada, mesmo que isso seja uma tarefa primordial em uma empresa. Importante também é comunicar adequada e eficientemente as informações às pessoas que delas necessitem. É justamente esse o assunto da próxima seção.

4.2.2 Comunicação

A comunicação pode ser entendida como indispensável para a sobrevivência dos seres humanos e para a formação de sociedades, comunidades e culturas. Ela existe para viabilizar a troca de informações, para as pessoas se entenderem e inserirem-se em grupos, bem como interagirem com as demais, o que se torna fundamental para o crescimento e o equilíbrio do indivíduo. Katz e Kahn (1974) afirmaram que pessoas expostas ao isolamento por um período, sem interagirem com o ambiente, passam a apresentar sintomas, tais como alucinações, perda da noção de espaço e de tempo.

De acordo com a pirâmide de necessidades de Maslow (1954), as pessoas têm necessidades básicas como a de se alimentarem, se vestirem, se sentirem seguras, serem aceitas pelos grupos, terem autoconfiança, conquistarem o respeito dos outros, desenvolverem o potencial etc. e, para isso, precisam se comunicar de alguma forma. Essa comunicação pode se apresentar de formas distintas, seja por meio verbal ou não. Independentemente disso, é primordial que a informação a ser comunicada seja articulada de modo a ser compreendida por seu receptor.

Nesse sentido, em uma empresa se observa a comunicação escrita, que é efetivada por meio de manuais, comunicados, controles, relatórios, circulares, entre outros, e também a verbal, que pode ser expressa em reuniões, encontro entre os membros do grupo, treinamentos, desenvolvimento de pessoal etc. Esses tipos de comunicações também podem ser vistos como formais e informais, conforme já mencionado em seção precedente. Quando existe poder informal em uma empresa, este se origina justamente devido à comunicação entre as pessoas, comunicação essa alheia ao que é estabelecido formalmente pelos seus líderes.

Em se tratando de comunicação, também é primordial atentar para os chamados *ruídos na comunicação*, pois eles podem impedir ou mesmo prejudicar a informação que se processa e que está sendo transmitida. Esses ruídos podem ser obstáculos físicos, culturais, pessoais, psicossociais, entre outros.

Os físicos abarcam os recursos tecnológicos envolvidos no processamento de uma informação, os ambientes onde estão o emissor e o receptor, noutras palavras, problemas diversos que envolvem o entorno físico da comunicação. Os culturais podem englobar o tipo de cultura de cada indivíduo, o que interfere diretamente na forma como a informação é comunicada; é preciso interpretar essa informação sob todos os ângulos e não somente sob um ou outro.

Por exemplo, quando a empresa recebe um sinal de que o cliente precisa de determinado produto, não basta apenas conhecer as suas especificações. É necessário também interpretarem-se outros sinais emitidos pelo cliente, tais como: qual é o seu perfil, qual o seu potencial ou disponibilidade financeira em relação ao produto demandado etc. Os obstáculos pessoais podem envolver o jeito de ser e o comportamento de cada indivíduo, assim como possíveis capacidades e deficiências que facilitam ou dificultam a comunicação. E, por fim, os psicossociais, que podem representar a imagem que um indivíduo forma do outro, e, consequentemente, qual o papel de cada um na comunicação.

No que tange à empresa, parte-se do raciocínio de que se o líder é alguém que exerce influência sobre as demais pessoas, então ele deve desenvolver uma comunicação adequada e propiciar essa facilidade entre os membros do grupo liderado.

Analisando o ambiente empresarial, é difícil encontrar alguma tarefa inerente ao líder ou gestor que não envolva comunicação. Muitas atividades não são executadas e metas alcançadas por dificuldades de os indivíduos compreenderem e se fazerem compreender adequadamente.

A comunicação está estritamente ligada à informação, havendo sempre um emissor e um receptor, um distanciamento físico entre um e outro e o tempo que ela leva desde a sua geração até a recepção. Nesse percurso, ganham ênfase os *ruídos* que podem existir. Por exemplo, surge a necessidade de o gestor de um nível hierárquico superior tomar uma decisão e para tal é imprescindível estar em posse das informações pertinentes, confiáveis e tempestivas. Imediatamente, ele solicita isso à devida área, que por sua vez processa as informações, formatando relatórios formais, e as envia.

Esse envio é a comunicação, que parte, não raro, de um nível hierárquico inferior e pode sofrer interferências tecnológicas e humanas até chegar ao solicitante. De acordo com o que ele receber, ele tomará um tipo de decisão. Entretanto, essa informação recebida para tomada de decisão pode ter distorções, ocasionadas no momento da veiculação entre uma área e outra, ou um gestor e outro, ou pode ser comunicada adequadamente, representando exatamente o que deveria.

Isso se dá em função de que cada gestor tem as suas próprias características e, por isso, tem um grau de percepção diferente do outro. A diferença existente é que dá o tom da interpretação de uma informação comunicada.

Os principais líderes da empresa podem formatar o estilo que desejam que a empresa adote para gerar e comunicar as suas informações. Esse modelo seria o que nortearia os tipos de sistemas e tecnologias, formas de comunicação da informação etc.

4.2.3 Liderança

As diferenças psicológicas entre os indivíduos podem desempenhar um papel importante nas relações entre eles e no próprio funcionamento da empresa como um todo. Há estudos sobre liderança que indicam a existência de certos tipos de personalidade de indivíduos, espelhando aqueles que lideram e outros que são liderados (SIMON, 1965).

É por meio do líder que a cultura tem o seu início. Schein (2004) afirmou que a cultura emerge de três fontes. Uma diz respeito às crenças, aos valores e às premissas dos fundadores da empresa, a segunda se refere às experiências de aprendizado dos membros do grupo e seus envolvimentos na organização e a última fonte está ligada a novas crenças, valores e premissas incorporados por novos membros e líderes, o que se explica pelo fato de o sistema empresa ser dinâmico e estar constantemente adaptando os seus processos ao meio em que está inserido.

Os líderes infundem as suas crenças, os seus valores e as suas premissas na empresa por meio do que Schein (2004) chamou de *mecanismos primários* e *secundários*. Os primários envolvem a forma como eles medem e controlam as bases da empresa, como reagem a incidentes críticos e às crises organizacionais, como alocam os recursos, como deliberam regras de treinamento e acompanhamento de pessoal, como lidam com as recompensas e o *status* no âmbito da empresa e como recrutam, selecionam, promovem e demitem pessoas que fazem ou farão parte da organização. Já os mecanismos secundários giram em torno do desenho e da estrutura organizacional, sistemas e procedimentos, rituais, desenho do espaço físico, declaração formal da filosofia, crenças e estatuto da empresa.

Bass e Avolio (1993) corroboram com Schein ao afirmarem que são os líderes que criam mecanismos para o desenvolvimento da cultura e para a consolidação de normas e comportamentos expressos dentro dos seus limites. Normas culturais, por exemplo, surgem e mudam de acordo com o foco de atenção do líder, em como ele reage a crises e instabilidades ambientais. As características e a qualidade da cultura organizacional são criadas e cultuadas pelos líderes e, eventualmente, adotadas pelos seus seguidores.

Dessa forma, a cultura organizacional é iniciada pelo líder principal, mas à proporção que a estrutura e as operações da empresa se ampliam, novos líderes podem ser incorporados a ela, novas pessoas são contratadas para formarem suas equipes de atuação e, com isso, podem surgir disparidades entre o que os primeiros difundiram e o que os novos seguidores estão, de fato, incutindo em suas relações no ambiente de trabalho.

O papel do líder é fundamental para a formação e mudanças na cultura da empresa. A propagação da cultura inicia-se a partir do momento em que o líder constitui a empresa e, com isso, começa o processo de formação de sua estrutura, captando pessoas para se juntarem a essa estrutura. Essas pessoas são contratadas em consonância com as mencionadas crenças e valores do líder, ou seja, as suas crenças e os seus valores individuais tendem a ser compatíveis com as crenças e valores da pessoa que está formando a organização, a fim de que os esforços conjuntos possam ser despendidos em razão de um mesmo objetivo.

Meyer (1975) encontrou evidências de que as características de liderança de uma empresa afetam profundamente a estabilidade de sua estrutura, sendo que um dos principais motivos está centrado na influência de forças externas que demandam de seus líderes a realização de arranjos na estrutura organizacional para que a empresa se mantenha contínua em seu ciclo de negócios.

No que tange ao aspecto liderança, há uma variedade de estilos de líderes, apresentada pela literatura. Bassett (1966), por exemplo, os classificou em: (a) quanto ao estabelecimento de critérios de desempenho: autoritarismo, integrativo e permissivo; (b) quanto às atribuições de responsabilidades: plenamente retida, compartilhada, liberada; (c) quanto à alocação das necessidades dos funcionários e seus valores: despreocupado, distante, carismático; (d) quanto ao temperamento: inclinado aos padrões e à simplicidade, pragmático, inclinado à dificuldade; (e) métodos de jogo das regras gerenciais: conformista, individualista, ajustador.

Likert (1975) também contribuiu com esse assunto, segregando os estilos em autoritário-forte, autoritário-benevolente, participativo-consultivo e participativo-grupal. Em relação a essa classificação, Nascimento, Guidini e Reginato (2008) realizaram um estudo com empresas brasileiras visando à identificação do efeito desses estilos de gestão nos resultados das empresas e concluíram que aquelas que adotam os estilos participativo-consultivo e participativo-grupal, com eventuais punições, tiveram influência positiva em suas margens líquidas. Ao contrário, naquelas com estilos participativo-consultivo, com eventuais punições, e autoritário-benevolente, essa influência foi negativa. Os demais estilos examinados não apresentaram relação significativa quanto ao indicador utilizado.

Como se pode perceber, existem estudos que classificam os tipos de líderes existentes em uma empresa. O perfil do líder e da equipe incumbida pela gestão da empresa é formado a partir das diretrizes emanadas do modelo de gestão. O perfil pode ser, em linhas gerais, burocrático, participativo, flexível, descentralizado, ou, então, centralizado, autoritário etc. De fato, na prática, é difícil separar esses tipos, pois eles podem coexistir, isto é, em alguns momentos pode ser necessário que o gestor seja centralizador e em outros que descentralize informações e decisões.

Dependendo do cenário ambiental, ou da condição em que estiver a organização, é recomendável que a sua gestão seja centralizada, como forma de se mitigarem os riscos de que o uso de seus recursos não seja otimizado, por exemplo, em situações de crises econômicas.

Por outro lado, a centralização da gestão tende a tornar o processo decisório mais moroso, o que pode implicar no retardamento das atividades operacionais. Assim, em uma situação normal, é desejável que o processo decisório seja descentralizado, até o nível em que os danos causados por uma decisão errada não comprometam seriamente os objetivos traçados para a empresa. Naturalmente, antes de se adotar tal estilo, é necessária uma criteriosa avaliação dos perfis dos gestores, no sentido de assegurar-se de que o nível de autoridade e responsabilidade a eles atribuídas seja compatível com as suas experiências e habilidades em tomar decisões.

Sob a perspectiva da descentralização do processo decisório, a empresa deve estar estruturada para tal, pois esse estilo requer monitoramento eficiente das operações, de forma que decisões equivocadas sejam prontamente identificadas, bem como tomadas as medidas corretivas aplicáveis.

Diante do que foi tratado até este momento, entende-se que os processos relacionados à estrutura, decisão, informação etc. são de extrema importância para uma empresa, entretanto, aqueles relativos às pessoas se destacam, pois é por meio delas que eles se realizam e que o modelo de gestão efetivamente se expressa. São elas que formam a cultura na empresa, a qual permite ou dificulta as adaptações ou as implementações de processos e demais características provenientes do modelo de gestão. No Capítulo 5, abordam-se alguns aspectos inerentes à cultura na empresa.

5

ASPECTOS RELACIONADOS À CULTURA DA EMPRESA

5.1 Uma introdução acerca de cultura

A expressão *cultura organizacional* é empregada constantemente para explicar situações cotidianas sobre o comportamento organizacional e a sua influência nos problemas, na capacidade de solução destes e na prosperidade ou não dos negócios. É um termo originado de estudos explorados de forma extensiva por pesquisadores da área de administração.

Os estudos sobre cultura organizacional, por sua vez, se respaldam em raízes muito mais profundas, perpassam o ambiente empresarial. Por essa razão, a essência dessa origem merece ser examinada com atenção, como forma de se entender a amplitude do termo. Essa essência repousa em estudos derivados da antropologia, que busca dar sentido ao significado da palavra *cultura* em toda a sua plenitude.

Dessa forma, ao se tratar desse tema com o intuito de buscarem-se esclarecimentos sobre a sua natureza, torna-se necessário o resgate de seus conceitos e fundamentos essenciais a partir da visão de suas bases, contidas em trabalhos dos antropólogos e, também, dos estudiosos das origens dos grupos sociais, ou seja, sob a ótica da antropologia e da sociologia, pincelando-se também os estudos da psicologia e até mesmo da arqueologia. Entretanto, sabe-se que foi, e ainda é, a antropologia que se encarrega de examinar materiais e propor teorias sobre a origem do homem, dos conflitos, das tendências e das primitivas ideias e instituições da espécie humana.

Portanto, pode-se compreender que a antropologia justifica a origem do termo *cultura* e de seus derivados.

Este capítulo visa expor alguns fundamentos sobre cultura, a fim de se compreender o que precede a abordagem sobre cultura nas organizações, demonstrando as origens do termo *cultura* e facilitando, assim, o entendimento das relações culturais no âmbito empresarial. Algumas ideias, como as de Kluckkohn, Kroeber, Childe, Quigley, Cuvillier e Bogardus, são discutidas nesta seção. Outros autores, tais como Tylor, Morgan, Sumner, Elliott, Smith, Malinowski, também trataram o tema, porém, não são explorados aqui devido ao objetivo primordial deste capítulo não ser a exploração aprofundada de cultura em si, mas sim de sua vertente empresarial.

Sob a perspectiva do antropólogo Kluckhohn (1962), o termo *cultura* tem suas raízes na antropologia social, que difere das outras ciências sociais por originar-se da variação intercultural, ao contrário das que originariamente concentram-se em um ou outro tipo de variação intracultural. Noutras palavras, a cultura surge a partir do momento em que há relações exteriores entre entes, em que eles trocam as suas experiências, seus costumes, seus hábitos, entre outros aspectos. Segundo o autor, a cultura e a sua disparidade se disseminaram de uma forma extensiva a partir de trabalhos realizados pelo campo da psicologia que, com isso, contribuiu para o desenvolvimento desse tema.

Visando a uma primeira abordagem do conceito de cultura, observa-se a definição dada por Kroeber e Kluckhohn (1952) que, após analisarem os conceitos expressados por vários antropólogos e outros estudiosos, definiram-na como um conjunto de padrões, explícitos e implícitos, de e para comportamentos adquiridos e transmitidos por meio de símbolos, constituindo a conquista distintiva entre grupos humanos, cuja essência consiste em ideias tradicionais (historicamente derivadas e selecionadas), sendo o sistema cultural considerado, por um lado, como produto de ações e, por outro, como condicionante de influência nas ações adicionais.

A concepção de cultura do antropólogo não difere, em gênero, daquela do arqueólogo, embora ela seja mais ampla. O estudo de Childe (1951) que, em última análise, é o de reconstituição de culturas, contribuiu muito para o desenvolvimento desse assunto. Para ele, cultura compreende os aspectos do comportamento humano que não constituem reflexos ou instintos inatos e é aprendida pelo homem por meio de seus semelhantes, incluindo a língua e a lógica, a religião e a filosofia, a moral e as leis, bem como a manufatura e uso de instrumentos, roupas, casas e até da escolha dos alimentos, ou seja, o homem aprende tudo com a convivência na sociedade, todas as regras pertencem à tradição coletiva, acumulada e preservada por essa sociedade.

Segundo o mesmo autor, Childe, mesmo as chamadas verdades *a priori* da aritmética e geometria tiveram de ser descobertas pela experiência, mas foram há tanto tempo aceitas, e mergulharam tão fundamente na tradição social, que parecem impostas à mente individual como verdades evidentes em si mesmas. As tradições sociais que determinam a cultura são expressas em hábitos de pensamento e ação, em instituições e costumes, que são essencialmente imateriais e existem apenas enquanto a sociedade que os inculca permanece viva e ativa.

O arqueólogo apresenta um exemplo ilustrativo sobre o que é, de fato, cultura, usando, dentro de seu campo de estudo, aquele em que a linguagem das sociedades bárbaras pré-letradas desapareceu com elas próprias, o que não ocorreu com toda a sua cultura, pois esta encontra sua expressão na ação – ação no mundo material. É, na realidade, somente através da ação que a cultura é transmitida e mantida.

Outro exemplo apresentado por Childe (1965) explicando a evolução orgânica e o processo cultural fazendo uso das espécies, mas agora expressando a questão da mudança na cultura, mostrou que tanto a evolução como a modificação cultural podem ser consideradas como adaptações ao ambiente e que este último significa a totalidade da situação na qual as pessoas vivem. Essas adaptações acabam sendo prejudicadas se forem exclusivas a um ambiente peculiar.

Analisando ambas as visões – a de um estudioso em antropologia e a de outro em arqueologia –, percebe-se que, apesar de serem conceitos oriundos de campos distintos, a cultura encontra respaldo na existência de relações entre os indivíduos e seus grupos e transfere-se, independentemente de ser mutável e modificar-se ou de evoluir através dos tempos, de indivíduo para indivíduo, ou de grupos para grupos, de forma a permanecerem os seus aspectos primários, aqueles que são construídos e que estão fortemente arraigados na vida dos indivíduos, dos povos, das civilizações. Além disso, essas visões deixam transparecer a importância de a cultura se adaptar ao ambiente e de transpor as relações intrínsecas a ela.

Corroborando com as ideias até então mencionadas, Quigley (1963), mesmo seguindo uma linha direcionada ao campo da sociologia, afirmou que a maneira como os seres humanos são criados e educados depende em grande parte das personalidades das pessoas que eles encontram quando estão crescendo e se tornando adultos, mas essas personalidades, por sua vez, dependem da maneira como esses adultos foram criados. Assim é que aparecem em qualquer sociedade certos padrões de ações, de crença e de pensamento que são passados de geração a geração, sempre ligeiramente diferentes, mas possuindo um padrão distinguível. É nesse ínterim que se enquadram as empresas, com seus distintos modelos de gestão.

Esse padrão depende não só da maneira como as pessoas são ensinadas a atuar, a sentir e a pensar, mas também das manifestações mais concretas de seu meio social, tais como a espécie de roupas que usam, suas casas, comidas etc. Esse processo, consoante o autor, é conhecido nas ciências sociais como cultura. Para ele, a cultura deve se adaptar ao meio natural, e o ser humano deve moldar a sua personalidade à cultura, que é o meio social.

Nesse momento, nota-se que a cultura de uma sociedade ultrapassa as personalidades das pessoas a ela pertencentes, levando em consideração também os objetos materiais que elas usam, ou seja, há uma relação entre indivíduos, e entre estes e as coisas. Ela passa a ser um nexo de correlações entre sentimentos, personalidades, meio natural, herança social, objetos materiais, padrões de comportamento, ações, costumes, emoções. Representa, assim, "em um sentido muito amplo e holístico, as qualidades de qualquer grupo humano específico que passem de uma geração para a seguinte" (KOTTER; HESKETT, 1992).

Seguindo a mesma linha de raciocínio sociológico, Cuvillier (1975), ao tratar da sociologia da cultura, menciona que todas as suas formas – conhecimento, linguagem, arte e literatura, religião – podem ser estudadas sociologicamente, o que pode ser complementado pelo estudo acerca de representações coletivas, bem como pelas considerações de Emile Durkheim, ou de Marcel Mauss etc., sobre as relações das ideias, crenças e sentimentos coletivos com a estrutura social.

Esse tratamento sociocultural é também tratado por Ribeiro (1968), para quem a sua evolução é um movimento histórico de mudança nos modos de ser e de viver dos grupos humanos, desencadeado pelo impacto de sucessivas revoluções tecnológicas sobre sociedades, tendentes a conduzi-las à transição de uma etapa evolutiva à outra. Molda-se, segundo o autor, a formação socio-cultural como modelos conceituais de vida social, fundados na combinação de uma tecnologia produtiva de certo grau de desenvolvimento, com um modo genérico de ordenação das relações humanas, e com um horizonte ideológico, dentro do qual se processa o esforço de interpretação das próprias experiências com um nível maior ou menor de lucidez e de racionalidade.

Em consonância com o processo de evolução cultural, Thomas, em um trabalho pioneiro no campo da antropologia social e origens dos grupos sociais, propôs que a evolução cultural teve origem e desenvolveu-se numa ordem regular e numa sequência unilinear invariável; as culturas superiores seriam resultado de dotes mentais natos superiores dos grupos raciais que representam e o progresso cultural seria devido a situações geográficas e condições econômicas mais ou menos favoráveis.

E mais, Thomas ofereceu uma explicação da evolução cultural em função de experiências, dos hábitos delas resultantes e de áreas culturais, argumentando que as diversidades em conduta e cultura constituem resultado de interpretações diferentes da experiência, resultando em reações de conduta e sistemas de hábitos característicos, e que não se pode, consequentemente, falar em um curso uniforme de avaliação cultural e de conduta (BOGARDUS, 1965).

Quanto ao progresso mencionado por Thomas, D'Iribarne (2002) mostrou a crença que se chegou a ter de que a globalização da economia, a explosão das comunicações, o progresso da educação, o triunfo das ideias democráticas iriam apagar as diferenças entre países ou mesmo entre continentes; que, em um mundo sem fronteiras, as instituições e os hábitos iriam se unificar progressivamente. No entanto, observou o autor, "quanto mais a internacionalização se torna realidade, mais fica claro que as culturas sobrevivem".

Outros autores, como Hofstede e McCrae (2004), defenderam a existência de uma correlação entre traços de personalidade e dimensões culturais, assim como apregoado por Quigley.

Dada a explanação sobre cultura, em um sentido geral, pode-se entender a formação de cada um dos indivíduos de uma sociedade. Esses indivíduos, naturalmente, fazem parte de grupos sociais, entre os quais se encontram as organizações empresariais. A união de indivíduos em uma empresa, que carregam consigo suas próprias culturas, forma a cultura organizacional, assunto este que é tratado na próxima seção.

5.2 Cultura no ambiente empresarial

Diversos são os autores cujas obras discorrem a respeito de cultura organizacional, entretanto, pode-se destacar que os estudos sobre tal assunto surgiram de forma massiva na década de 1980 e se popularizaram rapidamente a partir desse período, tais como os de Hofstede (1980), com várias repetições e estudos que visaram aumentar a sua extensão e consistência nos resultados encontrados, Ouchi (1982), que realizou uma comparação entre características culturais em empresas americanas e japonesas, Deal e Kennedy (1982), que exploraram a influência dos valores no *design* da organização, Peters e Waterman (1982), que reprisaram de forma principal o conteúdo das crenças, Kanter (1983), o qual estudou as transformações ocorridas em empresas americanas, Schein (2004), que foi além da observação de comportamentos, priorizando a aprendizagem do grupo e que existem culturas com funções peculiares, entre outros autores que também são referenciados e prestigiados em estudos sobre cultura (FREITAS, 2007).

Dentre a vasta quantidade de estudos existentes sobre o assunto, neste capítulo, procura-se assinalar alguns deles, no sentido de conceituar e entender cultura organizacional sob a ótica de autores distintos a fim de, em seguida, adentrar-se em sua relação com o ambiente interno das empresas.

Para Ouchi (1982), cultura organizacional pode ser entendida como um conjunto de símbolos, cerimônias e mitos que comunicam os valores e as crenças subjacentes da organização aos seus colaboradores, sendo que os rituais materializam o que seriam apenas ideias abstratas. Destaque-se nesse conceito que os citados valores e crenças são, constante e ininterruptamente, transmitidos e retransmitidos de um colaborador para outro, formando-se, assim, um ciclo contínuo, raciocínio este já antecipado por este trabalho em seção anterior.

Esse processo de comunicação de crenças e valores, bem como a formação da cultura propriamente dita, pode-se dar de maneiras distintas. A primeira delas ocorre quando o proprietário, fundador ou responsável pela empresa contrata e mantém pessoas que pensem e sintam de forma similar à sua, ou seja, com crenças e valores semelhantes; esse é o momento de identificação de perfis de pessoas que possam contribuir com a organização. Um passo posterior é a socialização ou treinamento realizado para que as pessoas conheçam e possam incorporar aquilo que o empreendedor deseja, isto é, nesse momento as regras do jogo devem ficar transparentes de forma que todos saibam exatamente quais as expectativas de quem os contratou. Finalmente, o comportamento do líder principal, seja ele o fundador, proprietário ou gestor responsável, funciona como modelo que motiva os funcionários a se identificarem com ele e, desse modo, adotarem os seus valores, suas convicções e premissas (ROBBINS, 2006).

Nesse sentido, depreende-se que a formação da cultura na organização decorre do comportamento de seus líderes principais. Se eles forem autoritários, por exemplo, provavelmente formarão uma cultura na qual os funcionários não poderão participar das decisões, os objetivos da empresa não serão claramente conhecidos por eles e, por consequência, haverá um distanciamento hierárquico natural. Por outro lado, se os gestores responsáveis pela empresa demonstrarem, através de seus atos e de suas posturas, um processo participativo, a cultura que se criará permitirá a participação daqueles funcionários em várias questões, inclusive nas tomadas de decisões.

Em estudo sobre as companhias americanas, Peters e Waterman Jr. (1982) diferenciaram as consideradas de alto padrão daquelas menos significativas e enfatizaram a importância da cultura das empresas. Eles pontuaram a relevância dos valores e das culturas distintas, sendo que as empresas que somente articulam metas tendem a não estar tão bem financeiramente quanto aquelas que têm um conjunto de valores definido e evidenciado em suas estruturas. Ou seja, o que faz com que uma empresa seja campeã, sob a ótica dos autores, são as suas crenças primárias e a forma como elas são compartilhadas e incorporadas pelos membros organizacionais.

Seguindo uma linha semelhante ao se tratar de culturas em empresas, Kanter (1983) apregoou que para se ter um clima de sucesso e uma cultura de orgulho, primeiramente, é necessário um compromisso entre as pessoas e a organização, levando-se em conta os valores. Para ele, as culturas podem seguir a tradição ou a mudança. Para mudar ou inovar, uma empresa depende, primordialmente, do que seus líderes pensam e da forma como agem, porém, os líderes só conseguirão ser inovadores e participativos se as normas organizacionais forem favoráveis às mudanças.

Além disso, outro destaque importante feito pelo autor refere-se aos fatores que influenciam uma cultura que leva a negócios bem-sucedidos, a qual ele denomina de cultura de orgulho, quais sejam, adotar práticas progressivas que foquem as pessoas e seus relacionamentos e comportamentos no ambiente da empresa, oferecer condições para que os funcionários executem mudanças sempre que se mostrarem necessárias.

Para Thévenet (1989), as empresas que têm culturas fortes "caracterizam-se por sistemas de valores com grande influência sobre os comportamentos e as formas de gestão", são coerentes e originais nas decisões e modos de funcionamento. Ou seja, quanto maior o número de pessoas que aceitarem, incorporarem e compartilharem os valores essenciais da empresa e apresentarem comprometimento com eles, mais forte será a cultura.

A forma de pensar e os valores, evocados nas citações expostas até então, são, segundo Schein (1991), um aspecto essencial, pois refletem na maneira como uma sociedade se organiza, como resolve seus problemas e como os justifica.

Schein, focalizando seus estudos no ambiente organizacional, explicou que esse processo ocorre de acordo com as crenças dos indivíduos e que estas são respostas aprendidas para os problemas de sobrevivência do grupo em seu ambiente externo e em seus problemas de integração interna. As crenças passam a ser inconscientes, quando os comportamentos aprendidos resolvem problemas de forma repetida e confiável e, portanto, são considerados válidos para serem passados aos novos membros do grupo como uma forma correta de perceber, pensar e sentir em relação a esses problemas. Dessa forma, estudar a cultura de um grupo é, em certa medida, estudar a maneira como este decide e resolve seus problemas.

Hofstede (1980) classificou a cultura em dimensões, que são apresentadas pelo autor como os grandes elementos que explicariam o comportamento da sociedade correspondente, representam aspectos das culturas de uma empresa que podem ser comparados aos de outra cultura, quais sejam: distância de poder ou hierárquica, aversão à incerteza, individualismo (ou coletivismo) e masculinidade (ou feminilidade).

a) Distância de poder ou hierárquica

As maiores desigualdades de poder estão provavelmente relacionadas a *status*, prestígio social, riqueza e direitos, entre outros. Essa dimensão se refere à forma como a desigualdade entre pessoas é tratada pela sociedade e, consequentemente, como indivíduos desiguais se relacionam. "A distância de poder é medida pelo grau de influência que uma pessoa tem sobre a outra, conforme a percepção do lado mais fraco" (HOFSTEDE, 1980). Dessa forma, é possível se esperar que sociedades com maior distância de poder apresentem também maiores desigualdades no que se refere a privilégios, recompensas e oportunidades. Essas desigualdades podem ser observadas comparando-se as diferentes classes, ou extratos sociais, nível educacional, atividade econômica e subcultura.

Em estudo posterior, Hofstede (1991), analisando as culturas de diversos países, assim como em seu estudo inicial, mencionou que a grande distância hierárquica contribui para assegurar a autoridade das chefias, que existe abuso de poder e dificilmente há negociação entre chefia e subordinados. Já em um contexto de pequena distância hierárquica, subordinados e chefes consideram-se iguais por natureza, os papéis são modificáveis, de modo que uma pessoa que é atualmente subordinada pode, no futuro, vir a ser chefe, as organizações são descentralizadas, com uma pirâmide hierárquica "achatada", há mais qualificação e especialização, há sinais de igualdade de benefícios para todos os níveis hierárquicos.

Levando em consideração as estruturas organizacionais, pode-se apresentar uma série de características que clarificam essa dimensão "distância de poder", como, por exemplo, se existir baixa distância de poder: os gerentes tomam decisões após consultar seus colaboradores; gerentes são mais satisfeitos com atitudes participativas; forte percepção de ética no trabalho etc. A alta distância do poder apresenta características contrárias a essas, como: gerentes tomam decisões de forma autocrática e paternalista; gerentes mais satisfeitos com atitudes diretivas e persuasivas de seus superiores etc.

b) Aversão à incerteza

Para Hofstede (1980), outra importante dimensão cultural é a tolerância à incerteza (ou ambiguidade). Frente a uma situação de incerteza, membros de determinado grupo ou sociedade podem demonstrar maior necessidade de criar instrumentos para neutralizá-la ou tratá-la do que outros.

Segundo esse autor (HOFSTEDE, 2001), as organizações tentam evitar a incerteza de duas formas. A primeira refere-se a evitar a necessidade de antecipar corretamente eventos futuros e utilizar-se de regras de decisão que enfatizem o curto prazo: elas respondem às pressões, ao invés de desenvolver estratégias de longo prazo. A segunda restringe-se a evitar a necessidade de antecipar reações futuras de outras partes do ambiente, criando um ambiente negociado. Dessa forma, elas impõem planos, procedimentos padronizados, contratos etc., os quais tendem a controlar as incertezas. Ressaltou, ainda, que, no âmbito organizacional, as regras consistem em uma forma de reduzir a incerteza interna à organização, aumentando a previsibilidade do comportamento de seus membros e de outros atores.

Hofstede (1991) afirmou, em seu estudo, que para as organizações de 11 países pertencentes à amostra da pesquisa, os seus funcionamentos seriam mais adequados se o conflito interno pudesse ser eliminado, se as instruções às pessoas pudessem ser precisas sobre como o trabalho deve ser executado e se fossem evitadas as estruturas organizacionais nas quais um subordinado dependa de dois chefes.

Todas essas afirmações indicam uma aversão pela ambiguidade e uma necessidade de precisão e de formalização que são próprias dos países com forte controle do índice de incerteza.

c) Individualismo (ou coletivismo)

Essa dimensão retrata a forma como as pessoas vivem conjuntamente e as implicações de suas vivências para os seus valores e comportamentos (HOFSTEDE, 2001). Segundo o autor, o grau de individualismo ou coletivismo afeta o funcionamento de muitas instâncias da sociedade: educacional, religiosa, política, além da familiar. Nas organizações, essa dimensão afeta a natureza das relações entre elas e as pessoas que nelas estão inseridas. Por exemplo, se houver individualismo, os gerentes consideram autonomia um fator muito importante; ao contrário disso, se houver participação, os gerentes passam a valorizar a segurança e as decisões em grupo.

Hofstede (1991) propôs uma relação entre organizações de países individualistas e coletivistas. Segundo ele, algumas empresas de países coletivistas não se conformam com a tradição e não tratam os seus empregados como membros de uma "família", o que acaba desobrigando-os a serem leais para com a empresa em que trabalham. Oposto a isso, outras empresas individualistas estabelecem com os seus empregados uma forte coesão grupal, onde a cultura da empresa pode desviar-se das normas da maioria e beneficiar-se de uma vantagem competitiva pela sua originalidade.

Em empresas individualistas, em concordância com o mesmo autor, a gestão individualizada é conveniente, na qual os incentivos e os bônus devem estar relacionados com o desempenho individual. Já em empresas coletivistas, a gestão é voltada ao grupo, sendo que os fatores facilitadores de uma adequada integração variam dependendo das situações ocorridas. As origens étnicas se tornam salientes, tendo-se, muitas vezes, que agrupar pessoas com semelhanças étnicas em um mesmo grupo para se obter um resultado mais próximo do esperado e, se essa equipe for coesa, os incentivos e bônus são disseminados pelo grupo todo.

Uma interessante menção de Hofstede (1991) referiu-se ao fato de que as técnicas de gestão e os programas de formação foram desenvolvidos quase sem exceção em países individualistas, pois partem de pressupostos culturais que talvez não sejam sustentáveis no âmbito cultural dos coletivistas, como o caso de discutirem-se os desempenhos de cada funcionário.

d) A masculinidade ou feminilidade

O índice de masculinidade e feminilidade é a quarta dimensão cultural apresentada por Hofstede (1980). Refere-se ao padrão dominante de gênero, identificável na vasta maioria das sociedades modernas ou tradicionais, e que se caracteriza pela assertividade (papel masculino) ou pelo cuidado (feminino). O autor observou que diferentes culturas podem apresentar, conforme o seu grau de masculinidade, objetivos profissionais diversos. Assim, enquanto em uma situação há um compromisso com relações interpessoais, cooperação e ambiente amigável, em outras, há uma preocupação com ganhos e desempenho.

Essa dimensão não deve ser interpretada como se se referisse à questão gênero sexual, ou seja, ao homem ou à mulher. A intenção de Hofstede (1980) foi a de qualificar o que a tradição atribui a ambos sobre determinadas características e valores culturais. Assim, são as características do gênero do líder que devem ser levadas em consideração, não ao gênero sexual ao qual pertence.

Os modelos de gestão originados de ambientes com alto nível de masculinidade, ou de baixo nível de feminilidade, tendem a apresentar objetivos mais competitivos, mais assertivos e mais determinados, atendendo tanto às necessidades da organização quanto de seus indivíduos. Outras duas características predominantes que podem ser encontradas nesse tipo de modelo de gestão são o alto grau de ansiedade e um processo decisório altamente concentrado.

Já os modelos de gestão com baixo nível de masculinidade, ou de alto nível de feminilidade, tendem a apresentar objetivos menos competitivos e rígidos, destacando maior preocupação com as relações entre líderes e liderados, privilegiando a harmonia e o convívio amistoso. Nesse tipo de gestão, geralmente, são encontrados baixos graus de ansiedade e um processo decisório de médio para altamente descentralizado, buscando uma participação vista, muitas vezes, como democrática.

Hofstede (1991) acrescentou que as culturas masculinas e femininas criam igualmente diferentes modelos de chefe, sendo que "o masculino revela autoafirmação, decisão e é agressivo", ele sozinho toma as decisões, baseando-se em fatos, mais do que oferecendo apoio ao grupo. Enquanto no caso da feminilidade, o chefe é menos visível e atua mais por intuição do que por decisão e está acostumado a procurar consenso e valorizar o grupo como um todo.

Duas das dimensões estudadas pelo autor citado, a distância hierárquica e o controle da incerteza, têm influência na forma como a organização é vista, ou seja, em qualquer empresa duas questões essenciais devem ser respondidas: Quem tem o poder para decidir quais normas e procedimentos devem ser seguidos e como fazer isso para alcançarem-se os objetivos desejados. A resposta à primeira questão reflete as normas culturais relativas à distância de poder (hierárquica) e a segunda se refere às normas culturais relacionadas ao controle da incerteza. As demais – individualismo e masculinidade – afetam a percepção que se tem sobre as pessoas na organização, e não a respeito de sua estrutura ou outros aspectos organizacionais (HOFSTEDE, 1991).

Há ainda, como Hofstede (1991) evidenciou, a proposta de uma quinta dimensão, feita por Confúcio, cujos valores restringem-se à orientação a curto e a longo prazo e que englobam aspectos importantes para o desenvolvimento econômico. Segundo esse autor, parece desejável abolir a orientação a curto prazo, onde se esperam resultados imediatos e respeitam-se as obrigações sociais e estatutárias independentemente de seus custos, e aderir a uma orientação de longo prazo, onde há limitações em relação aos custos com obrigações e economia de recursos, não só do ponto de vista do crescimento econômico, mas também pela necessidade de sobrevivência em um ambiente de recursos limitados e com uma população em expansão.

Para corroborar com as assertivas da influência da cultura nos grupos, recorre-se a Schein (1991), que definiu a cultura organizacional como um conjunto de pressupostos básicos que um grupo inventou, descobriu ou desenvolveu ao aprender como lidar com os problemas de adaptação externa e integração interna e que funcionaram bem o suficiente para serem considerados válidos e ensinados a outros membros como a maneira correta de se perceber, pensar e sentir-se em relação a esses problemas.

Observa-se nessa citação de Schein o reflexo dos estudos dos antropólogos e sociólogos, abordados na seção anterior, quando mencionam que a cultura é transmitida de um indivíduo para outro, de geração para geração. Em uma empresa não é diferente, pois ela não é caracterizada somente por uma estrutura física e por suas instalações, mas essencialmente pelas pessoas que a compõem, que, embora possam ter crenças e valores diferentes, são suscetíveis às influências de uma transmissão cultural que torna a cultura organizacional homogênea, o que dá o tom do dinamismo com o qual a empresa funcionará.

Os líderes pertencentes a esses grupos desempenham papel relevante no estabelecimento e desenvolvimento dessa cultura empresarial, principalmente pelo exemplo que transmitem com seu comportamento, notadamente nas crises que ameaçam a continuidade da empresa e que põem à prova as crenças e os valores permeados anteriormente. Nessa linha, infere-se que o líder pode impactar a cultura da empresa, mas não pode determiná-la exatamente como desejaria, isto é, o líder, por exemplo, procura contratar ou formar equipes com pessoas que tenham crenças e valores semelhantes aos dele, mas não consegue garantir que elas agirão, plenamente, de acordo com o que ele propôs.

Schein (2004) discutiu a cultura por meio de dimensões, com as quais procurou demonstrar que ela consiste nas seguintes premissas básicas: os assuntos relacionados à adaptação externa; a respeito da integração interna; sobre a realidade e a verdade; referentes à natureza de tempo e espaço; e sobre a natureza humana, as atividades e os relacionamentos. A seguir, comentam-se tais dimensões.

a) Adaptação externa

Para a primeira dimensão, o autor sugeriu alguns passos de adaptação externa e sobrevivência. O passo inicial seria composto pela missão e pela estratégia da empresa, as quais devem estar claras levando-se em conta primariamente as tarefas e as funções manifestas e as latentes. As metas formariam o segundo passo, no qual elas devem ser entendidas como decorrência da missão. Além desses, o terceiro passo trata dos objetivos, que devem ser alcançados de acordo com as metas estabelecidas, como, por exemplo, a estrutura da organização, a divisão de tarefas, a estruturação de sistemas e o sistema de autoridade adotado pela organização.

Outro passo seria a mensuração, adotada para mensurar quão bem os grupos estão cumprindo as metas estabelecidas, sendo que nessa fase o recurso informação ganha relevo, visto que é utilizado para verificar o cumprimento das mencionadas metas e auxiliar nas ações corretivas em caso de desajustes. O sistema de avaliação de desempenho também ganha destaque nesse passo, sugerindo um sistema de recompensas para as pessoas que atingem as metas traçadas. O último passo engloba o que o autor chama de correção, que sugere a reformulação das estratégias em caso das metas não serem atingidas.

Todos os passos mencionados requerem o consenso do grupo em relação ao eficaz desempenho da organização à qual pertence. Entretanto, o autor alertou que a existência de conflitos entre subgrupos que, naturalmente, formam subculturas impede a determinação da *performance* do grupo como um todo. Esses conflitos podem surgir por causa das diferenças culturais de cada indivíduo, que, em última análise, precisa de um processo de adaptação ao ambiente, para então aderir à cultura do grupo. Por outro lado, se o contexto ambiental estiver em constante mudança, os conflitos inerentes a ela podem ser uma fonte potencial de adaptação e aprendizado organizacional, porque eles demandam dos grupos dinamismo e constante resposta, em busca da continuidade da empresa em que atuam.

b) Integração interna

Quanto à dimensão que trata da integração interna, o autor também sugeriu alguns pontos essenciais para a sua discussão. Para existir uma integração entre as pessoas na organização, faz-se necessário criar uma linguagem comum e categorias conceituais, pois se não houver uma adequada comunicação e um entendimento claro entre os indivíduos, se torna impossível estabelecerem-se grupos homogêneos que possam atuar conjuntamente em prol dos objetivos da empresa. É nessa fase que as regras da empresa devem ficar claras para cada pessoa que a compõe.

Outro passo diz respeito à definição de critérios para inclusão e exclusão de grupos, ou seja, cada grupo deve ser capaz de definir a si mesmo, delimitando quem será inserido ou excluído. Assim também ocorre com a determinação dos líderes da empresa; eles são automaticamente inseridos ou não no(s) grupo(s).

A distribuição de poder e de *status* é, da mesma forma, importante nesse contexto de integração entre as pessoas. Cada grupo deve entender e estabelecer, de acordo com as metas e os objetivos da empresa, seus próprios critérios e regras sobre como os seus membros ganharão, manterão ou perderão poder. Um consenso nessa área é fundamental para que todos possam atuar harmonicamente na organização, cada um tendo em vista os seus limites em relação ao poder.

O ponto referente ao desenvolvimento de normas de intimidade, amizade e afeto também é enfatizado por Schein. Nele, sugere-se que cada grupo deva assimilar as regras do jogo em termos de relacionamentos no ambiente interno da empresa, bem como da relação entre homens e mulheres, tendo-se ciência de que a intimidade precisa ser bem delineada, fazendo parte do gerenciamento das tarefas da organização. Cada novo grupo deve decidir como estabelecer um adequado relacionamento entre as pessoas que nele convivem, a fim de se minimizarem os possíveis desajustes existentes nessas relações. Os problemas que surgem decorrentes dos relacionamentos e da intimidade entre as pessoas, mesmo que ocorram em um ambiente empresarial, derivam da falta de habilidade em lidar com sentimentos de agressão, afeição e sexualidade.

Recorre-se, nesse momento, à dimensão tratada por Hofstede (1980) sobre a masculinidade e a feminilidade, já exposta em seção anterior, pois talvez muitas das dificuldades que emergem dos relacionamentos entre os indivíduos na organização se inculquem nas diferenças entre os gêneros masculino e feminino.

Tendo em vista o estudo realizado por Schein, sabe-se que durante muito tempo os grupos foram dominados, estritamente, por pessoas do sexo masculino, disseminando-se nas empresas uma cultura mais autoritária, agressiva e racional. Nesse ambiente, as mulheres, que contemplavam, sob o ponto de vista sociológico, personalidades cautelosas, emotivas e participativas, não apareciam em posições de destaque. Nas empresas, dificilmente, galgavam postos e ocupavam posições estratégicas ou de liderança.

Então, além de existirem diferenças naturais entre os indivíduos, sejam eles homens ou mulheres, há também a questão do gênero que parece distanciá-los. De toda forma, o que Schein recomendou para esse ponto da dimensão integração é que haja um consenso entre os membros do grupo a fim de gerenciarem os sentimentos de ansiedade e agressividade, evitando-se que isso interfira negativamente em suas tarefas e desempenhos ou nos resultados produzidos por eles e que são esperados pela empresa.

Schein salientou outro ponto importante no ambiente interno da empresa, que é a definição e a alocação de recompensas e punições. Nesse caso, cada grupo deve saber quais de seus comportamentos são apreciados e os que não o são, bem como deve conhecer a extensão dos critérios inerentes, isto é, as regras definidas pela empresa devem estar claras para cada indivíduo. Assim, quando houver a adesão de um novo componente ao grupo, é necessário que este se adapte às formas como ele será avaliado pelos seus líderes, bem como conheça as situações em que ele será recompensado ou punido. Esse ponto parece estar atrelado ao passo objetivos da dimensão relacionada à adaptação externa, no que tange à existência do sistema de recompensas em concordância com os objetivos cumpridos.

Há elementos do comportamento individual que interferem no coletivo, mas que não podem ser explicados por serem intangíveis. A isso, Schein denominou de explicar o não explicável – ideologia e religião. Para ele, cada grupo, assim como cada sociedade, apresenta eventos não explicáveis, aos quais os membros desse grupo podem responder e, assim, evitar a ansiedade de lidarem com o incontrolável. Podem responder tentando entender as diferenças de ideologias e religiões de cada um, respeitando-as, já que, mesmo intangíveis, elas interferem na coletividade.

c) Realidade e verdade

A terceira dimensão engloba a realidade e a verdade, e visa distinguir o que é real do que não o é e como a verdade pode ser determinada, revelada ou descoberta. O autor ligou esses dois assuntos diretamente à informação. As questões duvidosas que podem surgir no contexto empresarial estão diretamente relacionadas à forma como a informação é interpretada e comunicada.

Em se tratando da realidade, dois membros do grupo podem estar discutindo sobre uma questão para a qual não existe um critério físico estabelecido, como, por exemplo, no caso de uma decisão quanto à campanha publicitária para apoiar a veiculação de um produto. É natural, nessa situação, que haja conflitos, pois a realidade observada está sendo interpretada de forma dicotômica, ou, cada um tendo a sua própria verdade. Diferentes culturas têm diferentes suposições acerca da realidade e da verdade.

Nessa linha, o autor complementou com o estabelecimento de critérios que possam determinar a verdade. Entre eles está o dogma puro, que é baseado em tradição e/ou religião; dogma revelado, que é baseado na autoridade de homens inteligentes, líderes formais, profetas ou reis; o processo racional-legal, que ocorre quando a sociedade determina a verdade, por meio de um processo legal, porém, não há verdade absoluta; como uma verdade que sobrevive a conflitos e debates; uma verdade que funciona, um critério puramente pragmático; e uma verdade estabelecida por métodos científicos.

d) Natureza de tempo e espaço

Essa dimensão diz respeito aos conceitos e às dimensões que guiam as percepções de tempo dos participantes do grupo e também a como cada um utiliza o ambiente espacial físico. Existe, nesse processo, uma troca de experiências comuns entre os mencionados participantes, em que os artefatos visíveis acerca dessas concepções não são facilmente interpretáveis, justamente por estarem em um campo subjetivo e comportamental.

Schein alertou que o ponto mais importante em uma organização é reconhecer as percepções de seus líderes e gestores, pois eles é que as transmitirão aos seus subordinados, por meio de seus comportamentos, por exemplo, quando e como tomam decisões. Também é relevante analisar o *feedback* desses subordinados quanto ao que lhes foi transmitido, para que haja melhorias e adaptações por parte dos líderes, caso seja necessário.

Se o ambiente externo à empresa sofrer modificações, requerendo novos tipos de respostas a elas, surgirão dificuldades não somente no sentido de os líderes aprenderem novas formas de gestão, mas também para retreinar os seus subordinados, que estavam preparados e treinados com vistas à antiga estrutura organizacional.

e) Natureza humana, atividade e relacionamentos

Nessa dimensão, Schein revisou conceitos sobre a natureza humana, tais como as naturezas calculáveis, sociais, autoatualizáveis, complexas, positivas e maleáveis, e negativas e fixadas. Diante desse rol de classificações, o autor notou que algumas culturas enfatizam o "fazer", enquanto outras assinalam o "ser", e ainda outras ressaltam o "tornar-se", focando o autodesenvolvimento como o caminho mais adequado. Esses itens caracterizam a forma como as organizações se preparam internamente para se relacionarem com o ambiente no qual operam.

Em qualquer grupo, todos os seus membros devem resolver, por si sós, os problemas que surgem em seus cotidianos, ou os problemas de identidade de cada um: quem é no grupo, qual o grau de influência ou controle nesse grupo, em quanto tempo suas metas serão cumpridas, quão íntimos os indivíduos do grupo se tornam, qual o grau de neutralidade das emoções necessário em um relacionamento, quais os valores que serão repassados para os seus similares, se sua postura será individualista ou universalista. Este último pode ser remetido à dimensão tratada por Hofstede (1980), que engloba o individualismo e o coletivismo. Se o individualismo for imperativo na empresa, as decisões, por exemplo, são centralizadas e a gestão não é participativa, já ao se sobressair o coletivismo, as decisões são tomadas pelo grupo, levando-se em consideração as opiniões, percepções, ideias etc. de cada participante.

Adentrando em uma sumarização das dimensões abordadas, Schein propôs tipologias para a cultura, estruturando-as em três subculturas organizacionais: a cultura operacional, a cultura de engenharia, a cultura executiva. Dentro de cada subcultura, é possível encontrar cada uma das dimensões tratadas, tanto por Schein como por Hofstede.

A primeira subcultura considera as habilidades, as ações e o comprometimento das pessoas na organização. Elas precisam ser capazes de aprender a lidar com surpresas, bem como de operarem como um time colaborativo, no qual os valores, tais como a verdade, devem ser preservados. Em geral, essa cultura é aquela em que as operações ocorrem, e que permite à empresa o seu funcionamento global, devidamente apoiado pelas pessoas que nela atuam.

Na cultura de engenharia, as operações devem ser alicerçadas em bases científicas e em tecnologia adequada e precisam ser, constantemente, melhoradas. Nessa tipologia, as pessoas constituem os problemas e, por isso, devem reexaminarem-se, sendo suas decisões direcionadas para a elegância, simplicidade e precisão.

A cultura executiva contempla um ambiente permanentemente competitivo e potencialmente hostil, onde a hierarquia serve como indicador para mensurar o *status* e o sucesso dos gestores, exigindo deles a observação das regras, rotinas e dos rituais. Essa tipologia percebe as pessoas como qualquer outro recurso existente na empresa, que é adquirido e que precisa ser adequadamente gerenciado.

As três subculturas formam a cultura geral da empresa e, por esse motivo, têm de ser sincronizadas, não sendo possível enxergá-las de forma isolada, tampouco consentir que alguma delas se sobressaia à outra. Segundo Schein, quando uma das subculturas se mostrar dominante comparada às demais, a empresa não sobrevive.

Em se tratando de tipologias ou classificações da cultura, não se têm apenas as definições de Schein (2004); outras podem ser percebidas em estudos como os de Etzioni (1975), Scwartz (1992), Likert (1975), entre outros.

Etzioni (1975) construiu três tipos de culturas organizacionais: a coercitiva, a utilitária e a normativa. Scwartz (1992), de seu lado, desenvolveu uma lista de valores que podem ser usados na construção de escalas em níveis sociais e individuais para mensurar culturas, propondo, com isso, as dimensões de autodesenvolvimento, a de abertura para oportunidades, a conservacionista e a de autotranscendência.

Já Likert (1975) entendeu que não existem normas e princípios válidos para todas as circunstâncias que surgem no momento de administrar porém, o modelo por ele proposto possibilita enquadrar sistemas de administração levando em conta as características particulares de cada organização. Ele classificou esses sistemas em autoritário-forte, autoritário-benevolente, participativo-consultivo e participativo-grupal, que possuem diferentes dimensões, as quais os cercam. As dimensões englobam os processos de liderança, as forças motivacionais, o processo de comunicação, o processo de influência e interação, o processo decisório, as metas e diretrizes, o processo de controle, as metas de desempenho e treinamento e o próprio desempenho.

Em um estudo que analisou 53 trabalhos sobre cultura organizacional, Ginevicius e Vaitkunaite (2006) propuseram dimensões para cercar os aspectos envolventes de cultura em uma organização. Após analisarem diversas classificações nesses estudos, fundamentalmente os que relacionavam cultura com o desempenho empresarial, os autores apresentaram uma lista com as dimensões de cultura organizacional, quais sejam: envolvimento, cooperação, transmissão de informações, aprendizado, cuidado com os clientes, adaptabilidade, direção estratégica, sistema de recompensas e incentivos, sistema de controle, comunicação, compromisso, coordenação e integração. O questionário elaborado foi enviado para companhias da Lituânia e, ao final, 23 delas mostraram que as dimensões estão inter-relacionadas e que as de comunicação e de recompensas e incentivos influenciam as demais dimensões.

Note-se que é amplo o leque de autores que versam sobre cultura organizacional, sendo que alguns, tais como Hofstede e Schein, são consagrados no meio literário em se tratando desse assunto. Ao contrário disso, o intuito desta seção foi o de mostrar conceitos e algumas classificações de cultura organizacional tendo em vista a sua inquestionável importância para o discurso relativo ao modelo de gestão.

6

SISTEMA DE GOVERNANÇA CORPORATIVA

O conceito de governança corporativa é tratado como sinônimo de monitoramento da administração de uma empresa com vistas à proteção daqueles que por ela são interessados, normalmente por razões econômicas, e que não participam da sua administração. Nesse sentido, denota-se uma concentração das discussões sobre o assunto a partir dos chamados mecanismos de governança – internos e externos, que, segundo autores de várias correntes, permitem a realização do referido monitoramento.

A atenção se prende na existência de conselhos de administração e fiscal, de uma auditoria interna e externa, entre outros chamados mecanismos. Esses são os principais instrumentos de governança corporativa, externos e internos, segundo a literatura que versa sobre o assunto.

O primeiro código sobre governança corporativa nasceu no Reino Unido, no início dos anos 1990, surgindo a partir daí outras normas que tratam esse tema, tanto na Europa quanto nos Estados Unidos. Esses documentos e os estudos que os pré e pós sucederam encorajaram pesquisadores no Brasil, cujos estudos, entretanto, não observaram as diferenças entre os ambientes de países nos quais a governança corporativa começou a ser estudada e o brasileiro, o que leva a conclusões nem sempre aplicáveis ao cenário empresarial nacional.

Esta obra busca apresentar tais distorções, apresentando a governança corporativa como o conjunto de práticas empresariais ou de órgãos administrativos estudados isoladamente. Trabalha também a premissa de que a governança corporativa tem como sinônimo a expressão *gestão corporativa*. É, assim, um assunto mais amplo do que vem sendo tratado pelo meio literário.

Dessa forma, este capítulo aborda o assunto sob uma perspectiva sistêmica, isto é, retrata um sistema de governança corporativa, no qual se inserem, além dos interessados pela empresa que não participam de sua gestão, e aqueles que são os responsáveis legais por ela, os órgãos de monitoramento, como os conselhos de administração e fiscal, auditoria externa e outros existentes para esse fim.

Embora seja um assunto não tratado pela literatura, fazem parte do rol daqueles que se interessam pela governança, os gestores, os quais dependem da transparência e acurácia das informações para buscarem a otimização dos recursos consumidos sob suas responsabilidades, e, por essa razão, são retratados por esta obra como um dos principais interessados pelo tema.

Esta obra diferencia aquilo que se convencionou chamar de padrão de governança corporativa, representada pelos órgãos responsáveis pela sua manutenção, apresentando como complemento os instrumentos e práticas de gestão que são, em última instância, os responsáveis pela adoção e zelo das melhores práticas de governança. Nesse âmbito, destacam-se procedimentos e áreas internas da empresa, o que se justifica pelo fato de serem a sustentação dos negócios para a promoção da eficácia organizacional, como, por exemplo, a área de Controladoria e os instrumentos dos quais ela se utiliza para a realização de suas atividades.

Dentre esses instrumentos estão o sistema de informações e de controles internos que são a plataforma que serve de base para a contabilidade possibilitar a geração de informações com a garantia de transparência, coerência e fidedignidade, tanto as prestadas para fins de gestão quanto para a divulgação ao público externo interessado pelas atividades da empresa.

6.1 Um breve histórico e o significado da governança corporativa

Governança corporativa pode ser entendida como controle administrativo. Então, toda empresa em maior ou menor grau tem uma estrutura que a caracteriza, podendo variar apenas as práticas que cada uma delas adota.

Esse tema não é novo, pois as práticas de gestão empresarial têm sido objeto de estudos desde o final do século XIX. Foi, porém, a partir do ano de 2002 que ele ganhou destaque, motivado pela sequência de escândalos que abalaram o mercado de capitais norte-americano, os quais solaparam os recursos e a confiança dos investidores externos nas gestões das empresas e na qualidade da informação que estas produziam e divulgavam ao seu público. A resposta dada pela legislação americana foi a promulgação da Lei Sarbanes-Oxley, em julho de 2002.

No Brasil, os órgãos normatizadores passaram a atentar às práticas de governança corporativa, e para a maior necessidade de transparência nas informações divulgadas ao público, a partir da abertura comercial iniciada nos anos 1990, da desestruturação do mercado financeiro, com várias instituições em situação de insolvência e do interesse contínuo das empresas em abrirem os seus capitais.

Diante disso, observaram-se a criação de órgãos ou de legislação especificamente voltados para as práticas de governança corporativa, entre os quais se destacam:

- em 1995, fundou-se o IBGC – Instituto Brasileiro de Governança Corporativa, que teve a iniciativa de elencar as melhores práticas de governança através de um código próprio para isso;

- em 1999, a CVM – Comissão de Valores Mobiliários, através da decisão SPC/CVM, estabeleceu que os fundos de pensão podem investir apenas em empresas de capital aberto;

- em 1999, a ANBID – Associação Nacional dos Bancos de Investimento lançou o Código de Autorregulação da Associação Nacional de Bancos de Investimentos;

- no ano de 2000, a BOVESPA – Bolsa de Valores do Estado de São Paulo divulgou aquilo que considerou serem as práticas diferenciadas de governança corporativa do novo mercado;

- em 2002, a CVM lançou a Cartilha de Recomendações sobre Governança Corporativa;

- ainda no ano de 2002, a CVM lançou a Instrução nº 358/02, que trata especificamente sobre a política de divulgação de ato ou fato relevante;

- em 2002, a BOVESPA, em conjunto com outras entidades, divulgou o Plano Diretor do Mercado de Capitais; e

- no ano de 2004, a CVM, através da Resolução nº 3.198/04, determinou a criação dos Comitês de Auditoria para as instituições financeiras.

Dessa forma, a necessidade de identificação de mecanismos de proteção ao investidor externo foi o fator estimulante para que os organismos reguladores se pronunciassem sobre esse tema e para a publicação de textos que ainda podem levar leitores desatentos a um entendimento equivocado de que o assunto esteja circunscrito apenas à proteção de investidores, e outros interessados externos à empresa, quanto a extravios de ativos destas e sonegação de informações que possam prejudicar os seus interesses.

Governança é algo mais amplo do que isso. Naturalmente, o investidor externo se preocupa com o fato de que o seu capital esteja protegido contra usos que não se relacionem estritamente às operações da organização, porém, ousa-se supor que esta não seria, ou deveria ser, a sua principal preocupação. De pouco adiantaria aos investidores apenas a garantia de que os recursos da empresa estão protegidos. Quem investe seu capital em uma organização espera, principalmente, que ela seja bem administrada e que os recursos que consome produzam os melhores resultados possíveis, sem prejuízos à sua continuidade e, principalmente, que ela se mantenha saudável e em condições permanentes de remunerar satisfatoriamente o investimento realizado. Noutras palavras, a tranquilidade de um investidor de longo prazo está associada também a sua percepção sobre a qualidade da administração da empresa.

Assim, governança corporativa diz respeito a todo o aparato que a administração de uma empresa deve usar para assegurar que os recursos dos quais ela se utiliza em suas atividades estejam protegidos e sejam otimizados de forma a gerarem resultados que atendam ou superem as expectativas daqueles que nela depositaram confiança. Para tanto, a governança deve se voltar não apenas para a existência de mecanismos internos ou externos de monitoramento da gestão da organização.

A governança deve, sob a perspectiva da gestão da empresa, compreender também procedimentos sólidos de apoio à administração, como o são, entre outros, o planejamento estratégico e o operacional e todos os seus desdobramentos, inclusive aqueles envolvidos nos controles inerentes ao processo decisório intrínseco à execução desses planejamentos.

A governança corporativa deve se voltar para a ampliação da capacidade gerencial da empresa, implicando critérios de gestão que não apenas assegurem a transparência de sua administração, mas, também, a convicção de que os seus gestores tenham habilidade, experiência e motivação para aplicar os seus talentos em suas atividades, de forma a propiciar à empresa que ela alcance níveis de excelência que se traduzam em resultados de qualidade, que garantam aos investidores uma proteção perene e otimizada de seu capital.

O fundamento da governança corporativa diz respeito a gerenciar bem a empresa e, neste particular, um dos aspectos que se espera dela é aquele relacionado à eficácia de seu processo decisório e da coesão de seus componentes, que são os responsáveis pela geração de seus resultados. Isto é, uma das seguranças que o investidor, seja ele externo ou interno, deve buscar é o fato de saber que os seus recursos estão sendo bem gerenciados. E que custos de oportunidade não detectáveis pelos números contábeis possam ser minimizados ou eliminados.

Naturalmente, a segurança dos ativos não é algo secundário. Por essa razão, faz parte do escopo da governança corporativa a adoção de práticas voltadas especificamente à existência de um sistema de informações que não somente permita o abastecimento do processo decisório mas, também, propicie o controle e proteção de ativos, bem como a divulgação de informações contábeis confiáveis ao público externo e interno da empresa.

O sistema de governança inclui os sistemas providos pela área de tecnologia da informação, a partir de dados contábeis respaldados em critérios sólidos e bem aplicados, cujas informações encontram a sua plataforma em sistemas de controles internos que ampliam a segurança de ativos e proporcionam a geração de informações seguras.

Além disso, governança corporativa abrange a existência de áreas organizacionais que busquem a coesão entre os objetivos dos gestores e os objetivos da empresa, buscando conciliá-los, monitorando os resultados que são produzidos e os instrumentos de controles existentes, com o propósito de permitir à empresa o alcance da eficácia e da satisfação de seus investidores e outras entidades de interesse. Entre essas áreas, ganha relevo a de Controladoria.

Com o exposto, ressalte-se que o tema governança corporativa não se resume às discussões acerca dos órgãos internos e externos de monitoramento da gestão, como os conselhos de administração e fiscal, auditorias externas e internas, entre outros.

Não são apenas esses os instrumentos de governança que merecem destaque, ou os únicos representantes das preconizadas boas práticas de governança corporativa. Esses elementos somente fazem sentido se todos os outros intrínsecos a um sistema completo de governança forem entendidos e lapidados, de forma a se alcançar a desejada excelência na gestão empresarial. A seguir, discute-se sobre os principais órgãos de monitoramento das práticas de governança corporativa e outros instrumentos que a tornam um sistema cujo conjunto pode levar os envolvidos na empresa à segurança quanto à qualidade de sua gestão.

6.2 Os órgãos externos

6.2.1 O conselho fiscal

O conselho fiscal é um dos órgãos externos criados por lei com a finalidade de garantir a preservação dos interesses dos acionistas de uma empresa, sejam eles majoritários ou não. A evidência disso é o fato de que esse órgão pode ser permanente, isto é, constante de um estatuto aprovado pelos acionistas, ou convocado especialmente para um exercício social, quando isso for requerido pelos referidos acionistas.

A constituição do conselho fiscal obedece às normas rígidas constituídas. Os titulares de ações preferenciais sem direito a voto, ou com voto restrito, terão direito a eleger, em votação em separado, um membro e respectivo suplente; igual direito terão os acionistas minoritários desde que representem, em conjunto, 10% ou mais das ações com direito a voto.

Um dos aspectos mais marcantes que identificam o conselho fiscal como um órgão externo de governança corporativa é o fato de que existem sérias restrições para se escolherem e comporem os seus membros, sendo a principal evidência disso a particularidade de que não podem pertencer a tal conselho os membros de órgãos de administração da empresa ou qualquer um de seus empregados, sejam estes diretamente vinculados ou outros que trabalhem em empresas coligadas ou controladas. Tal restrição se estende a cônjuges e parentes, até o terceiro grau de parentesco do administrador da empresa.

As atribuições do conselho fiscal também se voltam, exclusivamente, aos usuários externos das informações da empresa. A ele compete fiscalizar os atos dos administradores e verificar o cumprimento de seus deveres legais e estatutários. Em complemento a isso, o conselho fiscal deve fiscalizar os atos de administradores e verificar o cumprimento dos deveres estabelecidos pelas leis e pelo estatuto da empresa.

Além do exposto, o conselho fiscal também tem atribuições voltadas à garantia de que as maiores decisões da empresa sejam tomadas em consonância com o interesse de seus acionistas. Ele pode, por exemplo, opinar sobre propostas dos órgãos de administração ainda não submetidas à assembleia de acionistas, relativas à modificação do capital social, emissão de debêntures, plano de investimentos, entre outros. Adicionalmente, pode denunciar aos órgãos de administração e à assembleia geral eventos, tais como fraudes ou crimes que forem descobertos, sempre sugerindo providências úteis à empresa.

Outras atribuições do conselho fiscal se referem ao seu dever de convocar a assembleia geral sempre que seus membros julgarem necessário o exame das demonstrações financeiras da empresa, emitindo o seu parecer sobre elas, solicitar esclarecimentos tanto aos órgãos administrativos quanto à auditoria externa. Além disso, deve também solicitar a apuração de fatos que julgar relevantes.

Como exposto, as atribuições do conselho fiscal são importantes para a segurança do usuário externo da informação contábil e para os interesses daqueles que investem na empresa. Em nenhum momento suas atribuições se voltam ao público interno que, pelo contrário, é o seu alvo. Assim posto, é razoável classificar esse conselho como um órgão externo de governança corporativa, e não como um mecanismo de governança, pois mecanismo significaria que ele estaria inserido na dinâmica das atividades e de geração de resultados por parte da empresa.

6.2.2 Auditoria externa

A auditoria externa tem por finalidade emitir pareceres sobre as demonstrações contábeis da empresa visando atestar se os valores contábeis divulgados ao público correspondem de fato ao resultado das operações, e se estão em conformidade com a legislação contábil vigente. Esse conjunto de pareceres tem caráter obrigatório e deve ser publicado juntamente com as referidas demonstrações.

A auditoria externa é normalmente contratada pelo conselho de administração da empresa, com o propósito de garantir-lhe independência total para a realização de seus trabalhos. Ela é aplicável em casos de empresas com ações negociadas em bolsas, que atuem diretamente no mercado financeiro, em sociedades cooperativas e em outros negócios cujos interessados diretos corram o risco de sofrerem danos aos seus interesses em função de má administração ou de divulgação de informações distorcidas.

Assim, o trabalho da auditoria externa visa proteger os interesses de acionistas, investidores, financiadores, cooperados ou do próprio Estado, entre outras entidades. Por essa razão ela é considerada um dos mecanismos obrigatórios de governança corporativa. Mas não são apenas nesses casos que a empresa opta pela contratação de uma auditoria externa. O seu porte e a distância física de proprietários de empresas também são motivadores para o uso desse importante recurso, independentemente de a empresa ser ou não de capital aberto ou de estar ou não legalmente obrigada à adoção do procedimento.

A auditoria externa não atua somente sobre as demonstrações contábeis. O exame destas e o parecer dele decorrente são produtos de um trabalho muito mais profundo por parte dela, a começar pelo seu planejamento, tarefa que requer profunda atenção, pois a partir dele se identificam áreas de riscos de negócio que norteiam todo o escopo da auditoria.

Complementarmente, a auditoria externa se baseia na análise do sistema de controles internos, cuja extensão é definida a partir do nível de riscos observados em tais controles. A verificação das normas de procedimentos de controles internos, e a validação de sua observância pelos funcionários, permitem ao profissional auditor emitir uma opinião de aconselhamento à direção ou ao conselho de administração da entidade correspondente, buscando agregar valor ao trabalho de auditoria.

Além dos controles internos, e de um ponderado exame do ambiente de controle da organização, a auditoria externa se vale de outros meios para validar os valores constantes das demonstrações contábeis, tais como as contagens físicas de estoques, as confirmações junto a fontes externas quanto à veracidade de saldos a pagar e a receber e a consulta a advogados, no sentido de se identificarem passivos ocultos. Soma-se a isso uma cuidadosa análise do cumprimento da legislação fiscal e outras inerentes ao negócio por parte da organização.

Diferentemente da auditoria interna que avalia analiticamente procedimentos e saldos, os trabalhos efetivados pela externa são realizados à base de testes, conduzidos por amostragens estatísticas estabelecidas por modelos matemáticos. Apesar disso, para as empresas brasileiras, seguindo uma tendência mundial, a auditoria deve emitir um parecer no qual deve certificar ou não a qualidade dos controles internos, assim como o faz com os montantes constantes das demonstrações contábeis.

Embora não lhes seja exigido, ou não seja parte de seu escopo obrigatório, a empresa de auditoria externa procura adicionar valor ao cliente, ao empregar um conjunto de ações de assessoria e consultoria em combinação com os trabalhos rotineiros de auditoria, no sentido de torná-los mais do que uma mera avaliação das atividades do departamento de contabilidade, de controles e de riscos de uma organização.

Diante disso, passa a ser cada vez mais necessário e oportuno o eficiente trabalho de um auditor externo que, além de garantir as informações, controles e transparência das informações, pode auxiliar o conselho de administração da empresa proporcionando por meio de seus trabalhos a transparência das informações de âmbito interno e externo, abrangendo entre outros os seguintes aspectos:

a) ético: revisa o código de ética da empresa, emite relatórios contemplando eventuais violações deste por parte de funcionários, encaminhando os casos mais sérios ao conselho de administração e à presidência da empresa para que se tomem as medidas aplicáveis;

b) estratégico: examina a estratégia no sentido de assegurar que ela não se constitui em risco de descontinuidade;

c) executivo: reporta políticas gerais de recursos humanos e níveis de compensação dos executivos;

d) corporativo: reporta as políticas relacionadas à responsabilidade corporativa, tais como: ambiente, saúde, segurança e responsabilidade social da empresa;

e) ambiente: examina e reporta as medidas preventivas adotadas pela empresa para promover a saúde e a qualidade de vida das pessoas, a segurança dos trabalhadores e de outros envolvidos ou afetados pelos processos operacionais, bem como a legalidade do uso dos recursos naturais do ambiente e tratamento de resíduos industriais;

f) inovação e desenvolvimento: revisa os projetos de pesquisa e desenvolvimento no sentido de avaliar se a inovação tecnológica existente é suficiente para garantir a continuidade dos negócios;

g) gerenciamento de processos: avalia a administração global, o perfil de risco e controles internos da empresa ou subsidiárias e afiliadas. Adicionalmente, revisa o real estado dos planos de expansão da empresa.

A auditoria externa pode então ajudar e apoiar a organização a criar um programa sustentável para o gerenciamento de riscos corporativos, apoiando-a no desenvolvimento de um roteiro metódico para a adoção dessas práticas conforme a demanda por uma adequada governança corporativa.

6.3 Os órgãos internos de governança

6.3.1 O conselho de administração

O conselho de administração, órgão também previsto em lei, especificamente das Sociedades Anônimas, tem variações em sua forma de atuação. A administração da empresa, dependendo de seu estatuto, pode delegar a responsabilidade da gestão organizacional tanto ao conselho quanto a uma diretoria designada para tal.

O conselho de administração, composto por no mínimo três membros, goza de uma presumida independência em relação à gestão da empresa. Isso porque tais membros são eleitos por meio de uma assembleia geral de acionistas, que também pode, a qualquer tempo, destituí-los. Um dos fatos que o caracteriza é que os seus membros não podem exercer os seus mandatos por tempo superior a três anos, apesar de permitida a reeleição.

Além de ser possível que a gestão da empresa seja realizada por uma diretoria, que se reporta ao conselho de administração, outro aspecto que o caracteriza como um órgão interno de governança corporativa é o fato de que entre os seus membros, dependendo do que o estatuto estabelecer, poderá haver a presença de empregados da empresa, escolhidos por votos destes em conjunto com as entidades sindicais. Esse aspecto amplia o conceito de governança corporativa para além das fronteiras dos acionistas, credores, fornecedores, clientes, levando-o ao alcance de um dos principais componentes da sociedade à qual serve a empresa: os seus empregados.

O envolvimento do conselho de administração diretamente com a qualidade da gestão da empresa, e de seus resultados, se consubstancia naquilo que o compete fazer. Esse conselho deve ficar à disposição para a orientação geral dos negócios da empresa, eleger e destituir os seus diretores sempre que necessário, examinar as demonstrações financeiras da companhia e requerer explicações adicionais que possibilitem o esclarecimento de pontos que não estejam claros, escolher e destituir auditores independentes, deliberar sobre alienação de ativos e sobre a constituição de ônus, fiscalizar a gestão de diretores, entre outras atividades.

O fato é que, didaticamente, esse órgão deve ser considerado como um instrumento interno de governança corporativa e a existência dele faz parte do processo de governança, mesmo não assegurando que a empresa adote e pratique as melhores práticas de governança, ou seja, aquelas que garantam que o negócio tenha a melhor gestão possível de seus recursos e os resultados sejam divulgados de forma justa a todos os seus interessados.

6.3.2 A auditoria interna e a governança corporativa

A auditoria interna é o mais representativo entre todos os mecanismos internos de governança corporativa e vem, nos últimos tempos, ampliando o seu papel, incorporando a ele técnicas para detectar, prevenir e reportar problemas organizacionais que possam representar riscos relevantes ao negócio que afetem os interesses de investidores, proprietários, clientes, entre outras entidades.

A auditoria interna se caracteriza por adotar uma postura corporativa, materializando e aplicando diversos mecanismos, objetivando não apenas detectar e mensurar possíveis problemas relacionados aos controles internos, mas também oferecer as respectivas alternativas de soluções. Entre esses mecanismos, destacam-se as referidas políticas de gestão de riscos que fortalecem as boas práticas de governança corporativa.

O foco do trabalho da auditoria interna se baseia em técnicas de levantamento de informações sobre as rotinas de controle da empresa, no sentido de assegurar que eventuais disfunções de processos críticos operacionais não afetem negativamente a operação. Para tanto, submete-os a testes de aderência às normas de procedimentos estabelecidos para eles pela alta administração.

Esses testes visam verificar a adesão ou não das áreas organizacionais às mencionadas normas. O propósito da aplicação dessa técnica é o de prevenção ou detecção de falhas de controles decorrentes da ação humana ou de fraudes ou, simplesmente, o de propiciar o aumento da eficácia dos processos operacionais.

A auditoria interna está filosoficamente alinhada com o nível de propensão que os proprietários do negócio, ou o conselho de administração, têm a riscos. Nesse sentido, baseia toda a sua atuação no estabelecimento de um ambiente de transparência inequívoca para aqueles a quem essa área deve se subordinar diretamente, os proprietários ou conselho de administração, e também para a própria presidência da empresa, a quem ela se subordina administrativamente.

Os trabalhos da auditoria interna são extremamente úteis para o alto escalão da empresa, pois conferem a este a oportunidade de combater problemas até então desconhecidos e de eliminá-los ou, pelo menos, minimizá-los até o ponto em que isso for possível.

Além do sistema de controles internos, é também parte do escopo dos trabalhos da auditoria interna a aplicação de testes para a avaliação dos procedimentos de aderência às normas legais existentes no entorno do negócio, apontando eventuais desvios e vulnerabilidade aos quais a organização está sujeita.

Destaque-se outro item que compõe os trabalhos dessa área, que é o de avaliação de riscos inerentes a decisões operacionais, mercadológicas ou quaisquer outras que impliquem incongruências da gestão com relação à estratégia de negócios aprovada pelo conselho de administração ou proprietários.

O objetivo nesse caso é o de preservar a continuidade da empresa, e o resultante desse acompanhamento é a divulgação de relatórios reportando a situação geral da gestão organizacional, tanto para o presidente da empresa quanto para aqueles que são interessados por ela, mas que não atuam diretamente na sua operação, ou seja, os membros do conselho de administração.

A auditoria interna deve atuar de forma independente da gestão da empresa, mas não isoladamente desta. Seu papel é amplo. Além de sua função básica de proteger os ativos da empresa e salvaguardar os interesses de seus acionistas, sempre que aplicável, essa área deve auxiliar a alta administração com informações que lhe permitam corrigir distorções nos processos críticos e eventuais desvios dos objetivos organizacionais por funcionários da empresa.

A independência funcional dessa área da alta administração é, entretanto, algo indispensável para a preservação de sua missão e para uma avaliação contínua do ambiente de controle da empresa, o que inclui, inclusive, o exame rotineiro do comportamento do alto escalão da empresa.

O ambiente de controle é um dos principais desafios enfrentados pela área de auditoria interna no cumprimento de sua missão. Um ambiente de controle robusto tem por base a integridade e a ética dos funcionários em todos os escalões. Compete à auditoria interna avaliar, detectar e reportar evidências ao conselho de administração sempre que constatar a existência de um clima organizacional propenso a desvios de conduta que tornem ineficazes os sistemas de controles internos.

Esse ambiente de controle emana do exemplo que a alta administração oferece a todos os funcionários, e é subjetivo, pois, em determinadas situações, desvios comportamentais não podem ser detectados pelo sistema de controles internos, dependendo do nível hierárquico onde eles eventualmente sejam observados.

São os executivos da alta administração que, na prática, dão o tom e o padrão ético vigente na empresa, o que afeta diretamente todos os demais componentes e instrumentos de controles internos, e é nesse sentido que se justifica a necessidade de independência funcional da área de auditoria daqueles que são os responsáveis diretos pelas operações organizacionais.

A auditoria interna trabalha com todas as áreas organizacionais, porém, busca apoio principalmente no comitê de controles internos, quando existente, e na área de Controladoria, cuja função de apoiar e controlar os resultados de outros departamentos tem uma estreita relação com a auditoria. Ambas as áreas consistem em um dos componentes básicos de um sistema de governança que visa à difusão de boas práticas por toda a organização.

6.3.3 A área de Controladoria e seu apoio à governança corporativa

Considerando-se que a governança corporativa é a capacidade da administração de manter controle sobre as operações da empresa e sobre a qualidade de seus resultados, a área de Controladoria se constitui em um dos seus mecanismos internos, posto que essa área tem como principais itens de seu escopo de atuação o apoio ao processo de gestão organizacional, através da indução dos gestores às decisões que produzam resultados otimizados, do monitoramento do desempenho das atividades operacionais e do contínuo abastecimento de informações para a alta administração, bem como ao público externo à empresa, entre outras atividades.

A área de Controladoria também desempenha importante papel para a governança corporativa ao se caracterizar como um dos órgãos que atuam permanentemente no diagnóstico de processos operacionais determinantes para a obtenção de resultados e na solução dos problemas inerentes. Essa área também participa ativamente na construção e manutenção dos sistemas de informação e de controles internos, buscando preservar as características destes, voltadas às informações seguras, úteis ao processo decisório e para a divulgação ao público interno e externo da organização. Além dessas contribuições para as boas práticas de governança, a Controladoria tem como uma de suas atribuições zelar pela integridade dos recursos físicos e financeiros da empresa, tanto no que se refere ao seu correto uso quanto à sua salvaguarda.

A ampliação do papel da Controladoria como uma representante das boas práticas de governança ocorre na medida em que o *controller*, responsável por essa atividade, se abstenha de tomar decisões operacionais que afetem diretamente o resultado da empresa. Embora um dos pressupostos para a formação desse profissional seja um adequado comportamento ético, o seu envolvimento em atividades que tenham essas características pode levar à diminuição de sua neutralidade na administração do banco de dados contábil e, por consequência, na divulgação de informações dele oriundas. Em outras palavras, trata-se de segregação de funções.

Não se pode afirmar, entretanto, que a Controladoria cujo gestor também tenha subordinado a si áreas operacionais, como contas a pagar, a receber, entre outras, não seja mecanismo de governança corporativa, pois isso não implica que não seja capaz de fazê-lo sem viver situações de conflitos de interesse, embora neste caso não se observe um princípio básico de controle, que é o de segregação de funções, isto é, "aquele que faz não controla, quem controla não deve fazer".

Observe-se, ainda, que a diversificação de atividades do *controller* pode variar em decorrência do porte da organização. As empresas menores tendem a otimizar as funções desse profissional incumbindo-o da gestão de outras áreas, enquanto nas de porte maior a tendência é a existência de uma Controladoria pura, isto é, aquela voltada tão somente ao apoio ao processo decisório, ao zelo pela informação, pela otimização dos resultados e preservação de ativos.

De qualquer forma, independentemente da diversificação das atividades do *controller*, o nível de sua neutralidade está relacionado principalmente àquilo que ocorre na maior frequência dos casos, isto é, a sua subordinação direta ao principal executivo da empresa e, no caso de empresas com mais de uma unidade de negócios, a um profissional do primeiro escalão da administração central e aos próprios representantes do conselho de administração. Esses aspectos atenuam o efeito de um *controller* possuir, além da área de Controladoria, outras subordinadas a si, preservando-se a essência dessa área como um mecanismo interno de governança corporativa, e a sua existência recomendada por aqueles para quem a adoção de boas práticas de gestão é fundamental para a manutenção de seus interesses no negócio.

6.4 Instrumentos de governança corporativa

6.4.1 A informação contábil como um instrumento de governança corporativa

A literatura contábil tem sido pródiga na busca por elementos que confiram credibilidade às informações contábeis para o seu público externo, através da apresentação de um conteúdo justo, sem viés e no volume e formato por ele requeridos.

Considerando-se a cadeia completa de usuários da informação contábil, de fato os externos são o seu elo mais frágil, dada a distância natural que se mantém entre estes e o ambiente onde são geradas as informações das quais eles se utilizam para aferir, inferir e tomar suas decisões, isto é, a sua não participação da gestão da empresa os torna dependentes da qualidade das informações contábeis que são divulgadas ao público pela sua administração.

A dependência dos usuários externos em relação à acurácia das informações que recebem sobre as empresas de seus interesses é um fato que pode torná-los vulneráveis. A percepção dessa fragilidade algumas vezes se materializa em momentos de frustração e incredulidade. Esses momentos são aqueles nos quais são revelados eventos que, por alguma razão, não foram divulgados de forma acurada ou oportuna ao público externo, resultando na constatação de que os seus usuários foram lesados, levando-os a contabilizarem prejuízos, algumas vezes irrecuperáveis. Esse efeito é causado pela assimetria de informações.

Por essa razão, os órgãos reguladores se focam predominantemente na busca por garantias de segurança aos usuários externos da empresa, estabelecendo meios que minimizem a assimetria informacional existente entre eles e a administração do negócio. Isso ocorre por meio de sugestões ou de imposições de mecanismos de governança corporativa que revistam de transparência a administração da empresa, validando de forma consistente o principal instrumento dos quais ela se utiliza para prestar contas de seus atos ao público externo, isto é, as informações contidas nos relatórios contábeis da empresa.

A assimetria informacional é um assunto complexo, tratado pela teoria da agência e, por essa razão, abordado sempre que se discute a relação entre os usuários externos da informação contábil e os administradores de uma organização. Porém, ressalte-se que esse elemento, a assimetria da informação, é também um problema observado no próprio âmbito interno da empresa.

Embora em menor escala, ela existe também entre a alta administração, usuários internos que representam os interesses dos externos, e os gestores responsáveis pela realização dos eventos operacionais que demandam o uso de recursos.

A alta administração de uma empresa não participa da implementação de todas as decisões tomadas no âmbito de suas operações. Assim, embora receba um volume maior de informações do que aquele recebido pelos usuários externos, e tenha acesso ilimitado ao banco de dados da empresa, se orienta por relatórios contábeis e financeiros formatados para a sua necessidade de acompanhamento do negócio. De forma genérica, essas informações refletem eventos econômicos que foram registrados pela contabilidade, mas não garantem que todos aqueles que ocorreram no contexto administrativo da organização estejam refletidos naqueles relatórios. Os usuários também estão, de certa forma, distantes do momento e do cenário em que decisões são tomadas e implementadas, ocorrendo isso devido ao fato de o porte da organização nem sempre o permitir, ou mesmo pela simples razão de que os gestores tendem a possuir volume de informações maior do que aquele que eles registram, ou estão dispostos a reportar.

Os usuários externos da informação contábil dependem da lealdade de seus representantes, no que se refere à prestação de contas de suas gestões, e estes por sua vez dependem do sistema informacional interno da empresa para, com segurança, apresentarem informações acuradas a esses usuários. Assim, a qualidade da informação e a existência de assimetria informacional ganham o contorno de duas dimensões: a externa e a interna, e é nesse cenário que se desenvolvem os esforços de estudiosos da teoria contábil e entidades reguladoras, no sentido de harmonizarem o entendimento comum sobre os atributos que deve ter a informação contábil, sobre os conceitos que os sustentam e, adicionalmente, sobre os mecanismos internos de governança corporativa que levem os relatórios contábeis a observar tais atributos sem os riscos de distorções das informações a eles inerentes.

6.4.2 Os atributos da informação contábil como norteadores da governança corporativa

O produto da integração de informações para posterior comunicação é representado por relatórios formatados de acordo com as necessidades dos usuários. Hendriksen e Van Breda (1999), amparados em suas observações das normas americanas que tratam do assunto, reconhecem a importância dos argumentos em favor de relatórios para uso em finalidades específicas, no entanto, argumentam que os usuários possuem o bastante em comum para que um conjunto de relatórios de finalidades genéricas seja suficiente. A partir disso, informações com finalidades genéricas baseiam-se na presunção de que usuários significativamente numerosos demandam informações semelhantes e que estas não visam satisfazer necessidades específicas de usuários individuais.

Saliente-se, entretanto, que os usuários da informação podem ter motivações e necessidades diversas para o seu uso. Os relatórios e demais informações padronizadas de forma genérica podem limitar sua utilidade e, não raro, frustrar as expectativas de cada um desses usuários, pois eles podem precisar de informações formatadas especificamente para tomar decisões peculiares às suas atividades. A informação útil, portanto, passa a ser aquela que chega ao usuário no momento certo e no formato por ele desejado.

A partir desse raciocínio, afirma-se que os aspectos essenciais para uma informação ser útil ao processo decisório, ou para o usuário externo, condizem com sua relevância, precisão, confiabilidade, tempestividade, flexibilidade, possibilidade de rastreamento e integração, com vistas ao suprimento das necessidades da gestão, assumindo, com isso, contornos estratégicos para a organização e para aqueles que se interessam por seus resultados.

No tocante aos atributos que uma informação contábil deve possuir, há de se considerar o que os órgãos normatizadores nacionais e internacionais entendem sobre esse assunto. Tais órgãos são representados por profissionais e acadêmicos que se debruçaram sobre essa questão, o que torna relevante a sua contribuição sobre ela. Entre esses estão o FASB – Financial Accounting Standards Board, o IASB – International Accounting Standards Board e o CFC – Conselho Federal de Contabilidade.

O Quadro 6.1 sintetiza comparativamente o que divulgam os referidos órgãos, a fim de demonstrar as convergências e as divergências existentes, bem como as características sugeridas de cada um.

Quadro 6.1 – Atributos segundo os órgãos

ATRIBUTO	FASB	IASB	CFC
Compreensibilidade	Qualidade específica do usuário que tenha conhecimento prévio. Hierarquicamente a mais importante.	Idem ao FASB, porém, hierarquicamente no mesmo nível de relevância, confiabilidade e comparabilidade.	Idem ao FASB e IASB, porém, hierarquicamente no mesmo nível de confiabilidade, tempestividade e comparabilidade.
Relevância	Possuir valor preditivo e ser oportuna. É uma qualidade principal ou primária.	Influenciar na tomada de decisão; possuir valor preditivo e de *feedback*.	
Confiabilidade	Verificável, imparcial, neutra e fidedigna. É a segunda e última qualidade principal ou primária.	Livre de erros materiais, fidedigna, neutra, imparcial e completa.	Elemento essencial na relação entre o usuário e a informação.
Materialidade	Limite ou restrição para a elaboração e divulgação das informações.	Considerada para o julgamento da relevância; abaixo de relevância.	

ATRIBUTO	FASB	IASB	CFC
Representação adequada	Fidelidade de representação; está abaixo de confiabilidade.	Idem FASB	
Neutralidade	Imparcialidade. Está abaixo de confiabilidade.	Idem FASB	
Totalidade		Completa; abaixo de confiabilidade.	
Comparabilidade	Qualidade secundária ou interdependente; inclui a consistência.	Inclui a consistência e está no mesmo nível da relevância, compreensibilidade e confiabilidade.	Possibilita o conhecimento da evolução da situação analisada ao longo do tempo.
Tempestividade	No momento certo; está abaixo de relevância.	Restrição à relevância e à confiabilidade.	No momento certo; manutenção de periodicidade na elaboração e divulgação das informações.
Benefícios > custos	Considerada restrição geral: os custos da produção da informação não devem superar os seus benefícios.	Considerada restrição à relevância e à confiabilidade.	

6.4.3 Os usuários da informação contábil e os aspectos da governança corporativa

Consoante o que mencionam Hendriksen e Van Breda (1999), cada grupo de usuários tem objetivos diferentes a serem atingidos com o uso da informação, pois tem interesses distintos, como é o caso de representantes das entidades com e sem fins lucrativos.

O FASB sustenta que os acionistas, outros investidores e os credores são os principais usuários da informação contábil, e que por isso a divulgação de informações deve ser útil para tomada de decisões de investimento e outras que norteiam o mercado externo à empresa. Martim (1987), entretanto, vai além disso. Para ele, o usuário interno da informação contábil também tem que tomar decisões inerentes às operações da empresa, tais como a própria escolha do sistema que formatará a informação ou a escolha do sistema de avaliação de desempenho, entre outras que permeiam o cotidiano dessa classe de usuário – o interno.

A partir disso, depreende-se que a importância da fidedignidade da informação contábil interessa igualmente tanto aos usuários externos quanto aos internos, cada um guiado por seus interesses específicos intrínsecos às suas atividades, norteadas por razões que, em linhas gerais, podem ser visualizadas na Figura 6.1.

Figura 6.1 – Objetivos dos usuários da informação contábil

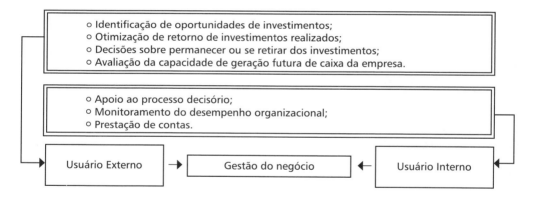

A Figura 6.1 demonstra os dois grupos de usuários, interno e externo, a quem se destinam as informações, e suas expectativas quanto a sua utilidade. É importante se destacar o distanciamento físico dos usuários externos das informações, tanto da fonte que as gerou quanto daqueles que tomaram as decisões que as originaram, causando o que se denomina assimetria informacional.

O usuário interno da informação contábil tem como objetivo primário a administração do negócio. Ao receber dos proprietários da empresa, ou de seus representantes, a delegação para a gestão da empresa, esse usuário passa a depender fundamentalmente da informação contábil, associada a outras, para a otimização do resultado dessa organização. Nesse contexto, as informações contábeis podem proporcionar oportunidades para uma gestão eficaz, enquanto a sua ausência pode levar à obtenção de resultados indesejáveis, tanto para gestores quanto para os seus avaliadores, os proprietários.

6.4.4 A transparência na divulgação das informações contábeis e sua relação com a governança corporativa

As discussões em torno dos interesses dos usuários externos pelas informações contábeis, das necessidades de transparência dos atos administrativos, da assimetria informacional, da harmonização das práticas contábeis são, em síntese, a base que sustenta as discussões em torno da governança corporativa e das boas práticas associadas a esse tema cuja adoção é recomendada às empresas.

As práticas da governança corporativa inserem-se no contexto da busca de fortalecimento do mercado acionário à medida que procura minimizar os potenciais conflitos de interesse existentes entre os acionistas majoritários e os minoritários, entre os proprietários e os administradores, como, também, entre os demais agentes da empresa, tendo como objetivo principal a maximização do valor da organização e, consequentemente, maior retorno para os acionistas ou proprietários. Em suma, as práticas da governança corporativa têm como principal finalidade minimizar os problemas de agência entre os diversos atores da relação empresarial, bem como facilitar a administração da empresa.

A governança corporativa é um conjunto de mecanismos que serve para monitorar através de controles a gestão e o desempenho das organizações; ou, ainda, pode ser definida como uma forma de esforço contínuo em alinhar os objetivos da alta administração aos interesses dos acionistas ou proprietários, mas também pode ser entendida como um sistema que permite a usuários internos e externos certificarem-se de que a empresa tem a melhor gestão possível de seus recursos, com competência e transparência por parte de cada um dos gestores que diuturnamente tomam decisões sobre consumo de recursos para a geração de resultados.

As práticas de governança corporativa se relacionam à existência de mecanismos específicos de controle que transmitam segurança aos interessados no resultado da organização quanto ao correto manuseio dos recursos colocados à disposição de seus gestores. Elas também se associam à existência de instrumentos que permitam aos gestores da empresa administrarem-na de forma segura, por conhecerem com clareza os impactos que suas decisões causam ao negócio.

Como já mencionado, os mecanismos de governança definidos por instituições que defendem a transparência administrativa, como o IBGC (Instituto de Governança Corporativa) e outras entidades, são genericamente a existência de: conselho de administração com membros independentes, auditoria independente, mecanismos voltados ao controle da remuneração dos dirigentes e outros relacionados à proteção dos acionistas, principalmente os minoritários e outros *stakeholders*.

Entretanto, sob a perspectiva desta obra, tais práticas minimizam, mas não eliminam, possibilidades de conflitos de interesses de administradores, ocorrendo isso devido ao fato de que os mencionados mecanismos de governança não implicam o envolvimento dos profissionais que os representam nas operações da empresa. Embora possuam amplitude que permite o acesso ilimitado às informações, não participam do processo decisório organizacional, tampouco da rotina operacional da empresa, e por isso aqueles que representam tais mecanismos têm apenas a visão macro do negócio.

Assim, para alcançar os propósitos aos quais se propõem, os referidos mecanismos de governança corporativa dependem de outros aspectos internos nas organizações, que pavimentem a base que lhes permita ser eficazes na sua missão de promover a igualdade informacional, a transparência administrativa, a redução do conflito de interesses entre as partes interessadas pela *performance* organizacional e, também, uma adequada administração de seus recursos por seus gestores.

O reconhecimento das limitações dos apregoados mecanismos de governança corporativa foi o que levou ao surgimento de leis, como a Sarbanes-Oxley, que estabelecem critérios de controles internos na organização a fim de se aumentar o nível de transparência dos atos praticados por seus gestores. Contudo, mesmo leis como a mencionada podem ter eficácia limitada, pois garantir o funcionamento dos controles internos não significa assegurar que os recursos de uma empresa estejam sendo administrados de forma otimizada, como os seus acionistas gostariam que fosse.

Portanto, cabe às empresas criarem estrutura e instrumento que viabilizem atender ao estabelecido por órgãos como, entre outros, o IBGC – Instituto Brasileiro de Governança Corporativa. Todavia, não devem se limitar a isso. A governança corporativa deve ser encarada como um sistema que conjuga órgãos de monitoramento internos e externos e outros instrumentos voltados especificamente para administração interna. Isto é, para aqueles usuários que são os responsáveis pela qualidade dos resultados gerados pela organização e que são, em síntese, os agentes que nela atuam e que podem preservar o interesse de acionistas, da alta administração e outros interessados pela empresa, não apenas no sentido de promoverem a transparência da administração, mas, também, de evitar os custos de oportunidade do negócio, aspectos estes não capturados pelos registros contábeis ou pelos relatórios que materializam tal transparência.

6.4.5 A tecnologia da informação como instrumento de governança corporativa

Em uma empresa se administra diariamente uma vasta quantidade de eventos relacionados à entrada, transformação e saída de diversos tipos de recursos, sejam estes financeiros, físicos ou simplesmente informações. Esse movimento contínuo de atividades também exige da administração esforços para mensurá-los, controlá-los de forma a se assegurar de que todo o processo inerente tenha como propósito o alcance do objetivo estabelecido para a empresa, isto é, que os fluxos dos recursos se respaldem em práticas sólidas de governança corporativa que preservem os interesses do negócio, na forma idealizada por seus proprietários.

A complexidade intrínseca à administração dos recursos organizacionais, sejam eles físicos, financeiros ou humanos, requer que a empresa se organize para otimizá-los, pois eles, individual ou interagindo coletivamente, sempre repercutem a curto, médio ou longo prazo no seu resultado. Assim, manter sob estreito controle os processos inerentes a essa administração é um requisito para uma boa governança corporativa. Nesse sentido, a tecnologia da informação em si, e a área que a personifica, a de TI, assume contornos relevantes para a gestão empresarial.

6.4.5.1 A tecnologia da informação e o processo de gestão

O processo de gestão é a instância na qual são desenvolvidos os esforços da administração da empresa para o alcance de seus objetivos. É por meio da dinâmica desse processo que as decisões são tomadas, os recursos são consumidos e os resultados são gerados.

O processo de gestão é representado pelos planejamentos estratégico e operacional e pelas suas fases de execução e controle, sendo realizado nesta última o cotejamento dos resultados alcançados contrapostos aos planejados, com a finalidade de monitoramento e orientação da atividade gerencial. Dado o volume de informações requeridas, é natural que a empresa se alicerce em um sistema de informações que permita o contínuo subsídio aos gestores responsáveis pelas decisões e por suas implementações.

O processo de gestão de uma empresa exige um contínuo fluxo de informações, o que dificulta ao gestor realizar as suas atividades de forma eficaz se esse fluxo não facilitar a tomada de decisões e o posterior monitoramento de seus resultados. Nesse sentido, a tecnologia da informação é um dos principais instrumentos de gestão, ou de governança corporativa, por minimizar os riscos de maus resultados, dada a sua capacidade em manipular grandes quantidades de dados, transformando-os em informações que ampliam a capacidade de julgamento do decisor sobre cada alternativa de ação para a solução de determinado problema.

A tecnologia da informação torna possível ao gestor a avaliação de um leque maior de alternativas de decisões sobre a aplicação de um mesmo recurso. O processo decisório compõe-se de problemas de escolha não estruturados, isto é, não rotineiros, e principalmente de outros de natureza estruturada e semiestruturada, sendo que, para estes dois últimos, a tecnologia da informação presta importante contribuição no sentido de tornar a avaliação das alternativas inerentes automatizadas, tanto quanto possível, facilitando o julgamento do gestor e a sua escolha final.

Adicionalmente, a tecnologia da informação pode ter diferentes configurações enquanto instrumento de governança corporativa. Dependendo do porte e da complexidade da estrutura da empresa, tal instrumento oferece meios que se convertem na base de apoio ao processo de gestão, normalmente representada por sistemas integrados de informações voltados à indução de gestores ao compartilhamento de conhecimentos sobre os níveis de contribuição que cada um presta à organização por meio das decisões que tomam.

6.4.5.2 A tecnologia da informação e o controle operacional

O controle operacional é uma das mais importantes fases do processo de gestão. Isso porque o planejamento, uma das etapas do processo de gestão, seria inócuo se não houvesse formas de se controlar a sua execução. Embora haja várias áreas organizacionais desempenhando o papel de controlar, é a conjugação dos esforços das áreas de Controladoria e de tecnologia da informação que permite à administração da empresa um melhor monitoramento de seus negócios, através de um estreito acompanhamento das rotinas envolvendo o consumo de recursos e a correspondente geração de resultados.

Por meio de sistemas, tais como o contábil, o de custos, o de controles de produção e estoques, o de produtividade, e de outros mecanismos de registros, a tecnologia da informação torna mais fácil o uso de indicadores a ele relacionados que orientam a gestão empresarial, facilitando o diagnóstico de situações que possam provocar desequilíbrios entre as ações de seus gestores e os objetivos organizacionais.

Mas não são apenas indicadores automatizados de avaliação de desempenho os meios disponibilizados para o controle operacional pela tecnologia da informação. Outras rotinas inseridas nos sistemas, principalmente aquelas repetitivas e relacionadas às necessidades dos controles internos, permitem o alargamento do domínio administrativo sobre as operações e, consequentemente, o fortalecimento das práticas de governança corporativa.

A implementação de uma decisão requer a realização de passos executados por diferentes profissionais da empresa. Assim, tanto quanto maior puder ser o nível de automação desses passos, menor a possibilidade de que um eventual desvio de objetivo não seja detectado, o que possibilita a sua correção em tempo para que prejuízos sejam evitados ou minimizados.

6.4.5.3 *A tecnologia da informação e o sistema de controles internos*

O sistema de controles internos de uma empresa é complexo, devido ao amplo detalhamento de rotinas e procedimentos a ela inerentes, visando à salvaguarda de ativos, tanto quanto aos seus maus usos como aos seus desvios. Essa complexidade aumenta na medida em que cresce a quantidade de ativos e pessoas envolvidas em seu manuseio.

Embora os controles internos em sua maioria envolvam procedimentos administrativos rotineiros e repetitivos, não é rara a situação em que a sua observância é negligenciada, podendo ocorrer isso por indisciplina de funcionários, falha humana ou até mesmo intencionalmente, isto é, por intenção de fraude. Nesse sentido, a tecnologia da informação é uma poderosa aliada da governança corporativa, pois ela possibilita que procedimentos de controles sejam automatizados, dificultando ações contrárias à sua adequada manutenção e, ao mesmo tempo, tornando mais fácil o rastreamento de cada operação realizada na empresa.

Como ilustração, ao se inserirem no sistema de informações mecanismos que assegurem que os preços constantes de uma nota fiscal, seja esta de compra ou de venda, estejam rigorosamente de acordo com aqueles aprovados, ou que o salário pago a um funcionário esteja de acordo com a frequência dele no trabalho e com o previsto para a função que executa; entre outras possibilidades de automação, as operações da empresa revestem-se de maior segurança, conferindo a condição, à tecnologia da informação e aos instrumentos das quais ela dispõe, quando adequadamente utilizados, de ser considerada uma das boas e recomendadas práticas de governança corporativa.

6.4.5.4 A tecnologia da informação e a Controladoria

A área de Controladoria tem como característica básica a sua dependência de informações acuradas e tempestivas que lhes permitam exercer sua principal função, que é a de apoiar o processo decisório da empresa. Nesse sentido, torna-se natural que essa área seja uma das maiores beneficiadas pela tecnologia da informação.

O uso de sistemas integrados de informações, complementado por outros instrumentos providos pela tecnologia da informação, como, por exemplo, as ferramentas de *business intelligence*, possibilita à área de Controladoria melhores condições para desempenhar o seu papel, ou seja, com o apoio desses instrumentos, torna-se desnecessário que os integrantes dessa área se ocupem com a preparação da informação, sobrando-lhes tempo para focarem em sua análise e nos efeitos que ela deve produzir para os seus usuários.

Entretanto, a área de Controladoria não é mera dependente da tecnologia da informação, ela a complementa sob várias perspectivas. O privilégio que os integrantes dessa área têm de ver a empresa sistemicamente, isto é, sua capacidade de enxergar a floresta ao invés de apenas uma ou mais árvores, a torna um complemento para a área de tecnologia da informação. Não se podem conceber sistemas de informações, tanto para o registro de dados de natureza societária ou fiscal, quanto daqueles que são utilizados para fins gerenciais, sem a participação da área de Controladoria.

Para que a tecnologia da informação tenha confirmada a sua condição de um bom instrumento interno de governança corporativa, é necessário que, entre outros, o sistema contábil, o fiscal, o de custos, o de geração de relatórios gerenciais sejam adequadamente parametrizados, e para isso são necessários os conhecimentos de profissionais da área de Controladoria, passando a ser uma condição quase obrigatória sua participação na construção de tais sistemas de informação.

Como exposto até este momento, a tecnologia da informação é um elemento básico de governança corporativa. Entretanto, o poder que ela exerce ao construir sistemas de informação que têm a função primordial de auxiliar a fortalecer o processo decisório empresarial e o sistema de controles internos requer cuidados especiais para que tal instrumento não se desvie do âmbito das melhores práticas de governança. É necessário revestir-se de segurança o processo de informatização da empresa quanto a quem ou qual área deve influir na formatação dos produtos por ela gerados: os sistemas de acumulação, registro e transformação de dados.

Assim, o uso da tecnologia da informação deve estar associado a um adequado desígnio dos participantes na construção de seus produtos. Embora seja recomendada a participação de todos os gestores nesse processo, espera-se que os aspectos estruturais dos sistemas, principalmente aqueles relacionados à substituição de procedimentos manuais de controles internos e de registros contábeis dos eventos sejam fruto da participação de profissionais da empresa que possuam uma visão sistêmica de sua operação e que sejam independentes em relação às tomadas de decisões cotidianas que tenham a capacidade de interferir em seu resultado econômico e que, fundamentalmente, compreendam com clareza o poder do recurso informação na qualidade dos resultados obtidos pela empresa.

O princípio de segregação de funções deve então ser considerado na construção do sistema de informações, o que vale mencionar que a alta administração deve participar com intensidade na definição da estrutura a ser adotada pela tecnologia da informação, até o ponto de se assegurar que não existam lacunas de controle que sejam legitimadas pelo sistema. Ao mesmo tempo, a participação da área de Controladoria nesse processo é bastante desejável, se não imprescindível, dada a sua visão ampliada dos negócios da empresa e a sua especialidade em assuntos técnicos relacionados às contabilidades financeira, de custos e fiscal, ao próprio sistema de controles internos, principalmente, e à sua condição de supridora de informações para a tomada de decisões a todo o corpo gerencial da empresa.

Além desses envolvidos e, naturalmente, dos profissionais da área de tecnologia da informação, quando aplicável a auditoria ou o comitê de controles internos, são também elementos cujas participações são importantes para a construção da estrutura básica dos sistemas. Enfim, essa é uma atividade multidisciplinar, devendo, porém, ser restrita a participação dos gestores operacionais em sua realização.

Naturalmente, se, em vez de construir um sistema, a empresa optar pela aquisição deste no mercado, a escolha de qual é o mais apropriado deve levar em consideração as mesmas variáveis existentes quando ele for construído na própria organização que vai usá-lo.

6.4.6 O sistema de controles internos como a plataforma da governança corporativa

O sistema de controles internos de uma empresa é definido como o conjunto de normas e procedimentos que visam manter um padrão de rotinas e comportamentos entre os seus funcionários durante a execução de suas atividades operacionais, visando manter a proteção de ativos, a integridade dos dados e informações geradas e, também, auxiliar a administração coordenada dos negócios e o seu total controle.

Numa empresa, ocorrem inúmeros eventos realizados por funcionários hierarquizados do topo até a base de sua estrutura organizacional. Muitos deles não são capturáveis de forma fácil ou permanente pelos registros contábeis, ou por se tratarem de meras rotinas que possibilitam o encadeamento de outras, ou por serem de difícil mensuração. Diante disso, o sistema de controles internos deve buscar manter essas rotinas organizadas, evitando-se que a sua condução não adequada possa se traduzir em prejuízos econômicos tangíveis ou intangíveis.

O sistema de controles internos tem como função, também, dificultar a ocorrência de erros não detectáveis, de fraudes na manipulação dos recursos ou de sua utilização inapropriada, ou simplesmente o extravio de ativos. Infelizmente, por mais simples que sejam as rotinas em uma empresa, em cada uma delas existe a possibilidade de ocorrência de um ou mais dos mencionados elementos, podendo essa probabilidade causar sérios danos aos registros e às informações por eles disponibilizadas.

Como ilustração de uma rotina, entre tantas outras possíveis, e do tipo de segurança que o sistema de controle interno deve proporcionar à empresa, refere-se às vendas: a realização de um negócio envolvendo determinado produto exige, entre outros, pelo menos, três procedimentos de controle interno: assegurar que a venda esteja sendo realizada pelo preço e prazo determinados pela empresa; certificar que as quantidades saídas conferem com o que foi vendido ao cliente e verificar que a baixa do estoque confere com a nota fiscal de venda.

O termo *sistema de controles internos* difere significativamente da expressão *controles internos*, pois o primeiro corresponde à integração sistêmica de cada método ou processo realizado isoladamente na empresa, abrangendo, sincronizando e consolidando todos os eventos existentes no contorno de todos os ciclos operacionais necessários às suas atividades, quais sejam: (a) compras, contas a pagar e pagamentos; (b) vendas, contas a receber e recebimentos; (c) produção; (d) recursos humanos; e (e) ativos fixos.

Cada etapa envolvida na operacionalização de cada um desses ciclos requer um controle interno específico e o seu conjunto é aquilo que representa o sistema de controles internos.

O nível de robustez do sistema de controles é o fator que permitirá assegurar a eficácia organizacional, por meio da proteção do patrimônio da empresa, da otimização dos recursos consumidos na sua operação, da clarificação das normas e políticas preestabelecidas pela alta administração aos seus funcionários e, finalmente, da confiabilidade e tempestividade das informações necessárias à tomada de decisões seguras e coesas com os objetivos organizacionais, bem como da divulgação de seus resultados ao público por ela interessado.

A esse respeito, Attie (2006) corrobora com essa opinião creditando ao sistema de controles internos quatros funções básicas, que são: (a) a salvaguarda dos interesses dos acionistas, isto é, a proteção do patrimônio contra quaisquer perdas e riscos devidos a erros ou irregularidades; (b) a precisão e confiabilidade dos informes e relatórios contábeis, financeiros e operacionais quanto à geração de informações adequadas e oportunas, necessárias gerencialmente para administrar e compreender os eventos realizados na empresa; (c) o estímulo à eficiência operacional ao prover os meios necessários à condução das tarefas, de forma a se obter o entendimento, aplicação e ação tempestiva e uniforme dos procedimentos; e (d) a aderência às políticas existentes, por meio da observância das normas de procedimentos que reflitam as expectativas da administração da empresa.

O sistema de controles internos é, portanto, o principal representante das boas práticas de governança corporativa, desde que os procedimentos a ele inerentes sejam formalizados e a sua aderência pelos funcionários, independentemente dos níveis hierárquicos, seja permanentemente monitorada e eventuais distorções corrigidas.

Há de se destacar que o sistema de controle deve ser complementado pela observância aos chamados princípios de controle; sem isso as normas de procedimentos tendem a se tornar um entrave burocrático que muito pouco auxilia no processo de governança corporativa. Entre esses princípios, destaque-se o do ambiente de controle. Foi justamente a negligência quanto a esse princípio que tornou possível os escândalos que acabaram impulsionando os estudos sobre governança corporativa que seguem desde o início dos anos 2000.

PARTE 2

A Controladoria como um órgão administrativo

Como exposto na Parte 1 deste livro, a Controladoria como um ramo do conhecimento está voltada para o estudo de teorias e temas que permitam ao profissional dessa área entender a complexidade do processo decisório e as razões pelas quais cada gestor tem as suas próprias características, no que tange à forma como toma as suas decisões. Isso facilita sobremaneira ao *controller* exercer as suas funções e, principalmente, alcançar de forma plena a sua missão, que é a de subsidiar o processo decisório e facilitar a tomada de decisões que levem os gerentes a promoverem a eficácia da organização.

Como um órgão administrativo, a Controladoria atua como as demais áreas da empresa, realizando tarefas que lhe permitam satisfazer os seus clientes internos em suas necessidades.

Não basta ao *controller*, como gestor de um órgão administrativo, conhecer com profundidade as teorias comportamentais, e outras, que expliquem o funcionamento interno da empresa. É necessário que esse profissional, e os integrantes da área que ele gerencia, tenha amplo domínio técnico sobre os instrumentos que o permitam utilizar-se dos meios adequados para atuar com desenvoltura no apoio ao processo de gestão e às outras instâncias administrativas da empresa.

Nesse sentido, o profissional deve lançar mão de ferramentas que facilitem o seu trabalho de monitorar as operações da empresa, tais como mecanismos de indicadores de avaliação de desempenho e de gestão, os sistemas de simulação de resultados, o de controles internos, o processo orçamentário, aspectos que envolvem o planejamento tributário e conceitos importantes, como o de custos de oportunidade, de contabilidade, de custos, entre outros, contemplados por estudos da contabilidade gerencial.

Como um ramo do conhecimento, a Controladoria cria a plataforma cultural, filosófica e teórica que permite à área administrativa de Controladoria, com o apoio dos instrumentos dos quais dispõe, completar-se tecnicamente e agregar valor ao negócio da empresa.

7

A CONTROLADORIA E O SEU AMBIENTE DE ATUAÇÃO

Controlar um empreendimento não é tarefa fácil. As inúmeras variáveis que o cercam, a habilidade de seus gestores e a própria necessidade de apresentar aos sócios e à alta administração elementos que os assegurem estar a organização atuando conforme suas expectativas tornam o controle algo essencial para a continuidade do negócio.

Esse raciocínio vem ao encontro da necessidade de a empresa demonstrar para todos aqueles que por ela se interessam que ela adota boas práticas de governança corporativa que oferecem sustentação às suas operações, mesmo face a um mercado competitivo e às imponderabilidades do ambiente em que ela atua.

Nesse contexto, a expressão *governança corporativa* adquire contornos relevantes, às vezes, maiores do que o sentido segundo o qual ela é usualmente empregada. A governança diz respeito a governo, a governar, a controlar, e não apenas à transparência da organização frente aos usuários externos das informações inerentes às operações de uma empresa.

É importante para esses usuários que a administração da empresa seja transparente quanto aos seus atos. Assim, eles podem avaliar criteriosamente a qualidade de sua gestão. Entretanto, esse raciocínio tem as suas limitações, pois a governança não se restringe à demonstração daquilo que foi feito, mas se refere também à existência de mecanismos organizacionais que auxiliem a gestão nas decisões que são tomadas. Isto é, a governança deve possibilitar visibilidade à alta administração quanto à operação, enquanto recursos são consumidos e resultados, gerados.

Noutras palavras, a governança e o controle da empresa são de interesse principalmente da sua alta administração e, em um plano secundário, de cada gestor responsável por decisões que impliquem o consumo de recursos para a obtenção de resultados. Assim, governança corporativa pode também ser entendida como práticas de controles que possibilitem à empresa o alcance da eficácia organizacional, conforme explanado no Capítulo 4.

Os mecanismos internos se complementam quando a empresa encontra uma fórmula que leve os seus gestores às melhores decisões, à eficácia organizacional, e que fomente entre os seus membros uma cultura voltada para a otimização de seus resultados, ou, em um sentido mais amplo, a um pleno controle organizacional. É nesse sentido que se estuda a Controladoria como ramo do conhecimento, que proporciona uma base teórica para melhorar a compreensão da amplitude desse controle e como um órgão administrativo, cuja principal função é a de promover o controle com vistas ao alcance dos objetivos da empresa.

A essência do controle organizacional está diretamente associada à capacidade da alta administração da empresa de integrar as suas áreas e os gerentes em torno de seus objetivos, procurando facilitar a sua gestão a partir do monitoramento e acompanhamento dos desempenhos desses gerentes, e da aferição dos produtos de suas ações diante das expectativas dos resultados esperados.

Assim, neste capítulo, analisa-se o controle organizacional sob a perspectiva de diferentes dimensões: de gestão, de dados e informações e de controles e procedimentos internos, os quais enfocam o ambiente de controle, plataforma para a atuação da área de Controladoria.

7.1 O ambiente da área de Controladoria

É desafiador administrar um empreendimento em um ambiente turbulento, incerto e dinâmico, como o empresarial. Ciclos de vida cada vez mais curtos de produtos, concorrência, renovação tecnológica constante, mercados globalizados, entre outros, são variáveis que requerem das ciências administrativas um permanente reexame das filosofias que sustentam suas contribuições para o desenvolvimento das organizações. Entre os focos desse contínuo reexame está a busca pelo melhor entendimento dos fatores ambientais que permitam tornar o ambiente empresarial menos complexo e mais previsível para os seus administradores.

Nesse cenário, de forma inequívoca, decidir é a tarefa mais importante em uma organização, parecendo claro, também, que o nível de sucesso das decisões depende da habilidade do decisor em desenvolver e analisar as alternativas disponíveis para as soluções dos problemas. Considerando-se a racionalidade dos envolvidos nesse processo, há de se esperar que a seleção final de um curso de ação fique condicionada à ponderação dos resultados esperados, em face dos objetivos desejados (SIMON, 1960).

A área de Controladoria tem a função de promover a eficácia dessas decisões, monitorando a execução dos objetivos estabelecidos, investigando e diagnosticando as razões para a ocorrência de eventuais desvios entre os resultados alcançados e os esperados, indicando as correções de rumo, quando necessárias, e, principalmente, suavizando para os gestores as imponderabilidades das variáveis econômicas, através do provimento de informações sobre operações passadas e presentes e de sua adequada comunicação, de forma a sustentar a integridade do processo decisório.

Para Roehl-Anderson e Bragg (1996), a área de Controladoria atua compreendendo as operações globais da empresa, provendo informações e tendo o poder de comunicação destas aos gestores, sendo capaz de analisar as informações obtidas de diversas áreas, disponibilizando projeções baseadas em sua obtenção e análise, fornecendo-as, por fim, em tempo hábil para a tomada de decisão.

A função da Controladoria é a de apoiar o processo de decisão, através de sistemas de informações que possibilitem o controle operacional, visando ao monitoramento das atividades da empresa. A Controladoria pode ter funções diversas, dependendo das dimensões da empresa e da filosofia que orienta a sua administração. No tocante à filosofia, é possível entendê-la como a forma como a empresa é controlada, a informação formatada e os sistemas e tecnologias delineados e disponibilizados, ou seja, está contida em seu modelo de gestão.

7.2 O controle organizacional sob a perspectiva da área de Controladoria

As organizações, em um cenário de negócios, são criadas sob a perspectiva de obtenção de resultados econômicos que satisfaçam as expectativas de seus proprietários. Nessa direção, é natural supor que seus objetivos sejam pautados na busca da eficácia, de forma a conduzirem ao desenvolvimento e à prosperidade. Assim, espera-se que as organizações criadas a partir de iniciativas individuais cresçam de forma sistêmica e sustentável.

À medida que as organizações crescem e passam a ter novos integrantes, aumenta o distanciamento entre sua administração e as áreas onde ocorrem as diversas atividades que garantem o seu funcionamento. Manter esse sistema empresarial integrado e focado no objetivo definido por seus proprietários, empreendedores, ou seus representantes, significa um considerável desafio. Nesse contexto, emerge a essência do controle organizacional, o qual, como já mencionado, está diretamente associado à capacidade da alta administração da empresa de integrar as suas áreas e gerentes em torno de um objetivo central, procurando facilitar a sua gestão a partir do monitoramento e acompanhamento dos desempenhos desses gerentes e da aferição dos produtos de suas ações diante das expectativas dos resultados esperados.

Esse é o pano de fundo para a atuação da área de Controladoria, que através de sua atuação sistêmica deve proporcionar à gestão da empresa, em todos os seus níveis, formas de administrarem-se os recursos colocados a sua disposição, facilitando o processo decisório e a sua avaliação e, por conseguinte, a obtenção de resultados satisfatórios e sustentáveis. A seguir, demonstra-se de forma sintética o campo de atuação da Controladoria, amparado nas dimensões de controle, conforme destacado na Figura 7.1.

Como se pode depreender ao se examinar a Figura 7.1, o conceito de controle é amplo e diz respeito à organização como um todo. De acordo com essa visão, controlar significa ter-se o completo domínio sobre a gestão organizacional, desde as bases de apoio que a sustentam até a efetiva operacionalização de seus processos administrativos e de geração de resultados, isto é, o processo decisório.

Figura 7.1 – Visão sistêmica do controle organizacional e sua relação com a Controladoria

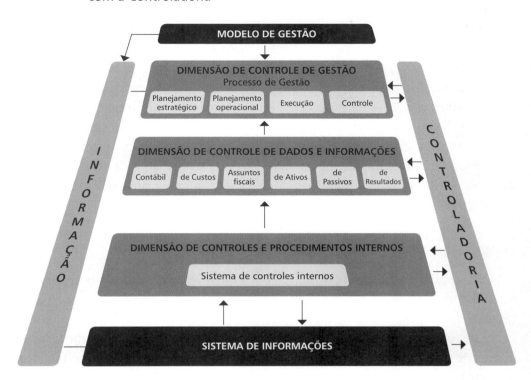

Analisa-se o controle organizacional a partir de três diferentes dimensões, quais sejam, a dimensão de controle de gestão, a de controle de dados e informações e, por fim, a dimensão de controles e procedimentos internos, todas elas apoiadas pelo sistema de informações da empresa. É nesse cenário que atua a área de Controladoria, buscando a sintonia entre cada dimensão de controle e a preservação de suas funcionalidades. A seguir, discorre-se sobre cada dimensão e os seus elementos, buscando-se delinear as funções da área de Controladoria nesse ambiente.

7.2.1 Visão dimensional de controle organizacional

Como se observa na Figura 7.1, a visão dimensional de controle é construída a partir do modelo de gestão. O enfoque dado às preocupações com o controle das operações, às características dos instrumentos de controle, aos recursos humanos, organizacionais, materiais e às variáveis do ambiente interno da empresa sofre forte influência deste modelo, que é determinante para o tipo de controle organizacional por ela adotado.

7.2.1.1 Dimensão de controle de gestão

A dimensão de controle de gestão é assim denominada por representar a sinergia dos meios colocados à disposição dos administradores para o contínuo acompanhamento do comportamento da organização, frente às mudanças ambientais, e para instrumentalizá-los durante o processo de ajuste das atividades operacionais às condições ambientais observadas, reorientando-as, quando necessário, para a preservação dos objetivos traçados pela empresa. Essa dimensão de controle é representada pelo processo de gestão e pelos mecanismos a ele inerentes, especificamente pelos planejamentos estratégico e operacional e pelas suas fases de execução e controle. É nessa dimensão que a área de Controladoria realiza a sua principal função: a de apoio ao processo decisório.

O planejamento estratégico

O primeiro elemento da dimensão de controle de gestão, o planejamento estratégico, consiste em uma reflexão profunda e sistematizada sobre a interação da empresa com o seu ambiente, cujo produto fornece os subsídios necessários para que a administração avalie os meios para se alcançarem os objetivos esperados, estabelecendo então o foco a ser seguido por toda a organização. Com o ato de planejar, é possível avaliar as perspectivas a curto, médio e longo prazo, agir sobre o mercado, desenvolverem-se diferenciais competitivos, anteciparem-se situações potencialmente desfavoráveis à empresa, entrar em um novo mercado ou ampliar uma participação já existente, bem como desenvolver serviços e produtos que atendam às demandas dos consumidores. O planejamento estratégico será explorado em detalhes no Capítulo 9 desta obra.

A Controladoria não é uma área cujo gestor toma decisões. Ele pode participar delas apoiando-as, mas não é o responsável pela escolha entre diferentes cursos de ação. O planejamento estratégico, por sua vez, não reflete uma decisão em si, mas toda a preparação para que ela seja tomada de forma coesa, isto é, que a escolha da estratégia se dê através de uma sequência de procedimentos sistêmicos que a revista de segurança. É por essa razão que a Controladoria tem um papel destacado no processo de elaboração do planejamento estratégico. Nessa fase, essa área abastece os gestores com informações que lhes permitam avaliar o estágio em que se encontra a organização, para que eles possam inferir sobre aquele que acharem mais apropriado.

Em conjunto com outras áreas, principalmente com a de Tecnologia da Informação, a Controladoria dispõe todo o conhecimento sobre as operações da empresa aos seus gestores, compartilhando com eles a sua visão sistêmica sobre ela, permitindo-lhes avaliar a coesão interna segundo a qual as operações são realizadas e os resultados alcançados.

A participação da área de Controladoria na elaboração do planejamento estratégico é, por outro lado, ativa, no que concerne aos assuntos sob o seu domínio e responsabilidade, como, por exemplo, as discussões sobre os efeitos das variáveis legais, no que se refere às restrições e oportunidades oferecidas sob a perspectiva tributária, ou, inversamente, potenciais ameaças decorrentes das mencionadas variáveis.

Realce-se que os esforços da área de Controladoria e das demais precedem o momento em que é tomada a decisão que norteia os passos da empresa no médio e longo prazos.

O planejamento operacional

O segundo elemento da dimensão de controle de gestão, o planejamento operacional, é um produto do planejamento estratégico e se caracteriza por definir os objetivos operacionais e os meios necessários para a implementação de ações que possibilitem a execução da estratégia escolhida para a empresa. Assim, o planejamento operacional pode ser considerado como a tradução e a quantificação daquilo que foi definido no planejamento estratégico, e seu detalhamento será tratado no Capítulo 8 desta obra.

É nessa fase da dimensão de gestão que a Controladoria começa a exercer as suas funções de forma mais evidente. O planejamento operacional passa por um processo de sucessivas simulações, até o ponto em que se obtém um resultado econômico otimizado, consolidando o cotejamento de receitas e recursos consumidos para as obterem. É a área de Controladoria que lida com o processo de consolidação e simulação do planejamento de cada área organizacional. É ela que proporciona à alta administração a avaliação da coesão do plano, contraposta às expectativas que se teve no momento de se decidir sobre qual estratégia adotar.

O planejamento operacional é o produto consolidado do resultado do plano de ação de cada área. É natural esperar-se que os seus gestores não antevejam como tais planos se encaixam no processo de otimização do resultado global da empresa. Essa função de buscar tal equilíbrio compete à área de Controladoria, e esse aspecto reforça a sua importância nesse processo, principalmente por essa área deter o maior volume de informações e ter a responsabilidade de comunicá-las de forma precisa aos gestores, permitindo-os avaliarem suas contribuições otimizadas em prol do plano da empresa.

Execução do planejamento operacional

A execução do planejamento é o momento em que as coisas acontecem, que recursos são consumidos e receitas são geradas. É na fase de execução do plano que se otimiza o resultado global da empresa, sendo, para isso, necessário lançar mão de todos os meios que facilitem as adoções das ações gerenciais, sempre permitindo ao gestor a consciência sobre os resultados econômicos que elas proporcionam, contrapostos àqueles que são esperados. Nesse particular, reforça-se a função da área de Controladoria de apoiar o processo decisório da empresa, com informações oportunas e precisas de acordo com as necessidades dos gestores. É por essa razão que a missão da área de Controladoria é, em síntese, proporcionar a promoção da eficácia organizacional.

Para realizar com êxito a sua missão no processo de planejamento, e de execução e controle, a área de Controladoria depende fundamentalmente do adequado funcionamento das duas restantes dimensões de controle organizacional, que são a de dados e informações e a de controles e procedimentos internos, sobre as quais se discorrerá na sequência desta seção.

Todavia, a dimensão de gestão não se resume ao planejamento e à sua execução. Ela é complementada com, talvez, a sua mais importante fase, que é a do controle do planejamento. De fato, seria inócuo planejar se não se controlasse a execução do plano.

O controle da execução do plano é, possivelmente, a etapa mais crítica da dimensão de gestão, é o que proporciona à área de Controladoria o cumprimento de outra de suas principais funções: a de alimentar o processo decisório com informações que permitam aos gestores conhecerem os detalhes sobre suas ações, e corrigir eventuais efeitos negativos que elas possam causar ao resultado da empresa. Esse procedimento é tratado pela literatura como *feedback*, cuja eficácia tem como pré-requisito a existência de um sistema de informações que permita detectarem-se possíveis desvios dos planos em tempo hábil para a sua correção, quando esse for o caso.

Compete à área de Controladoria estabelecer as conexões entre o processo de gestão, elemento central da dimensão de controle de gestão, provendo os gerentes com informações úteis, alimentando o processo decisório e ao mesmo tempo controlando-o. Sabe-se, porém, que para ser útil a informação deve ser acurada, confiável e tempestiva, o que amplia o conceito de controle organizacional, fazendo-o abarcar uma segunda dimensão de controle, a de dados e informações, que será abordada a seguir.

7.2.1.2 Dimensão de controle de dados e informações

A dimensão de controle de dados e informações compreende os mecanismos envolvendo o registro de todos os eventos que tenham repercussão econômica para a empresa, e que sejam decorrentes das atividades desenvolvidas por suas áreas. Essa dimensão está estruturada em diversos tipos de controles contábeis, voltados para possibilitar-se a rastreabilidade de tais eventos e, ao mesmo tempo, proporcionar a geração de informações para várias finalidades, sendo a principal a geração das informações necessárias para o apoio ao processo decisório, induzindo os gestores à reflexão necessária para a obtenção de resultados econômicos otimizados.

Essa dimensão de controle está intimamente relacionada com o processo decisório da empresa, no sentido de capturar os detalhes econômico-financeiros de cada evento. É a base de apoio usada pela área de Controladoria para o exercício de suas funções, por refletir os registros de todas as operações da empresa. A partir dessa visão, destacam-se a seguir alguns dos componentes dessa dimensão de controle.

Controle contábil

O controle contábil é o principal banco de dados da empresa. É por meio dele que a área de Controladoria se norteia para a orientação do processo decisório, seja no momento da elaboração do plano de negócio ou de sua execução e de seu controle. Reflete a contabilidade propriamente dita. O seu nível de acurácia é determinante para a qualidade das decisões tomadas pelos gerentes, além, naturalmente, de suas próprias habilidades. Se o controle contábil for deficiente, as decisões tendem a ser menos técnicas e mais propensas a produzirem resultados indesejáveis. De forma inversa, se o controle contábil for eficiente, facilita sobremaneira a tomada de decisões conscientes.

A contabilidade tem uma notável capacidade de armazenamento de dados. Todos os eventos por ela registrados representam, normalmente, eventos econômicos que se sucedem no dia a dia organizacional. Eventuais erros detectados nos registros não afetam a qualidade da informação obtida desse poderoso banco de dados, basta que o responsável por sua manutenção seja zeloso ao ponto de ajustar tais erros quando identificados.

Apesar de os dados registrados na contabilidade refletirem com propriedade eventos econômicos efetivamente ocorridos, mesmo que se materializem em momento posterior ao seu registro, o desafio que se enfrenta, para que as informações contábeis tenham credibilidade, é garantir que tudo o que de fato ocorreu esteja registrado.

Dessa forma, a contabilidade é dependente de outro mecanismo, que é o sistema de controles internos da empresa, tratado em detalhes por esta obra, e sobre o qual ainda se dissertará em seção específica deste capítulo. O fato é que, sem uma contabilidade que reflita o desejo da alta administração de geração de informações fidedigna, a área de Controladoria tem as suas funções limitadas, bem como comprometida a capacidade de cumprimento de sua missão.

Controle de custos

Os custos de produção de uma empresa significam esforços econômicos que ela despende para a obtenção de receitas e consequente geração de resultados. Estão estritamente ligados àquilo que se gasta para a manutenção do processo produtivo, quer sejam materiais ou outros elementos direta ou indiretamente necessários para que se produzam os bens que possibilitam à empresa o alcance de sua missão.

Os custos de bens e serviços têm importância não apenas para a apuração do resultado de decisões tomadas no passado, mas também nortear decisões que causem efeitos futuros em tais resultados. São, assim, um aspecto importante para o processo de tomada de decisões e, por essa razão, são, em conjunto com o orçamento, a principal ferramenta à disposição para a área de Controladoria realizar as suas atividades de monitoramento de informações aos gestores, para que esses se orientem sobre as causas de eventuais desvios entre resultados esperados e os alcançados, e sobre os tipos de impactos que decisões em curso possam causar ao resultado econômico da empresa.

Os elementos de custos são os materiais em estoque, os consumidos no processo produtivo, a mão de obra direta e indireta e outros fatores necessários para o funcionamento da produção. Assim, sob o jargão contábil, eles estão presentes tanto no demonstrativo de resultados, na forma de custos sobre os produtos vendidos, quanto no ativo da empresa, mais propriamente em seus estoques.

É responsabilidade da área de Controladoria identificar e relatar à administração o nível de eficácia da empresa no que tange ao consumo dos recursos produtivos, sejam esses matérias-primas, mão de obra e outros utilizados no processo de fabricação. Isso ocorre por meio da mensuração e análise dos custos reais contrapostos aos padrões preestabelecidos.

Os preços de matérias-primas e custos de produção são, também, elementos essenciais para a adequada formação de preços de produtos destinados à venda. São esses fatores os que orientam a Controladoria na formação do preço de vendas a ser usado como referência comercial pela empresa, considerando-se as margens de lucro previstas no planejamento.

Controle de assuntos de natureza fiscal

O acompanhamento fiscal consiste em assegurar o fiel cumprimento da legislação fiscal, e na apropriada atenção para a carga tributária incidente sobre as operações da empresa, quer seja sobre produtos ou serviços adquiridos e vendidos. Nesse sentido, as preocupações básicas da área de Controladoria dizem respeito ao registro correto de créditos apurados, bem como de impostos a serem recolhidos.

Diante da complexidade tributária que normalmente envolve uma atividade empresarial, o acompanhamento fiscal não se limita à apuração de créditos e débitos de impostos. A geração de contingências é um fator crítico para a empresa, podendo, inclusive, ter consequências para a sua continuidade. A importância desse tema se constitui em ponto de atenção permanente para as áreas legal e a de Controladoria, no sentido de mitigarem-se riscos de que tal variável se materialize.

Ainda como parte do escopo da Controladoria está a criação de mecanismos que assegurem o cumprimento das obrigações acessórias fiscais, o recolhimento de tributos no prazo, os cálculos adequados de valores a serem pagos e, adicionalmente, o acompanhamento da evolução da legislação e de seus impactos nas operações da empresa.

Controle de ativos

Os ativos de uma empresa abrangem de seu caixa ao seu ativo imobilizado. O controle sobre eles exige a consciência dos responsáveis por sua manutenção acerca dos aspectos relacionados à prestação de contas pelo seu uso adequado.

Esse controle diz respeito aos procedimentos que variam desde a correta aplicação ou manuseio dos ativos até o seu controle físico propriamente dito. O papel da Controladoria é o de se certificar que isso ocorra de acordo com os interesses da organização, muitas vezes sugerindo procedimentos que visem à salvaguarda de ativos ou, simplesmente, à otimização de seu uso.

A correta aplicação de valores em espécie, a segurança de que os recebíveis sejam controlados e de que os casos eventualmente fora do controle sejam reportados, bem como as providências para a solução de tais casos sejam tempestivamente tomadas; a garantia de que os estoques existentes sejam tratados com zelo e de que o seu uso ocorra dentro de parâmetros preestabelecidos pela alta administração; a utilização de ativos imobilizados nas condições estritamente estabelecidas pelas normas de procedimentos existentes, ou com ponderação, bem como a otimização desse uso são, entre outros, aspectos cuja vigilância faz parte das funções da área de Controladoria.

A área de Controladoria é abrangente. Para realizar a sua missão de promover a eficácia empresarial da forma que se espera, suas funções têm conexões com várias outras áreas, e perpassam o ato de simplesmente suprir o processo decisório. Afinal, promover a eficácia organizacional transcende o fornecimento de informações oportunas e úteis para a tomada de decisão; é também necessário o acompanhamento da combinação de uso dos ativos da empresa que são, em síntese, os elementos cuja qualidade de uso pode facilitar ou dificultar à empresa alcançar os seus objetivos.

O papel da Controladoria não pode ser confundido ao da auditoria interna. Esta última deve observar a empresa com vistas a evitar fraudes, e reportar eventuais riscos de que isso aconteça, aconselhando a administração, como um consultor o faria. A Controladoria deve avaliar o uso de ativos e o reflexo que tal uso pode provocar ao resultado da empresa em si.

Além disso, a aquisição de ativos, sejam eles quais forem, implica sacrifícios que devem ser recompensados pelos benefícios que trazem à empresa. É, por exemplo, o caso de aquisições de ativos imobilizados, no qual a Controladoria atua opinando, por meio de técnicas como a do retorno sobre os investimentos, se as suas contribuições econômicas para a empresa seriam ou não positivas.

Controle de passivos

O controle de passivos é uma importante tarefa da Controladoria. As dívidas com fornecedores e outras obrigações da empresa podem se constituir em um problema, se não forem bem administradas. O seu efeito no fluxo de caixa deve sempre ser previsível, de forma que desequilíbrios entre entradas e saídas de recursos sejam detectados e saneados, na medida do possível.

Desequilíbrios no fluxo de caixa podem ser causados por dificuldades que a empresa enfrenta em seu mercado de atuação, mas também podem ter suas raízes na própria administração do fluxo de caixa, isto é, inadequada administração de seus recebimentos face às suas obrigações. Por exemplo, o controle do giro dos estoques e o prazo médio de contas a receber devem ser rápidos o suficiente para que o ingresso de recursos possibilite a cobertura dos passivos adquiridos para a sua obtenção, ou seja, a operação da empresa deve financiar a si própria. A menos que pagamentos em períodos inferiores aos recebimentos tenham justificativa operacional ou mercadológica válida.

A área financeira da empresa é a responsável por detectar eventuais desequilíbrios de fluxo de caixa, porém, decisões tomadas nas áreas de compras e de vendas são os determinantes para os prazos de pagamentos e recebimentos acordados com clientes e fornecedores. Nesse sentido, sempre que o fluxo de caixa for afetado por decisões envolvendo áreas distintas, a área de Controladoria deve monitorar os elementos que o afetam, tendo como base para isso os parâmetros estabelecidos no orçamento da empresa.

Apesar de ser característica da área de Controladoria o seu não envolvimento direto na tomada de decisões, ela pode, e deve, envolver-se indiretamente no processo decisório da empresa, por meio da indução de gestores à adoção das melhores alternativas de decisões. Compete a essa área o monitoramento de todos os fatores que afetam o fluxo de caixa e o apoio aos gestores com informações que os levem a decisões que os beneficiem.

O controle de passivos perpassa o ato de monitorar prazos de pagamentos. A contração de dívidas deve ter como contrapartida a geração de receitas. A área de Controladoria deve estar atenta para que isso não fuja às regras e que o resultado da empresa reflita, de fato, as suas receitas líquidas de todos os esforços despendidos para se obtê-la, o que, na prática, significa ter a segurança de que todos os seus passivos estejam adequadamente registrados na contabilidade.

A responsabilidade sobre esse processo pode ser atribuída a várias áreas organizacionais, porém, o monitoramento da qualidade dos passivos registrados na contabilidade é uma atribuição da área de Controladoria, cujo profissional por ela responsável deve ter um conhecimento profundo das operações da empresa, para, por dedução ou por meio de controles específicos, ser capaz de identificar eventuais casos de omissões de registros. Naturalmente, essa capacidade pode ser ampliada ou diminuída, dependendo da qualidade do sistema de controles internos da empresa, principal elemento da dimensão de controles e procedimentos internos, assunto que será objeto da seção posterior.

Controle de resultados

Os resultados de uma empresa são decorrentes do manuseio de seus ativos e da forma como ela os financia, isto é, de seus passivos. Os demonstrativos contábeis evidenciam isso por meio das contas de receitas, custos e despesas que são, normalmente, uma réplica do demonstrativo de resultados projetado no orçamento da empresa, uma das principais ferramentas utilizadas pela área de Controladoria.

O desequilíbrio entre receitas, custos e despesas usualmente leva a empresa ao prejuízo econômico. Isso pode ocorrer por motivos circunstanciais, tal como situação mercadológica desfavorável, mas também por descontrole operacional, ou seja, pela ausência de vigilância sobre cada elemento de custos e despesas, fatores determinantes para a qualidade do resultado econômico da empresa.

Nesse ínterim, por meio do orçamento da empresa, a área de Controladoria deve exercer um estreito monitoramento desses elementos, de forma que qualquer desvio ocorrido entre aquilo que foi realizado e o que foi planejado tenha as suas causas investigadas. O produto dessa investigação deve ser substantivo ao ponto de permitir aos responsáveis pela execução orçamentária corrigirem as rotas de suas atividades.

De forma sintética, as receitas devem ter uma relação coesa com custos e despesas. Essa é uma premissa que norteia o planejamento empresarial, e é por meio dela que se projeta o fluxo de caixa. Assim, a área de Controladoria tem a incumbência de zelar analiticamente por cada elemento que compõe tais fatores, e o deve fazer tanto preventiva quanto corretivamente.

Sob a perspectiva preventiva, na medida em que acompanha as operações da empresa, essa área reúne as condições necessárias para municiar as demais com informações que levem os seus gerentes à tomada de decisões que produzam os resultados esperados. Pelo lado corretivo, a averiguação constante e oportuna de cada receita, custo ou despesa, proporciona ao responsável pela área de Controladoria instrumentos que o permitem subsidiar os responsáveis pela execução orçamentária a readequarem as suas ações de forma que o planejamento tenha o seu resultado alcançado, ou que os desvios em relação a isso sejam minimizados.

O orçamento, entretanto, não é uma autorização para gastos desnecessários. Ele é formulado em momento prévio àquele no qual as operações se desenvolvem. Então, é natural situações nas quais a relação receitas *versus* custos e despesas pode ser ainda mais otimizada do aquilo que foi previsto. Esse fator deve ser avaliado pela área de Controladoria e lhe servir de base para reorientar a gestão da empresa quanto aos resultados que podem realmente ser obtidos, isto é, sobre quais são as receitas possíveis e o volume de dispêndios necessários para se obtê-las.

7.2.1.3 Dimensão de controles e procedimentos internos

Essa dimensão de controle é compreendida pelo conjunto das normas de procedimentos e de controles internos formais estabelecidos com o propósito de padronizar o comportamento administrativo, em todos os seus níveis, buscando proporcionar meios seguros de acompanhamento das ações dos membros organizacionais, possibilitando o rastreamento de cada transação ocorrida no âmbito da empresa, que envolva tanto o consumo como o manuseio de seus ativos. Ela abrange, ainda, as regras formais de conduta que devem nortear os gestores e seus colaboradores quanto ao nível ético, visto como necessário para o exercício de suas funções, sendo nela que a organização se apoia para assegurar a integridade das informações que compõem o banco de dados abrangido pela dimensão de controle de dados e informações.

Essas diretrizes definidas para orientarem os comportamentos individuais na empresa são os elementos que devem permear todo o controle organizacional, funcionando, portanto, para garantir a acurácia, tempestividade, fidedignidade e confiabilidade das informações e a salvaguarda de ativos.

Percebe-se, observando a Figura 7.1, que a dimensão de controles e procedimentos internos sustenta as outras dimensões e é formatada, em um sentido amplo, para propiciar um ambiente de transparência dos atos administrativos e de suas consequências. A menos que a empresa esteja estruturada com uma área organizacional que acompanhe, implante e atualize o sistema de controles internos, como o comitê de controle, ou a área de auditoria interna, é a Controladoria a principal área à qual se atribui a incumbência de monitorar o funcionamento dos elementos que integram essa dimensão e de aferir se o seu produto, que é a informação, tem a qualidade requerida para que as atividades organizacionais sejam desenvolvidas com segurança.

7.3 Os atributos de um *controller*

Além de um adequado domínio dos instrumentos dos quais se utiliza para a execução de suas atividades, tais como os conhecimentos técnicos envolvendo o planejamento, as contabilidades financeira e de custo e os sistemas de informações e de controles internos, deve possuir atributos pessoais fortemente identificados, dada a necessidade que tem de interagir com os demais gestores. Principalmente tendo-se em vista a confiança que o seu trabalho deve despertar entre os membros organizacionais. Assim, destacam-se entre os principais atributos do profissional dessa área:

- capacidade de liderança;
- ética profissional;
- capacidade de comunicação e de poder de síntese;
- inclinação para a cooperação e para a disponibilização;

- imparcialidade, ponderação e discrição;

- visão sistêmica;

- capacidade de persuasão;

- visão crítica; e

- consciência de suas próprias limitações.

Os atributos de um *controller* não se esgotam nestes mencionados, porém, pode-se assumir que estes sejam os principais e básicos para o início de suas atividades. A seguir, comenta-se cada um dos aludidos atributos.

Capacidade de liderança

Uma das funções da área de Controladoria é a integração que ela deve promover entre as demais áreas da organização, seja no momento de consolidação do plano de negócios da empresa ou mesmo quando das discussões que se seguem à execução desse plano.

Há outros momentos nos quais a empresa realiza projetos, os quais necessitam da participação simultânea de várias áreas, o que, sem um coordenador respeitado pelos demais gestores, poderia implicar em perdas no processo em torno desses projetos, principalmente quando se devem discutir os seus resultados, ocasião em que pode haver a natural tendência de que cada gestor se ocupe apenas com o resultado de sua área.

O conhecimento geral das operações da empresa, além de permitir ao *controller* o melhor exercício de suas atividades, requer dele que exerça ascendência sobre os outros profissionais, no sentido de encorajar-lhes a procurarem-no quando necessitarem de apoio para a tomada de decisão que possa afetar a empresa como um todo.

Dada a necessidade de coordenar as áreas em torno do objetivo central da empresa, é necessário que o *controller* seja um líder nato, cujas opiniões e informações, ainda que eventualmente questionadas, sejam respeitadas, como convém a qualquer profissional que exerça na empresa uma posição de liderança.

Ética profissional

Ética profissional é um atributo que deve ser exigido de qualquer gestor que exerça um cargo de liderança em uma empresa. Porém, para o *controller*, essa qualidade adquire um contorno muito mais amplo. Esse profissional lida, quase sem restrições, com todas as informações da empresa, seja no nível operacional ou estratégico. Essa condição não deve se constituir em privilégio para que ele a use em benefício próprio ou de outrem.

O *controller* tem a capacidade de interferir no processo decisório, pelo fato de ser ele quem alimenta esse processo. Sua obrigação é atuar no sentido de não permitir que outros profissionais errem, independentemente do grau de relacionamento que com eles mantenha.

Principalmente em grandes empresas, o *controller*, como outros gestores, recebe *bônus* pelo alcance de metas. Assim, esse profissional não deve fazer uso de sua condição de ascendência sobre outras áreas, e da facilidade de manipulação do resultado da empresa, uma vez que tem sob sua responsabilidade as áreas contábil e de custos, para obter vantagens para si próprio.

O acesso facilitado às informações pode levar o *controller* ao conhecimento de situações sobre áreas ou profissionais que requerem dele discrição ou sigilo, como forma de preservar os interesses da administração ou mesmo a integridade profissional ou moral dos gestores e demais funcionários. Assim, a ética é uma precondição para o exercício da função de *controller*.

Capacidade de comunicação e de poder de síntese

Um dos elementos facilitadores para o livre trânsito de um profissional no ambiente organizacional é a sua capacidade de comunicação com os pares, superiores ou mesmo de outros níveis hierárquicos. Esse é um fator cuja ausência pode ser impeditiva para que um líder exerça as suas funções com eficácia, ou mesmo para que um gestor encarregado de promover a integração de outros responsáveis pelas diversas áreas, caso do *controller*, o faça com a desenvoltura necessária.

Além do exposto, o *controller*, não raras as vezes, deve-se comunicar com diferentes tipos de públicos da organização. A linguagem excessivamente técnica pode causar perdas de substância da comunicação, com nítidos resultados negativos sobre a missão da área de Controladoria, que é atuar na promoção da eficácia da organização.

Outro aspecto relevante ainda relacionado à comunicação diz respeito à capacidade que o *controller* deve ter de transformar informações numerosas, complexas e técnicas, em relatórios suficientemente sintéticos e cuja linguagem utilizada seja compreensível, de forma que o público ao qual eles se destinam a compreenda e que com aquelas informações se atinjam os objetivos esperados.

Inclinação para a cooperação e para a disponibilização

O processo decisorial da empresa é dinâmico, o que, em síntese, significa que os gestores necessitam de informações a todo momento, e que dependem da área que os supre com elas. A atividade de gestão pressupõe que as soluções para problemas complexos são encontradas em ambiente diverso daquele em que se trabalha, fazendo com que o *controller* esteja pronto para encontrar soluções e fornecer informações no momento em que forem requeridas.

O *controller* deve viver intensamente todos os aspectos que cercam uma atividade organizacional e estar disponível para a facilitação da fluência de tais atividades. O *controller* deve preocupar-se com a empresa em si tanto quanto a alta administração. Assim, a sua cooperação com os gestores, o pleno entendimento do problema que tenta resolver e a sua cooperação para solucioná-lo pode implicar em sacrifícios pessoais que lhe demandem, tempo extraordinário para na primeira hora do dia seguinte, debruçar-se sobre a questão apresentada pelo gestor e cooperar, provendo-o com as informações das quais ele necessita para a escolha da melhor alternativa de decisão disponível entre o leque de soluções possíveis.

Não é compatível com a função de *controller* o esquecimento das atividades organizacionais quando se deixa o local de trabalho. Deve, sim, ser parte de sua rotina sacrifícios em níveis normais, que o permitam cumprir a sua missão de atuar na promoção da eficácia organizacional.

Imparcialidade, ponderação e discrição

A área de Controladoria se caracteriza pelo grande volume de informações estratégicas e operacionais que produz. Esse fato confere ao *controller*, o responsável pela área, um nível de poder que só é compartilhado pelo alto escalão da empresa e, em algumas situações, por outros de seus membros. Nessa situação é comum ele ser assediado por outros gestores, pela curiosidade natural daqueles que têm apenas uma visão parcial do negócio. Assim, é necessário à função de *controller* discrição quanto àquilo que sabe e que observa.

A área de Controladoria, da mesma forma, fornece à alta administração e aos demais gestores informações que lhes permitem avaliar o desempenho econômico de áreas e da empresa como um todo, subsidiando a alta administração no processo de avaliação de gestores, o que pode determinar a ascensão ou não de profissionais, bem como suas recompensas ou punições, dependendo do modelo de gestão da empresa.

Há, ainda, a característica da ponderação, requerida do profissional que ocupa essa função. Como já posto, o processo decisório é dinâmico e os gestores responsáveis pelas atividades podem requerer a atuação do *controller*, que deve usar de ponderação para avaliar as informações que lhe são solicitadas, priorizando aquelas que, sistemicamente, tenham maior impacto sobre as operações da empresa como um todo, não se deixando guiar pelo poder de persuasão de outros gestores, ou mesmo por afinidades pessoais, que possam levá-lo ao uso inadequado de seu tempo e, por consequência, ao não cumprimento de sua missão.

Visão sistêmica

Ter uma visão sistêmica é um dos principais atributos requeridos de um *controller*. Isso porque não haveria formas de se atuar com ascendência sobre as áreas, e produzir informações que lhes levem a alcançar resultados otimizados, se este profissional não conhecesse com profundidade os ambientes interno e externo da organização. Ao mesmo tempo em que esta visão proporciona ao profissional o *status* de componente da alta administração, a sua ausência pode ser determinante para a incapacidade de ele cumprir a missão que lhe é designada.

Isso não significa que o líder da área de Controladoria tenha de se envolver em todas as questões operacionais. Ao contrário, delas deve-se manter distante, como observador, mas suficientemente informado sobre os impactos que cada uma possa ter, no curto, médio ou longo prazo e na continuidade da empresa. Ao manter-se longe das decisões, mas com conhecimentos suficientes para permanecer perto do gestor que toma as decisões, conhecendo as suas razões e motivações, o *controller* acaba exercendo uma função de orientador do processo decisório.

Em algumas empresas, o *controller* assume responsabilidades sobre áreas que requerem decisões operacionais, como a de contas a receber e a pagar, entre outras. Contudo, esse fator o desvia de sua real incumbência e nessa empresa essa função híbrida pode descaracterizar aquilo que se espera de uma Controladoria neutra, imparcial e voltada à promoção da eficácia organizacional, pois o responsável pela área tem a sua atenção dividida entre aspectos operacionais e gerenciais.

Capacidade de persuasão

A sua tarefa de integrar interesses entre áreas requer do *controller* que este possua poder de persuasão, não se confundindo isso com o de coerção.

Por ser uma característica da área a necessidade de se ter uma visão sistêmica do negócio, boa capacidade de comunicação e relacionamento imparcial com outros gestores, o *controller* tem a condição necessária para levar gestores ao entendimento sobre o que deve ser feito por cada um deles para que o resultado da empresa seja alcançado.

É necessário que o profissional se muna de técnicas de comunicação que permitam aos gestores de áreas com diferentes missões entenderem os seus reais papéis na operação da empresa, de forma que o plano de negócios seja alcançado com êxito. É requerido, ainda, habilidades para se viabilizar a compreensão dos gestores sobre as necessidades de tomarem ações para eventuais correções de rumo, quando necessárias, sem que isso implique em lhes tirar as responsabilidades por implementarem as ações necessárias e pelos resultados que elas produzirão.

É necessário, portanto, ao *controller* que possua uma visão coletiva, de equipe, e que transmita para todo o corpo gerencial a segurança quanto à correção de seus diagnósticos e eventuais sugestões de rumos a serem seguidos, respeitando-se quanto a esse aspecto a característica de cada área e a experiência de seu gestor na sua condução, como forma de esse profissional ser coerente e ponderado em suas colocações e, fundamentalmente, cumprir o seu papel de integrar os interesses de cada área com o da empresa em si.

Visão crítica

Todos os gestores de uma organização devem primar pela capacidade crítica em relação aos inúmeros dados, informações e acontecimentos ocorridos em suas áreas. A observação constante desse requisito permite o acúmulo sistêmico de informações que possibilitam ao gestor tomar decisões rapidamente, sempre que necessário.

Embora não seja característica de um *controller* tomar decisões, e sim facilitar essa tarefa aos outros gestores, esse profissional deve ter uma visão crítica ampla, não se restringindo a apenas um ou outro aspecto do negócio que a empresa explora. Diferentemente de outros gestores, essa capacidade crítica deve ser desenvolvida ao ponto de tornar possível antever resultados econômicos adversos e se antecipar aos fatos, oferecendo, quando for o caso, alternativas para eventuais necessidades de mudanças de rumo, de uma ou mais áreas ou do próprio sistema empresa.

Além da visão crítica acerca do negócio em si, espera-se que o *controller* concentre em sua experiência sobre a empresa conhecimentos suficientes para, pela sua percepção, detectar distorções em informações que possam ser prejudiciais ao processo decisório ou de avaliação de desempenho do negócio.

Consciência de suas próprias limitações

Há determinadas funções exercidas por profissionais em uma empresa que lhes conferem amplos poderes, por disporem de informações ilimitadas sobre o negócio, sobre os resultados de áreas e outras informações que lhes propiciem ter uma visão global da empresa, e que podem causar a sensação de que são capazes de resolver quaisquer problemas que surjam, ou de interferirem diretamente em suas soluções. Esse é o caso do *controller*.

Ter a possibilidade de opinar sobre possíveis decisões acerca de problemas emergentes não significa ter a capacidade de resolvê-los. Para isso, existem os gestores especialistas em suas funções, os quais sempre terão maior vivência e experiência em suas atividades do que qualquer outro profissional. A ponderação do *controller* sobre os seus limites é um requisito fundamental para que ele exerça sua autoridade e tenha o respeito dos demais gestores.

8

SISTEMA DE CONTROLES INTERNOS

Na medida em que as organizações globalizaram suas operações, ampliando os seus relacionamentos com entidades do ambiente externo, sejam governamentais, investidores ou outros *stakeholders*, o assunto sistema de controles internos passou a ser discutido de forma mais ampla, extrapolando as discussões no seu entorno para além das fronteiras dos ambientes internos das empresas.

A relevância deste tema deixou de ser tratada apenas pelas obras que versam sobre ele e passou a ser abordada também por entidades que formatam normas legais especificamente voltadas para a garantia de que o sistema de controles internos de uma empresa atenda aos fins aos quais ele se propõe, isto é, ao apoio à gestão empresarial, bem como à ampliação da segurança dos interessados pela empresa, mas que não participem diretamente de sua gestão, através da minimização dos riscos de que as informações divulgadas por sua administração ao seu público não correspondam à realidade.

Leis com repercussões internacionais, como a americana Sarbanes-Oxley, de 2002, que, em sua seção 404, prescreve em detalhes procedimentos de controles internos com o propósito de levar as empresas a adaptarem seus sistemas a um nível de detalhamento que permita plena confiabilidade às informações divulgadas ao público, bem como entidades, como o COSO – Committee of Sponsoring Organizations, que devota esforços no sentido de patrocinar estudos sobre os sistemas de controles internos, visam promover a melhoria dos relatórios financeiros por meio da prática da ética e da eficácia de tais sistemas.

Apesar de se tratar de leis ou órgãos internacionais, eles têm ampla repercussão no meio empresarial brasileiro, dada a presença maciça de subsidiárias de empresas estrangeiras atuantes no país, e que são obrigadas a cumprir as normas legais existentes nos países de origem de suas matrizes.

No mesmo sentido, entidades brasileiras como o órgão de controle do BACEN – Banco Central e o IBRACON – Instituto Brasileiro dos Contadores também têm, por meio de suas normas e procedimentos, ampliado espaços em seus escopos para normatizarem orientações acerca da importância que o sistema de controles tem para uma empresa.

O fato é que os controles internos deixaram de ser sinônimo de burocracia que retarda as atividades operacionais, elevando-se o seu *status* à categoria de instrumento imprescindível para a gestão empresarial, na medida em que eles passaram a ser reconhecidos como o principal mecanismo interno de governança corporativa. Não há, na literatura, discordância a respeito disso.

Este livro retrata o sistema de controles internos abordando os seus principais aspectos, no sentido de reforçar a sua importância aos leitores, possibilitando-lhes conhecerem as nuances conceituais relacionadas ao tema, facilitando o entendimento de sua amplitude, a aplicação prática durante a implementação do sistema correspondente ou, simplesmente, a manutenção daquele existente.

8.1 A definição de sistema de controles internos

No ambiente organizacional, controlar envolve um contexto composto por consumo de recursos financeiros, físicos, humanos e outros, bem como a utilização destes com o propósito de geração de receitas e a sua posterior conversão naquilo que melhor representa para quotistas ou acionistas o motivo para a continuidade de um negócio, que é a maximização da riqueza individual. Controlar, portanto, significa manter pleno domínio sobre os detalhes desse processo.

Nesse sentido, controles internos podem ser entendidos como todo o arcabouço de normas de procedimentos existente na empresa, que visam tornar os seus processos administrativos rastreáveis, de forma que as informações necessárias ao bom andamento desse processo sejam fidedignas, proporcionando ao mesmo tempo tomadas de decisões seguras e a rastreabilidade e a salvaguarda dos ativos da empresa consumidos durante as suas implementações.

Os controles internos na empresa têm, dessa forma, mais do que uma função, pois além de serem uma base de sustentação para o processo decisório, visam ao acompanhamento do adequado uso dos recursos colocados à disposição dos funcionários para as execuções de suas atividades, bem como a detecção de situações nas quais esses ativos não estejam sendo aplicados exclusivamente nas operações da empresa.

Contudo, o termo *sistema de controles internos* é mais abrangente, representando o conjunto de todos os controles que almejem proteger os recursos cujo consumo seja ou não detectável pelos registros contábeis, agregando-se a eles, entretanto, normas específicas que visem padronizar o comportamento da organização, ou a conduta de seus funcionários, como, por exemplo, os manuais de normas de conduta. Este último aspecto, não rastreável pelos registros contábeis, tem a sua importância lastreada no fato de que em uma organização não são apenas os seus recursos físicos aqueles cuja utilização pode ter influência negativa em seu resultado.

8.2 A importância do sistema de controles internos

A informação é a matéria-prima de todo o processo decisório. Embora as decisões sejam tomadas sempre se procurando atingir um desejado estado futuro, é no passado e no presente que gestores se baseiam para alicerçarem as suas escolhas entre várias alternativas de decisões existentes. Nesse contexto, a contabilidade e outras formas de registros de dados existentes na empresa são instrumentos poderosos de apoio ao processo decisório.

Entretanto, a informação contábil e outras provindas de fontes diversas de registros, por si sós, não são suficientes para garantir que tudo aquilo que tenha acontecido no âmbito interno da organização esteja refletido naquelas fontes, não apenas em função de que nem todos os fatos ocorridos sejam mensuráveis, mas, também, porque existem comportamentos individuais que não são passíveis de quantificação. Eles podem se constituir em atos lesivos aos objetivos da empresa. Nesses casos, decisões podem ser tomadas em situações insatisfatórias, por não se conhecerem todos os elementos que possibilitem uma avaliação inequívoca do cenário em que elas ocorrem.

O fator que pode fazer a diferença entre uma informação segura para a tomada de decisões de outra que não o seja é justamente a robustez do sistema de controles internos. Na medida em que ele seja coeso, e que proteja a gestão através de mecanismos de detecção de erros operacionais não detectáveis pelo banco de dados da empresa, que afetem a qualidade da informação, e que corroborem para preveni-los, torna-se o pilar central da contabilidade e de outras fontes de informações, por assegurar-lhes que todos os eventos quantificáveis estejam convenientemente registrados.

Há, porém, como já observado, os eventos não quantificáveis, que refletem os comportamentos de funcionários e que, dependendo de seu curso, podem levar gestores a tomarem decisões inadequadas ou, simplesmente, a gerarem prejuízos para a organização, decorrentes de conflitos de interesses entre os seus funcionários e sua administração. É nesse particular que a importância do sistema de controles internos se completa, tornando-se um instrumento de gestão imprescindível para áreas, como a de Controladoria, que dependem da informação para a execução de suas atividades, mitigando o risco de desconhecimento do real cenário em que tais atividades são executadas.

Adicionalmente, a proteção de ativos contra o seu uso desautorizado por funcionários é outro importante papel desempenhado pelo sistema de controles internos que, para esse fim, deve contemplar mecanismos que possibilitem a detecção e a divulgação de acontecimentos dessa natureza para a administração da empresa.

8.3 Princípios de controles internos

Os princípios de controles internos são os elementos básicos que devem formar o sistema correspondente. São aspectos mínimos que devem assegurar à organização a proteção de seus ativos, seja contra desvios ou uso impróprio ou a qualidade da informação provinda do banco de dados da empresa. A seguir, detalham-se os princípios de controle mais relevantes.

a) Ambiente de controle

O ambiente de controle é hierarquicamente o mais importante dos princípios de um sistema de controles internos. O destaque para esse princípio se dá pelo fato de ele se relacionar direta e unicamente à cúpula da administração da empresa. Representa o conjunto de atitudes e posturas dos membros da alta administração. Não há sistema de controle resistente à vontade da alta administração quando esta, por razões variadas, usa o seu poder para burlar os pontos-chave de controle.

Se uma empresa optar por não registrar todas as suas operações de vendas ou compras, ou quaisquer outras, por iniciativa daqueles que têm o poder hierárquico superior na organização, os registros contábeis não refletirão a realidade operacional e o efeito de tais atitudes não será detectável pelo sistema de controles internos. Mesmo que o seja, de nada valerá essa detecção, pois ela já é esperada por aqueles que deveriam ter a iniciativa de combater tais procedimentos.

Se a alta administração de uma empresa incentiva ou aceita que sua área de vendas realize negócios com a utilização de métodos escusos, como propinas a compradores, da mesma forma o resultado dessa atitude não será detectável pelo sistema de controles internos. O maior problema enfrentado por uma empresa cujo ambiente de controle seja inapropriado é o de que situações não desejadas pela administração fujam ao seu controle e ocorram à revelia de sua vontade.

A postura da alta administração é um exemplo que tem grande probabilidade de ser seguido por parcela de seus colaboradores, o que implica desvios ou mau uso de ativos da empresa. Se a postura da alta administração for, por exemplo, vender aos seus clientes com o auxílio de métodos escusos, não será possível evitar que a sua área de compras seja regida pelos mesmos instrumentos pelos quais o são a área de vendas.

O ambiente de controle é um princípio que se sobrepõe aos demais, limitando, dessa forma, a atuação da área de Controladoria para o cumprimento de sua função, que está fundamentalmente relacionada à credibilidade das informações obtidas a partir do banco de dados da empresa.

b) Segregação de funções

A segregação de funções, como todos os outros princípios de controle, tem função essencial para o incentivo às boas práticas de gestão administrativa, nesse caso, especificamente, a de evitar que um profissional da empresa, uma de suas áreas ou ambos estejam incumbidos da realização de tarefas cujos inícios e finais independam do monitoramento ou validação de forma independente por outra pessoa ou área. A regra básica é: quem executa uma atividade não deve controlar, isoladamente, os resultados dela decorrentes e quem controlar esses resultados não deve ser o responsável pela atividade que o gera. Isso não significa que os profissionais não tenham a responsabilidade de acompanhar e controlar os resultados de suas próprias atividades, mas sim que, de forma sistêmica, isso também seja acompanhado por uma fonte independente dentro da empresa.

Uma das áreas que idealmente deveria ser constituída sob a perspectiva desse princípio é a própria Controladoria que, devido a uma das características básicas de sua missão ser a de controlar o resultado da empresa e, por conseguinte, o de suas áreas, não deveria ser a responsável pelo desenvolvimento e implementação do sistema de controles internos, embora isso seja contrariado em muitas empresas que possuem tal área.

A observância do princípio da segregação de funções tem como objetivo evitar que o ciclo operacional em torno de um evento seja iniciado e terminado por uma mesma pessoa ou em uma mesma área. Isso não deveria ocorrer, primeiro, para que erros ou fraudes operacionais sejam mais facilmente detectados e prevenidos e, segundo, porque a pessoa ou área que executa uma atividade está de tal forma com ela envolvida que se torna difícil para o gestor dessa atividade analisar o seu ciclo como um todo, com completa visibilidade e senso crítico necessários para se perceberem detalhes que possam estar ocorrendo em desacordo com o objetivo final com ela pretendido.

A segregação de funções tem como benefício, adicionalmente, a prevenção de fraudes e de uso não autorizado de ativos, por promover a interdependência entre áreas e pessoas, de forma que tais possibilidades são dificultadas ou detectadas com maior facilidade.

Sob a perspectiva operacional, a segregação de funções também oportuniza aos funcionários envolvidos nas tarefas de execução e controle avaliarem criticamente os processos difíceis da empresa, contribuindo para a sua proteção e melhoria.

c) Rodízio de funções

A observância dos princípios de controle pela administração da empresa proporciona a ela vantagens relacionadas à segurança quanto ao uso apropriado de seus ativos. Embora possa, em um primeiro momento, ser considerada um obstáculo para a fluência dos processos administrativos, essa percepção logo se ajusta nas empresas que os observam plenamente. Esse é o caso do princípio do rodízio de funções.

Ao promover o rodízio entre funcionários, as atividades passam a ser desenvolvidas sob uma nova visão, a de quem assume a função, o que contribui sobremaneira para que processos sejam aperfeiçoados, por meio da eliminação de procedimentos desconexos ou desnecessários e que são muitas vezes adotados pelo funcionário que deixa o posto.

A segregação de funções permite ainda o desenvolvimento profissional dos funcionários, ampliando suas visões sistêmicas, o que corrobora o aumento da produtividade, melhoria da conectividade entre áreas, diminuição de erros e melhor fluência dos processos críticos operacionais, além de ser um elemento novo e motivador para aqueles que participam de tal política. Além disso, ao permanecer por longo período em uma função, são comuns as situações nas quais existam assuntos para os quais as soluções tenham sido sucessivamente postergadas. O ganho nesse caso é o de que o funcionário que assume a posição "coloca a casa em ordem" ou, se isso estiver fora de seu alcance, expõe a situação para aqueles que têm o poder e as condições de resolvê-la.

Sob a perspectiva da proteção aos ativos da empresa, o rodízio entre funcionários para o exercício de uma função facilita o monitoramento dos ativos da empresa, pois aquele que assumir o posto tende a criticar todo o contexto operacional relacionado à atividade que passará a executar, no sentido de isentar-se de eventos passados ocorridos nesse contexto cuja responsabilidade lhe possa eventualmente ser atribuída no futuro. O receio de ser associado à conivência com fraudes ou uso inadequado de ativos, e a tendência natural de "querer mostrar serviço", são fatores que atuam em prol da segurança dos ativos nos casos de rodízios de funcionários. A menos que a conivência seja deliberada e planejada. Nesse caso, naturalmente, a detecção de fraudes se torna mais difícil.

d) Delimitação de autoridade e responsabilidades

A delimitação de responsabilidades não significa diminuir o escopo das funções organizacionais. Ao fazê-lo, a administração evita a existência de áreas cinzentas sobre a responsabilidade de cada funcionário para a execução de determinada atividade, e para o cumprimento de todos os requisitos estabelecidos pela administração para a sua consecução. Esse procedimento dificulta a adoção de justificativas por parte dos funcionários em função da alegação de desconhecimento de determinada rotina de controle.

A delimitação de responsabilidades facilita o treinamento dos funcionários e a rastreabilidade dos eventos, bem como a responsabilização daqueles que verdadeiramente devem adotar os procedimentos de controle estabelecidos pela administração.

Já a questão relacionada à autoridade diz respeito às normas da empresa que clarificam o exercício do poder na organização. Assim, esse princípio se traduz na correta designação pela administração da empresa daqueles funcionários a quem ela autoriza representá-la, isto é, os profissionais com poderes para aprovações de gastos, de compras, de alterações de tabelas de preços de vendas, de uso de ativos, pela assinatura de cheques e outros atos necessários para o desenvolvimento operacional.

e) Relação custo *versus* benefício do controle interno

O controle interno não deve ser um fim em si mesmo. Há de se tomar cuidado para que a empresa não seja infestada por controles internos cujos objetivos não sejam criteriosamente avaliados, sob pena de tais controles se reverterem contra a agilidade da qual necessitam as áreas para o desenvolvimento de suas atividades.

Uma das funções básicas de um sistema de controles internos é a de proteção de ativos, quer seja por meio de prevenirem-se ou detectarem-se fraudes, erros operacionais ou através da prevenção ou detecção do uso indevido ou inadequado dos recursos da empresa.

Para atingir esse objetivo, entretanto, a empresa incorre em custos operacionais ou financeiros sempre que implementa um controle adicional. Dessa forma, quando averiguada a necessidade de implementação de um controle, aqueles que forem envolvidos nessa tarefa devem fazê-lo com bom senso, avaliando os benefícios que sua adoção proporcionará para a empresa, ou seja, a análise custo *versus* benefício é um princípio que não deve estar desatrelado da decisão sobre adotar-se ou não determinado controle.

É comum, porém, equivocada, a interpretação de que quanto mais controles existirem na empresa, melhor para todo o seu funcionamento. O erro nesse conceito pode levar a organização a um excesso de procedimentos que tendem a prejudicar o ritmo de suas operações, provocando um efeito contrário daquele que se espera, pois isso pode causar, além da insatisfação dos funcionários que são obrigados a segui-los, custos desnecessários para a empresa.

O excesso de controles internos pode também levar ao descrédito e desprezo de funcionários pelo sistema, pois, quando há exageros, há também a dificuldade de se manter ou mesmo acompanhar o seu funcionamento coeso. Não se mede a eficácia de um sistema de controles internos pela quantidade dos elementos que o compõem, mas sim pela sua qualidade, fluência, integração e coesão.

f) Automação de rotinas sempre que possível

Automatizar uma tarefa, ou o ciclo completo de eventos que a envolvem, significa diminuir os efeitos da ação humana no sistema de controles internos. Apesar de a automação de controles poder levar à resistência de funcionários quanto ao sistema de informações e, invariavelmente, a críticas destes a tal sistema, isso facilita a rastreabilidade dos eventos ocorridos na empresa. Consequentemente, favorece a diminuição de erros ou a prevenção de fraudes que não sejam suscetíveis de identificação.

Outro aspecto a ser destacado como benefício da automação é a padronização de procedimentos. Além dos elementos já destacados, há o benefício de possibilitar que novos funcionários sejam introduzidos na organização sem que isso implique na perda de qualidade do sistema de controles. Obviamente, pressupõe-se a necessidade de um preexistente programa de treinamento que facilite a compreensão do funcionamento do sistema por todos aqueles que irão manuseá-lo.

Por fim, destaque-se outro ponto positivo acerca desse princípio, o de que a automação permite a apuração mais rápida do resultado de cada evento organizacional, a agilidade na execução de tarefas e o compartilhamento das informações inerentes por todos aqueles a quem isso for do interesse.

g) Formalização de instruções

O princípio da formalidade dos controles internos diz respeito a evitarem-se que as instruções ou outros detalhes envolvendo os relacionamentos entre os profissionais componentes da empresa sejam inadequadamente entendidos, evitando-se, também, que a informalidade seja um escudo para acobertar erros de funcionários ou fraudes contra o patrimônio da empresa.

Em algumas organizações, a formalização de instruções é tida como um agente que retarda o andamento do negócio e, por essa razão, não é bem vista. Porém, esse tipo de procedimento traz mais benefícios do que malefícios, principalmente em empresas de maior porte, onde são mais acentuadas as distâncias entre aqueles que instruem e os que operacionalizam as instruções.

Formalizar uma instrução significa protegê-la no tempo. Uma empresa é criada sob o pressuposto da continuidade, de forma que a proteção ao histórico de como os eventos ocorreram no passado pode ser o diferencial que permitirá o esclarecimento de alguma situação indesejável que esteja sob investigação no presente.

h) Qualificação adequada de funcionários

Em muitas situações, erros que repercutem por toda a empresa, e em seu resultado, ocorrem devido ao despreparo de um funcionário para ocupar determinada função, ou realizar uma tarefa.

O princípio de controle relacionado à qualificação adequada de funcionários diz respeito a ter a pessoa realizando funções na medida exata em que o seu conhecimento o permita. Funcionários desqualificados para a execução de atividades são propensos a erros, cujos reflexos podem fragilizar o sistema de controles internos, tornando-o inócuo, inclusive para a prevenção ou detecção de fraudes, se essa fragilidade for percebida por quem estiver disposto a praticá-las.

A desqualificação de funcionários para o exercício de uma função pode ocorrer por leitura inadequada de sua capacidade no momento de sua contratação, ou mesmo por descuido por parte de quem o nomeou a exercê-la. É contributivo para a empresa evitar que isso ocorra, o que pode ser conduzido por meio da adoção de um sistema de avaliação de desempenho e de um programa de treinamento apropriado.

Revisão periódica do sistema de controles internos

O sistema de controles internos deve ser tão dinâmico quanto o ambiente no qual a empresa opera. Sempre haverá situações em que são necessárias mudanças nos fluxos e processos existentes, sob pena de que, se isso não ocorrer, alguns controles internos perdem a sua eficácia.

Não são raras as situações em que empresas negligenciam o princípio de reavaliarem os seus sistemas de controles internos e, como decorrência, procedimentos são cumpridos burocraticamente por funcionários sem um objetivo que os justifique, devido à razão de eles terem sido criados para atender às necessidades especificamente relacionadas a determinado cenário que se alterou com o decorrer do tempo.

O nível de aderência de funcionários aos procedimentos de controle está diretamente relacionado ao respeito que eles têm pelos objetivos que precisam ser atingidos. A pior hipótese de ocorrência é quando alguém responsável pela execução de algum procedimento por instrução da administração resolve testá-lo, simplesmente deixando de executá-lo para verificar se "alguém sentiria falta daquela informação", e constata que ninguém destinou atenção a ele por deixar de cumprir o procedimento.

A eficácia de um sistema de controles internos depende, fundamentalmente, da credibilidade que ele goza entre os funcionários responsáveis por sua manutenção. A reavaliação periódica do sistema de controles internos, bem como a aplicação diuturna de testes de aderência de funcionários àqueles controles já existentes, é um princípio básico que não pode ser desprezado.

8.4 Hierarquia entre os princípios de controles internos

Os princípios de controles internos não estão dispostos de forma desordenada. Há uma sequência de importância entre eles. Essa hierarquia pode ser definida segundo as suas naturezas, quais sejam:

- ambiente de controle;
- princípios relacionados aos recursos humanos;
- princípios de natureza estritamente operacionais.

a) Ambiente de controle

O ambiente de controle é, seguramente, o mais importante dos princípios, pois envolve o comportamento e as atitudes provindas da alta administração da empresa. De nada adiantaria ter um sistema de controles internos funcionando sincronizadamente se a própria alta administração estiver predisposta a cometer atos impróprios, antiéticos e contrários aos interesses dos proprietários, ou mesmo da legislação vigente. Isso porque ela é o exemplo a ser seguido por toda a administração.

Se o ambiente de controle propiciar situações nas quais os registros contábeis não reflitam com propriedade o que de fato ocorreu na empresa, então de pouco valerá o sistema de controles internos. Ele somente detectará eventos de importância menor, posto que, nesse caso, a alta administração usaria esse sistema a seu favor, isto é, apenas para facilitar os seus, e unicamente os seus, propósitos.

Por exemplo, se for parte da cultura da empresa a venda de produtos sem comprovante fiscal, ou com valores diferentes daqueles negociados, não seria surpresa que, sem o conhecimento da administração, outras operações de natureza semelhante fossem realizadas por funcionários de outros escalões. Em outras palavras, não há sistema de controles internos que resista às ações da alta administração, quando esta for contrária aos objetivos empresariais esperados.

b) Princípios relacionados aos recursos humanos

Considera-se o segundo princípio mais importante de controle aquele que diz respeito ao propósito de uniformizar as posturas de funcionários quando no exercício de suas funções na empresa. Há situações nas quais o desvio de conduta, causado normalmente por conflitos de interesses, não é detectável pelo sistema de registro contábil da organização, por envolver aspectos de natureza não mensurável, mas que se traduzem em perdas para a organização.

Os princípios relacionados especificamente aos recursos humanos devem nortear a adoção de controles internos que dificultem ações deliberadas de funcionários lesivas, direta ou indiretamente, ao patrimônio da empresa, mas que são de difícil diagnóstico por parte dos registros contábeis ou outros existentes na empresa.

Os controles internos da organização devem prever mecanismos que coíbam ações que causem prejuízos para a empresa, seja na forma de má utilização destes ou simplesmente com subtrações de ativos de seu patrimônio, isto é, por meio dos desvios desses recursos para finalidades estranhas aos objetivos da empresa.

São fartas as ilustrações de comportamentos individuais lesivos ao patrimônio e interesses da empresa, e que podem servir de base para a orientação do sistema de controles internos. O funcionário que se apropria temporariamente de um veículo da empresa para o seu uso particular, o uso de recursos da informática da empresa, o favorecimento a um círculo de amigos, através de promoções e aumentos salariais imerecidos, o favorecimento a fornecedores ou clientes, abonos injustificados de faltas e atrasos são alguns dos exemplos nos quais os comportamentos individuais e os conflitos de interesses não são facilmente identificáveis pela administração da empresa, a menos que ocorra delação por parte de algum de seus funcionários ou que ela se prepare para isso por meio de controles específicos.

Os princípios relacionados aos recursos humanos devem ser estabelecidos de forma diferente do controle interno tradicional. Para esses casos, a melhor contribuição que a administração da empresa pode prestar para o seu sistema de controles internos é a adoção de um detalhado manual de conduta a ser seguido pelos funcionários e, portanto, formalmente divulgado a eles.

c) Princípios de natureza estritamente operacionais

Os princípios de controles estritamente operacionais devem ter o propósito de assegurar que as informações dos eventos operacionais fluam de forma apropriada na empresa. Também têm como objetivo a prevenção de erros ou fraudes ou, na hipótese de estes existirem, a sua identificação.

A característica básica desses princípios é a de que eles permitem a rastreabilidade dos eventos, passo a passo, facilitando a identificação da necessidade de treinamento de funcionários aos quais erros ocorridos sejam imputáveis ou, em um caso extremo, a identificação de conflitos de interesses de funcionários em relação à empresa.

Os princípios de natureza operacional devem ser racional e sistemicamente dispostos de forma que eles atinjam os seus objetivos e a sua eficácia deve ser testada diuturnamente, quer seja através da observação ou, preferivelmente, por meio da aplicação de testes de aderência dos funcionários aos controles internos inerentes.

Há na literatura autores que defendem que os controles internos de uma empresa devem ser aceitos por seus funcionários, para facilitar que eles sejam por eles seguidos e sejam eficazes. Porém, é necessária cautela com essas opiniões. Controles internos são implementados visando criarem-se padrões de comportamentos individuais perante uma determinada situação. Dessa forma, é óbvio que pode não ser prazeroso segui-los para aqueles que são afetados por eles. Então, a administração da empresa não deve procurar agradar, ou obter a anuência de funcionários, quando decide fortalecer o seu sistema de controles internos.

O próprio significado da palavra *controle*, que significa exercer domínio sobre algo, ou sobre as ações de alguém, pode não ser aprazível aos funcionários da empresa. Por essa razão, a decisão de se implementarem controles não deve ser necessariamente democrática. Ao contrário, representa o desejo da administração em ter completo domínio sobre todos os seus recursos, sobre as atividades desenvolvidas pelas pessoas e, por fim, sobre os seus resultados.

8.5 Os ciclos operacionais de controles

Controles internos não são sinônimos de sistema de controles internos. Esta última expressão é mais ampla. Os controles internos compreendem todos os procedimentos relacionados individualmente a determinado ciclo de eventos operacionais da empresa, por exemplo, àquele associado às atividades de produção, ou seja, todos aqueles relativos ao consumo de recursos.

O sistema de controles internos é mais abrangente do que isso, pois representa o conjunto de todos os controles existentes em cada ciclo operacional, bem como os manuais de normas e conduta de funcionários que têm influência em toda a organização.

A implementação de um sistema de controles internos é algo que requer dos profissionais encarregados por essa tarefa uma visão sistêmica da empresa, e essa visão somente se completa quando as operações que envolvam o consumo de recursos são consideradas em seu conjunto. Nesse sentido, a empresa deve ser analisada individual e coletivamente sob a perspectiva dos ciclos de eventos que compõem as suas atividades, quais sejam:

a) ciclo de vendas – contas a receber – recebimentos;

b) ciclo de compras – contas a pagar – pagamentos;

c) ciclo dos recursos humanos;

d) ciclo das atividades de produção; e

e) ciclo de controle dos ativos fixos.

A seguir, comenta-se cada um desses ciclos.

8.5.1 Ciclo de vendas – contas a receber – recebimentos

Os controles internos do ciclo operacional de vendas abrangem todas as operações relacionadas a uma venda específica. Ele deve ser desenhado de forma a proporcionar a proteção às políticas estabelecidas pela administração, no que diz respeito a todos os aspectos a serem observados antes e durante a realização de negociações. Esses controles, como os outros, devem priorizar a proteção aos ativos contra erros, intencionais ou não, e às fraudes. Contudo, durante suas implementações, deve-se ponderar sobre a agilidade necessária para que o fluxo de negócios da empresa não se interrompa com a execução de procedimentos desnecessários.

O ciclo de controles relacionados às vendas envolve de forma ampla os procedimentos a serem adotados desde a fase inicial de negociação até a efetiva contabilização do recebimento correspondente. Dessa forma, os principais elementos a ele relacionados são: delegação de responsabilidade e prescrição de procedimentos envolvendo responsabilidades. Quanto aos níveis de responsabilidade, destacam-se aqueles inerentes a:

a) estabelecimento de critérios e responsabilidades para a elaboração da previsão de vendas;

b) confecção ou atualização de tabela de preços a vista;

c) aprovação de limite de crédito para o cliente, políticas de prazos de pagamentos e custos financeiros a serem aplicados em casos de vendas a prazo;

d) concessão de descontos e outras condições especiais;

e) aprovação de devoluções;

f) aprovação de descontos após a venda dos produtos e de prorrogações de duplicatas a receber; e

g) aprovação de baixa contábil de títulos incobráveis.

Com relação aos demais procedimentos intrínsecos ao ciclo de vendas, destacam-se, entre outros, aqueles que devem prescrever requisitos necessários e responsabilidades por:

a) cadastramento de pedidos no sistema;

b) baixas de pedidos cadastrados cujas vendas por alguma razão não foram efetivadas;

c) alterações em pedidos já cadastrados;

d) retiradas de estoques de produtos acabados para entregas;

e) registros fiscal e contábil das notas fiscais;

f) acompanhamento, contabilização e recebimento de valores; e

g) outros.

8.5.2 Ciclo de compras – contas a pagar – pagamentos

O ciclo operacional de compras – contas a pagar – pagamentos envolve todos os elementos no entorno dos gastos ocorridos na empresa, seja quais forem as suas naturezas. Em função de esse ciclo envolver desembolsos diretos de recursos, é um dos mais sensíveis, e sobre o qual se deve exercer um estreito monitoramento e controle.

Os controles internos que apoiam esse ciclo não devem se restringir aos procedimentos que privilegiem a segurança contra desvios de recursos. Também são importantes aqueles focados na prevenção de que ocorram dispêndios desnecessários, ou de erros operacionais que levem a desembolsos indesejáveis de valores.

Consiste em um ciclo cujos controles estão fortemente voltados à aplicação dos princípios de delegação de autoridade, responsabilidade e de segregação de funções. Entretanto, por envolver questões sensíveis não capturáveis pelos registros contábeis e outros da empresa, requer-se que tais controles contemplem regras de condutas a serem seguidas pelos indivíduos responsáveis pelos eventos inerentes ao ciclo. As normas de procedimentos a ele inerentes podem ser classificadas em: de aprovações, operacionais e de conduta dos funcionários. Essa classificação é explorada a seguir.

Aprovações

Sob a perspectiva dos controles internos, a delegação de autoridade não tem o foco apenas em organizar as atividades dos profissionais atuantes na empresa. O seu propósito básico é definir claramente os papéis de cada envolvido nos processos operacionais e, principalmente, os limites de poder que eles têm para empreenderem determinadas ações no âmbito de suas atribuições. Ressalte-se que isso ocorre com o objetivo de assegurar-se que as decisões sejam tomadas por funcionários qualificados, mas que, também, suas ações sejam passíveis de um fácil rastreamento e responsabilização. Nesse âmbito, os controles internos podem indicar claramente, observando-se o princípio da qualificação profissional e de segregações de funções, os responsáveis pelas seguintes aprovações:

a) as necessidades de compras;

b) as condições comerciais das compras, tais como preços finais, prazos de pagamentos e de entrega;

c) os contratos mantidos com fornecedores, relativos às prestações de serviços; e

d) os pagamentos a fornecedores.

Poderá haver casos que representem desembolsos sobre os quais a empresa tem pouco ou nenhum controle, por exemplo, tarifas de serviços públicos cobrados através de contas de consumo, como água, luz e telefone. Entretanto, mesmo com essa dificuldade, não se deve desprezar a necessidade de que um funcionário qualificado seja designado como responsável pelo controle de tais contas.

Procedimentos operacionais

Os procedimentos operacionais de controle dizem respeito às regras que devem ser seguidas por cada envolvido nas rotinas do ciclo de compras – contas a pagar – pagamentos, as quais devem visar à garantia da integridade dos registros contábeis e à rastreabilidade de cada evento inerente ao ciclo. Essas regras devem abranger procedimentos para:

a) situações nas quais são requeridas aprovações prévias para a realização das compras, normalmente relacionadas a uma escala de valores;

b) quantidade requerida de cotações de preços, de acordo com uma faixa preestabelecida de valor;

c) situações e tempo em que deva ocorrer o rodízio de fornecedores;

d) recebimento, conferência e internação de materiais ou da efetiva prestação dos serviços;

e) formalização do recebimento de materiais, ou dos serviços, de acordo com as condições aprovadas para as respectivas compras;

f) registro e conciliação contábil das contas a pagar; e

g) outros.

Normas relativas à conduta de funcionários

Embora a manutenção de um funcionário pela empresa em seu quadro de colaboradores ocorra sob a premissa da confiança nele depositada, e que, em situações normais, nunca se deve duvidar de sua idoneidade, não se pode negar que o ser humano é suscetível a desvios de conduta e que, no mundo dos negócios, os conflitos de interesses pessoais em relação aos objetivos da empresa não são um fato raro. Por essa razão, o ciclo de compras – contas a pagar – pagamentos é considerado um dos mais sensíveis, por envolver desembolsos diretos e, principalmente, devido às possibilidades de que nem todas as operações sejam rastreáveis ou passíveis de registro pela contabilidade.

Um dos fatores que merecem destaque nesse ciclo está relacionado aos profissionais que têm influência na especificação de materiais ou na escolha de fornecedores. Isso porque existe nas relações inerentes a esse processo uma nítida possibilidade de conflito de interesses, podendo estes serem materializados diretamente através de benefícios monetários aos representantes da empresa, por meio de negociações de valores a título de "comissões" ou indiretamente, através de trocas de favores entre funcionários da empresa e seus fornecedores. Em ambos os casos, é difícil a detecção dos desvios de conduta, por não envolverem procedimentos formalizados que permitam isso.

A administração da empresa deve incluir entre os procedimentos de controle mecanismos que previnam ou dificultem os conflitos de interesse, através da adoção de um código de conduta prevendo situações que possam prejudicar a análise de casos ocorridos devido à falta de parâmetros éticos preestabelecidos pela empresa. Destaquem-se entre os itens que devem compor tal código os seguintes:

a) estabelecimento de limite de valor de presentes ou cortesias dados por fornecedores a funcionários;

b) estabelecimento de critérios segundo os quais os representantes da empresa podem se reunir informalmente fora do ambiente de trabalho com representantes de fornecedores, tais como participação de festas de confraternização, almoços, jantares etc.;

c) regras quanto à quantidade mínima de representantes da empresa que deve participar de reuniões para a negociação de condições de fornecimento com fornecedores.

8.5.3 Ciclo de recursos humanos

O ciclo operacional relacionado aos recursos humanos deve abranger controles formalizados desde a identificação da necessidade de contratação de colaboradores até o término do contrato de trabalho. Os procedimentos relacionados a esse ciclo se classificam em: relativos a aprovações e à natureza operacional.

Procedimentos de aprovações

As aprovações relacionadas ao ciclo de recursos humanos devem ser sempre formalizadas, bem como ter claramente definidas as alçadas de cada um, o que permite identificar as responsabilidades e os níveis de autoridade para cada caso. Elas envolvem aprovações:

a) para a contratação e o estabelecimento de salário inicial;

b) para concessão de promoções ou aumentos salariais;

c) para os abonos de faltas e atrasos;

d) para transferências entre centros de custos;

e) para a realização de horas extras ou acúmulo de banco de horas;

f) de valores pagos a títulos de adiantamentos, salários, férias, décimo terceiro salário, gratificações e rescisões; e

g) outras.

Procedimentos de natureza operacional

Os procedimentos de natureza operacional diretamente relacionados ao ciclo de recursos humanos dizem respeito às normas cujas funções são a de prevenção e detecção de erros, intencionais ou não, ou de identificação de situações envolvendo o relacionamento interpessoal entre funcionários, com o propósito de proporcionar a sua correção. Estão entre os principais procedimentos de conferências relativas a:

a) cadastros de funcionários;

b) folha de pagamento, inclusive dos dados relacionados à frequência de funcionários;

c) conferência e registro de atestados médicos;

d) cálculos de férias e rescisões;

e) documentos que se constituam em obrigações acessórias a serem entregues a entidades representativas do governo e sindicais; e

f) realização de entrevistas de desligamento de funcionários, bem como o seu registro e sua divulgação às pessoas designadas pela administração para esse caso.

Soma-se a esses procedimentos a designação do grupo de funcionários com o poder de acesso aos dados confidenciais relacionados aos funcionários, como, por exemplo, salários.

8.5.4 Ciclo de produção

O ciclo de produção envolve todos os controles internos inerentes às atividades de produção. Tais controles devem ter o seu foco prioritariamente na prevenção contra o uso inapropriado dos fatores de produção, bem como na proteção de sua guarda física e no monitoramento do processo produtivo.

Os controles e procedimentos componentes desse ciclo têm o seu início no momento em que ocorre a requisição de produtos ao almoxarifado, percorrendo todo o trajeto da produção até o ponto em que os produtos são acabados e estocados. São os controles implementados nesse ciclo os elementos que vão garantir, entre outros produtos, uma apuração correta dos custos de produção, bem como o apontamento dos níveis de produtividade.

Em uma empresa de menor porte, os controles de produção, às vezes, não são integrados, não apenas dificultando o monitoramento das áreas envolvidas mas, muitas vezes, até mesmo afetando a competitividade da empresa, devido à falta de referência para o estabelecimento de preços que correspondam à realidade e que possibilitem à empresa ampliar as suas operações de vendas.

Os principais controles e procedimentos do ciclo de produção são:

a) aprovações de requisições de materiais ao almoxarifado;

b) baixas de materiais cedidos à produção pelo controle de estoque;

c) restrições de acesso de funcionários aos almoxarifados de produtos acabados e de materiais;

d) abertura e acompanhamento das ordens de produção;

e) fechamento e custeamento das ordens de produção finalizadas;

f) relatório de produção com o apontamento quantitativo e monetário de perdas de materiais decorrentes do processo produtivo;

g) apontamento quantitativo e monetário de quantidades de produtos sucateados;

h) aprovação dos valores de vendas de sucatas e outros resíduos de materiais;

i) relatório indicando a produtividade da mão de obra relacionada aos itens produzidos; e

j) registro dos produtos acabados pelo controle de estoques.

8.5.5 Ciclo dos ativos fixos

O controle de ativos se aplica em duas situações. Na primeira, visa-se à salvaguarda dos bens da empresa e, na segunda, à segurança quanto aos seus usos exclusivos para a realização de atividades de interesse da empresa.

Quando a intenção for buscar a proteção de ativos, os controles internos para isso são relativamente simples de serem mantidos, pois se baseiam em registros e outros procedimentos que possibilitam amplamente a rastreabilidade dos bens. Nesse sentido, os principais procedimentos de controle que devem ser adotados pela organização são:

a) cadastramento imediato do bem no sistema de controle de ativos fixos, bem como a respectiva identificação com placa contendo o número do ativo;

b) identificação do usuário e a sua aceitação do "termo de responsabilidade" pelo uso do ativo;

c) estabelecimento de normas formais para uso de ativos fora das instalações da empresa;

d) normas formais para a transferência física de ativos entre setores da empresa;

e) normas formais para a inspeção e a manutenção física de ativos;

f) autorização formal da administração para baixa de bens por quebra ou obsolescência;

g) autorização formal da administração para as vendas de bens do ativo imobilizado;

h) normas formais para a realização de inventários físicos dos ativos;

i) emissão dos relatórios de contagens físicas de bens.

Quanto às normas de procedimentos que visem à garantia de que os ativos da empresa ocorram apenas e exclusivamente durante a realização de atividades profissionais relacionadas aos seus objetivos, podem ser mais bem expressadas por meio de manuais de conduta de funcionários, por envolverem fatores de difícil controle. São, portanto, um dos pontos críticos do sistema de controles internos.

É comum as empresas disponibilizarem ativos, tais como veículos para uso externo, *laptops*, aparelhos celulares e respectivas linhas, serviços de Internet, veículos de uso exclusivo para gestores do alto escalão, enfim, bens e serviços que são onerosos, cujos usos deveriam se reverter inteiramente no benefício da organização, mas que dependem fundamentalmente do comportamento ético dos usuários. Embora a empresa possa sempre aferir a existência física dos bens, na maioria dos casos, são aspectos que devem ser tratados no contexto de um manual de conduta de funcionários que vise coibir os seus usos inapropriados.

Mesmo que, para alguns desses casos, controles internos físicos possam ser estabelecidos, como controle de quilometragem e de combustível, ligações telefônicas efetuadas, entre outros, pode ser recomendada a adoção de normas adicionais de conduta, tais como:

a) proibição de utilização de veículos para fins particulares, desde que isso não seja um privilégio da função exercida pelo funcionário;

b) restrições quanto ao uso de celulares para fins particulares;

c) restrições de acesso à Internet para fins particulares, a partir dos recursos fornecidos pela empresa; e

d) outros.

É importante enfatizar que os manuais de conduta somente têm eficácia se for previsto algum tipo de punição aos funcionários devido a sua não observância.

8.6 O modelo de gestão da empresa e seu sistema de controles internos

Existem dificuldades de diferentes naturezas que podem ser impeditivas ou dificultadoras para a implementação de um sistema de controles internos. O modelo de gestão da empresa talvez seja uma das principais, bem como pode se tornar um facilitador para a implementação de um robusto sistema de controles internos.

O modelo de gestão, como já discutido em capítulo específico deste livro, corresponde à forma segundo a qual a empresa é administrada, sendo um importante elemento que facilita a disseminação de boas ou más práticas culturais.

O modelo, sob a influência da forma como pensam os proprietários da empresa, que é refletida no comportamento de seus principais líderes, tem características determinantes para os níveis de formalidade, ou informalidade, centralização, descentralização, delegação de poder e responsabilidade.

Modelos de gestão que refletem a crença de proprietários e líderes principais, segundo a qual uma empresa deve privilegiar a confiança nos funcionários em detrimento da sua competência, tendem a levar a organização a um grau de informalidade que é incompatível com um sistema de controles internos voltado para a prevenção de erros, intencionais ou não, de fraudes e para a detecção de ambos. Modelos desse tipo são mais comuns em empresas familiares, dirigidas pessoalmente por seus donos.

De forma oposta, quanto mais o modelo de gestão clarificar os papéis dos gestores, o que se espera deles, sua autoridade, definir sistemas de recompensas e punições, adotar um estilo formalizado de instrução aos funcionários da empresa e explicitar que um dos principais recursos consumidos pela organização é a informação, mais robusto será o sistema de controles internos, bem como mais coesos serão todos aqueles controles inerentes a cada ciclo operacional, conforme comentado neste capítulo.

9

PLANEJAMENTO ESTRATÉGICO

Planejar é uma prática salutar e fundamental para a gestão administrativa. A compreensão da relevância desse ato não requer nenhum exercício mental complexo. Nas empresas, simplesmente, planeja-se porque existem atividades a serem sistemicamente executadas, isto é, a realização de transações visando à obtenção de resultados, à busca pela perfeita alocação de recursos e, principalmente, à obtenção de fluxos de caixa satisfatoriamente positivos.

É pelas mencionadas razões que se planejam as ações em uma empresa, para que suas atividades sejam coordenadamente realizadas da melhor forma possível, à luz dos recursos disponíveis e das condições ambientais que a cercam.

Ressalte-se que a principal motivação para o planejamento, além de auxiliar a administração das atividades, é demonstrar para os proprietários de um negócio a sua capacidade de geração de fluxos de caixa consistentemente positivos, embora dê-se grande importância à projeção de resultados para um determinado período, isto é, foco nas estimativas de receitas, custos e despesas.

Este capítulo trata dos aspectos conceituais em torno do planejamento empresarial, dos modelos utilizados para a formulação da estratégia da empresa e de outros assuntos relacionados ao tema.

9.1 O ambiente externo à empresa

No ambiente externo, as empresas se relacionam sistemicamente com uma ampla rede de entidades e outras variáveis que afetam os seus desempenhos, sobre as quais, em muitos casos, elas têm pouco ou nenhum controle.

Nessa situação, essas empresas assumem a posição de agente passivo, que apenas reage às imponderabilidades desse cenário, como forma de atenuar a fragilidade que isso pode representar às suas operações.

O ambiente externo consiste em um conjunto de fatores físicos e sociais externos à empresa, que são levados diretamente em consideração no comportamento decisório das pessoas que por ela são responsáveis. Adicionalmente, Jones (1995) afirmou que o ambiente é complexo e composto por forças mutáveis que afetam as operações das empresas, podendo ser entendido como uma considerável e importante contingência, caracterizada fundamentalmente pela incerteza, para a qual elas, as empresas, devem se planejar, se adaptar e gerenciar as suas forças a fim de obterem os recursos necessários para produzirem bens e serviços adequados aos seus clientes e consumidores.

O mencionado ambiente pode ser concebido sob dois prismas: aquele sobre o qual a empresa tem certo domínio ou pode influenciá-lo de alguma forma – domínio operacional – e o ambiente geral no qual a empresa tem pouco ou nenhum controle, mas é continuamente influenciada por ele.

O termo *domínio*, ao se referir a um nível ambiental, aponta para o território de atuação de uma empresa, onde as relações são definidas pelos tipos de bens ou serviços que produz, pelos seus clientes e pelas demais entidades (JONES, 1995). Já em se tratando do ambiente geral, ele corresponde àquela camada ambiental que para existir independe da empresa ou de sua vontade, sendo preciso a sua adaptação às possíveis alterações impactantes.

A intenção, ao se discutir especificamente o ambiente, é a de se inserir as empresas no contexto em que elas operam, apresentando os principais aspectos do tema para, finalmente, discorrer-se sobre o planejamento estratégico, que é o objetivo final deste capítulo.

Dessa forma, o ambiente é o conjunto de entidades e outros fatores que afetam de forma direta ou indireta não apenas a forma de atuação de uma empresa, mas também a sua ascensão ou declínio, estabelecendo as condições para a sua existência e continuidade.

Em se tratando de planejamento estratégico, não é apenas a dimensão ambiental externa a uma empresa o fator determinante para o nível de prosperidade que ela experimenta. Por mais requintado que seja o processo de análise das variáveis externas à empresa, desconsiderarem-se os aspectos relacionados ao seu ambiente interno invariavelmente leva qualquer plano ao fracasso.

A importância de se examinar o *tema ambiente*, quando se trata de planejamento estratégico, reside justamente na facilitação que esse exame proporciona àqueles que estão incumbidos de melhor entenderem a complexidade em torno dos negócios empresariais, tanto no que se refere às variadas fontes dos recursos e meios utilizados pela empresa para sua transformação em produtos, quanto às naturezas das entidades que os consumirão. É justamente a busca pelo equilíbrio desse processo o que deve motivar a realização de um planejamento estratégico.

O ambiente, nesse âmbito, tem duas dimensões, uma externa e outra interna. A primeira delas, a externa, se classifica em dois diferentes níveis, quais sejam, (a) ambiente geral e (b) domínio operacional, sobre os quais se tratará a seguir e que podem ser vislumbrados na Figura 9.1.

Figura 9.1 – Dimensões ambientais

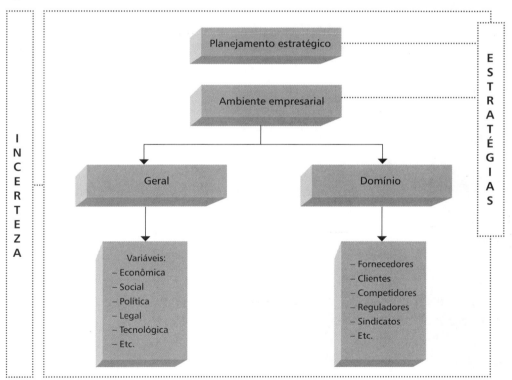

9.2 A dimensão geral do ambiente da empresa

O ambiente geral é aquele composto por entidades e variáveis sobre as quais as empresas têm um reduzido alcance e que, por essa razão, têm uma baixa capacidade de interferir em seus comportamentos. Essas variáveis ambientais têm características intangíveis, embora as suas causas tenham origens conhecidas. Entre elas, destacam-se as econômicas, as políticas, as legais, as tecnológicas e as sociais, entre outras.

Variáveis do ambiente geral

Econômica

Essa é a variável crucial para grande parte das empresas, pois condições econômicas mutáveis atuam como restrições importantes para qualquer uma delas, sendo excelentes indicadores de prioridades (HALL, 1984). De outro lado, sempre existem, entre as forças econômicas, elementos que criam oportunidades de lucro (STEINER; MINER, 1981), auxiliando, assim, as empresas a melhorarem os seus desempenhos e manterem as suas continuidades. Isso depende da forma como cada empresa reage a essa variável, essencialmente no que tange a sua estrutura interna.

Os principais exemplos de variáveis econômicas que afetam o funcionamento das empresas são:

- crescimento do Produto Interno Bruto;
- taxa de inflação;
- distribuição de renda;
- taxa interna de juros;
- taxa de desemprego;
- política cambial;
- balança de pagamentos;
- etc.

Social

A empresa se insere em uma sociedade ampla e, em consequência disso, deve cumprir com as suas responsabilidades sociais, pelo menos até o ponto em que for responsável pelos impactos de seus produtos ao meio ambiente. Dessa forma, é preciso ter claramente objetivos relacionados às dimensões sociais da empresa (DRUCKER, 1977).

Essa variável pode ser medida através de um censo, mas existem aquelas a respeito das quais previsões acuradas são mais difíceis de serem feitas, como, por exemplo, uma mudança de hábito da população.

Os principais exemplos dessas variáveis ambientais são:

- mercado de trabalho;
- mudanças culturais;
- sistema educacional;
- expectativa de vida da população;
- forças demográficas;
- etc.

Política

As variáveis políticas representam a atitude do governo frente aos vários segmentos industriais e às condições políticas gerais do país. As principais variáveis são:

- regime de governo;
- planos e objetivo de governo;
- política energética;
- prioridades governamentais;
- relacionamento com outros países;
- política social;
- etc.

Legal

Essa variável consiste na legislação vigente. Ela representa as regras ou leis que todos os membros da sociedade devem seguir. Assim, as organizações precisam conviver com leis federais, estaduais ou municipais, que estabelecem várias condições para a operação de um empreendimento. O aspecto dinâmico do sistema legal mostra a importância das leis para as organizações, pois quando uma nova lei é aprovada, ou mesmo quando uma interpretação é modificada, as organizações usualmente precisam fazer alterações importantes em suas operações, caso a lei seja relevante para elas.

Não são raras as situações em que empresas se deslocam de uma para outra região devido a questões legais, motivadas por leis aprovadas após a realização do planejamento. Dessa forma, além de observar a legislação existente, deve-se constantemente observar as tendências legais, como um meio de prevenção de surpresas que possam afetar, negativamente, o negócio, seja pelo não aproveitamento de uma oportunidade ou pela não detecção de uma potencial ameaça.

Tecnológica

A variável tecnológica inclui novas abordagens para a produção de bens e serviços e novas tecnologias envolvendo a administração e o processamento de informações, bem como avanços científicos de processos e materiais.

Há desenvolvimentos tecnológicos que são esperados e cujas evoluções são acompanhadas por aqueles que serão potencialmente afetados por elas. Porém, há casos em que tais evoluções surgem inesperadamente, o que pode representar sérias ameaças para alguns segmentos. Existe abundância de exemplos de mudanças tecnológicas que, no tempo em que surgiram, afetaram sobremaneira a capacidade de geração de resultado de empresas, tais como o surgimento da câmera digital, do *smartphone*, da comunicação por meio da Internet, entre muitas outras.

As variáveis do ambiente geral não devem ser observadas isoladamente, pois existem sinergias entre elas que, muitas vezes, podem parecer imperceptíveis, mas que provocam efeitos encadeados em todo esse nível ambiental. Não se pode levar em conta apenas a variável econômica, por exemplo, pois dependendo dos programas governamentais, compreendidos pela variável política, tanto ela própria quanto as variáveis legais e sociais podem sofrer substanciais mudanças. Da mesma forma, a variável social pode levar a profundas mudanças em variáveis políticas, legais e, por consequência, na econômica.

Assim, o encadeamento das reações de uma variável em outra deve ser observado com cuidado quando da elaboração do planejamento estratégico. Talvez seja o ponto mais crítico para a exigência de que os participantes do processo inerente tenham um bom nível cultural e profissional, e estejam permanentemente sintonizados com aquilo que ocorre às suas voltas, independentemente de a sua atividade operacional não o exigir. Em outras palavras, a cultura e a experiência podem ser limitadoras para a participação com êxito do gestor no processo de formulação da estratégia a ser adotada pela empresa.

9.3 A dimensão de domínio operacional da empresa

Se, por um lado, o ambiente geral é composto por variáveis que atuam sistemicamente, e sobre as quais as empresas têm pouco ou nenhum domínio, apesar de serem afetadas por elas, em seu ambiente próximo, os comportamentos dos agentes que o integram são mais previsíveis, embora também possuam fatores cujo controle por parte da empresa seja difícil.

Nesse ambiente, situam-se entidades que podem ser mais sensíveis às ações de uma sobre a outra, sendo por essa razão mais fácil a sinergia entre elas, quais sejam: fornecedores de capital ou insumo, clientes, os sindicatos, a mão de obra disponível no mercado, os concorrentes, a possível entrada de produtos e serviços substitutos, entre outros (PORTER, 1999). São esses os elementos que atuam interagindo entre si, como subsistemas do ambiente próximo.

O nível do ambiente externo à organização é composto de setores que normalmente têm implicações específicas e relativamente mais imediatas na administração da organização.

Elementos do domínio operacional

Os principais elementos do domínio operacional, nível do ambiente externo mais suscetível ao controle da empresa, são:

- fornecedores;
- clientes;
- competidores;
- reguladores;
- sindicatos;
- etc.

Fornecedores

Os fornecedores se constituem num componente crucial do ambiente próximo, uma vez que a escassez no suprimento dos recursos se torna uma ameaça significativa para a operação e sobrevivência de um empreendimento. Quando uma organização é dependente de seus fornecedores, ela tem pouco domínio para determinar os termos das trocas e do relacionamento com eles. As principais características das empresas que dependem criticamente de seus fornecedores são:

a) impossibilidade ou dificuldade de substituição do fornecedor, como pode ocorrer com fornecedor de alguns produtos químicos, de energia etc.;

b) dependência de uma empresa fornecedora tradicional devido a dificuldades de obtenção de crédito com outras alternativas existentes no mercado;

c) dependência de uma empresa que seja a única produtora, ou de um pequeno leque de produtores, para a aquisição de insumos básicos para a produção de seus bens; exemplo: alumínio, aço, petróleo, comunicações etc.

d) dependência de fornecedores especificamente exigidos por clientes, como é o caso daqueles cujos produtos têm como componentes elementos da Tecnologia da Informação, como, por exemplo, o sistema operacional Windows e os microprocessadores Intel, entre outros;

e) dependência de mão de obra especializada, que pode ser afetada por eventos como, por exemplo, greves. Uma ilustração disso são as companhias aéreas, que dependem de entidades aeroportuárias que funcionam por meio da intervenção de funcionários altamente especializados, como os controladores de voo, cujas reposições são extremamente difíceis em situações de necessidades emergentes.

Clientes

Os clientes são pessoas e organizações coexistentes no ambiente que demandam bens ou serviços da empresa. Eles representam a sociedade e, fundamentalmente, a finalidade social da empresa, pois, decerto, juntamente com outras entidades, levam à moldagem de sua missão, de seus planos e objetivos, assim como modelam os setores empresariais.

Como no caso dos fornecedores, as empresas também têm diferentes tipos de dependência em relação aos seus clientes, que são determinados por:

- concentração de receita de vendas em um ou poucos clientes; e

- pouco conhecimento sobre os clientes.

Competidores

Os mercados competitivos envolvem diferentes tipos de esforços por parte de uma organização para fazer frente aos seus concorrentes. Em um cenário de concorrência mais acirrada, existe ampla oferta de produtos similares cujos preços são determinados pelas condições de mercado, que estão fora do controle de uma organização específica. Dessa forma, a dependência de uma empresa em relação ao comportamento de seus concorrentes é um fator significativo. Especificamente, a organização mais dependente tem:

- competidores com maior capacidade de mobilizar recursos;

- competidores com imagem ou reputação mais positiva;

- competidores com melhores informações de mercado;

- concorrentes com maior capacidade logística; e

- concorrentes com melhores condições de exploração de novas tecnologias.

Reguladores

Algumas empresas sofrem pouca influência do componente regulador. Existem outras, porém, que são mais afetadas, e que atuam sob pressão para não se desviarem de regulamentos específicos, tais como os relacionados ao controle de qualidade de alimentos, remédios, aparelhos de precisão, controle ambiental etc. As empresas mais afetadas pelo componente regulador:

- são regulamentadas por órgãos com autoridade para lhes infligir penalidades;

- estão localizadas em lugares nos quais sua existência não é de todo desejada, em virtude de possuírem processos produtivos que se utilizam de agentes agressivos ao meio ambiente;

- etc.

Sindicatos

Alguns tipos de segmentos da economia sofrem severa influência do sindicato da categoria dos trabalhadores que as empresas empregam. A paralisação de atividades em decorrência de greves, negociações intrincadas envolvendo o desejo dessas entidades de conquistarem mais benefícios para os trabalhadores, a exigência de manutenção por parte da empresa de funcionários representantes dos sindicatos são fatores que tornam a empresa dependente dessas entidades de classe, requerendo dela a necessidade de cuidados para a preservação de relacionamento amistoso, no qual o diálogo entre as partes seja diuturnamente praticado, requerendo habilidades de comunicação e negociação permanentes por parte da administração da empresa.

9.4 Estratégias empresariais

A palavra *estratégia* é derivada do termo grego *strategos*, que é produto da combinação das palavras *stratos* (exército) e *ag* (liderar). Originalmente, seu emprego teve origem no campo militar, sendo o exemplo disso mais citado pela literatura a obra milenar *A arte da guerra*, de Sun Tzu, filósofo chinês, na qual são relatadas situações de batalhas nas quais estratégias eram amplamente empregadas.

Já no mundo dos negócios, o termo *estratégia* é largamente utilizado. Entretanto, como se verá na sequência deste capítulo, nesse meio, a estratégia corresponde à diretriz a ser seguida pela administração da empresa para levá-la ao alcance de um resultado desejado no curto, médio e longo prazo, em síntese, para garantir a sua perenidade, o que se torna possível apenas quando a empresa é considerada atrativa por seus clientes, fornecedores, investidores e outras partes por ela interessadas.

A importância do assunto sob o ponto de vista empresarial pode ser depreendida do comentário do General Robert E. Wood, que entendeu que "a empresa é como a guerra, em certos aspectos: se a estratégia adotada for correta, muitos erros táticos podem ser cometidos e ela ainda sairá vitoriosa". Foi justamente a constatação dessa relevância que levou muitos pesquisadores a se dedicarem ao tema, já havendo registros dos primeiros estudos da estratégia sob esse enfoque em 1938, através de Chester Barnard, em sua obra *As funções do executivo*, na qual o autor propôs três funções para um gestor, sendo uma delas a formulação dos objetivos da empresa. Essa função incluía a análise das forças externas às quais a empresa deve se adaptar. A noção de Barnard de associar o equilíbrio interno da empresa ao seu ajuste às forças externas foi uma ideia original, avançada para a época, que seria refinada anos após o lançamento de sua obra.

Na década de 1960, a comunidade acadêmica se dedicou ao estudo do tema com maior profundidade, surgindo então obras e autores que ainda hoje são referenciais para as discussões sobre o assunto, destacando-se, entre outros, Igor Ansoff, Kenneth Andrews, Henry Mintzberg e Peter Lorange, Michael Porter, Pankaj Ghemawat, entre outros, surgindo então várias definições sobre o que seriam as estratégias empresariais.

Andrews (1996) contribuiu para isso oferecendo sua visão sobre a estratégia incluir aspectos relacionados à empresa que extrapolam os limites de "simples cursos de ação" a serem adotados para se atingirem objetivos. Ele sugeriu que

> [...] a estratégia é o padrão das decisões em uma empresa que determina e revela seus objetivos, propósitos ou metas, produz as principais políticas e planos para realizar aquelas metas e define os limites de negócio a ser seguido pela empresa, o tipo de organização econômica e humana que ela é ou pretende ser e a natureza de contribuições econômicas e não econômicas que ela pretende trazer para seus acionistas, empregados, clientes e comunidade.

Em seus comentários adicionais, o autor detalha o conceito de padrão aplicado em sua definição. Ele afirma que as decisões que contribuem para a estratégia organizacional são aquelas de caráter duradouro, que afetam a empresa de diferentes formas e que comprometem uma significativa porção de seus recursos, para obtenção dos resultados esperados. O padrão resultante de uma série de decisões, "provavelmente definirá o caráter central da imagem que a empresa tem diante de seus membros e públicos e o papel que ela desempenhará em seu segmento de mercado", segundo afirmação de Andrews (1996). O tipo de decisão estratégica adotado pela empresa tem influência direta em sua reputação ou imagem, em termos de atributos como qualidade, estilo de produtos, estilo de administração e demais fatores.

De fato, a estratégia adotada pela empresa deve ser capaz de fixar a imagem para o seu e para outros públicos. Um exemplo clássico de escolha de uma estratégia é o de Henry Ford, comentando a respeito da pintura de um dos veículos que sua empresa produzia, e que deu origem ao ditado "pode ser de qualquer cor, desde que seja preta". Isto é, é evidente que aquela empresa tinha como estratégia a produção em massa e a popularização de seus produtos.

Mintzberg (1996) abordou as dificuldades causadas pelas definições de estratégia, devido ao fato de o termo poder ser usado sob várias condições, e em diversas situações. O autor afirma que o significado de estratégia deve ser entendido de acordo com vários aspectos, ou dimensões, que devem ser vistas de forma integrada:

a) estratégia como um plano, no qual ela assume a forma de um curso de ação planejado e consistente; um instrumento de direção (ou um conjunto deles);

b) estratégia como um pretexto, representada por uma manobra específica intencional a respeito de determinada situação;

c) estratégia como um padrão, aquela que define um padrão de curso de ação, ou seja, consistência de comportamento que permite à empresa fixar sua imagem no mercado;

d) estratégia como uma posição, que é a força mediadora entre a empresa e seu ambiente; e

e) estratégia como uma perspectiva, que representa a empresa voltada para a administração do equilíbrio de seu ambiente interno.

Com essas definições, Mintzberg procurou cercar todos os aspectos para os quais os administradores de uma organização devem se voltar para garantir a realização plena de suas metas e seus objetivos.

9.5 Elaboração do planejamento estratégico

A elaboração de planejamentos estratégicos é uma tarefa que, além de dispendiosa, não é simples. A turbulência e o dinamismo ambiental, associados com outros fatores intrínsecos a uma organização, são variáveis que desafiam a capacidade, criatividade e experiência dos gestores para controlá-los. A elaboração do planejamento requer sabedoria, sem a qual os seus resultados práticos tendem a ser insípidos, com benefícios que não superam os custos de sua realização.

Para Ackoff (1970), a sabedoria é a capacidade de prever as consequências, a longo prazo, de decisões que tomamos no presente. É a disposição de se sacrificarem os ganhos no curto prazo em favor de benefícios e estabilidade no longo prazo. É a habilidade de controlar o que, aparentemente, é incontrolável. É a preocupação com o futuro e o controle sobre ele.

Planejar é decidir sobre determinada situação futura e desejada. As ações mais relevantes no cotidiano de uma empresa refletem, normalmente, algum tipo de decisão tomada no passado.

A esse respeito, Ackoff (1970) ponderou que:

> O planejamento é algo que fazemos antes de agir; isto é, tomada antecipada de decisões. É um processo de decidir o que fazer, e como fazê-lo, antes que se requeira uma ação. O planejamento preocupa-se tanto em evitar ações incorretas quanto em reduzir a frequência dos fracassos ao se explorar a oportunidade antecipadamente.

O autor complementou, lembrando que o planejamento é necessário quando a consecução do estado futuro que desejamos envolve um conjunto de decisões interdependentes, isto é, um *sistema de decisões*.

De fato, no planejamento estratégico temos um conjunto de decisões a serem tomadas. Algumas delas podem ser complexas e outras mais simples, mas o fato é que são interdependentes. Essa característica talvez seja a principal complexidade associada à elaboração do planejamento, pois requer um ajustamento adequado dessa cadeia sistêmica de decisões e a avaliação de suas consequências.

A natureza sistêmica do planejamento também foi constatada por Simon (1960), para quem

> [...] o indivíduo, ou a organização que se compõe de inúmeros indivíduos, se defronta, a cada momento, com um grande número de alternativas de comportamento, algumas das quais são conscientes. A decisão, ou a escolha, tal como empregamos esse vocábulo aqui, constitui o processo pelo qual uma dessas alternativas de comportamento adequada a cada momento é selecionada e realizada. O conjunto dessas decisões que determinam o comportamento a ser exigido num dado período de tempo chama-se [planejamento da] estratégia.

O autor ainda afirmou que o conceito de planejamento envolve a noção de hierarquia de decisões em que cada passo no sentido descendente consiste na implementação dos objetivos estabelecidos no plano imediatamente anterior.

Quanto à sua utilidade, o planejamento estratégico tem sido alvo de muitos elogios e críticas. Para Ackoff (1970),

> [...] a necessidade de planejamento empresarial é tão óbvia e tão grande que é difícil para qualquer pessoa se opor a ela [...] o planejamento é uma das atividades intelectuais mais complexas e difíceis nas quais um homem pode se envolver. Não fazê-lo bem não é um pecado, mas contentar-se em fazê-lo pior do que seria possível, é imperdoável.

Independentemente dos aspectos críticos do planejamento estratégico, como os "defeitos" dos processos de elaboração implícitos na segunda parte da afirmação do autor, o processo se propõe a assegurar que as organizações coordenem suas atividades, levando o futuro em consideração, e que seus administradores ajam racionalmente. Entre os principais benefícios do planejamento, encontram-se:

a) **comunicação:** o processo estimula a comunicação eficaz entre os membros da organização, motivando o desenvolvimento do diálogo em torno das questões estratégicas que a envolvem;

b) **motivação:** o processo tem um apelo motivacional ao deixar claro para os membros da organização o que se espera deles em termos de desempenho;

c) **padrões:** estabelecimento de padrões de desempenho, que estimulam a eficácia do processo de planejamento e da própria administração do negócio;

d) **renovação:** encoraja atitudes favoráveis a respeito de mudanças. O diálogo em torno das necessidades de ajuste da empresa ao seu ambiente estimula a diminuição da resistência interna às mudanças, que passam a ser vistas como uma necessidade;

e) **prioridades:** estabelece as prioridades organizacionais. Ao fixar suas metas, a organização estabelece de forma clara qual o direcionamento dado ao empreendimento;

f) **pró-ação:** prática de uma gestão proativa. A análise constante das condições ambientais promove a tomada de decisão antes que a organização seja afetada pela mudança de alguma variável;

g) **outros benefícios:**

- promove a alocação de recursos de forma criteriosa, permitindo à organização alavancar seus resultados, na medida em que a avaliação de necessidade de recursos e sua alocação se dão de forma global;

- mantém o equilíbrio da organização no ambiente. Esse é um grande benefício, pois permite à empresa evitar as ameaças, atenuando seus efeitos e, ao mesmo tempo, tirar proveito das oportunidades que surgem de novos negócios;

- concilia o que a empresa pode fazer em termos das oportunidades presentes com o que ela pode fazer em termos de suas forças e fraquezas.

Entretanto, nem todos os fatores são favoráveis ao planejamento estratégico. Alguns autores entendem que existem aspectos negativos a serem levados em consideração quando da decisão sobre a adoção do plano. Entre eles, destacam-se:

a) a criatividade dos gestores é substituída por uma metodologia que torna a administração inflexível, considerando-se que o planejamento envolve um processo sistêmico no qual as decisões são coletivas e sistêmicas ao passo que as decisões individuais são desencorajadas;

b) o processo é muito dispendioso, tomando tempo dos principais gestores, que poderiam aplicá-lo nas operações;

c) torna os gestores intranquilos com um processo que prevê resultados, baseados em projeções de outras pessoas, mesmo que estas sejam profissionais experientes;

d) espalha inquietação entre os membros da organização, devido à introdução de mudanças nas formas de se operacionalizarem as atividades;

e) a estratégia exige um comprometimento arriscado com uma escolha específica.

Outros autores não mencionam apenas situações pontuais de desvantagens na realização do planejamento. Eles tentam invalidar as premissas básicas do processo como um todo. Mintzberg, um contumaz crítico do processo de planejamento estratégico nos moldes atuais, em seu livro *The rise and fall of strategic planning* (1994), sugeriu que o processo de planejamento estratégico está baseado em algumas falácias que o impedem de ser implementado com sucesso. A primeira falácia é a de se imaginar que alguém seja capaz de prever de forma segura o que acontecerá no mercado, a segunda é a de se conceber que profissionais especializados em planejamento, mas que estão longe das operações e do contexto de mercado, possam produzir estratégias eficazes. Por último, citou a falácia da formalização, questionando se é possível, de fato, formularem-se estratégias aplicáveis a partir de uma metodologia sistemática de procedimentos formalizados.

Parece óbvio que as críticas de Mintzberg abordam os pontos mais frágeis do processo de planejamento estratégico tradicional, estando todos relacionados à metodologia segundo a qual os responsáveis pela implementação do plano ficam distantes de sua elaboração. De fato, esse aspecto pode levar a um nível insatisfatório de comprometimento dos membros organizacionais com o planejamento, assim como a uma menor precisão na escolha da estratégia, devido à ausência daqueles que estão realmente em contato com o domínio operacional da empresa, sendo esses aspectos os principais fatores responsáveis pelos insucessos na implementação do planejamento.

A dúvida sobre a eficácia de um processo de planejamento conduzido por equipes que estão muitas vezes longe do detalhe operacional, ou mesmo por executivos do topo da hierarquia da empresa, que dependem das informações operacionais dos gerentes de linha para a formulação da estratégia, é o fator que motiva muitas discussões na literatura que versa sobre o assunto. Daí surgirem questionamentos sobre a validade de um processo no qual as estratégias são metodologicamente estabelecidas, em vez de serem decorrentes da experiência e percepção operacional de pessoas que mantêm contato direto e frequente com o ambiente da organização, tanto no âmbito interno quanto externo.

A inquietação causada pelas imperfeições do processo de planejamento estratégico tradicional tem proporcionado discussões sobre formas alternativas de formulação de estratégias, havendo, atualmente, uma corrente de pensamento favorável à filosofia de estratégias "emergentes", que surjam espontaneamente da rotina operacional dos gestores da organização, como um complemento àquelas elaboradas através de um processo intelectual mais detalhado e sofisticado.

A seguir, abordam-se os modelos que podem ser utilizados para analisar o ambiente empresarial.

9.6 Modelos de análise ambiental: *SWOT* e Porter

9.6.1 Modelo *SWOT*

O modelo *SWOT (Strengths, Weaknesses, Opportunities and Threats)* foi criado por membros da *Harvard University School of Business*, especialmente por Kenneth Andrews, em meados da década de 1960. Ele foi concebido no intuito de servir como instrumento de análise para mapear as condições ambientais externas, no que se refere à identificação de potenciais ameaças e oportunidades, e para a avaliação do ambiente interno, onde se busca identificar os pontos fortes e fracos da empresa.

A partir desse mapeamento, é possível que a empresa formule, avalie ou reavalie quais as melhores estratégias para o seu negócio. Esse momento demanda visão sistêmica de quem está analisando o ambiente e uma adequada análise do ambiente para que as estratégias formuladas sejam as mais adequadas e aquelas que podem propiciar à empresa que ela alcance os seus objetivos.

Na literatura, observam-se distintas vertentes em se tratando desse modelo, entretanto, os pontos em comum sobre os elementos fundamentais constituintes do planejamento estratégico são dominantes e as divergências são pequenas (FISCHMANN, 1987), ou seja, há convergências sobre a forma de se estruturar um planejamento estratégico, não fugindo demasiadamente do tracejo demonstrado a seguir.

Fischmann (1987) realizou um estudo aprofundado sobre o processo de elaboração do planejamento, incluindo a escolha e implementação da estratégia. Toma-se como base o modelo por ele construído, a partir do qual algumas fases são adaptadas, conforme se pode contemplar na Figura 9.2. Entre essas adaptações, evidenciam-se os momentos em que a área de Controladoria pode ser, direta ou indiretamente, envolvida.

Figura 9.2 – Processo de planejamento estratégico

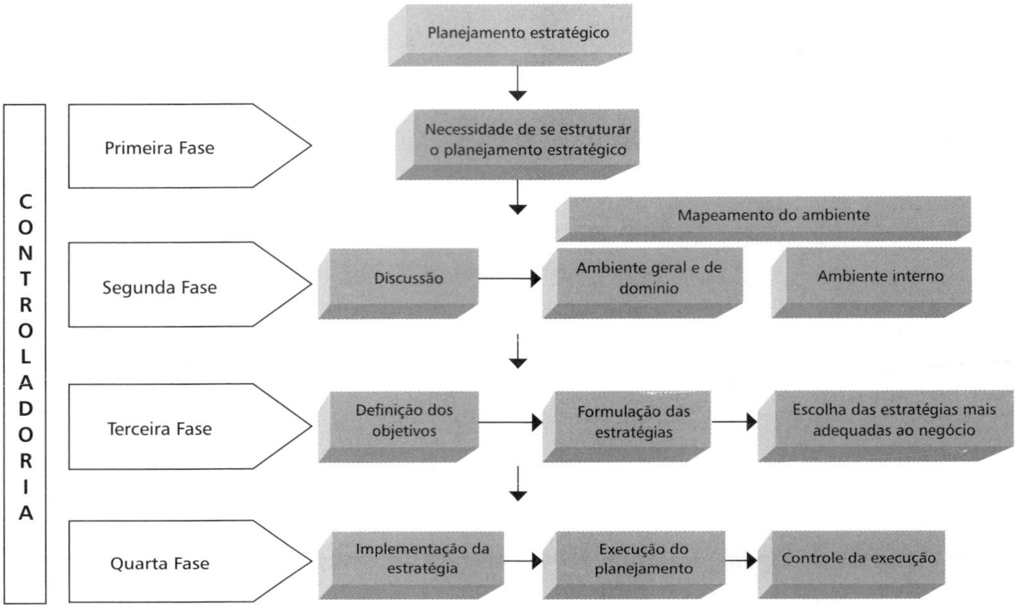

Há, primeiramente, a necessidade de se discutir a necessidade de estruturação do planejamento e da forma como ele será implementado na empresa. Fischmann (1987) afirmou que antes de se pensar em planejamento:

> "[...] há a necessidade de um amadurecimento por parte dos executivos e empregados de uma organização, em que exista uma cultura que conheça e valorize o produto de um processo de planejamento [...] enquanto essas condições preliminares não existirem, haverá baixa probabilidade de êxito em qualquer iniciativa de planejamento estratégico".

A segunda fase, após feitos as discussões e o amadurecimento necessário, consiste em mapear o ambiente externo e o interno. No externo, busca-se entender as oportunidades e ameaças que envolvem as variáveis econômicas, tecnológicas, sociais, legais, políticas, clientes, fornecedores, competidores, governo, sindicatos etc. Sob a ótica do ambiente interno, faz-se uma análise dos pontos fortes e fracos da empresa, o que envolve as pessoas, as definições de estrutura, os sistemas adotados, a dinâmica interna de adaptação ao ambiente externo, os recursos financeiros, entre outros elementos inerentes ao funcionamento do sistema empresa.

Em uma terceira fase, definem-se os objetivos da empresa, o que ela pretende, quais as metas a serem alcançadas. Depois de definirem-se tais objetivos, formula-se a estratégia, cuja fase se dá necessariamente depois da análise sistêmica do ambiente.

A última fase do planejamento resume-se no chamado processo de gestão ou administrativo, como já tratado em capítulos precedentes deste livro. Nesse momento, ocorre a implementação daquelas estratégias escolhidas, materializadas na forma do planejamento estratégico, que, por sua vez, deverá ser implementado por seus gestores e demais colaboradores. Sabendo-se que não há previsibilidade e, muitas vezes, resultados satisfatórios sem se controlar a execução dos planos pré-traçados, a última fase desse processo é a de controle. Esta engloba a avaliação constante das atividades realizadas, do desempenho global da empresa e de suas áreas, bem como do desempenho de cada gestor no que tange ao cumprimento dos objetivos e execução dos planos. Claro está que a controladoria tem um papel essencial nesse processo; além de controlar ela é que fornece *feedback* sobre os resultados das execuções dos planos, conforme já explanado em outros capítulos.

Vale também ressaltar que Fischmann apontou para o principal problema quanto à eventual ineficácia observada no processo de planejamento estratégico: falhas de implementação.

Entende-se que os malogros das implementações sejam decorrentes, além de erros na escolha de estratégias, da falta de empenho dos membros organizacionais em colocar o plano em prática, sendo a maior causa disso a alienação dos gerentes operacionais da fase de formulação das estratégias.

Voltando às etapas do processo de planejamento estratégico, temos a fase de execução do plano, que compreende a implementação da estratégia e a avaliação e controle de seus resultados. São as ações propriamente ditas tomadas para que o planejamento se torne realidade, através da implementação das decisões nele contidas, ou das correções de rumo necessárias para que ele se viabilize.

Com este último comentário, conclui-se a apresentação das etapas do processo de planejamento segundo o modelo *SWOT*, que ainda hoje é a base para a implantação dos planos no meio empresarial.

9.6.2 Modelo de Porter

Porter desenvolveu um modelo baseado nas cinco forças competitivas que devem auxiliar na formulação das estratégias da empresa. Essas chamadas forças são justificáveis pelo autor à medida que a empresa deve conhecê-las para se defender ou influenciá-las ao seu favor (PORTER, 1999). Essas forças são:

a) **ameaças de novos entrantes:** essa força ambiental significa que os novos entrantes no mercado trazem o aumento de ofertas de produtos, o desejo de obter participações no mercado e, normalmente, razoáveis somas de recursos para eles se firmarem nesse mercado;

b) **poder de negociação dos fornecedores:** quanto ao poder exercido sobre os fornecedores, dependendo do porte e da quantidade de cada um deles no mercado, a empresa pode negociar fortemente tanto via aumento de preços quanto através de diminuição da qualidade. Assim, os fornecedores podem comprimir a rentabilidade do setor que não conseguir compensar o aumento de custos nos próprios preços;

c) **produtos e serviços substitutos:** os produtos e serviços substitutos provocam a redução da rentabilidade de determinado setor industrial e possivelmente de seu crescimento, a menos que esse setor consiga, através de melhorias na qualidade de seu produto ou, de algum outro artifício, estabelecer algum tipo de diferenciação que justifique diferença significativa de preços;

d) **poder de negociação de clientes:** dependendo do perfil dos clientes, a perda de margens, via redução de preços, é inevitável; e

e) **rivalidade:** o posicionamento entre concorrentes de um setor pode levar à redução de lucros devido à diminuição de preço de vendas e ao aumento do custo da competição por uma posição no mercado.

Embora esteja implícito que esse modelo de Porter deva ser complementado pela análise *SWOT*, devido a ele claramente não se voltar para o comportamento das variáveis do ambiente geral da empresa, é de muita valia para o processo de planejamento, pois delimita aspectos básicos que, de fato, requerem maior atenção por parte da administração da empresa. Nesse sentido, as Cinco Forças de Porter devem ser vistas como uma ferramenta complementar para que o mencionado processo seja completo e mais assegurado o êxito na sua realização. Entende-se que, ainda que não mencionado, o modelo pressuponha que os cuidados requeridos para a implementação da estratégia sejam observados pela administração da empresa.

Destaque-se ainda que, embora Porter se refira às Cinco Forças, existem outros fatores ambientais que podem restringir ou aumentar a capacidade de geração de resultados da empresa e, nesse caso, o modelo deveria ser ampliado para quantas forças forem necessárias. Há, por exemplo, o *Fator Governo*. Dependendo do estágio do desenvolvimento da economia, governos podem adotar posturas que estimulem o crescimento de segmentos econômicos específicos, seja por meio de benefícios fiscais, seja por meio do fornecimento de mecanismos de financiamento, ou de estrutura, que facilitem a entrada de empresas naquele setor, ou, inversamente, dificultem as suas instalações.

Há ainda a *Força de Funcionários*. Dependendo da região em que atua a empresa, a força de trabalhadores pode se constituir em um poderoso fator componente do domínio operacional da empresa que não deve ser desprezado no processo de planejamento estratégico. A atuação coletiva de trabalhadores buscando benefícios trabalhistas pode se tornar um elemento de risco para a atividade empresarial, levando a empresa à perda de competitividade em seu mercado, pois competidores podem estar instalados em regiões em que isso não ocorra.

Em alguns casos e regiões, os sindicatos representantes de categorias de trabalhadores são fortes o suficiente para promoverem movimentos de reivindicações de benefícios que, se concedidos, produzem custos extras para a empresa e, se não atendidos, podem levar a paralisações decorrentes de greves, também com consequentes prejuízos.

Dessa forma, entende-se que as Cinco Forças de Porter são um importante instrumento para a análise de cenário, porém, tal metodologia deve ser vista como um modelo que se constitui em um instrumento complementar a ser utilizado no processo de planejamento estratégico, e não deve substituir os procedimentos adicionais recomendados pelo comentado Modelo *SWOT*, de Andrews.

9.7 A responsabilidade pela escolha da estratégia

O planejamento estratégico não é um ato, é um processo (ACKOFF, 1970) cuja realização depende de um trabalho conjunto dos membros organizacionais, pressupondo-se, a partir disso, um método interativo, envolvendo a elaboração da estratégia, que é o cerne do planejamento.

Na literatura, a formulação da estratégia é considerada um ato intelectual, enquanto sua implementação é tida como uma atividade administrativa (DESS, 1987). A implícita importância dessa constatação explica o grau de controvérsia existente sobre quem na organização é o responsável pela escolha da estratégia, e confirma a constatação de Fischmann quanto ao desbalanceamento entre formulação e implantação da estratégia, comentado no tópico anterior deste trabalho. Essa questão indica, também, o grau de centralização existente no processo de planejamento estratégico, de acordo com a opinião acadêmica.

Steiner (1969) entende que, quando um executivo chefe usa seus gerentes de linha como equipe de apoio, para ajudá-lo a planejar, ou mesmo quando recorre a uma equipe de planejadores para realizar as atividades de planejamento, ele está "meramente aumentando sua capacidade de examinar um número maior de ameaças e oportunidades para sua organização". De fato, considerando-se que o executivo chefe conhece as expectativas dos acionistas para o futuro de seu investimento, e que possui uma visão global do negócio, tanto a escolha da estratégia, quanto qualquer outro ato administrativo relevante que seja delegado aos gerentes a ele subordinados, tornam-se uma ampliação da sua própria capacidade de realização.

Entretanto, o autor afirmou que mesmo que todos os níveis da administração participem da elaboração do plano, o executivo chefe não pode delegar a missão [de fazer o plano] e esperar que alguém o entregue completo. Certamente, esse ponto de vista não leva em conta que o executivo chefe de uma organização não pode se envolver em um nível de detalhes tão grande, como o exigido na elaboração de um planejamento, sob o risco de perder a capacidade de ver o negócio como um todo.

Lorange (1998) sugeriu que um gerente de linha não deva se preocupar com questões relacionadas à formatação e administração do sistema de planejamento. Essa tarefa compete ao nível corporativo. Entretanto, afirmou o autor, "o gerente de linha deve entender suficientemente bem a racionalidade empregada na construção do sistema de planejamento de forma a ser capaz de fornecer os *inputs* por ele requeridos". Assim, na visão do autor, para o gerente não existe qualquer escolha além de cooperar plenamente com a implementação do plano, como forma de também ser bem-sucedido.

Lorange (1998) também aludiu que os gerentes de linha não estão habituados a pensar estrategicamente, o que os levaria a ter uma participação insatisfatória no processo de planejamento. Com isso, esse autor, como outros, reserva a posição de planejadores para uma equipe subordinada ao executivo principal da organização, mas com pouco contato operacional.

A formulação da estratégia foi também objeto da atenção de Kaplan e Norton (1997), que usaram a herança militar do termo para justificar a sua visão de que o conceito hierárquico fosse usado para definir quem deve formular e implementar a estratégia. Em suas opiniões:

> [...] a elaboração da estratégia, apoiada num modelo de comando e controle hierarquizado, faz com que o comandante [o executivo principal] determine o curso e a velocidade do navio [a unidade de negócios]. Os marinheiros [os gerentes e funcionários da linha de frente] cumprem ordens e implementam o plano determinado pelo comandante. Sistemas de controle gerencial são implantados com a finalidade de garantir que os gerentes e funcionários ajam de acordo com o plano estratégico estabelecido pelos altos executivos.

Os autores mencionam que "algumas organizações mantêm suas estratégias em segredo, compartilhando-as apenas entre a alta administração, implementando-as de forma centralizada", devido ao receio de que se torne de domínio público e que, com isso, os concorrentes se antecipem e frustrem a iniciativa de mudança.

Kaplan e Norton reconhecem, entretanto, que atualmente uma parte significativa de autores e administradores entende não ser possível para um pequeno grupo determinar, comunicar e acompanhar todas as ações necessárias à implementação bem-sucedida de uma estratégia. As organizações que desejam o comprometimento e contribuição de todos os seus funcionários tendem a compartilhar com eles suas visões e estratégias de longo prazo, incentivando-os a sugerirem e empreenderem ações através das quais a visão e a estratégia sejam implementadas da forma esperada.

Contudo, não são apenas opiniões favoráveis à centralização do processo de planejamento que se observam na literatura. Mintzberg (1994) defendeu o princípio de que a formulação da estratégia deve ser delegada pelo executivo principal aos gerentes de linha da empresa, como forma de devolver o controle da estratégia às pessoas que devem pensar nela. O autor entendeu que a maior proximidade dos gerentes com os eventos operacionais relacionados à estratégia organizacional os credencia a desenvolverem-na. Também, que o poder deve ser removido dos planejadores atuais, pois cabe a eles apenas fornecerem o apoio que os gerentes precisam, ou seja, serem facilitadores do processo.

Para Mintzberg (1994), as pessoas são mais produtivas quando operam seus próprios planos, enquanto o nível de satisfação e produtividade cai quando elas têm de operacionalizar planos de outros. Entre as razões para isso, o autor apontou que:

- o sentido de realização é menor ao se executar o plano de outras pessoas;

- existe uma menor tendência de esforço para a validação do plano de outros;

- o comprometimento para operacionalizar e validar o plano é menor;

- há menor flexibilidade para se ajustar o plano e menores iniciativas de se fazerem melhorias em um plano desenhado e designado por outros;

- a compreensão do plano é menor, quando feito por outros;

- os recursos humanos não são bem utilizados na elaboração do plano;

- há uma tendência de ocorrerem maiores problemas de comunicação e, consequentemente, de erros e distorções nas instruções que se seguem ao plano; e

- ocorre uma tendência de competição entre planejadores e executores, com prejuízos óbvios para a organização.

Outro ponto que se observa na literatura acerca da descentralização da escolha da estratégia a ser adotada pela empresa é a minimização do risco que existe quando o processo é conduzido por apenas um profissional, ou por sua equipe. A distribuição da responsabilidade entre os gerentes operacionais permite maiores discussões em torno das conclusões individuais e uma consequente diluição de riscos de adoção de uma alternativa de decisão baseada em uma opinião que pode estar 100% errada, por ter sido originada de uma única fonte.

Lorange (1998) admitiu que os requisitos para um planejamento estratégico bem-sucedido têm mudado, deslocando a responsabilidade pela elaboração da estratégia dos altos níveis hierárquicos para a equipe operacional.

Com isso, o papel do executivo principal da empresa, e da equipe de planejamento, passou a ser o de *coaching*, ou seja, o de proporcionar treinamento para os participantes da elaboração do plano e de ser o catalisador do crescimento organizacional interno, motivando a organização a perseguir novas oportunidades de negócios. O autor saúda essa mudança por entender que os novos papéis dão uma chance às pessoas da organização para contribuírem onde agregam mais valor. Ao mesmo tempo, ele nos apresenta a evolução de seu próprio pensamento sobre o assunto.

Ressalte-se que a descentralização do processo de formalização da estratégia não significa descentralização da decisão final, ainda de responsabilidade do principal executivo ou da pessoa para quem ele a delegar. Significa, isso sim, tornar o processo mais participativo e mais preciso, uma vez que as informações necessárias para a tomada de decisão vão levar em conta a experiência dos profissionais que têm contato direto com o ambiente.

10

PLANEJAMENTO OPERACIONAL E ORÇAMENTO

Sob a perspectiva do planejamento, receitas, custos e despesas são terminologias que representam operações que se esperam realizar. Elas são intangíveis, meras decorrências da utilização de ativos e passivos, isto é, da habilidade de gestores no manuseio e alocação desses recursos. Esses, sim, palpáveis, existem de fato e devem ser cuidadosamente administrados.

Os produtos do planejamento devem ser as clássicas demonstrações financeiras, isto é, balanço patrimonial, demonstração de fluxo de caixa e demonstração de resultado, além do plano de investimentos, as quais devem ser analisadas sob duas diferentes perspectivas: a da alta administração e a dos gestores operacionais.

Para a alta administração, o planejamento deve proporcionar uma visão completa sobre a estrutura de ativos e passivos da empresa, de seu resultado e, principalmente, de seu fluxo de caixa.

Ressalte-se ser difícil obterem-se balanço patrimonial e demonstração de fluxo de caixa se não houver atividades operacionais, isto é, transações de compras, vendas, entre outras. É, talvez, por essa razão que ao se tratar do tema planejamento, ou orçamento empresarial, muitos autores o iniciem com ênfase apenas na demonstração projetada de resultado.

A demonstração de resultado projetada é de extrema utilidade para os gestores das áreas organizacionais. É principalmente por meio dela que eles devem nortear as suas atividades e aferir o nível de contribuição que prestam à empresa para que ela alcance os seus objetivos. Obviamente, tais gestores são também guiados por indicadores oriundos do balanço patrimonial e do fluxo de caixa projetados, porém, apenas um pequeno grupo desses gestores necessita ter acesso ao conjunto completo dos demonstrativos, para executarem as suas atividades e aferirem os resultados gerados por elas.

10.1 O planejamento operacional

É comum a classificação do processo de planejamento em dois diferentes níveis, que são: o estratégico e o operacional. O primeiro deles foi tratado em seção precedente desta obra.

O planejamento operacional é um desdobramento do planejamento estratégico, cuja natureza é puramente qualitativa e que, baseado em premissas cuidadosamente estabelecidas, visa proporcionar à administração a escolha do rumo a ser seguido pela empresa, bem como dos objetivos a serem por ela perseguidos a médio e longo prazo. Já o planejamento operacional diz respeito ao plano de ação necessário para a implementação da estratégia, bem como à quantificação dos meios requeridos para se colocá-lo em prática, e para o consequente alcance dos objetivos estabelecidos.

Esse nível de planejamento abrange períodos de curto, médio e longo prazo. Cada um desses envolve um determinado grau de detalhamento das operações. Quanto mais curto for o período abrangido, mais detalhado deve ser o plano de ação, que abrange todas as questões relacionadas aos investimentos, de marketing, de produção, de logística, entre outros.

Quanto aos prazos nos quais se desdobram o planejamento operacional, o fator que o determina deve ser o grau de visibilidade que a empresa tem acerca do ambiente em que ela opera. Se o nível de turbulência ambiental for elevado, de muito pouca valia seriam os planos abrangendo longos períodos. Isso porque é inócuo se planejar quando não se puder prever com razoável precisão o que pode ocorrer no futuro. Por essa razão, quanto mais longo for o período, mais sintético será o plano, e vice-versa.

Apesar disso, é comum no meio empresarial que o plano operacional seja de longo prazo e abranja período nunca inferior a cinco anos, enquanto o de curto prazo normalmente cobre o período de um ano. Quanto ao plano de médio prazo, ele é uma ponte entre o plano de longo prazo e o de curto. Assim, o aspecto que determinará a sua abrangência em termos de tempo é justamente os horizontes dos planos de longo e curto prazo, pois ele é o intermediário entre ambos. De qualquer forma, como já mencionado, o grau da visibilidade que a administração da empresa tem sobre as variáveis no entorno do negócio pode dificultar a adoção de planos de prazos muito longos. Talvez por essa razão os planos mais curtos, os chamados orçamentos, sejam mais visíveis nas organizações.

Justamente por isso, destacam-se nas seções seguintes desta obra os aspectos que cercam o processo orçamentário.

10.2 Orçamento empresarial

O principal objetivo de uma empresa é a obtenção de resultados sustentáveis. Isso implica em que os seus gestores devem, de forma coordenada, administrar inúmeras variáveis, das mais simples às mais complexas. Essa atividade envolve um contínuo consumo de recursos, aspecto necessário para a geração de receitas e de riquezas, possibilitando a motivação para que os donos do negócio continuem a investir nele o seu capital.

Gerenciar uma empresa não é tarefa fácil. O consumo de recursos envolve permanentemente a necessidade de tomarem-se decisões que permitam a construção do melhor resultado possível diante das circunstâncias nas quais ela está envolta. O processo de tomar decisões é, portanto, uma atividade rotineira na empresa, tornando-se mais e mais complexo na medida em que ela se expande, pois isso significa o aumento da quantidade de gerentes envolvidos nesse processo, bem como das variáveis de risco inerentes ao aumento de volume da atividade-fim da empresa.

Planejar é uma forma coordenada de a empresa aumentar as suas operações sem comprometer a qualidade das decisões tomadas por seus gestores; é uma forma de estabelecerem-se metas que direcionem toda a organização para o resultado desejado, somando-se todos os esforços para a otimização dos recursos demandados para o crescimento da empresa, buscando-se a correta dimensão desses, frente ao volume de receitas que se espera com eles obter. É justamente essa a premissa contida em um orçamento.

O orçamento visa a que o volume esperado de receita para um determinado período determine, de forma coesa e segura, o nível dos recursos, isto é, os custos, os investimentos em ativos fixos, o quadro de funcionários e as despesas na proporção necessária para se obtê-la. É por essa razão que o orçamento é considerado a principal ferramenta de gestão empresarial. Fazê-lo requer dos participantes do processo disciplina, integração, disponibilidade, capacidade de compreensão e cooperação, entre outros requisitos. Um processo orçamentário é complexo e trabalhoso para aqueles que dele participam. Não fazê-lo, entretanto, pode significar a deterioração operacional da empresa ou mesmo a sua descontinuidade.

O orçamento é a parcela mais detalhada do plano de negócios da empresa, é iniciado a partir das diretrizes constantes do planejamento estratégico. As características que envolvem o processo orçamentário são decorrentes do modelo de gestão. Considerando-se esse fator, não apenas o processo como um todo pode ser diferente entre as empresas, mas também o próprio formato de orçamento é afetado pelo mencionado modelo. Entretanto, essa influência pode ser uma decorrência não apenas do modelo de gestão, mas também das próprias características do negócio.

Dessa forma, não é raro encontrarem-se modelos orçamentários tratados de forma distinta, tanto por autores que versam sobre esse tema quanto também no próprio meio empresarial. Resguardando-se a inevitável influência que tem o modelo de gestão no formato do orçamento adotado pela administração, é relevante conhecerem-se as características, vantagens e desvantagens de cada um de seus tipos, no sentido de que aquele que for o adotado pela empresa constitua-se realmente em um instrumento eficaz de gestão. Independentemente do tipo de orçamento, entretanto, esse instrumento por si tem vantagens que merecem ser destacadas.

10.3 As vantagens do orçamento

São muitas as vantagens que o orçamento proporciona à gestão, se adotado o tipo mais conveniente à natureza de operação da empresa. Entre essas, destacam-se:

a) Disciplina quanto ao nível de gastos compatível com o resultado econômico esperado

O orçamento é um importante direcionador para a gestão empresarial ao facultar-lhe um estreito acompanhamento das atividades operacionais e a vigilância contínua do volume de receitas, custos, despesas, investimentos e, em suma, do fluxo de caixa da empresa. Esse instrumento pode ser comparado a uma bússola que orienta a administração empresarial sobre o que deve ser feito para se alcançar determinado resultado. Isso se materializa por meio da possibilidade que a adoção dessa ferramenta cria para se acompanhar passo a passo a otimização do consumo de recursos para a obtenção de um determinado nível de receitas e de resultados econômicos desejados.

Como um instrumento de navegação, o orçamento proporciona à administração da empresa antever desequilíbrios entre receitas, custos e despesas e, principalmente, em seu fluxo de caixa. Como uma consequência, ao proporcionar facilidade, esse instrumento de gestão permite a tomada antecipada de decisões, no sentido de se corrigirem ou reafirmarem os rumos do negócio. Ao proporcionar à administração visibilidade sobre as atividades empresariais, o orçamento permite à administração de uma empresa manter o seu foco.

b) Visibilidade

Na medida em que o orçamento resume e quantifica o resultado de um processo mais amplo de reflexão, que é o da escolha de uma estratégia, ele auxilia a administração da empresa a estimar, ainda que aproximadamente, os seus limites, induzindo-a à tomada de decisões coordenadas que visem à otimização e ao alcance de resultados sustentáveis, ou, na pior das hipóteses, a identificar quais são os fatores limitadores para que isso aconteça.

c) Definição da responsabilidade de gestores

É desejável que o orçamento seja segmentado em áreas de atividades e que apresente detalhadamente receitas, custos, despesas e investimentos, de forma a facilitar a compreensão do peso que cada um desses itens tem no resultado da empresa e, por consequência, em seu fluxo de caixa. Esse detalhamento visa conferir a sua administração visibilidade suficiente para que ela atribua claramente aos gestores a parcela do plano de negócios sobre a qual eles terão a responsabilidade de execução.

Além disso, um completo detalhamento do orçamento ajuda a administração, por meio da atuação da área de Controladoria, a orientar e monitorar o resultado das ações dos gestores quando da execução orçamentária, auxiliando-os a tomarem decisões apropriadas, por meio de informações orientadoras sobre os desempenhos de suas áreas contrapostos àquilo que se planejou e, ao mesmo tempo, verificando se as responsabilidades a eles imputadas estão sendo cumpridas de acordo com as expectativas da administração da empresa.

d) Avaliação de desempenho

O orçamento possibilita à administração da empresa o acompanhamento do desempenho empresarial sob duas diferentes dimensões, quais sejam: a da própria empresa e a dos gestores, tornando-se um instrumento imprescindível para que este último item seja realizado. Isso ocorre porque ele, o orçamento, transforma-se em um padrão de comportamento idealmente divulgado para os responsáveis pela sua execução antes do início do período ao qual ele se refere, orientando as suas ações e, ao mesmo tempo, evidenciando para eles a expectativa da alta administração quanto à contribuição que devem prestar para o resultado da empresa.

e) Instrumento de validação da estratégia

Por se tratar de um produto da quantificação da estratégia adotada pela empresa, de sua monetarização, o orçamento, por meio do controle de sua execução, possibilita à gestão avaliar se os eventuais desvios entre aquilo que foi planejado e o que foi realizado foi decorrência de falhas operacionais, de erros de execução, ou mesmo de erros na estratégia adotada. Dessa forma, a utilidade desse instrumento se amplia, pois a análise de suas variações permite à administração da empresa identificar eventuais necessidades de correção na estratégia adotada, evitando-se que ela, caso tenha sido equivocada, seja implementada independentemente das implicações negativas que isso pudesse causar à empresa.

10.4 As desvantagens do orçamento

As desvantagens do orçamento são menores do que as suas vantagens. Entretanto, existem pontos que parecem ser foco de atenção e de cautela por parte da empresa. Isso porque, apesar de esse instrumento ser imprescindível para o processo administrativo, o seu produto sempre será uma estimativa e a sua elaboração sem a observância de critérios pode torná-lo inócuo:

a) uma das principais desvantagens do orçamento é a de que, se elaborado com premissas erradas, ele pode induzir a decisões equivocadas, cuja correções demandam tempo e recursos, colocando em risco os resultados que a empresa potencialmente poderia alcançar. Tal desvantagem pode ser neutralizada pelo zelo que a administração deve ter na adoção de tais premissas;

b) também constitui uma desvantagem o fato de que os orçamentos podem conter *gorduras* neles introduzidas por gestores, no sentido de se pouparem da necessidade de explicação para desvios negativos observados no curso de sua execução, detectados em eventos sobre os quais são os responsáveis. Porém, isso pode ser minimizado pelo rigor e critérios adotados pela administração quando de sua elaboração;

c) se utilizado como um mecanismo de avaliação de desempenho de gestores, o orçamento pode ser um estimulante para que se pratique a chamada *administração criativa*, na qual receitas e despesas podem ser *administradas* de acordo com a conveniência dos gestores, isto é, dependendo do ambiente de controle da empresa, o orçamento pode estimular conflitos de agência danosos à organização;

d) o orçamento pode e deve requerer a existência de um ambiente de controle forte, sob pena de que ele se torne apenas um instrumento *pro forma*, o que implica contraírem-se custos administrativos. O controle deve existir de qualquer forma, pois, se isso não ocorrer, corre-se o risco da perda da noção sobre aspectos básicos de toda a gestão;

e) por fim, a principal desvantagem do orçamento é o fato de que ele, no momento de sua elaboração, reflete uma expectativa futura baseada em um cenário observado naquela circunstância, isto é, traça-se a trajetória da empresa a partir de uma fotografia construída por meio de uma análise subjetiva das variáveis ambientais.

Muitas vezes, durante a execução do orçamento, as variáveis ambientais se comportam de forma diferente daquilo que foi concebido. Em algumas situações, o cenário empresarial pode ser mais propício aos negócios do que aquele imaginado na época da elaboração do orçamento, o que significaria entender que se poderiam alcançar resultados melhores do que aqueles previstos.

Se essa situação se materializar, dependendo da cultura organizacional, gerentes podem atuar em uma *zona de conforto*, pois os resultados planejados, antes desafiadores, poderiam ser alcançados sem esforços, e isso poderia diminuir o afinco com o qual os gerentes devem atuar na execução de suas atividades, se isso não for motivado por incentivos provenientes do sistema de remuneração indireta da empresa.

Entretanto, o antídoto para essa situação está na elaboração de três cenários diferentes para o orçamento: o otimista, o realista e o pessimista, como se verá na sequência deste capítulo.

10.5 Requisitos a serem considerados na elaboração do orçamento

Como todo instrumento de gestão que visa à orientação da empresa em torno de um resultado comum, para ser bem-sucedido, o processo orçamentário requer a observação de princípios básicos que facilitem a sua aceitação e o engajamento de todos os membros organizacionais em torno de sua execução. Os princípios sobre os quais se comenta a seguir não se esgotam aqui. Pode ser necessária a observância de outros, dependendo do modelo de gestão da empresa. Eles são um ponto norteador cuja adoção facilita a implementação e execução do orçamento e, principalmente, a obtenção dos resultados que com ele se pretende obter. Tais princípios são os de:

a) Exequibilidade

Uma das regras básicas de um orçamento é aquela em que ele deve ser adequadamente dimensionado ao volume de operações da empresa. O resultado econômico por ele previsto não deve ser superavaliado, isto é, inexequível, pois isso desestimularia os gestores a o alcançarem. Ao mesmo tempo, o orçamento não deve ser de fácil execução, pois poderia levar os mesmos gestores a aplicarem esforços mínimos para o alcance dos resultados, com consequentes custos de oportunidade para a empresa, em decorrência da perda de negócios potenciais. Este último fator pode se tornar um problema ainda mais sério quando o orçamento for uma referência para a avaliação de gestores.

b) Participação

Embora nem sempre seja possível elaborar um orçamento com a participação de todos os gestores de uma empresa, dependendo de seu porte, é desejável a participação da maior quantidade possível desses em sua elaboração, pois isso aumenta o comprometimento de todos com o cumprimento de metas e com o alcance dos resultados planejados.

A vantagem obtida com um leque maior de participantes no processo orçamentário é a de que os gerentes passam a ter uma consciência mais clara sobre os critérios utilizados para a sua elaboração, o que, durante a fase de sua execução, os levam a estarem mais atentos aos desvios que eventualmente possam ocorrer entre o que era esperado e aquilo que foi realizado, requerendo deles, dessa forma, esforços adicionais para a correção de rumo, quando esta for necessária.

c) Comunicação

A divulgação do orçamento para os gestores incumbidos de sua execução é fundamental para que mal-entendidos possam ser evitados e para que todos os envolvidos em sua implementação estejam conscientes do resultado que se pretende alcançar e sobre os meios que devem ser utilizados para isso, bem como os seus limites para atingi-los. A correta comunicação do orçamento elimina, em partes, o fato de que nem todos muitas vezes participam de sua elaboração. Por isso, não basta apenas a divulgação dos valores e parâmetros contemplados por esse instrumento, mas, também, os critérios levados em consideração quando da sua elaboração.

d) Autoridade e responsabilidade *versus* competências

O orçamento deve ser divulgado para todo o corpo gerencial da empresa em conjunto com a designação dos responsáveis por sua execução, bem como com o esclarecimento do limite de autonomia que cada um tem para a realização das atividades por ele contempladas. Essa autonomia pode ser muitas vezes relativa, pois durante a execução orçamentária os gastos podem estar dentro daquilo que foi planejado, mas as receitas podem não estar correspondendo às expectativas, o que passa a requerer vigília constante da administração para o equilíbrio orçamentário, fato que leva, invariavelmente, à perda, ou à redução, de autonomia dos gestores quanto às decisões que devem tomar rotineiramente.

Dependendo do estágio em que estiver a execução do orçamento, se o resultado realizado for desfavorável em relação ao que se esperava, algum nível de centralização das decisões pode ser desejável.

e) Controle

É inócuo planejar se não houver controle sobre a execução do planejamento. Controlar é a única forma conhecida para que se identifiquem e se processem ajustes no plano de negócios, sempre que requeridos. Também não faz sentido o controle se não houver a responsabilidade atribuída pela alta administração aos gestores para que eles tomem as ações necessárias para a implementação do plano, e para que tenham a incumbência de explicar os desvios eventualmente observados entre os resultados planejados *versus* os realizados. Dessa forma, a fase de controle da execução do orçamento tem duas facetas: a de controlar a execução do orçamento em si e a de avaliarem-se as coerências das explicações dadas pelos gestores no caso de resultados não alcançados. A tarefa de controle do orçamento é uma das funções básicas da área de Controladoria.

f) Processo de *feedback*

O chamado *feedback* diz respeito a notificarem-se os responsáveis pela execução do orçamento sobre eventuais desvios observados entre resultados planejados e os de fato alcançados. A utilidade do *feedback* é tamanha que, através dele, a alta administração pode chegar à conclusão de que há a necessidade de reorientação do rumo do negócio, ou mesmo da postura de alguns dos gestores responsáveis pela execução do orçamento. Esse mecanismo possibilita também a identificação de erros na estratégia adotada pela empresa, o que implica, quando for o caso, a sua mudança e a correção de rumos para o médio e longo prazos.

g) Utilização como um dos mecanismos de avaliação de gestores

Um importante fato relacionado ao orçamento é o de que esse instrumento é um interessante indicador para a avaliação de desempenho de gestores, bem como da própria empresa.

A delegação de autoridade e a atribuição clara de responsabilidades aos executores do plano de negócios são requisitos básicos para permitir a avaliação de desempenho dos gestores, sem a qual podem ser pequenos os efeitos positivos obtidos com a implementação do orçamento, sendo também desejável a adoção de mecanismos de recompensas ou de punições, quando as metas forem ou não cumpridas, respectivamente.

h) Integração

Em um processo orçamentário, é relativamente comum tentativas de subavaliação de receitas e superavaliação de despesas pelos gestores que elaboram o plano, por conservadorismo ou mesmo comodidade. Quando isso ocorre, a primeira consolidação dos orçamentos das áreas apresenta um resultado econômico projetado bastante aquém daquele possível ou esperado pela administração. Dessa forma, torna-se necessário que a alta administração designe uma área especificamente voltada para a integração dos orçamentos de todas as áreas, com vistas a ajustarem-se os valores aos níveis realmente possíveis de serem atendidos.

Dependendo do porte da empresa, pode existir uma área de planejamento especificamente constituída para a integração dos orçamentos de áreas ou unidades de negócios. Quando não for esse o caso, tal função é, normalmente, atribuída à área de Controladoria. A existência de ambas as áreas permite a realização de um trabalho conjunto de elaboração e integração do plano, de controle de sua execução e de *feedback* aos gestores encarregados de sua implementação.

i) Orçamento por centros de responsabilidade

Para possibilitar um adequado controle da execução orçamentária, bem como para o desígnio daqueles que serão os responsáveis por sua implementação, é desejável que o orçamento seja subdividido por áreas de responsabilidade. Isso facilita sobremaneira a identificação das origens de eventuais desvios, o apontamento de suas causas e a apresentação de alternativas para as suas correções, tanto pela área de Controladoria, quanto pela de Planejamento, ou por ambas.

j) Prazos

Um aspecto relevante para a elaboração do orçamento diz respeito ao estabelecimento de um cronograma detalhando-se as etapas para a sua realização, bem como o apontamento dos participantes do processo inerente.

Do início ao fim, a elaboração de um orçamento consistente é uma tarefa que exige um considerável esforço de seus participantes, pois envolve a necessidade de uma gama respeitável de informações para a sua consecução. Dessa forma, uma das condições para que o plano de negócios seja implementado com sucesso é a preparação de um cronograma claro, que não deve ser flexibilizado, salvo por razões especiais, sob pena de não se enraizar na cultura da empresa a rotina orçamentária.

10.6 Tipos de orçamentos

O orçamento é um dos diferenciais para que a empresa se mantenha competitiva em seu mercado, devido a esse instrumento ser o produto de um processo de reflexão que lhe faculta manter-se integrada e sintonizada com o seu ambiente, permitindo à sua administração antecipar-se às oportunidades e ameaças para o negócio, que de outra forma não poderiam ser organizadamente aproveitadas ou evitadas.

Um dos fatores que proporcionam sucesso a um plano de negócios é a escolha do tipo certo de orçamento a ser adotado pela empresa, o que depende de seu modelo de gestão e, fundamentalmente, do estágio de amadurecimento em que a sua administração se encontra, ou o ciclo de vida em que a empresa se encontra. São vários os tipos possíveis de orçamento, porém, há aqueles que são os mais comuns, e que se destacam a seguir. São eles: o orçamento flexível, o contínuo, o estático e o base zero.

10.6.1 Orçamento flexível

O orçamento flexível se diferencia dos demais modelos orçamentários por ter a sua base definida a partir da quantidade de unidades de produtos que se pretende vender, de forma detalhada, bem como pela correlação dessas unidades com os custos variáveis que são necessários para obtê-las. Essa particularidade permite que tal orçamento possa, no curso do período ao qual ele se refere, ser ajustado de acordo com as quantidades de produtos cujo potencial de venda seja diferente daquele originalmente estimado.

No orçamento flexível, a acurada classificação entre custos e despesas variáveis e aquelas fixas é crucial para que o uso dessa ferramenta surta o efeito esperado. Ele é elaborado por áreas de atividades, nas quais cada um dos elementos de custos e despesas deve ser adequadamente disposto e segregado, de forma a permitir que uma variação no lucro possa ser facilmente identificada ao se examinar analiticamente o resultado real obtido contraposto àquele orçado.

As quantidades de produtos que se espera vender em determinado período, multiplicadas por seus preços de vendas, se constituem no elemento de partida do orçamento flexível. De acordo com elas, e com os custos e as despesas variáveis unitários a elas associados, bem como com um fator atribuído para a alocação dos custos fixos a cada unidade, determinam-se a margem de contribuição, deduzindo-se dela os demais elementos da demonstração de resultados para a obtenção do lucro ou prejuízo da empresa.

Em termos de gestão empresarial, nem sempre o resultado econômico negativo da empresa pode ser explicado por queda nas vendas, diminuição de preços ou, de forma sintética, aumento ou diminuição de custos. O orçamento flexível permite que se averigue em qual desses itens, e em qual atividade, ocorreu o desvio em relação àquilo que era esperado, facilitando-se a investigação das razões para a existência de tais desvios, isso porque alterações em custos variáveis e preço de vendas podem não ter a mesma proporcionalidade.

Em outras palavras, os desvios entre o orçamento e aquilo que foi realizado podem ser decorrência de volume de unidades vendidas e aquelas esperadas, em função de gastos pontuais não previstos, de oscilações em custos variáveis ou mesmo nas variações entre os preços de vendas esperados e aqueles efetivados, ou por outras razões. No orçamento flexível, se as variações forem, por exemplo, em virtude de queda nas vendas devido a fatores mercadológicos, podem-se efetuar ajustes das quantidades que ainda se espera vender, permitindo à administração visualizar com maior nitidez o resultado econômico que potencialmente será alcançado naquele período orçamentário. Isso facilita, ainda, que se processe o ajustamento de custos e despesas.

Da mesma forma, o não alcance do resultado estimado pode ser explicado por oscilações não esperadas nos custos e despesas variáveis, as quais o modelo permite a pronta identificação.

A possibilidade de acompanhamento de oscilações de quantidades de unidades, preços de vendas e de custos variáveis, de forma detalhada, é uma característica do orçamento flexível que permite o contínuo ajuste do volume de operações da empresa.

Essa particularidade do modelo permite que o resultado real da empresa seja comparado com o resultado projetado, sempre se levando em consideração o seu volume de atividades atual, ou seja, o orçamento da empresa deve ser ajustado para refletir receitas e custos correspondentes a determinado volume de atividades. Destaque-se que esse tipo de orçamento tem o seu foco em receitas, custos e despesas variáveis, mas não despreza os outros elementos componentes do resultado do exercício, tais como, por exemplo, as despesas comerciais e administrativas. Os aspectos expostos são os que dão origem ao nome *orçamento flexível*.

Dessa forma, as etapas básicas para a elaboração do orçamento flexível são:

a) estimarem-se as quantidades de unidades a serem vendidas;

b) estabelecerem-se os preços unitários de cada unidade;

c) estabelecerem-se os custos e despesas variáveis relacionados a tais unidades;

d) avaliação dos melhores critérios para a alocação dos custos indiretos de fabricação a cada unidade; e

e) estabelecimento do fator de alocação dos custos indiretos às unidades a serem vendidas.

Ao executar esses passos, tem-se o orçamento flexível de receitas e custos por atividades e por produtos.

O fato de o orçamento flexível ser elaborado por áreas de responsabilidades, ao mesmo tempo que facilita explicações sobre os desvios entre o orçado e o realizado, fomenta a participação dos gestores no processo de sua elaboração e as suas próprias avaliações de desempenho, uma vez que o monitoramento das variações entre valores reais e estimados é facilitado pela metodologia.

Trata-se de um instrumento com grande poder informacional e, dada a sua flexibilidade, pode substituir, com vantagens, outros tipos de orçamento, ou completá-los nos aspectos em que estes não o permitem.

10.6.2 Orçamento contínuo ou *rolling forecast*

Essa é uma modalidade orçamentária que vem ganhando espaço no meio empresarial. Sua característica básica é a de, independentemente do tempo já transcorrido, sempre abranger um ciclo orçamentário completo, seja este o de um ano, 18 meses e daí por diante. Isso é possível na medida em que se encerra um mês ou trimestre. Se esse for o período adotado pela empresa para a revisão do orçamento, acrescenta-se outro igual, referente ao ano subsequente. Por exemplo, considerando-se que o ciclo se refira ao período janeiro a dezembro de determinado ano, ao se encerrar o mês de janeiro, acrescenta-se o orçamento para o mesmo mês do ano subsequente.

O orçamento contínuo é bastante similar ao orçamento flexível, pois permite que sejam feitas alterações nos resultados aguardados para os meses subsequentes na medida em que se observam mudanças de cenário que as justifiquem. Isso não implica a gestão da empresa perder a visibilidade sobre as expectativas que a administração teria para determinado ano antes de este se iniciar. O orçamento original existente no mês anterior ao de início de um novo exercício é o marco que serve para a avaliação da empresa e de seus gestores, sob a perspectiva do que se esperava realizar para aquele ano e o que de fato ocorreu. Nesse sentido, esse marco pode ser considerado como tendo as mesmas características do chamado orçamento estático.

Além de permitir à gestão da empresa o realinhamento de sua expectativa com relação ao resultado esperado para um dado ano, esse tipo orçamentário tem como vantagem sempre manter a visibilidade de sua administração sobre um período de tempo fixo à frente. Esses fatores justificam a sua popularidade.

Convém destacar que as estimativas relacionadas ao período, mês ou trimestre, acrescido quando se encerra uma etapa já executada do orçamento, devem ter um lastro nas diretrizes contidas no planejamento estratégico da empresa. Isso motiva a administração a promover revisões em suas estratégias, quando isso for necessário, e quantificá-las através das peças orçamentárias providas pelo orçamento contínuo.

Além de permitir a visibilidade da administração por um período fixo, normalmente de 12 meses, o orçamento contínuo tem outra vantagem que é a de permitir o ajustamento da estrutura de custos e despesas da empresa, e dos investimentos programados, de acordo com o comportamento das variáveis ambientais externas atualizadas, e com os seus efeitos sobre o ambiente interno da empresa, possibilitando o redirecionamento de suas áreas, sempre visando ao aproveitamento de oportunidades e à minimização de riscos decorrentes de ameaças provindas do meio ambiente empresarial. Isto é, essa modalidade orçamentária sugere uma permanente revisão da estratégia adotada pela empresa, seja no sentido de reiterá-la ou de modificá-la. O lado positivo desse aspecto é a busca contínua da sintonia entre a empresa e o ambiente no qual ela opera.

A desvantagem do orçamento contínuo diz respeito à mobilização permanente das principais áreas da empresa em torno de sua realização, o que demanda tempo e esforços que poderiam ser empregados em outras atividades. Porém, esse custo pode ser largamente compensado pelos benefícios colhidos com a atualização constante dos gestores da empresa com os principais aspectos ambientais que afetam o negócio.

10.6.3 Orçamento estático

Esse modelo consiste em projetarem-se as operações da empresa, e os efeitos econômicos sobre os seus resultados, por determinado período durante o qual as expectativas iniciais da administração sobre receitas, custos e despesas, bem como sobre os demais componentes do orçamento, permanecem inalteradas, mesmo que haja alterações no cenário no qual a empresa atua. As revisões dos valores orçados ocorrem normalmente no período de um ano, independentemente do ciclo compreendido pelo orçamento.

A popularidade desse modelo se deve à facilidade que empresas de maior porte têm para a consolidação dos orçamentos de várias unidades de negócios ou filiais. Deve-se considerar ainda que o orçamento estático normalmente contempla projeções econômicas e financeiras desafiadoras, e esse aspecto, em princípio, seria um estimulante para que os gestores conduzissem as suas atividades sempre com vistas a cumprirem as metas inicialmente estabelecidas, esforçando-se para recuperarem resultados eventualmente não alcançados em meses posteriores.

O efeito dessa vantagem pode, entretanto, ser o inverso, isto é, pode conduzir gerentes à comodidade, caso no transcorrer da execução do orçamento o cenário seja mais favorável do que aquele previsto na época em que as projeções foram feitas, o que facilitaria o alcance dos resultados planejados e poderia desestimulá-los a darem mais de si para executarem as suas funções com maior eficácia e, com isso, alcançarem resultados ainda melhores.

A propagada desvantagem do orçamento estático em relação aos demais modelos é a sua inflexibilidade, pois, ao não se permitirem ajustes nas projeções inicialmente feitas, essa modalidade pode dificultar a visibilidade da administração da empresa em torno do resultado econômico que realmente pode ser alcançado.

De qualquer forma, todos os modelos orçamentários têm as suas imperfeições, por se tratarem de estimativas imprecisas. Apesar disso, entretanto, independentemente do tipo de orçamento escolhido pela empresa, deficiência maior seria a não adoção de qualquer um dos modelos existentes.

10.6.4 Orçamento base zero

O orçamento base zero consiste em abandonarem-se as informações históricas sobre receitas, custos, despesas, investimentos, e outros elementos componentes do orçamento, para se projetarem as operações futuras da empresa.

A gestão da empresa projeta as suas expectativas futuras a partir de um portfólio de produtos dos saldos existentes de ativos e passivos e das constatações a que o exame das variáveis do ambiente da empresa permite à sua administração chegar, tanto às relacionadas ao cenário presente quanto às situações que potencialmente se espera chegar no futuro. Isso equivale a dizer que, nesse modelo, as estruturas de receitas, custo e despesas, principalmente, estão sempre sendo repensadas, isto é, como se a empresa estivesse começando a operar naquele ano, "do ponto zero".

O orçamento base zero, também conhecido como OBZ, tem a característica central de estimular os gestores da empresa a pensarem em suas operações tão somente com base no que se pretende alcançar no futuro, desprezando-se os históricos de receitas e custos do passado, bem como os outros elementos componentes do resultado econômico da empresa.

Ao se projetar determinado nível de receitas para dado período, todos os esforços demandados para se alcançá-lo são estimados na proporção exata necessária para volume que tais receitas requerem. Isso quer dizer que todas as áreas devem fazer as suas próprias projeções de gastos ou investimento a partir dessa informação, sem se prenderem na estrutura existente até aquele ponto.

A principal vantagem dessa metodologia diz respeito ao fato de que, ao não se utilizar das informações históricas para projetar o futuro, esse modelo orçamentário possibilita a correção de distorções causadas por anomalias operacionais que podem não se repetir, principalmente aquelas relacionadas aos custos e às despesas. De fato, em uma empresa, os gastos são decorrências das atividades operacionais normais, mas também são comuns às circunstâncias específicas causadas por situações pontuais que podem não ser recorrentes.

Se é que existam desvantagens com a adoção do orçamento base zero, uma delas seria a de mobilizar os principais gerentes da empresa em torno de sua elaboração, o que, devido à quantidade de detalhes e análises requeridas, exige tempo superior àquele demandado pelos outros modelos orçamentários. Entretanto, isso pode ser amplamente compensado pelos benefícios trazidos pelo orçamento base zero.

10.7 A Controladoria no processo orçamentário

Todas as áreas de uma empresa têm as suas missões e importâncias. Na maioria dos casos, elas são especializadas em determinados assuntos organizacionais e têm as suas atividades delimitadas por eles. Por exemplo, a área de vendas é vista como porta de entrada do cliente na empresa, e se ocupa de assuntos relacionados ao mercado e à satisfação desses clientes; a produção cuida especificamente da transformação de insumos em produtos; já a área de recursos humanos tem o seu foco específico na gestão das pessoas e nos aspectos a elas inerentes.

A área de Controladoria difere das demais no que se refere a sua abrangência. É generalista e deve ter uma visão ampla da empresa, sem se preocupar com os aspectos técnicos intrínsecos das demais áreas, deve entender perfeitamente os seus funcionamentos. A atuação dessa área se completa com a visão geral do negócio, e a sua missão é a de facilitar o processo decisório, por meio da coordenação do processo de elaboração do orçamento e de sua posterior realização, apontando eventuais necessidades de correções de rotas tanto durante a fase de elaboração quanto na de execução. O poder de análise contínua do desempenho da empresa e de suas áreas afere à Controladoria a condição de orientadora do processo de gestão da empresa.

Em empresas bem estruturadas, a partir de regras claras estabelecidas pela alta administração, a Controladoria avalia os orçamentos de cada área, integrando-os e consolidando-os. Os orçamentos individuais, inclusive o plano de investimentos, passam por sucessivas validações, sendo a primeira delas pela área de Controladoria e a última pela alta administração.

Além dos orçamentos de cada área, a Controladoria também se atém a um conjunto de premissas definidas pela alta administração, em conjunto com as áreas financeira, de vendas e produção, cujos propósitos é o de balancear o fluxo de caixa da empresa. Tais premissas funcionam como se fossem uma bússola que permite verificar se a gestão de entradas e saídas de recursos financeiros sustenta as atividades operacionais normais. Tais premissas levam a determinada configuração das peças orçamentárias, isto é, balanço patrimonial, demonstrações de fluxo de caixa e de resultados, que complementam os elementos de um orçamento.

10.8 A importância das premissas orçamentárias para a qualidade das projeções

Um orçamento é construído com base em premissas adotadas pela administração quanto ao comportamento que a empresa deve apresentar frente ao seu mercado. Obviamente, quanto mais minucioso for o exame do ambiente no qual a empresa opera, mais sólido e exequível será o seu orçamento.

Todavia, não basta uma meticulosa análise do cenário para garantir projeções orçamentárias que reflitam com propriedade os resultados que a empresa pode potencialmente alcançar.

Além das considerações mercadológicas, há outras importantes variáveis que devem ser levadas em conta quando da elaboração do orçamento, e que interferem diretamente na sua qualidade. Por essa razão, elas também devem ser cuidadosamente avaliadas, pois, durante a execução orçamentária, elas se constituem em metas a serem perseguidas. Tais variáveis são indicadores que direcionam a gestão e proporcionam o equilíbrio operacional, econômico e financeiro da empresa. Entre elas, destacam-se os prazos médios de recebimento, de pagamento e de giro de estoques, entre outras. Somados às projeções de receitas, custos e despesas, são esses fatores que produzem efeitos positivos ou negativos no resultado econômico e fluxo de caixa da empresa.

Entre as principais premissas, destacam-se:

a) Prazo médio de recebimento

O prazo médio de recebimento diz respeito à expectativa de tempo, normalmente medida em dias, que a administração da empresa tem de realização de recebimentos de valores de clientes. É essa a principal premissa que norteia a gestão quanto ao ingresso de recursos necessários à manutenção de sua operação. Quanto mais elástico for o prazo de recebimento maior será a necessidade de investimentos a serem feitos na operação da empresa, sejam esses originados de capital próprio ou de terceiros.

b) Prazo médio de giro dos estoques de materiais e produtos acabados

Normalmente, as empresas industriais despendem quantias significativas em estoques. Quanto maiores forem os prazos de entregas de fornecedores, de ciclo de fabricação de produtos e a dependência da empresa por matérias-primas importadas, maior será a necessidade de manutenção de níveis elevados de estoques. Somado a isso, na elaboração do orçamento deve-se ponderar sobre a possibilidade de que fatores mercadológicos possam provocar sazonalidades. E essa consideração é importante no sentido de se avaliar se as estimativas das quantidades que se espera vender são razoáveis, pois erros nesse sentido podem implicar a manutenção de níveis de estoque superiores aos necessários para a operação da empresa, o que provoca a necessidade de investimentos extras de capital não previstos, com efeitos nocivos ao fluxo de caixa da empresa.

c) Prazo médio de pagamentos a fornecedores

O prazo médio de pagamentos é outra variável que interfere diretamente no equilíbrio do fluxo de caixa da empresa. Idealmente, os passivos com fornecedores devem ter prazos de pagamentos ajustados aos de recebimento e de giro dos estoques, isto é, os valores de tais contas devem ser naturalmente iguais ou superiores aos saldos de contas a receber e de estoques da empresa. Se ocorrer o contrário, haverá a necessidade de investir-se capital próprio para o financiamento de clientes e estoques.

d) Investimentos

Os investimentos são programados para ocorrerem considerando-se que outras premissas orçamentárias realmente se efetivem, principalmente aquelas relacionadas aos ingressos de recursos. Caso tais premissas não sejam cuidadosamente estabelecidas e não se tornem realidade, há, consequentemente, a necessidade de se reavaliar o volume de investimentos planejados, adequando-os à capacidade de pagamento da empresa, a não ser que se justifique buscarem-se recursos externos, considerando-se que parte desses investimentos beneficiará a mais de um exercício.

As premissas para a elaboração de um orçamento não se esgotam aqui, uma vez que todo ele é construído sobre elas, contemplando desde as de recursos humanos até as de comportamento mercadológico, não sendo o objeto deste livro exaurir este tema.

10.9 A integração e o monitoramento das premissas orçamentárias pela área de Controladoria

Há um paradoxo no ambiente empresarial, que é o fato de que cresci-mento e lucro podem significar a ruína de um empreendimento no médio e longo prazo, se não planejados adequadamente. Isso ocorre porque crescer implica aumento do volume de vendas e, consequentemente, a necessidade de uma gestão cautelosa dos saldos das contas a receber e a pagar, no volume de estoque e nos dispêndios com investimentos. Não são raras as situações nas quais empresas apresentam lucros extraordinários, mas que não se traduzem em caixa no momento em que eles são obtidos, retendo-se tais resultados nos saldos de contas a receber e estoques, por exemplo.

Se a empresa não conciliar os prazos de realização dos referidos ativos com aqueles requeridos pelas fontes de financiamento externo para se obtê-los, fornecedores, governo e funcionários, entre outros, será forçada a financiar tais ativos com capital próprio e, se isso não for possível, a inadimplência e suas consequências são inexoráveis.

Diante disso, o planejamento é um instrumento essencial, independentemente da metodologia adotada para a sua realização, e a área de Controladoria tem a sua responsabilidade ampliada e a sua existência justificada, com a sua adoção, o que explica a evolução dos estudos nessa área. O orçamento deve ser integrado, isto é, apesar de cada área auxiliar na sua elaboração, por meio da previsão de receitas e gastos inerentes às suas próprias atividades, não há, e não é parte de seus papéis, por parte delas, a preocupação específica com o fluxo de caixa da empresa, nem tampouco com o resultado econômico global dela. Por essa razão, compete à área de Controladoria examinar cuidadosamente cada orçamento das áreas, de forma a compatibilizá-lo com o resultado global desejado pela administração da empresa e, principalmente, avaliar as repercussões que ele tem no seu fluxo de caixa.

É também dessa área a responsabilidade por avaliar a razoabilidade de cada premissa adotada, no sentido de identificar antecipadamente possíveis gargalos no fluxo de caixa e, quando for o caso, alertar a administração da empresa sobre isso, provocando, eventualmente, novas reflexões e projeções no sentido de se evitarem eventuais dificuldades financeiras durante a execução do orçamento, e isso deve ocorrer ainda na fase de simulações de resultados inerentes a qualquer processo orçamentário.

Durante a execução do orçamento, a Controladoria tem no plano de negócios dele decorrente o seu principal instrumento para monitorar o desenvolvimento da empresa, e suas repercussões. Uma vez aprovada e colocada sob execução, essa ferramenta de gestão acaba por se tornar um quadro de indicadores de desempenho que dita o comportamento esperado pela alta administração para cada uma de suas áreas. Esse padrão é obtido por meio de indicadores provenientes das premissas utilizadas para a elaboração do orçamento, bem como de cada elemento que o compõe.

Diante do acompanhamento dos indicadores provindos do orçamento, contraposto com aquilo que se realiza, a área de Controladoria tem condições e deve apoiar as áreas organizacionais, apontando alternativas de correção de rumos, sempre que isso for detectado e necessário. Se, por exemplo, o prazo médio de recebimento de clientes estiver superior àquilo que foi planejado, a área deve disponibilizar essa informação para as áreas de vendas e compras, no sentido em que estas busquem, respectivamente, diminuir o prazo médio de recebimento e aumentar o prazo médio de pagamento.

Esse raciocínio não se restringe aos prazos de pagamento e recebimento, mas para cada receita, custo ou despesa constantes do orçamento projetado. O acompanhamento estreito da execução de atividades e o alerta à administração da empresa quanto aos desvios dos indicadores originados do processo orçamentário são um ponto que agrega valor à atuação da área de Controladoria e, ao mesmo tempo, protege a empresa contra o efeito que os imprevistos possam causar ao seu fluxo de caixa e a sua continuidade.

10.10 Sequência para a elaboração de um orçamento

O processo de elaboração de um orçamento, independentemente do tipo adotado pela empresa, deve ser algo sistêmico. Algumas áreas necessitam de *inputs* de outras para estimarem as suas receitas, custos e despesas. Existe uma hierarquia de atividades que devem se encadear organizadamente, com o propósito de que o produto final deste trabalho seja coeso e balanceado.

Como já discutido, nem todas as áreas participam das fases cruciais do planejamento ao ponto de lhes conferirem visibilidade sobre todo o processo de forma a se tornarem autônomas para realizarem as partes que lhes cabem.

Normalmente, a fase inicial do processo de planejamento se inicia com a análise dos cenários internos e externos, por meio da identificação de fatores que possam afetar a operação da empresa a curto, médio e longo prazo. Como apontado no início deste capítulo, essa é a fase em que se identificam as oportunidades e ameaças mercadológicas e os pontos fortes e fracos da empresa, frente aos seus concorrentes, que lhes permitam o aproveitamento de oportunidade e a minimização de oportunidades, respectivamente, de acordo com as possibilidades identificadas na análise de seu ambiente interno.

Na fase inicial do processo de planejamento, normalmente, se envolvem áreas-chave, que têm um estreito relacionamento com a alta administração da empresa e, especialmente, com o mercado propriamente dito. Entre elas estão as de marketing, vendas, engenharias, entre outras. E são elas as que iniciam o processo de orçamento, fornecendo às demais os elementos necessários para a quantificação dos elementos qualitativos observados a partir da análise ambiental, isto é, a quantificação da estratégia por meio da elaboração de planos de ação e de negócios.

Destacam-se, a seguir, os papéis de cada área, na sequência em que ocorrem as suas participações no processo de planejamento, para o melhor entendimento das etapas que compreendem a elaboração do orçamento.

a) Marketing

Compete a essa área a identificação de oportunidades de lançamento de novos produtos, por meio de pesquisa de mercado ou, simplesmente, pela percepção do gestor, bem como cabe a ela, em conjunto com a área de vendas, a decisão pela descontinuação de fabricação daqueles produtos que não mais agregam valor, ou que devem passar por inovações que atendam a um novo perfil de consumidor, tudo isso após a escolha da estratégia a ser adotada pela empresa, momento precedente a essas decisões.

A partir desse ponto, a área de marketing propõe o seu plano de ação, visando ao alcance de determinado volume de vendas. Realce-se que essa área não trabalha isoladamente, pois depende de informações tanto da área de vendas quanto da de pesquisa e desenvolvimento.

Junto com o plano de ação, a área elabora o seu próprio orçamento de investimentos e outros gastos.

b) Engenharia e pesquisa e desenvolvimento

O plano de ação de marketing, após a sua aprovação pela alta administração da empresa, serve de base para que a área de engenharia avalie a sua necessidade de investimento em pesquisa e desenvolvimento, no caso de lançamento de novos produtos, ou mesmo a quantificação de funcionários e demais recursos que serão necessários para a manutenção de produtos anteriormente fabricados, mas que passarão por inovações ou rejuvecimento.

Posto isso, a engenharia quantifica e elabora a sua estimativa de gastos para o período determinado. Esse processo passa por uma ampla discussão entre as áreas e a alta administração, para a avaliação da relação custos *versus* benefícios dos planos de ambas as áreas. Também nesse processo, há um intenso envolvimento das áreas de vendas e de Controladoria, com o provimento de informações e com o acompanhamento da coesão daquilo que está sendo proposto pelas áreas anteriormente mencionadas.

c) Vendas

Com base no plano de ação de marketing, a área de vendas inicia o seu próprio processo de planejamento, por meio da quantificação e valoração das quantidades de produtos que se espera sejam vendidas. Há um intenso envolvimento da área de Controladoria nessa fase, pois, além do provimento de informações sobre margens de produtos, essa área ajuda na quantificação das receitas de vendas, com base em informações passadas e naquelas providas pela área de marketing.

d) Produção

A sequência natural do orçamento da área de vendas é a projeção dos custos e despesas necessários para o alcance do resultado almejado e a formalização de um dos principais elementos do orçamento dessa área, que é a previsão quantitativa das quantidades a serem vendidas. Esse instrumento, e sua acurácia, são fundamentais para que a área de produção da empresa avalie as necessidades de investimentos em equipamentos e em outros itens, bem como na estrutura funcional que será necessária para o atendimento aos volumes de quantidades a serem produzidas.

e) Suprimento e estocagem

A partir das informações prestadas pela área de produção, já há as condições necessárias para a elaboração dos orçamentos das áreas de suprimentos e logística, que envolvem as estimativas de custos de materiais e outros gastos relacionados às pessoas e despesas diversas.

f) Áreas de manutenção e de assistência técnica

Os orçamentos dessas áreas dependem fundamentalmente das quantidades que se pretende produzir, da quantidade de produtos novos que serão lançados e do tipo de investimentos em máquinas e equipamentos que se pretende fazer. Conhecidas essas informações, estimam-se custos e despesas das áreas, bem como eventuais investimentos necessários para as suas operações.

g) Tecnologia da informação

A Tecnologia da Informação é uma das áreas que requerem investimentos constantes, dadas as contínuas evoluções características à área, tanto no que se refere a *softwares* e *hardwares,* e isso deve ser contemplado no orçamento dessa área, bem como às despesas necessárias para a manutenção de pessoal. O profissional da área de TI sempre buscará a mais inovadora solução tecnológica para a sua área, e isso requer criteriosa avaliação de seu plano de investimentos, no sentido de que os dispêndios correspondentes não sejam superiores aos benefícios que eles proporcionam.

h) Demais áreas de apoio e administrativas

Os orçamentos de tais áreas são menos complexos, pois aumentos de volume de produção, ou lançamento de novos produtos, não implicam, necessariamente, grandes mudanças em suas atividades operacionais. A menos que a estratégia adotada pela empresa implique ampliação de fábricas, criação de novas unidades de negócios, ou no redimensionamento do negócio em si. Normalmente, os orçamentos dessas áreas envolvem apenas a estimativa dos gastos necessários para que elas mantenham as suas atividades.

i) O plano de investimento

O plano de investimento da empresa deve ser abrangente, incluindo desde gastos com campanhas de marketing, com pesquisa e desenvolvimento, até a aquisição de equipamentos, rearranjos em plantas, construções e todos os investimentos que, invariavelmente, são necessários para as áreas operarem com eficácia, independentemente de serem de apoio ou não. É uma peça importante na elaboração do orçamento e deve ser cuidadosamente executada, pois afeta diretamente o fluxo de caixa da empresa, podendo ser um dos fatores que a levem a enfrentar dificuldades de caixa, se não adequadamente dimensionado.

O plano de investimento também abrange a substituição de equipamentos por obsolescência, para ganho de produtividade ou mesmo gastos com ampliações ou modernização de instalações fabris e administrativas.

10.11 A Controladoria no processo de elaboração do orçamento

A Controladoria é a principal área supridora de informações em uma empresa. Essa área participa em todo o processo de elaboração do orçamento, pois, como destacado, todas as demais necessitam de informações que são formatadas no sentido de facilitarem a consolidação do orçamento, o que é realizado pela área de Controladoria.

Além do exposto, a complexidade causada pelo envolvimento de todas as áreas no processo orçamentário requer que, durante a consolidação de todos os planos, se busque o equilíbrio entre receitas, custos, despesas e, principalmente, do fluxo de caixa, o que demanda da área de Controladoria, ou de outra especificamente voltada para planejamento, que faça sucessivas simulações de resultados, a fim de assegurar-se quanto à otimização dos recursos e de que os resultados planejados contemplem uma justa distribuição de responsabilidades.

Esse processo é complexo e demanda tempo, pois a busca do mencionado equilíbrio leva à necessidade de negociações internas, cortes em estimativas de gastos, readequações em investimentos, apresentação de alternativas para a minimização de gastos e otimização de resultados. Enfim, é a fase crucial do plano, antes que ele seja, finalmente, aprovado.

Por fim, a aprovação dos planos não significa que a alta administração esteja passando um *cheque em branco* para os responsáveis pela sua execução. Durante todo o processo em que isso ocorre, todas as ações e atuação de áreas são avaliadas e reavaliadas pela área de Controladoria e, se aplicável, pela de planejamento, quando eventuais ajustes são detectados e o plano de negócio, muitas vezes, redirecionado.

10.12 O conceito de produtividade

Um dos mais importantes conceitos para a gestão empresarial e, por conseguinte, para a elaboração do orçamento, é o de produtividade.

Na maioria das atividades industriais, há uma tendência de que a evolução dos preços de vendas dos produtos não acompanhe os aumentos dos preços dos insumos, seja isso em decorrência de processos inflacionários elevados ou outros aspectos econômicos intrínsecos à atividade empresarial. O agravante é que, normalmente, o mercado é competitivo e os competidores, embora possam oferecer produtos similares aos da empresa, o produzem com arquitetura de custos diferente daqueles comercializados pela empresa, otimizados em maior ou menor nível. Mesmo que essas diferenças se constituam apenas de pequenos detalhes, isso pode ser suficiente para que os competidores ofereçam ao mercado produtos mais baratos, dificultando a situação da empresa.

Neste contexto, a erosão de margens pode ser uma consequência para garantir a parcela de mercado que a empresa detém. Isto é, a troca de parte da lucratividade por *market share*. Há situações de mercado em que isso pode ser momentâneo, de forma que a escolha pela redução da rentabilidade é apenas circunstancial, e pode ser a melhor na circunstância. Todavia, toda recuperação de preços é sempre traumática, normalmente implicando em encolhimento da demanda, se o aumento dos custos dos fatores de produção não for circunstancial.

Nesse sentido, o conceito de produtividade significa fazer mais com menos, e perpassa o processo de transformação de matérias-primas, abarcando todos os elementos de custos e despesas. É aplicado sempre no sentido de otimizarem-se custos e despesas por meio da execução de tarefas, reestruturação de produtos e processos. Enfim, obter mais *outputs* com menor quantidade de *inputs*, sem comprometer a qualidade dos produtos e serviços.

A aplicação do conceito de produtividade é a melhor saída para arrefecerem-se os impactos dos aumentos de custos nos preços de vendas dos produtos, não apenas quando o mercado não aceitar aumentos de preços decorrentes de aumentos de custos de produção, mas sempre. É este o fator que assegura uma lucratividade maior, ou a manutenção dessa em tempos de dificuldades.

O conceito de produtividade será abordado ao longo de todas as etapas constantes do modelo de orçamento apresentado a seguir, quais sejam:

a) orçamento de vendas;

b) orçamento de matérias-primas;

c) orçamento de quantidade de efetivos da mão de obra direta e da correspondente massa salarial;

d) validação de margens de contribuição;

e) orçamento e validação de investimentos;

f) orçamento e validação de efetivos da mão de obra indireta e de massa salarial;

g) orçamento de despesas;

h) orçamento de custo financeiro; e

i) validação do resultado econômico.

10.13 Modelo de orçamento

10.13.1 Análise do ambiente de negócios

A análise do ambiente empresarial, na qual se busca identificar ameaças e oportunidades de negócios, bem como os pontos fortes e fracos da empresa em relação aos seus concorrentes, é um exercício complexo, envolvente e minucioso, tudo realizado com muito cuidado, afinal, trata-se da escolha da estratégia de negócio. São relativamente comuns os erros táticos na fase de execução do orçamento de uma empresa sem que eles a levem à descontinuidade. Porém, erros estratégicos podem ser fatais. Muitas empresas sucumbiram, ou quase, devido a erros na escolha da estratégia. Por essa razão, repensar a estratégia não é algo que deva ocorrer apenas quando se elabora um orçamento anual, é um processo contínuo.

Em uma empresa já atuante no mercado, com estratégia de atuação já definida, a análise ambiental não ocorre necessariamente no momento de elaboração do plano anual de negócios. Ela é uma atividade que deve ser incorporada no escopo da atividade de cada gestor, notadamente daqueles voltados para o mercado, seja este o consumidor ou fornecedor, e na área de pesquisa e desenvolvimento, responsável pela tecnologia que sustenta o processo de inovação e lançamento de novos produtos, ou na alteração de outros já existentes. Assim, quando da elaboração do orçamento, já deve existir massa crítica de informações entre os gerentes da empresa no sentido de incorporar no plano o comportamento das variáveis ambientais, sem que isso implique em esforços específicos requeridos por um planejamento estratégico. Não se quer afirmar com isso que esse planejamento seja desnecessário, mas sim que ele não deve ser confundido com o orçamento, ou que a realização de um demande a realização do outro.

As decisões sobre o lançamento de novos produtos, a manutenção daqueles já existentes e a necessidade de inovação tecnológica devem ser o produto da interação constante entre as áreas de vendas, de marketing e de pesquisa e desenvolvimento. Essas decisões devem ser avaliadas também à luz do retorno econômico potencial esperado por seus autores, convenientemente validadas pela área de Controladoria, no que se refere à acurácia dos dados internos utilizados para tal análise.

10.13.2 Orçamento de vendas

A partir disso, elabora-se a projeção de vendas para o período para o qual se está planejando. Nesta, qualquer previsão de crescimento deve ser amplamente respaldada por observações feitas a partir do comportamento do mercado, bem como pelas condições econômicas e outras e de argumentos e dados atualizados e sólidos.

A previsão de vendas deve contemplar todos os produtos novos, e outros já existentes, que se espera dispor para o mercado no período compreendido pelo orçamento. A sua elaboração deve prever as quantidades de produtos e os preços pelos quais se espera que eles sejam vendidos.

As condições futuras de mercado, por mais controle que se tenha das variáveis que o envolvem, sempre serão incertas. Por essa razão, as áreas de *marketing* e vendas devem prever três cenários possíveis: (a) o realista, o

Cenário Central (C), que deve contemplar a realidade mercadológica futura mais provável; (b) o pessimista (C–), que deve prever situações de deterioração ambiental e crescimento menor das vendas; e (c) o otimista, que demonstra como seria o volume de vendas e preços caso as condições de mercado permitam crescimento extra em relação àquele que o cenário mais provável indica (C+).

Vejam-se a seguir exemplos dos três cenários e os respectivos comentários sobre cada um deles. Assuma-se, como ilustração, que se esteja elaborando o orçamento de uma indústria fabricante de móveis. Por simplicidade, adotam-se apenas três modelos de produtos fabricados e comercializados. Na Tabela 10.1, a seguir, apresenta-se a proposta de um Orçamento Central, ou C.

Tabela 10.1 – Orçamento de vendas – Cenário realista (C)

Orçamento da Receita de Vendas CC X2										
Produtos	31.12.X0		31.12.X1				Orçamento para X2			
	Quant.	Total	Quant.	Preços	Total	Var. %	Quant.	Preços	Total	Var. %
Poltronas	200.000	38.000.000	205.000	190	38.950.000	2,50%	210.125	190	39.923.750	2,50%
Mesas	350.000	56.000.000	356.300	160	57.008.000	1,80%	362.713	160	58.034.144	1,80%
Cadeiras	1.750.000	61.250.000	1.781.500	35	62.352.500	1,80%	1.813.567	35	63.474.845	1,80%
		155.250.000			158.310.500	1,97%			161.432.739	1,97%

A elaboração do orçamento se inicia normalmente no início do segundo semestre de cada ano. Em algumas empresas, para referência, por volta da metade do mês de agosto. Nesta época, já é possível se prever com razoável aproximação como serão as vendas do ano em curso. No caso desse exemplo, o ano em curso é o de X1 e as vendas totais apresentadas correspondem à previsão de como elas devem se situar ao término do ano. Naturalmente, todo o zelo é necessário para que a previsão esteja o mais próximo da realidade a ser constatada.

Como se observa na Tabela 10.1, a empresa prevê um crescimento ponderado nas vendas de 1,97% em X2, comparado às obtidas em X1. Normalmente, os orçamentos são comparativos, para orientar os gestores acerca do crescimento, positivo ou negativo que a empresa está apresentando em suas vendas. No cenário C em discussão os gestores preveem crescimento igual ao obtido no ano anterior.

Realce-se que, a partir da análise da Tabela 10.1, o crescimento em vendas de 1,97% é puramente baseado em aumento de volume, sem alteração de preços, isso porque os crescimentos de receita podem ser respaldados por essas duas variáveis. Em outras palavras, a empresa deverá ganhar produtividade para sustentar as margens do ano X1, pois os custos normalmente crescem de um ano para outro, caso contrário, a erosão da lucratividade será inevitável.

Um orçamento não se constitui apenas dos dados econômicos e financeiros constantes da demonstração de resultado, conforme já tratado por este livro. As situações que levam a empresa a um determinado posicionamento no ano seguinte, ou naqueles cobertos pelo orçamento, dependem de um detalhado plano de ação, que envolve as principais áreas da empresa, como a industrial, a de pesquisa e desenvolvimento, a de *marketing* e vendas, e as demais em menor escala. Tal plano visa deixar claro para os gerentes quais ações serão tomadas, quando e como isso será feito, bem como quais os resultados que devem ser alcançados com essas ações.

Na Tabela 10.2, apresentada a seguir, demonstra-se a previsão otimista de vendas (C+). Nesta ilustração, projetam-se as vendas com um crescimento superior àquele do cenário realista (C), no caso desse exemplo, 4,97% ponderados. Naturalmente, esse percentual pode variar de produto para produto, de acordo com a expectativa dos planejadores das áreas de *marketing* e de vendas.

Tabela 10.2 – Orçamento de vendas – Cenário otimista (C+)

	ORÇAMENTO DA RECEITA DE VENDAS C+ X2									
Produtos	**31.12.X0**		**31.12.X1**				**Orçamento para X2**			
	Quant.	**Total**	**Quant.**	**Preços**	**Total**	**Var. %**	**Quant.**	**Preços**	**Vendas totais**	**Var. %**
Poltronas	200.000	38.000.000	205.000	190	38.950.000	5,50%	216.275	190	41.092.250	5,50%
Mesas	350.000	56.000.000	356.300	160	57.008.000	4,80%	373.402	160	59.744.384	4,80%
Cadeiras	1.750.000	61.250.000	1.781.500	35	62.352.500	4,80%	1.867.012	35	65.345.420	4,80%
		155.250.000			158.310.500	1,97%			166.182.054	4,97%

Este cenário visa preparar a empresa para um crescimento acima daquele esperado para o C, isto é, 1,97% frente a 4,97% essa nova situação, requer especial atenção da administração, tanto em termos operacionais quanto aos efeitos decorrentes disso no fluxo de caixa, pois crescer não significa, normalmente, dinheiro em caixa. Ao contrário, quando isso ocorre, os valores disponíveis ficam retidos temporariamente no contas a receber e nos estoques, e a empresa, caso não tenha recursos próprios acumulados, deve achar outras fontes para o financiamento de suas operações. Essa é uma das principais razões para se projetar também um cenário otimista de mercado. Nesse contexto, outras variáveis operacionais se movem, como a necessidade adicional de transportes de materiais e de produtos, a capacidade de suprimento pelos fornecedores, a disponibilidade de matérias-primas, de mão de obra etc. É necessária atenção para esses aspectos, mas isso não implica em dizer que a empresa deva já iniciar o exercício seguinte com base em um C+.

Quando o crescimento adicional alcança apenas a empresa em questão, os problemas são menores. Entretanto, se tratar-se de situação geral de mercado, decorrente de mudanças súbitas de fatores ambientais, outras organizações passarão a disputar os mesmos recursos no mercado, levando à sua escassez, exemplo disso são as matérias-primas *commodities*, tais como o aço, ferro, alumínio, petróleo e a mão de obra, que pode ser um problema, se a taxa de desemprego do país estiver baixa. Por essas razões, é necessária a atenção para um eventual cenário otimista, pois não prevê-lo pode significar dificuldades para se atender à demanda inesperada, o que implica, normalmente, em perda de posição no mercado, pois a tendência é a de que os concorrentes supram tal demanda.

Nesse sentido, as áreas da empresa, cada qual em sua especialidade, devem estar preparadas para executarem planos de ação ao sinal de crescimento além daquele previsto no C, no sentido de tomarem rápidas medidas, a fim de que a empresa mantenha a sua posição no mercado, ou aproveite a oportunidade de melhorá-la.

No cenário C−, ou pessimista, as previsões se invertem em relação à anterior. Ao invés de se prever crescimento adicional, trabalha-se com a hipótese de que o crescimento normal esperado no C não se realizará. Em vez disso, projeta-se crescimento negativo de −1,03% em relação ao ano anterior, conforme pode ser observado na Tabela 10.3 apresentada a seguir.

Tabela 10.3 – Orçamento de vendas – Cenário pessimista (C–)

| Produtos | ORÇAMENTO DA RECEITA DE VENDAS C-X2 | | | | | | | | | |
| | 31.12.X0 | | 31.12.X1 | | | | ORÇAMENTO PARA X2 | | | |
	Quant.	Total	Quant.	Preços	Total	Var. %	Quant.	Preços	Vendas Totais	Var. %
Poltronas	200.000	38.000.000	205.000	190	38.950.000	– 0,50%	203.975	190	38.755.250	– 0,50%
Mesas	350.000	56.000.000	356.300	160	57.008.000	– 1,20%	352.024	160	56.323.904	– 1,20%
Cadeiras	1.750.000	61.250.000	1.781.500	35	62.352.500	– 1,20%	1.760.122	35	61.604.270	– 1,20%
		155.250.000			158.310.500	1,97%			156.683.424	– 1,03%

Este cenário é o mais importante entre os três apresentados. Se por alguma razão houver qualquer dúvida com relação à possibilidade de se alcançarem os resultados previstos no C, a empresa deve partir para o cenário C– para direcionar o orçamento de todas as suas áreas, desde o início do exercício seguinte, de forma a, mesmo com o crescimento negativo, buscar alcançar resultado próximo, em termos relativos, ao que seria obtido com o C. Essa é uma visão de gestão cautelosa e pragmática.

Em tempo de incerteza o C– é aquele que normalmente as empresas adotam, e somente depois de decorridos os três primeiros meses do ano no qual o orçamento está sendo executado é que as variáveis de custos indiretos e de despesas são eventualmente ajustadas para o cenário C. Essa é uma forma de preservar-se o resultado anteriormente previsto no cenário mais realista mesmo com um menor volume de negócios.

Após iniciar-se o exercício com o orçamento C, se essa for a escolha, e com o fechamento contábil dos primeiros meses do ano, a Controladoria aponta o resultado obtido. Caso ele tenha sido mais próximo do C–, inicia-se o processo de ajustes de custos e despesas para se recuperar a parcela de resultado perdida, principalmente se isso for decorrência de um menor volume de vendas. Entretanto, se o resultado tiver sido inferior ao previsto, em decorrência de baixo volume de negócio, mas a visibilidade do ambiente econômico permitir a inferência que nos próximos meses a previsão é recuperação do mercado, admite-se esperar um pouco mais para que os ajustes sejam feitos, se forem necessários.

De qualquer forma, saliente-se que em caso de incertezas com relação à impossibilidade de alcançarem-se os resultados previstos no orçamento C, a melhor opção seria a de iniciar-se a execução orçamentária com base no C–, ao qual deve se subordinar a elaboração dos orçamentos de todas as áreas da empresa.

O próximo passo do processo orçamentário é a elaboração do orçamento de matérias-primas.

10.13.3 O orçamento de materiais

Apesar da ênfase da importância do C–, no exemplo, assume-se que haja uma razoável visibilidade quanto às possibilidades de alcançar-se o resultado esperado no C. Por essa razão, continua-se sob essa hipótese. A seguir, apresentam-se as Tabelas 10.4, 10.5 e 10.6, com os orçamentos de materiais.

Tabela 10.4 – Orçamento de matérias-primas – poltronas

Materiais		Quantidade		Custo	
Materiais	Unidade	Por Peça	Total	Unitário	Total
Tecido	M2	8	1.681.000	3,22	5.410.206
Forro	M2	4	840.500	1,79	1.502.835
Estrutura metálica	Pç	1	210.125	6,26	1.314.981
Molas	Pç	24	5.043.000	1,07	5.410.206
Laterais de madeira	Pç	2	420.250	0,72	300.567
Pés	Pç	6	1.260.750	0,54	676.276
Tampo	Pç	1	210.125	0,89	187.854
Borracha	Pç	6	1.260.750	0,36	450.850
Espuma	Kg	4	840.500	0,54	450.850
Verniz	Kg	0,3	63.038	1,25	78.899
Pregos	Kg	0,3	63.038	1,16	73.263
Parafusos	Kg	0,4	84.050	1,34	112.713
					15.969.500

Planejamento operacional e orçamento **247**

Tabela 10.5 – Orçamento de matérias-primas – mesas

Materiais		Quantidade		Custo	
Materiais	Unidade	Por Peça	Total	Unitário	Total
Vidro	M2	1	362.713	21,22	7.697.793
Base de mármore	kg	2	725.427	15,25	11.065.578
Feltro	M2	6	2.176.280	1,33	2.886.672
Cola	KG	0,1	36.271	0,66	24.056
Borracha	PÇ	2	725.427	0,66	481.112
Lixas	PÇ	4	1.450.854	0,33	481.112
Frisos	M2	8	2.901.707	0,20	577.334
					23.213.657

Tabela 10.6 – Orçamento de matérias-primas – cadeiras

Materiais		Quantidade		Custo	
Materiais	Unidade	Por Peça	Total	Unitário	Total
Forro	M2	2	3.627.134	2,08855	7.575.438
Molas	Pç	12	21.762.804	0,20212	4.398.642
Pés	Pç	4	7.254.268	0,16843	1.221.845
Laterais de madeira	Pç	7	12.694.969	0,87584	11.118.789
Borracha	Pç	4	7.254.268	0,06737	488.738
Espuma	Kg	0,1	181.357	0,06737	12.218
Verniz	Kg	0,1	181.357	1,34745	244.369
Pregos	Kg	0,05	90.678	2,02117	183.277
Parafusos	Kg	0,04	72.543	2,02117	146.621
					25.389.937

O orçamento de materiais é necessário para que a empresa se planeje em termos de fluxo de caixa para o período coberto pelo planejamento, bem como para simular o custo dos materiais para efeito de análise dos impactos que eventuais aumentos de preços possam causar às margens de lucro dos produtos correspondentes. Adicionalmente, por meio desse orçamento se estabelece o padrão de custo de materiais, tanto de preços quanto de consumo, quantificado por peça de produtos em processo ou acabado.

Toda empresa industrial tem para cada um de seus produtos uma estrutura elaborada pela área de engenharia, ou equivalente, que indica claramente os tipos e as quantidades de matérias-primas necessárias para a produção de uma unidade de produto acabado. Essa estrutura deve ser revisada periodicamente para incorporar eventuais alterações em especificações de materiais que possam ter sido substituídos. Ela é, também, a base utilizada pela área de PCP (planejamento e controle da produção) para a programação mensal de compras de materiais.

Quando há a impossibilidade de se transferir para o preço de vendas os aumentos de custos, deve-se negociar com os fornecedores, no sentido em que reduções de preços de alguns itens atenuem os aumentos daqueles que forem inevitáveis. Com isso, não se garante que o impacto total de aumento de custos seja eliminado, porém, podem-se atenuar os efeitos que isso causa às margens de lucro.

O trabalho de redução de preços de materiais não deve se restringir ao momento de elaboração do orçamento. É uma atividade contínua que deve integrar o escopo da área de compras da empresa e, normalmente, faz parte da meta de produtividade a ser alcançada por seu gestor.

Todavia, buscar redução de custos junto a fornecedores não é a única forma de se alcançar a produtividade necessária para a recomposição de margens. Outro instrumento para isso faz parte das atividades da área de pesquisa e desenvolvimento da empresa. Essa área é uma das principais fontes de ganho de produtividade na indústria, e isso é decorrência do trabalho cotidiano da identificação de componentes que possam ser substituídos por outros, com ganho de qualidade e custos.

A área de pesquisa e desenvolvimento também se ocupa do reprojeto de produtos existentes, buscando com isso as suas modernizações e, paralelamente, alternativas de montagens mais fáceis que permitam ganho de produtividade na produção, especificamente nas linhas de acabamento e de montagem.

O contínuo trabalho de pesquisa e desenvolvimento busca também a descoberta de novos materiais, por meio de inovação tecnológica, e novos *designs* que possibilitem a redução das dimensões de produtos, possibilitando com isso reduções de custos de materiais, de armazenagem e de transporte, além dos ganhos de marketing.

Embora não demonstrado explicitamente, os fatores de produtividade mencionados estão contemplados no orçamento de materiais apresentado nas Tabelas 10.4, 10.5 e 10.6.

10.13.4 Orçamento de investimentos

O orçamento de investimento visa suprir a empresa com os meios dos quais ela necessita para crescer ou, simplesmente, continuar operando.

O rigor na aprovação dos investimentos pela alta administração pode ser facilmente compreendido por duas razões: a primeira é que os dispêndios decorrentes têm influência direta no fluxo de caixa da empresa, ou em seu nível de endividamento. Se o prazo de retorno dos investimentos em ativos fixos frustrar as expectativas contidas no orçamento, certamente o impacto negativo nas contas da empresa se alongará além do necessário.

A segunda razão é a de que o montante gasto na compra de ativos afetará imediatamente o seu resultado, via depreciação. Por essa razão, é desejável que todo investimento implique na geração de receitas que superem ou, pelo menos, neutralizem os mencionados encargos.

O orçamento dos investimentos deve ser, preferencialmente, classificado em duas espécies: naquela destinada à manutenção da empresa e em outra da qual se espera a geração de resultados. É também recomendável que cada área proponha o seu próprio orçamento de investimento, pois isso implica em melhores condições de autonomia de cada gestor durante a execução orçamentária da empresa.

10.13.4.1 Investimentos de manutenção das atividades

Os investimentos para a manutenção das atividades são aqueles que se não forem realizados podem afetar a capacidade de geração futura de receitas pela empresa, com o consequente encolhimento de sua capacidade de atender ao mercado consumidor, e perda de posição de mercado.

Mesmo com essas características, tais investimentos inspiram cuidados, pois, se a longo prazo a empresa pretende descontinuar produtos, ou inovar tecnologicamente em sua produção, equipamentos adquiridos podem se tornar rapidamente obsoletos. Nesse caso, mesmo os investimentos de manutenção devem ser realizados à luz daquilo que a empresa espera para o futuro.

10.13.4.2 *Investimentos para aumento da capacidade produtiva*

A realização do orçamento de investimentos é dependente do orçamento de venda. Isso porque é neste último no qual a empresa poderá identificar necessidades de aquisição de equipamentos para atender aos volumes de vendas projetados. Óbvio que parte dos investimentos necessários é para a manutenção normal da fábrica, para manter a capacidade produtiva, ou mesmo para substituírem-se equipamentos que permitam ganhos de tempo no processo produtivo e na mão de obra.

No caso de investimentos para o aumento da capacidade produtiva, ou mesmo para o atendimento a projetos futuros de produção, é necessário que se efetue o cálculo de retorno de tais investimentos, devidamente validados pela área de Controladoria.

É importante ressaltar que, não raras às vezes são também necessários investimentos para fazer face à necessidade de novos produtos, os quais se pretende lançar no período de execução do orçamento. Neste caso, o orçamento de vendas deve confirmar a intenção de lançamento de tais produtos, respaldada em pesquisa de mercado que permita se ter visibilidade suficiente para a inferência quanto aos preços de vendas e as margens de lucro possíveis. Somente dessa forma pode-se permitir o cálculo do retorno esperado dos investimentos correspondentes.

Independentemente dos tipos de investimentos, os cálculos de retorno esperado, bem como os meios segundo os quais se dará esse retorno devem ser validados pela Controladoria e, somente após isso, pela alta administração da empresa.

10.13.5 Orçamento de mão de obra direta

A quantidade de trabalhadores diretos é derivada do volume de vendas esperado para o ano seguinte.

É comum as empresas industriais possuírem o registro do tempo despendido em cada fase da elaboração dos produtos, por centro de custo. Nesse tempo já deve ser incluído o tempo de fadiga de cada funcionário, pois nenhum deles trabalha 100% da carga horária estabelecida pela legislação. Também devem ser considerados o absenteísmo e horas de paradas para manutenção e *setup* de máquinas e equipamento, bem como levarem-se em conta os feriados ou outros dias em que se sabe que não haverá atividade produtiva na empresa. Em outras palavras, a quantidade de horas disponíveis para a produção deve ser aquela que realmente reflita o funcionamento da área industrial, devendo, ainda, ser congruente com a quantidade-padrão de horas estabelecidas pela engenharia de processos para cada produto.

Com base nessas informações, a área de planejamento e controle da produção elabora o orçamento da obra direta fabril, com o uso de um sistema apropriado, ou mesmo de planilhas eletrônicas.

A apuração da quantidade de efetivos na área fabril requer validação criteriosa, a fim de evitar-se a tendência de inclusão de *gorduras* no orçamento, para fazer face a situações inesperadas de ineficiência na fábrica. Isso deve ser evitado, pois a mão de obra direta é um dos mais importantes elementos de custo dos produtos e a sua superestimação pode induzir a decisões equivocadas de corte de custos em outras áreas, a fim de se preservarem as margens de lucro.

O orçamento de mão de obra também pode sofrer influência dos investimentos a serem realizados na produção. A busca incessante por produtividade alcança inclusive a substituição de funcionários por processos mais automatizados, se o tipo de produto o permitir e se o retorno obtido com a redução de custos compensarem o valor despendido na aquisição de tais investimentos.

Nas Tabelas 10.7, 10. 8 e 10. 9 exemplifica-se a elaboração do orçamento de mão de obra para a empresa, baseada no orçamento de vendas constante da Tabela 10.1, já apresentada, no qual se projetou um crescimento de 1,97% para as vendas de X2, cenário C.

Tabela 10.7 – MOD necessária para poltronas

ORÇAMENTO DE MÃO DE OBRA DIRETA					
Poltronas	**X1**	**Preparação**	**Montagem**	**Acabamento**	**Total X2**
Cálculo da necessidade total de MOD em horas					
Quantidade de peças por hora		2	3	4	
Quantidade total de peças/ano		210.125	210.125	210.125	630.375
Quantidade total de horas necessárias no ano		105.063	70.042	52.531	227.635
Cálculo da necessidade anual hora/homem					
Dias úteis no período do orçamento		253	253	253	
Quantidade de horas diárias/homem		8	8	8	
Total de horas necessárias/homem		2.024	2.024	2.024	
Quantidade necessária de MOD/homens		52	35	26	112
Cálculo do ajuste necessário na MOD					
Quantidade existente de funcionários em X1	117	51	40	26	117
Ajuste necessário na quantidade de funcionários		1	– 5	0	– 5
Cálculo da massa salarial para efeito de orçamento					
Salário médio anual por funcionário de MOD – com encargos	42.339	44.879	44.879	44.879	44.879
Total da massa salarial MOD para efeito do orçamento	4.953.605	2.329.585	1.553.057	1.164.792	5.047.434
		Variação percentual entre X2 e X1			**1,9%**

Tabela 10.8 – MOD necessária para mesas

ORÇAMENTO DE MÃO DE OBRA DIRETA					
MESAS	X1	Preparação	Montagem	Acabamento	Total X2
Cálculo da necessidade total de MOD em horas					
Quantidade de peças por hora		2	3	5	
Quantidade total de peças		362.713	362.713	362.713	1.088.140
Quantidade total de horas necessárias no ano		181.357	120.904	72.543	374.804
Cálculo da necessidade anual hora/homem					
Dias úteis no período do orçamento		253	253	253	
Quantidade de horas diárias/homem		8	8	8	24
Total de horas necessárias/ homem		2.024	2.024	2.024	6.072
Quantidade necessária de MOD/homens		90	60	36	185
Cálculo do ajuste necessário na MOD					
Quantidade existente de funcionários em X1	188	88	65	35	188
Ajuste necessário na quantidade de funcionários		2	– 5	1	– 3
Cálculo da massa salarial para efeito de orçamento					
Salário médio anual por funcionário de MOD – com encargos	42.339	44.879	44.879	44.879	44.879
Total da massa salarial MOD para efeito do orçamento	7.959.638	4.021.281	2.680.854	1.608.512	8.310.648
		Variação percentual entre X2 e X1			4,4%

Tabela 10.9 – MOD necessária para cadeiras

ORÇAMENTO DE MÃO DE OBRA DIRETA					
CADEIRAS	**X1**	**Preparação**	**Montagem**	**Acabamento**	**Total X2**
Cálculo da necessidade total de MOD em horas					
Quantidade de peças por hora		12	25	15	
Quantidade total de peças		1.813.567	1.813.567	1.813.567	**5.440.701**
Quantidade total de horas necessárias no ano		151.131	72.543	120.904	**344.578**
Cálculo da necessidade anual hora/homem					
Dias úteis no período do orçamento		253	253	253	**759**
Quantidade de horas diárias/homem		8	8	8	**24**
Total de horas necessárias/homem		2.024	2.024	2.024	**6.072**
Quantidade necessária de MOD/homens		75	36	60	**170**
Cálculo do ajuste necessário na MOD					
Quantidade existente de funcionários em X1	175	78	37	60	**175**
Ajuste necessário na quantidade de funcionários		– 3	– 1	0	**– 5**
Cálculo da massa salarial para efeito de orçamento					
Salário médio anual por funcionário de MOD – com encargos	42.339	44.879	44.879	44.879	**44.879**
Total da massa salarial MOD para efeito do orçamento	7.409.238	3.351.068	1.608.512	2.680.854	**7.640.434**
		Variação percentual entre X2 e X1			**3,1%**

Note-se que o crescimento projetado das vendas de 1,97% para o ano de X2 é inferior ao aumento de custo de mão de obra direta: 1,9%, no caso das poltronas, 4,4% no das mesas e 3,1% no das cadeiras, mesmo se prevendo ganhos de produtividade que permitirão a redução da quantidade de efetivos em relação a X1, como evidenciado nas tabelas.

Este é um tipo de situação comum observada quando da elaboração do orçamento, e ela decorre dos sucessivos aumentos salariais por dissídio, que tornam mais cara a mão de obra ano após ano. Em nosso exemplo, esse aumento foi de 6%.

Acompanha o fenômeno do encarecimento da massa salarial o fato de os clientes não estarem dispostos a pagar por esse aumento de custo. Na maioria dos casos, as empresas têm dificuldades em repassar integralmente para os preços de vendas percentuais inflacionários. A partir disso, surgem os dilemas: repassar aumentos para os preços e correr o risco de perda de posições no mercado, aceitar passivamente a erosão das margens de lucro ou buscar ganhos de produtividade que compensem o aumento do custo com massa salarial, entre outros. É óbvio que a terceira alternativa é aquela que maior proteção oferece à empresa.

Como já mencionado, os ganhos de produtividade têm várias fontes e todas devem ser exploradas concomitantemente. A redução da quantidade de efetivos é apenas uma delas, que se consegue alcançar por meio da revisão dos processos de trabalho, de investimentos em equipamentos e em pesquisas e desenvolvimentos de produtos que consumam menor quantidade de material e tempo de fabricação.

O passo seguinte na elaboração do orçamento é a definição de quantidade de efetivos e da mão de obra.

10.13.6 Mão de obra indireta

Orçar a mão de obra indireta é um pouco mais simples do que é a mão de obra direta, pois a quantidade de efetivos não varia de acordo com o volume de produção.

Na Tabela 10.10 apresentada a seguir expõe-se uma versão simplificada do tipo de relatório que deve ser submetido para validação desse orçamento de efetivos e de massa salarial.

Tabela 10.10 – Orçamento do quadro de funcionários e de massa salarial

ORÇCAMENTO PARA MÃO DE OBRA INDIRETA – QUANTIDADE DE FUNCIONÁRIOS E MASSA SALARIAL EM $									
Área	**31.12.X1**				**Orçcamento para X2**				**Variação**	
	Quant.	Salários $	Massa/mês	Massa/ano	Quant.	Salários $	Massa/mês	Massa/ano	Var. $	Var. %
Planejamento e controle da produção	6	5.950	35.700	428.400	5	6.307	31.535	378.420	– 49.980	–11,7%
Qualidade	8	5.950	47.600	571.200	8	6.307	50.456	605.472	34.272	6,0%
Manutenção	6	5.950	35.700	428.400	5	6.307	31.535	378.420	– 49.980	–11,7%
Conservação e limpeza	8	5.950	47.600	571.200	8	6.307	50.456	605.472	34.272	6,0%
Medicina do trabalho	3	5.950	17.850	214.200	3	6.307	18.921	227.052	12.852	6,0%
Almoxarifado	11	5.950	65.450	785.400	10	6.307	63.070	756.840	– 28.560	–3,6%
Total MOI Fábrica	**42**		**249.900**	**2.998.800**	**39**			**2.951.676**	**– 47.124**	**–1,6%**
Faturamento	9	7.820	70.380	844.560	9	8.289	74.603	895.234	50.674	6,0%
Recebimento Fiscal	6	7.820	46.920	563.040	5	8.289	41.446	497.352	– 65.688	–11,7%
TI	6	7.820	46.920	563.040	8	8.289	66.314	795.763	232.723	41,3%
Contabilidade	7	7.820	54.740	656.880	6	8.289	49.735	596.822	– 60.058	–9,1%
Financeiro	16	7.820	125.120	1.501.440	14	8.289	116.049	1.392.586	– 108.854	–7,3%
Total MOI Administrativa	**44**		**344.080**	**4.128.960**	**42**		**348.146**	**4.177.757**	**48.797**	**1,2%**
Marketing	9	9.690	87.210	1.046.520	8	10.271	82.171	986.054	– 60.466	–5,8%
Vendas	32	9.690	310.080	3.720.960	31	10.271	318.413	3.820.961	100.001	2,7%
Total MOI Vendas e Marketing	**41**		**397.290**	**4.767.480**	**39**		**400.585**	**4.807.015**	**39.535**	**0,8%**
Total geral	**127**			**11.895.240**	**120**		**748.731**	**11.936.448**	**41.208**	**0,3%**

Em um modelo tradicional, as planilhas devem ser elaboradas com ampla abertura, uma para cada área, nas quais devem ser listados todos os funcionários, funções e respectivos salários.

É necessário contemplarem-se no orçamento os aumentos salariais previstos, bem como contratações e demissões, nos respectivos meses em que se planeja realizá-las. Na Tabela 10.10 apresentam-se cálculos com base em médias salariais, apenas por simplificação, e isso não pode ser tomado como base para o orçamento real da empresa.

O aumento salarial previsto como dissídio é de 6%. De alguma forma, é necessária a identificação de oportunidades de ganho de produtividade para se neutralizar o aumento da massa salarial.

Neste caso, o ganho de produtividade normalmente é decorrência do melhor aproveitamento do sistema de informação existente, da revisão detalhada dos processos de trabalho, visando à redução da quantidade de efetivos, sem perda de qualidade nos serviços executados em cada área.

A elaboração do orçamento é o momento apropriado para a reavaliação das atividades realizadas por funcionário e, de forma racional, a contraposição do salário que cada um recebe *versus* o valor agregado por eles ao resultado da empresa. A existência de rotinas de trabalho que não contribuem claramente para a lucratividade é algo comum nas empresas. Por essa razão, a análise criteriosa dos objetivos que se pretende alcançar com as suas execuções leva à conclusão se tais atividades, e os profissionais que as executam, são ou não necessários para o negócio ou, ainda, se o salário pago para o colaborador está no nível oferecido pelo mercado para aquela função.

Não é raro encontrarem-se funções sobrepostas em áreas administrativas, comerciais e de apoio. A busca pelo ganho de produtividade deve contemplar a análise criteriosa dessa possibilidade. Porém, mesmo que não se identifiquem oportunidades de redução de postos de trabalho, deve-se continuar a análise da situação por meio de uma avaliação cuidadosa dos processos de trabalho de cada área, no sentido de fundirem-se atividades com excesso de sinergia, ou eliminarem-se outras que possam ser suprimidas de tais processos e, consequentemente, a mão de obra correspondente. Essas validações não são excludentes e devem fazer parte do processo orçamentário.

Em muitas situações os ganhos de produtividade tornam-se cada vez mais difíceis de serem obtidos, o que também deve levar à reflexão sobre a adequação do modelo de negócio em relação à realidade da empresa e de seu mercado. Por exemplo, a prática de vendas por telefone, que requer grande contingente de mão de obra indireta em vendas, pode ser parcialmente substituída por vendas pela *Internet*.

Outra situação que deve ser pensada é quando as vendas são realizadas para canais diferentes de vendas, por exemplo, vendas diretas, para distribuidores e para o varejo. Nesses casos, além de uma área de marketing mais robusta, a geração de documentos de vendas, tais como pedidos e notas fiscais é maior, implicando em maior necessidade de mão de obra. A redução dos canais de vendas sem perda de receitas pode ser uma alternativa para a redução de efetivos nas áreas financeira, fiscal, de vendas e marketing.

Saliente-se, contudo, que é necessária cautela com mudanças no modelo de negócio da empresa, tanto que iniciativas nesse sentido perpassam a elaboração de um orçamento, que é complexo e deve ser estudado com profundidade antes de sua implantação.

10.13.7 Orçamento de despesas

A seguir, na Tabela 10.11, demonstra-se um modelo para o orçamento das despesas industriais, ou gastos gerais de fabricação. Os valores estão anualizados, como nas tabelas anteriores, enquanto para efeitos práticos o orçamento deve ser detalhado mensalmente.

As situações mais complexas no que se refere às despesas industriais são aqueles gastos para os quais existem contratos de serviços que preveem reajustes anuais. Tais despesas tendem a um crescimento progressivo, dada a constante atualização dos valores correspondentes. Assim, o recomendável é a constante avaliação das reais necessidades de tais serviços e, num segundo momento, a busca por fornecedores alternativos que apresentem oportunidade de redução do valor dos serviços, com a mesma qualidade. As renegociações de contratos são sempre uma alternativa para a neutralização de reajustes.

Outra situação sobre a qual a empresa exerce pouco controle diz respeito às depreciações. Uma vez que se decidiu fazer o investimento a despesa é inevitável. Por essa razão, tais decisões devem se pautar na geração incremental de receitas e de rentabilidade. Decisões erradas de investimentos oneram o resultado da empresa.

Os gastos com manutenções industriais são normalmente expressivos. Os investimentos em equipamentos novos para a substituição de antigos podem ser compensadores, se a economia obtida com a redução dos gastos for menor do que a despesa com depreciação. Esse tipo de raciocínio é aquele que deve nortear a busca pelos ganhos de produtividade, não apenas com as manutenções, mas com cada item de despesa, seja ela industrial ou não.

Não se pretende discutir nesta seção todas as possibilidades de ganhos de produtividade que devem ser exploradas quando da elaboração do orçamento das despesas. Cada empresa tem a sua peculiaridade e isso deve ser observado de forma a otimizarem-se os seus gastos. Cada linha do orçamento deve ser sustentada por fatos que justifiquem a sua existência e, nesse sentido, todas as despesas devem ser analisadas e vistas como uma fonte de ganho de produtividade.

Além de discutirem-se importantes conceitos que levem aos ganhos de produtividade, na Tabela 10.11 demonstra-se que as despesas devem ser orçadas de forma comparativa, com o propósito de levar os gerentes a um correto julgamento sobre a sua razoabilidade. Como se percebe no modelo exposto, buscou-se compensar os aumentos das despesas em decorrência dos efeitos inflacionários com a redução de gastos onde isso pode ser feito, sem se afetar a sustentabilidade do negócio.

O fato de as despesas serem orçadas de forma comparativa não significa que se devam simplesmente utilizar os valores despendidos no ano anterior como base para o orçamento sem uma profunda avaliação de suas razoabilidades. Essa avaliação deve compreender a análise mensal de cada item de despesa do ano anterior, no sentido de identificarem-se ocorrências pontuais de dispêndios que não devem se repetir no ano do orçamento. Podem também ser detectadas reclassificações contábeis de despesas que também não se repetirão. Tanto um quanto outro caso devem ser expurgados dos valores que servem de base para a comparação entre o que se passou e aquilo que se espera que aconteça.

Tabela 10.11 – Orçamento das despesas fixas industriais

ORÇAMENTO DAS DESPESAS INDUSTRIAIS			
Espécie	X1	X2	Var. %
Depreciação de máquinas	3.200.000	3.450.000	7,8%
Outras depreciações	1.200.000	1.250.000	4,2%
Aluguel	720.000	756.000	5,0%
Manutenção de máquinas	1.100.000	980.000	– 10,9%
Manutenção das instalações	570.000	600.000	5,3%
Seguros	832.000	850.000	2,2%
Serviços prestados por terceiros	570.000	575.000	0,9%
Materiais de escritório	360.000	340.000	– 5,6%
Despesas de viagens	90.000	92.000	2,2%
Treinamento	293.000	280.000	– 4,4%
Despesas sindicais	420.000	422.000	0,5%
Leasing	750.000	710.000	– 5,3%
Fretes	80.000	50.000	– 37,5%
Serviços em garantia	890.000	810.000	– 9,0%
Telefones	780.000	790.000	1,3%
Bens de curta duração	145.000	160.000	10,3%
Auxílio a funcionários	122.000	55.000	– 54,9%
Diversos	42.000	50.000	– 9,0%
	12.164.000	12.220.000	0,46%

As Tabelas 10.12 e 10.13 apresentadas a seguir apresentam os orçamentos das áreas administrativa, de vendas e marketing. Os conceitos aplicados são semelhantes ao comentados para a Tabela 10.11.

Tabela 10.12 – Despesas administrativas

ORÇAMENTO DAS DESPESAS ADMINISTRATIVAS			
Espécie	X1	X2	Var. %
Depreciações	550.000	720.000	30,9%
Aluguel	260.000	273.000	5,0%
Manutenção das instalações	360.000	385.000	6,9%
Seguros	380.000	399.000	5,0%
Serviços prestados por terceiros	1.270.000	1.333.500	5,0%
Materiais de escritório	385.000	340.000	– 11,7%
Despesas de viagens	90.000	92.000	2,2%
Treinamento	280.000	320.000	14,3%
Despesas sindicais	100.000	105.000	5,0%
Leasing	385.000	404.250	5,0%
Telefones	205.000	210.000	2,4%
Bens de curta duração	100.000	90.000	– 10,0%
Auxílio a funcionários	47.000	45.000	– 4,3%
Diversos	153.000	135.000	– 11,8%
	4.565.000	4.851.750	6,28%

Tabela 10.13 – Despesas comerciais e de marketing

ORÇAMENTO DAS DESPESAS DE VENDAS E MARKETING			
Espécie	**X1**	**X2**	**Var. %**
Depreciações	85.000	90.000	5,9%
Aluguel	360.000	378.000	5,0%
Manutenção das instalações	85.000	80.000	– 5,9%
Seguros	165.000	173.250	5,0%
Serviços prestados por terceiros	853.000	860.000	0,8%
Materiais de escritório	315.000	320.000	1,6%
Despesas de viagens	600.000	720.000	20,0%
Propaganda e publicidade	1.510.000	1.480.000	– 2,0%
Treinamento	450.000	450.000	0,0%
Feiras e exposições	880.000	780.000	– 11,4%
Leasing	230.000	241.500	5,0%
Fretes	6.332.420	6.134.444	– 3,1%
Amostras grátis	290.000	76.000	– 73,8%
Serviços em garantia	1.583.105	1.614.327	2,0%
Telefones	915.000	960.750	5,0%
Comissões	1.583.105	1.614.327	2,0%
Bens de curta duração	120.000	70.000	– 41,7%
Auxílio a funcionários	32.000	30.000	– 6,3%
Doações	170.000	160.000	– 5,9%
Diversos	89.000	80.000	– 10,1%
	16.647.630	16.312.599	– 2,01%

Também nessas áreas cada gasto deve ser justificado com base naquilo que se pretende fazer, e não como mera repetição de situações ocorridas no passado. O principal norteador do que deve ser previsto em termos de despesas é o orçamento de vendas. Não é possível admitir-se o aumento de gastos quando a situação de mercado não permite crescimento de receita em percentuais superiores a ele. Dessa forma, os ganhos de produtividade devem ser o principal instrumento para neutralizar o aumento de despesas decorrentes de pressões inflacionárias, ou de outras razões.

Contudo, é necessário que a gestão da empresa se atente para o médio e longo prazo, evitando-se o corte de gastos lineares que comprometam o crescimento sustentável da empresa. Certamente, o uso continuado do conceito de produtividade na elaboração dos orçamentos de despesas possibilita a identificação de situações que permitam à empresa o perfeito equilíbrio entre as suas receitas e despesas. Nesse sentido, é possível que determinado gasto seja aumentado consideravelmente entre um e outro ano, enquanto outro sofre sensível redução no mesmo período.

10.13.8 Demonstração de resultado

A demonstração do resultado orçado apresentada na Tabela 10.14 a seguir reflete os esforços realizados por todos os gerentes em seus orçamentos.

Neste estágio, o orçamento passa por uma validação geral pela alta administração da empresa. É possível que ainda sejam necessários ajustes para que se alcance o resultado desejado. Numa situação normal de mercado, orçamentos que apresentem lucro operacional inferior ao do ano em curso não são aceitos e novos ajustes são solicitados. Neste caso, em X2 a empresa busca alcançar 14,5% de resultado operacional, comparado a 15,1% em X1. Mesmo parecendo pequena, a diferença é preocupante, pois a continuidade dos negócios no longo prazo depende de resultados sustentáveis, e uma variação negativa de 0,6% de um ano para outro pode indicar uma tendência de erosão de rentabilidade com consequências diretas na disposição do investidor em continuar a aplicar o seu capital na empresa.

No exemplo apresentado, foram vários os fatores que contribuíram para a redução do lucro operacional. O crescimento da receita foi decorrência apenas de aumento de volume, o que é um bom sinal, pois pode refletir melhoria de posicionamento no mercado. Contudo, a impossibilidade de repasse para os preços da inflação sobre materiais e massa salarial produziu uma perda de 1,2% na margem de contribuição, o que não pode ser considerado normal, se essa for uma tendência duradoura.

Tabela 10.14 – Demonstração de resultados – C X2

DEMONSTRAÇÃO DE RESULTADOS – ORÇAMENTO C PARA O ANO X2				
	X1		X2	
	R$	% das vendas	R$	% das vendas
Receita líquida de vendas	158.311	100,0%	161.433	100,0%
Custo dos materiais	61.741	39,0%	64.573	40,0%
MOD	20.322	12,8%	20.999	13,0%
Margem de contribuição	**76.247**	48,2%	**75.861**	47,0%
MOI	2.999	1,9%	2.952	1,8%
Outros custos fixos	12.164	7,7%	12.220	7,6%
Lucro bruto	**61.084**	38,6%	**60.689**	37,6%
Despesas administrativas	**8.694**	**5,5%**	**9.030**	**5,6%**
Massa salarial	4.129	2,6%	4.178	2,6%
Outras despesas administrativas	4.565	2,9%	4.852	3,0%
Despesas comerciais e de marketing	**28.543**	**18,0%**	**28.249**	**17,5%**
Massa salarial	11.895	7,5%	11.936	7,4%
Outras despesas comerciais e de marketing	16.648	10,5%	16.313	10,1%
Lucro operacional	**23.847**	**15,1%**	**23.411**	**14,5%**

Parte da perda de margem de contribuição foi compensada por ganhos de produtividade na mão de obra indireta e nos outros custos de produção, reduzindo a perda do lucro bruto para 1,0%. As despesas administrativas mantiveram-se no mesmo nível do ano anterior, o que significa terem sido contabilizados ganhos de produtividade, uma vez que parte expressiva dessas despesas é composta por massa salarial, para a qual foi previsto um reajuste de 6% em X2.

Já as despesas comerciais e de marketing projetadas para X2 apresentaram uma redução de 0,4% em relação às vendas, contribuindo para que o resultado final esperado para X2 se situasse em 14,5%, recuperando-se parcialmente a lucratividade afetada pelo aumento dos custos de produção sem aumento de preços de vendas como contrapartida.

O orçamento não se finaliza com a demonstração de resultados. Os relatórios finais são compostos também pelo balanço patrimonial e demonstração de fluxo de caixa projetados, dos quais se extraem outros indicadores, que servem de base para a avaliação de desempenho da empresa e de seus gerentes. Entre esses indicadores, os principais são o de capital circulante líquido, giro de contas a receber e a pagar, além de outros que não são o foco deste capítulo.

10.14 Controle orçamentário

10.14.1 Controle da execução do orçamento

A fase de controle da execução orçamentária é aquela em que são postas à prova todas as variáveis consideradas quando da elaboração do orçamento, e que são tomadas as decisões sobre eventuais ajustes operacionais visando ao alcance do resultado planejado. Nessa fase, confirma-se o cenário mercadológico constante do orçamento adotado, C−, C ou C+, ou alteram-se as diretrizes orçamentárias, se as mudanças de cenário o requererem.

Como mencionado em seção anterior deste capítulo, a razão para se trabalhar com diferentes cenários para o orçamento é a de permitir à empresa rápida reação frente às imponderabilidades mercadológicas, sem que isso implique em surpresa para os gerentes quando as ações para eventuais correções de rumo tiverem que ser tomadas. A decisão sobre qual será o cenário usado como ponto de partida é tomada tão logo a gestão da empresa tenha melhor visibilidade sobre o futuro estimado, isto é, no final do ano em curso ou no início daquele ao qual se refere o orçamento. A escolha de um dos três cenários possíveis para execução não significa que os outros dois devam ser abandonados, pois dependendo do comportamento das operações da empresa no decorrer do ano, pode-se mudar de um cenário para outro, isto é, para aquele que for mais apropriado para a realidade.

É natural existirem variações entre os valores orçados e aqueles realizados, afinal, orçar significa prever-se, aproximadamente, um estado futuro desejado. Entretanto, não devem existir variações consideradas imateriais, principalmente se forem negativas. Quando for este o caso, a postura esperada da gestão da empresa é a de promoção de ajustes operacionais que a recoloquem na trilha da rentabilidade esperada.

De qualquer forma, ao se iniciar a execução orçamentária, e independentemente do cenário escolhido como ponto de partida, a administração da empresa revalida mensalmente o orçamento para o restante do ano, sempre no sentido de preservar ou de melhorar a rentabilidade inicialmente prevista. Nesse processo de revalidação tomam-se decisões cujas profundidades são proporcionais à importância das variações observadas entre os valores orçados e aqueles alcançados.

A área de Controladoria da empresa é a guardiã do orçamento, controlando detalhadamente a sua execução e, por meio de seus relatórios informativos, desempenha valiosa função no processo de revalidação mensal do orçamento. O papel dos gerentes de áreas é o de tomar decisões que levem a uma boa execução orçamentária, já o da Controladoria é o de mantê-los informados, bem como à alta administração da empresa, sobre o resultado econômico e financeiro das decisões que eles tomaram.

Continuando o nosso exemplo da empresa fabricante de móveis, analisamos na Tabela 10.15 apresentada a seguir a comparação entre o orçamento para o primeiro trimestre, o C, e o resultado real obtido. Para efeito de ilustração, os valores orçados referentes a receita, custos e despesas foram distribuídos linearmente entre os meses do ano X2.

Ao analisar a demonstração de resultados contida na Tabela 10.15 verifica-se que a margem de contribuição real obtida foi 1,0% inferior àquela planejada, 46% comparados a 47%. O principal fator para isso foi o custo de matérias-primas maior do que aquele previsto. Partindo-se da premissa de não ter havido erro no valor orçado, as razões para o inesperado aumento de custo podem ser tanto decorrentes de problemas de produção, consumo além do necessário, quanto de aumento nos preços de fornecimento. Em ambos os casos, decisões devem ser tomadas. Porém, o fato é que o lucro do trimestre foi afetado, e algo deve ser feito a partir do 2º trimestre de X2 para que a parte perdida seja recuperada.

Tabela 10.15 – 1º trimestre CC2

	Demonstração de Resultado 1º trimestre X2		Orçamento *versus* real 1º trimestre			
	X2 – ano completo		Orçamento		Realizado	
	R$	% das vendas	Orçamento	% das vendas	Real	% das vendas
Receita líquida de vendas	161.433	100,0%	40.358	100,0%	38.340	100,0%
Custo dos materiais	64.573	40,0%	16.143	40,0%	15.720	41,0%
MOD	20.999	13,0%	5.250	13,0%	4.987	13,0%
Margem de contribuição	**75.861**	47,0%	**18.965**	47,0%	**17.634**	46,0%
MOI	2.952	1,8%	738	1,8%	745	1,9%
Outros custos fixos	12.220	7,6%	3.055	7,6%	2.963	7,7%
Lucro bruto	**60.689**	37,6%	**15.172**	37,6%	**13.925**	36,3%
Despesas administrativas	**9.030**	**5,6%**	**2.257**	**5,6%**	**2.243**	**5,8%**
Massa salarial	4.178	2,6%	1.044	2,6%	1.024	2,7%
Outras despesas administrativas	4.852	3,0%	1.213	3,0%	1.219	3,2%
Despesas de vendas e de marketing	**28.249**	**17,5%**	**7.062**	**17,5%**	**7.102**	**18,5%**
Massa salarial	11.936	7,4%	2.984	7,4%	3.044	7,9%
Outras despesas comerciais e de marketing	16.313	10,1%	4.078	10,1%	4.058	10,6%
Lucro operacional	**23.411**	**14,5%**	**5.853**	**14,5%**	**4.581**	**11,9%**

As despesas administrativas, embora razoavelmente em linha com o plano, consumiram 0,2% a mais da receita líquida de vendas. Naturalmente em decorrência de esta ter sido menor do que a constante do orçamento. Embora esse percentual não seja significativo, se confirmada a tendência de redução da receita no ano, o contínuo desalinhamento dessas despesas com a receita provocará mais sacrifício de lucro. Principalmente em função de alguns aumentos decorrentes de contratos de serviços, tarifas e dissídios que devem ocorrer no curso do ano.

Já as despesas de vendas e marketing tiveram um desempenho ainda pior do que as administrativas, superando em 1,0% em relação ao orçamento, quando consideradas como um percentual do faturamento.

Naturalmente, esses desalinhamentos observados nas duas linhas de despesas mencionadas são, em grande parte, decorrentes de o faturamento do trimestre ter sido 5,0% inferior ao esperado no orçamento. Isso explica a maior parte dos desvios das despesas realizadas, pois o indicador correspondente é medido sempre em relação ao faturamento, e não poderia ser diferente, uma vez que ele é o principal fator que molda a dimensão da operação da empresa, bem como deve ditar qual o tamanho da estrutura comercial e administrativa se justifica a partir de tal dimensão.

A análise para fins práticos deve ser detalhada, ao ponto de identificarem-se quais os itens das despesas excederam ao orçado e quais tiveram comportamentos favoráveis. O produto dessa investigação poderá levar a conclusões interessantes, que facilitem a correção do problema identificado sinteticamente na demonstração de resultado, ou mesmo a uma readequação das estruturas operacionais dessas áreas ao volume de vendas obtido, se essa variável for consistentemente descendente.

O fato é que o lucro operacional foi sensivelmente afetado pelas variáveis comentadas acima, principalmente pela redução da receita líquida de vendas, o que levou à queda de lucratividade dos 14,5% esperados para 11,9%, o que enseja que medidas imediatas sejam tomadas, inclusive a reavaliação do orçamento.

No processo de revalidação do orçamento, a meta é a de se promoverem ajustes que permitam o alcance do resultado anteriormente projetado e, para isso, o principal indicador deixa de ser o lucro operacional em valores absolutos, passando-se a adotar o lucro operacional relativo que é, na realidade, o principal indicador do desempenho da empresa.

De forma conservadora, o resultado do ano X2 é reprojetado, assumindo-se como premissa de que o desempenho observado no primeiro trimestre será repetido nos posteriores. Ajustando-se, a partir dessa premissa, todos os indicadores provenientes da demonstração de resultados. Isso poderá ser mais bem visualizado na continuação do exemplo, na Tabela 10.16 apresentada a seguir.

Tabela 10.16 – Reprojetando o ano X2 com base no resultado do 1º trimestre

DEMONSTRAÇÃO DE RESULTADOS – ORÇAMENTO PARA O ANO CC X2						
	Orçamento CC X2		Real no 1º trimestre		Reprojeção para X2	
	R$	% vendas	R$	% vendas	Projeção	% vendas
Receita líquida de vendas	161.433	100,0%	38.340	100,0%	153.361	100,0%
Custo dos materiais	64.573	40,0%	15.720	41,0%	62.878	41,0%
MOD	20.999	13,0%	4.987	13,0%	19.949	13,0%
Margem de contribuição	**75.861**	47,0%	**17.634**	46,0%	**70.534**	46,0%
MOI	2.952	1,8%	745	1,9%	2.981	1,9%
Outros custos fixos	12.220	7,6%	2.963	7,7%	11.853	7,7%
Lucro bruto	**60.689**	37,6%	**13.925**	36,3%	**55.700**	36,3%
Despesas administrativas	**9.030**	**5,6%**	**2.243**	**5,8%**	**8.970**	**5,8%**
Massa salarial	4.178	2,6%	1.024	2,7%	4.094	2,7%
Outras despesas administrativas	4.852	3,0%	1.219	3,2%	4.876	3,2%
Despesas comerciais e de marketing	**28.249**	**17,5%**	**7.102**	**18,5%**	**28.406**	**18,5%**
Massa salarial	11.936	7,4%	3.044	7,9%	12.175	7,9%
Outras despesas comerciais e de marketing	16.313	10,1%	4.058	10,6%	16.231	10,6%
Lucro operacional	**23.411**	**14,5%**	**4.581**	**11,9%**	**18.323**	**11,9%**

Ao se repetir a tendência observada no primeiro trimestre, observa-se que o lucro operacional se reduziria a $ 18.323 mil, contra $ 23.411 projetados no orçamento, isto é, 11,9% ante 14,5%.

O próximo passo para a revalidação do orçamento do ano é estabelecerem-se novas metas de corte de custos e despesas, seja por meio de ganho de produtividade ou simplesmente pela redução de dispêndios sem os quais a empresa pode temporariamente sobreviver, inclusive aquelas relacionadas à massa salarial.

Veja-se a seguir, na Tabela 10.17, a continuação do exemplo, na qual se ilustra como se procede aos ajustes necessários para a recolocação da empresa na trilha da lucratividade desejada.

Tabela 10.17 – Reprojetando o resultado de X2 com base em ganhos de produtividade e redução de despesas e custos

	Orçamento CC X2 R$ mil	% vendas	Reprojeção para X2 Real	% vendas	P.V	Custo MP	Fretes	Contratos	MO	Despesas	Outros	Orçamento C- X2 R$ mil	% vendas
Receita líquida de vendas	161.433	100,0%	153.361	100,0%	920							154.281	100,0%
Custo dos materiais	64.573	40,0%	62.878	41,0%		(314)	(126)					62.438	40,5%
MOD	20.999	13,0%	19.949	13,0%					(598)			19.350	12,5%
Margem de contribuição	75.861	47,0%	70.534	46,0%	920	314	126	0	598	0	0	72.493	47,0%
MOI	2.952	1,8%	2.981	1,9%					(30)			2.951	1,9%
Outros custos fixos	12.220	7,6%	11.853	7,7%				(237)		(356)		11.261	7,3%
Lucro bruto	60.689	37,6%	55.700	36,3%	920	314	126	237	628	356	0	58.281	37,8%
Despesas administrativas	9.030	5,6%	8.970	5,8%	0	0	0	(123)	0	(146)	0	8.701	5,6%
Massa salarial	4.178	2,6%	4.094	2,7%				(123)				3.971	2,6%
Outras despesas administrativas	4.852	3,0%	4.876	3,2%						(146)		4.730	3,1%
Despesas comerciais e de marketing	28.249	17,5%	28.406	18,5%	0	0	(307)	0	(122)	(487)	(325)	27.166	17,6%
Massa salarial	11.936	7,4%	12.175	7,9%					(122)			12.053	7,8%
Outras despesas comerciais e de marketing	16.313	10,1%	16.231	10,6%			(307)			(487)	(325)	15.113	9,8%
Lucro operacional	23.411	14,5%	18.323	11,9%	920	314	432	360	750	989	325	22.414	14,5%

Header groups: **Orçamento inicial CC X2** spans Orçamento CC X2; **Plano para a proteção da margem de lucratividade** spans P.V, Custo MP, Fretes, Contratos, MO, Despesas, Outros.

Nota: Para fins de melhor entendimento, os valores nas colunas "plano para a proteção de margem de lucratividade" estão sendo demonstrados entre parênteses quando reduzem os saldos da coluna "reprodução para X2", e sem parênteses quando forem adicionados a tais saldos.

O processo de reorçamento é realizado com a participação dos principais gerentes da empresa. Buscam-se com isso os seus comprometimentos e as suas sugestões de ganhos de produtividade, de corte de despesas e de custos temporária e circunstancialmente necessários para se alcançar o indicador de lucratividade antes planejado, isto é, 14,5%.

Importante destacar que no reorçamento não são recomendáveis medidas que comprometam os resultados de médio e longo da empresa. É por essa razão que a redução na quantidade de funcionários, ou de massa salarial, normalmente se inicia em postos cujas especialidades podem ser rapidamente repostas pela empresa em caso de mudança de cenário.

Na segunda parte da Tabela 10.17, apresentam-se os efeitos das reflexões dos gerentes sobre a reconstrução do resultado, por meio de um Plano para a proteção da margem de lucratividade. No caso apresentado, apesar de ser apenas uma ilustração, podem ser constatadas as medidas comumente adotadas para o retorno ao objetivo de lucro da empresa. Embora os valores sejam apresentados de forma sintética, quase sempre eles se compõem de várias iniciativas menores, que compreendem tudo o que pode ser feito para o alcance da margem de lucro anteriormente orçada.

No caso das vendas, por exemplo, os $ 920 mil acrescidos ao faturamento podem ser compostos pela combinação de aumento de preços, mudança de estratégia de *mix* de produtos que permitam ganho extra de volume, ou mesmo pelo aproveitamento de oportunidades fiscais legítimas que levem a uma menor tributação dos produtos vendidos.

Da mesma forma, a redução no custo das matérias-primas tem componentes que abrangem a renegociação de preços com vários fornecedores, a substituição de componentes por outros mais baratos, ou mudanças em processos industriais que impliquem num uso melhor de materiais, ou seja, no reorçamento os gerentes reinventam a empresa, adequando-a a uma nova realidade.

A mão de obra direta, assim como as matérias-primas, é um elemento de custo que varia em função do volume de produtos fabricados. Assim, em caso de reorçamento ela deve ser automaticamente ajustada à nova realidade. A adoção de novos processos e a eliminação de improdutividades que impliquem em custos decorrentes de horas extras, por exemplo, são fatores que não podem deixar de ser considerados em um reorçamento.

No caso da mão de obra indireta, seja ela fabril ou não, a situação é a mesma: readaptação em busca de "combustível" para o plano de proteção para margens de lucratividade. O raciocínio é o mesmo já empregado neste exemplo. Neste caso, entretanto, pode-se ir um pouco além, por exemplo, nas empresas são comuns os postos de trabalho que podem ser temporariamente cortados e repostos em momentos mais favoráveis, ou acordos para suspensão/diminuição temporária de bônus, benefícios, aumentos salariais já negociados etc. Enfim, para se proteger a margem de lucratividade no curto prazo há várias medidas que podem ser tomadas, temporária ou definitivamente. No exemplo apresentado, a empresa espera deixar de gastar $ 750 mil em mão de obra no restante do ano X2.

As revisões de contratos com prestadores de serviços, incluindo-se entre eles os fretes, com a consequente redução dos gastos correspondentes, é um caminho natural em casos de necessidade de reorçamento. Para esses fornecedores, muitas vezes, é preferível reduzir a sua rentabilidade a perder o cliente, uma vez que este lhes proporciona receitas importantes para a diluição de seus próprios custos fixos. Naturalmente, essas negociações preveem a prática de preços justos numa situação de volta à normalidade de volume de serviços. Esses itens, somados, representam $ 792 mil da economia apresentada no plano de proteção.

Por fim, restam as despesas. O corte de gastos dessa natureza é o caminho mais procurado, não só em caso de reorçamento, mas sempre. Especificamente quando o resultado operacional não é alcançado, esses cortes são usualmente mais profundos. Todos os itens que compõem os orçamentos de despesas são revisitados e tratados como uma fonte natural de busca de economia. No caso da empresa de móveis, no reorçamento, somando-se todos os itens reduzidos de todas as áreas, obteve-se uma redução de $ 989 mil.

Saliente-se que medidas constantes do plano para a proteção de margens de lucratividade repercutem não apenas no primeiro mês de sua implementação, mas os ganhos calculados são a somatória do montante que se espera obter durante o restante do ano. Por essa razão, nesse plano, cada ação a ser tomada deve ter uma data especificada para implantação, e o seu resultado claramente distribuído pelo período ainda a transcorrer no restante do ano.

Todavia, há momentos em que o corte de gastos tem limites, pelo menos na primeira fase do reorçamento. Principalmente em razão de que as reduções de despesas ou ganhos de produtividade sugeridas pelos gerentes para o plano de proteção devem corresponder a situações exequíveis, cujas execuções devem ser iniciadas imediatamente, pois eles se tornarão metas que serão cobradas desses gerentes.

É comum restar-se no plano de proteção uma parcela de economia de gastos cujas fontes ainda não tenham sido identificadas, ou a famosa linha de "outros", no caso da empresa de móveis, $ 325. Mas esse item não pode ser esquecido, e os gestores devem aprofundar as suas buscas por ganhos de produtividade ou redução de despesas a fim de que o plano para a proteção da lucratividade seja, de fato, alcançado.

Após a validação do plano para a proteção da margem de lucratividade pela área de Controladoria, o reorçamento é revalidado pela alta administração da empresa, e começa-se a sua execução.

10.14.2 Estreitando o controle sobre a execução do orçamento

Se o monitoramento da execução orçamentária pela área de Controladoria é importante, isso se torna ainda mais relevante na fase de acompanhamento do reorçamento, principalmente porque cabe a essa área o monitoramento da evolução do plano para a proteção da margem de lucratividade.

A tarefa de monitorar o reorçamento não é fácil, e a principal razão para isso é que se os indicadores da demonstração de resultado não foram alcançados no primeiro trimestre, a recuperação no período restante do ano é ainda mais complexa. Basta compararem-se tais indicadores entre aquilo que foi originalmente orçado e o que se espera para o restante do ano, em termos percentuais. Verificar-se-á que à primeira vista o alcance dos indicadores para essa segunda fase pode parecer inatingível, como pode ser observado na Tabela 10.18, apresentada a seguir.

Com exceção das receitas do restante do ano, já previstas para um C– em um volume menor do que o esperado no C, todos os outros indicadores requerem maior esforço para serem alcançados, desde a margem de contribuição até o lucro operacional. Tudo isso a fim de se alcançarem os 14,5% previstos no C.

Tabela 10.18 – Reorçamento para o restante do ano

Descrição	Orçamento CC X2		Restante do ano a partir do realizado no T1 X2					
			T1 de X2		Restante do ano		Reorçamento C– X2	
	R$ mil	% vendas	R$ mil	% vendas	R$ mil	% vendas	R$ mil	% vendas
Receita líquida de vendas	**161.433**	100,0%	**38.340**	100,0%	**115.941**	100,0%	**154.281**	100,0%
Custo dos materiais	64.573	40,0%	15.720	41,0%	46.718	40,3%	62.438	40,5%
MOD	20.999	13,0%	4.987	13,0%	14.363	12,4%	19.350	12,5%
Margem de contribuição	**75.861**	47,0%	**17.634**	46,0%	**54.860**	47,3%	**72.493**	47,0%
MOI	2.952	1,8%	745	1,9%	2.206	1,9%	2.951	1,9%
Outros custos fixos	12.220	7,6%	2.963	7,7%	8.297	7,2%	11.261	7,3%
Lucro bruto	**60.689**	37,6%	**13.925**	36,3%	**44.356**	38,3%	**58.281**	37,8%
Despesas administrativas	**9.030**	5,6%	**2.243**	5,8%	**6.459**	5,6%	**8.701**	5,6%
Massa salarial	4.178	2,6%	1.024	2,7%	2.948	2,5%	3.971	2,6%
Outras despesas administrativas	4.852	3,0%	1.219	3,2%	3.511	3,0%	4.730	3,1%
Despesas comerciais e de marketing	**28.249**	17,5%	**7.102**	18,5%	**20.065**	17,3%	**27.166**	17,6%
Massa salarial	11.936	7,4%	3.044	7,9%	9.010	7,8%	12.053	7,8%
Outras desp. comerciais e de marketing	16.313	10,1%	4.058	10,6%	11.055	9,5%	15.113	9,8%
Lucro operacional	**23.411**	14,5%	**4.581**	11,9%	**17.833**	15,4%	**22.414**	14,5%

Numa situação normal, esse fato causaria preocupação, pois poder-se-ia pensar que, se não foi possível alcançar-se o resultado previsto no C no primeiro trimestre, como seria possível alcançarem-se indicadores ainda melhores no reorçamento para o restante do ano? A resposta é relativamente simples, no C, os custos e despesas basearam-se em receita maior do que a realizada, o que significa que quando ela não se realiza da forma planejada, deve haver, naturalmente, o ajustamento de custos e despesas ao volume compatível com o volume da receita, o que, em princípio, pode parecer que tais gastos estejam se reduzindo de forma surpreendentemente positiva quando, na realidade, estão apenas se reposicionando de acordo com a atual dimensão do volume de operação da empresa.

A melhoria dos indicadores de custos e despesas deve ser vista como possível e com naturalidade, posto que o reorçamento deve ser elaborado em bases factíveis, conforme comentado anteriormente, e não de acordo com os desejos individuais dos gerentes. O que deve permitir razoável segurança de que tais indicadores serão alcançados.

Todavia, o controle do orçamento, em decorrência do que foi exposto anteriormente, se torna uma tarefa ainda mais árdua para a área de Controladoria que, a partir dessa fase, deve monitorar não apenas o reorçamento, mas também o plano de proteção da margem de lucratividade. Embora ambas as atividades estejam interligadas, elas requerem esforço adicional da área, e uma ainda maior interação e intercâmbio de informações dela com as demais áreas organizacionais.

A seguir, na Tabela 10.19 demonstra-se como se dá o controle mensal do reorçamento e do plano de proteção de margens de lucratividade. Analisa-se, agora, o realizado no mês de abril comparado ao orçado em igual período.

A análise do desempenho da empresa no mês mostra que ela obteve uma receita levemente superior à do reorçamento, o que reitera a correção da decisão tomada em relação ao redimensionamento dos custos e despesas para esse volume de vendas.

O item da demonstração de resultado que destoou negativamente do valor esperado foi o das matérias-primas, que consumiram 0,9% das vendas a mais do que o previsto. A tendência do aumento do custo das matérias-primas deve ser investigada pela área de Controladoria. As razões para isso ter ocorrido podem não ser as mesmas observadas no 1º trimestre.

Tabela 10.19 – Abril: orçado *versus* realizado

Descrição	Abril reorçado X2 *versus* realizado			
	Reorçado		Abril real	
	R$	% vendas	R$	% vendas
Receita líquida de vendas	12.882	100,0%	12.900	100,0%
Custo dos materiais	5.191	40,3%	5.310	41,2%
MOD	1.596	12,4%	1.600	12,4%
Margem de contribuição	6.096	47,3%	5.990	46,4%
MOI	245	1,9%	230	1,8%
Outros custos fixos	922	7,2%	900	7,0%
Lucro bruto	4.928	38,3%	4.860	37,7%
Despesas administrativas	718	5,6%	717	5,6%
Massa salarial	328	2,5%	325	2,5%
Outras despesas administrativas	390	3,0%	392	3,0%
Despesas comerciais e de marketing	2.229	17,3%	2.227	17,3%
Massa salarial	1.001	7,8%	995	7,7%
Outras desp. comerciais e de marketing	1.228	9,5%	1.232	9,6%
Lucro operacional	1.981	15,4%	1.916	14,9%

O que se observa é que, percentualmente, em relação à receita, as outras despesas e custos se comportaram melhor do que era esperado no reorçamento e esses gastos pareceram estar sob controle neste primeiro mês após o início da implantação do plano de proteção da margem de lucratividade.

Entretanto, novas medidas de proteção devem ser tomadas, pois mesmo com a melhoria dos indicadores de custos indiretos e despesas, houve uma erosão de 0,5% do lucro operacional que deve ser recuperada nos oito meses seguintes.

O próximo passo é o monitoramento da execução do plano de proteção pela área de Controladoria. É necessário constatar-se se, de fato, a redução de gastos teve origem no plano, se todos os itens foram cumpridos e, caso não o tenha sido, a razão para que isso não tenha ocorrido.

A elaboração de reorçamento e os planos de proteção da margem de lucratividade são atividades constantes realizadas pela empresa e estão entre as mais importantes no processo de gestão empresarial.

No exemplo dado, abordou-se um reorçamento para se corrigirem distorções em receitas, custos e despesas que afetavam a lucratividade da empresa. Contudo, essa não é a única situação que requer um reorçamento. Se, contrariamente, as vendas estiverem acima daquelas previstas no C, ajustam-se as variáveis para que o C+ seja alcançado ou superado.

11

O CONCEITO DE CUSTOS DE OPORTUNIDADE NA ATIVIDADE DECISORIAL

A informação contábil tem um valor inestimável para o meio empresarial. É através dela que os interessados por uma empresa se mantêm informados sobre resultados auferidos e sobre o seu potencial para o futuro, diminuindo-se a assimetria informacional entre esses usuários e os responsáveis pela geração e divulgação da informação.

O prestígio e o valor da informação contábil são também reconhecidos pela gestão da empresa, pois eles são um dos principais insumos utilizados no processo decisório, abastecendo-o e possibilitando a tomada de decisões com base em dados seguros.

Não obstante a reputação da informação contábil, não há como deixar de reconhecer que, para certas finalidades, a necessária padronização de critérios contábeis entre as empresas acaba lhes impondo limites. Isso porque ela retrata apenas as receitas e os custos explícitos a elas inerentes, isto é, aqueles que se tornam desembolso visível. Com isso, deixa de refletir os custos implícitos presentes em cada decisão tomada ou, em outras palavras, os custos de oportunidade, que são definidos como os benefícios abandonados por se terem aplicado recursos na implementação de uma determinada decisão em vez de se tê-lo feito em outra.

Enfatize-se que os mencionados limites não diminuem o valor da informação contábil para efeito de avaliação de desempenho da própria empresa, principalmente se esta dispuser de um planejamento formal que permita a comparação entre os resultados obtidos contrapostos àqueles que foram planejados.

Sob a perspectiva da avaliação de desempenho do gestor, entretanto, a informação contábil, embora fundamental para esse processo, pode ser questionada por não considerar os custos de oportunidade decorrentes das decisões tomadas. Ao se desconsiderá-los, os gestores passam a ser avaliados à luz apenas do que alcançaram, desprezando-se o fato de que poderiam ter alcançado resultados melhores do que aqueles auferidos.

Este capítulo busca apresentar alternativas para a aplicação de tal conceito, tanto para a avaliação do potencial resultado de uma decisão quanto para a avaliação do gestor por ela responsável.

Assim, procura-se caracterizar a importância do conceito de custos de oportunidade para o ambiente empresarial no que se refere à sua mensuração e aplicabilidade no processo decisório, abordando-o como uma técnica orientadora à disposição de gerentes para a otimização de suas funções, no que se refere à rotina de tomada de decisões. Inicia-se o capítulo com a abordagem histórica do conceito, a partir de estudos realizados por economistas da era clássica.

A ênfase nos estudos desenvolvidos por economistas clássicos se deve à adesão ao conceito por outros contemporâneos, e a ausência de menção aos autores das escolas de Administração e Contabilidade se deve ao fato de que o conceito foi aceito de forma unânime pelos autores de ambas as mencionadas escolas, que nada de novo acrescentaram ao tema.

A questão principal em torno do conceito, que é a sua subjetividade e a dificuldade de se mensurá-lo, permanece não totalmente resolvida. Assim, esta obra busca contribuir com esse aspecto, apresentando de forma direta um modelo de mensuração que possibilite a sistematização do uso do conceito.

11.1 Principais contribuições acerca de custos de oportunidade

No Quadro 11.1, apresenta-se uma síntese das principais contribuições dos autores da Economia Clássica destacados neste capítulo para o tema custos de oportunidade.

O conceito de custos de oportunidade na atividade decisorial **281**

Quadro 11.1 – Contribuições literárias sobre custos de oportunidade

AUTOR	CONTRIBUIÇÃO
Smith	Ao defender que o preço de uma mercadoria seria composto pelos elementos trabalho, capital e terra, entendeu que o trabalho era o elemento principal. O preço de dado bem seria estabelecido pela quantidade de trabalho necessário para sua obtenção, ou seja, o trabalho seria uma unidade de troca, portanto, com vários empregos alternativos.
Ricardo	Em suas discussões sobre as vantagens do comércio exterior, Ricardo alerta para o fato de que, se em vez de destinarmos nossos esforços na produção dos bens "A" e "B", conseguindo apenas resultados razoáveis, usarmos nossa capacidade para a obtenção somente do bem "A", para o qual somos mais produtivos, o excedente gerado na produção nos permitirá adquirir maior quantidade de "B" do que aquela que poderíamos elaborar. Esse e outros entendimentos do autor induzem ao conceito de custos de oportunidade.
Senior	Senior entendeu que o valor de um bem era composto não apenas por capital, terra e trabalho. Existia outro elemento – abstinência – que seria um fator determinante no preço. A abstinência era um termo utilizado para expressar a conduta de alguém que se abstém ou renuncia ao uso de algo, preferindo a produção de outra coisa. No entendimento do autor, esse fator seria o que proporciona a existência dos outros fatores componentes do preço de um produto. A teoria de Senior tornou iminente a Teoria de Custos de Oportunidade.

Quanto à formalização dos custos de oportunidade, após a publicação do artigo de Wieser, a Lei de Wieser não tardou a ser reconhecida e batizada com o termo "custos de oportunidade". Em 1894, pela primeira vez, o assunto foi publicado em um artigo, com o título de "Pain-Cost and Opportunity Cost", de autoria de David I. Green.

A teoria deixou de ser tema de escolas específicas, popularizando-se entre os estudiosos da Ciência Econômica que, no século XXI, tem reforçado seu papel de fornecedora de teorias que visam auxiliar os gestores em suas funções de otimizar o resultado da aplicação de recursos escassos. *Economics of enterprises* é uma dessas obras que se dedicam ao estudo do tema custos, revestindo-o de conteúdos que facilitam seu entendimento e aplicação.

No Quadro 11.2, apresentamos um sumário das principais contribuições dadas pelos autores ao tema custos de oportunidade no que tange à sua formalização e propagação.

Quadro 11.2 – Contribuições literárias sobre custos de oportunidade

AUTOR	CONTRIBUIÇÃO
Menger	Menger promoveu grandes mudanças na Teoria do Valor existente até então. Para ele, o valor de um bem é derivado de sua capacidade de satisfazer às necessidades humanas, de sua utilidade. Menger abriu caminho para que a alocação de recursos produtivos fosse estudada a partir do enfoque do grau de importância, ou de utilidade, que tais recursos têm para quem os possui e os deseja aplicar.
Pareto	Também esse autor entendeu que o valor de um bem está diretamente ligado a sua utilidade. Em termos de avaliação entre o consumo de um ou outro produto, entretanto, as utilidades de ambos não devem ser simplesmente comparadas. A satisfação plena pelo consumo de um produto pode estar ligada ao consumo de outros. Além de existir essa interdependência, que impede que o valor de um produto seja simplesmente parametrizado por outro não consumido, Pareto afirmou que o grau de utilidade de um bem é dinâmico, ou seja, depende das circunstâncias em que a análise é feita.
Samuelson	O autor entendeu que o termo *satisfação* não se aplica diretamente às empresas que adquirem matérias-primas para transformá-las e venderem os bens decorrentes. A satisfação deve ser vista apenas sob o ponto de vista do consumidor final, e deve ser entendida como o meio que a empresa tem para estabelecer o preço que cobrará por seus produtos.
Hicks	Hicks relacionou a satisfação gerada pelo consumo de um bem a seu preço, à demanda pelo mesmo e à renda de quem toma a decisão de consumo. O autor introduziu o conceito de utilidade do dinheiro.
Wieser	Wieser defendeu que o valor de um fator de produção, em qualquer uso, é a utilidade abandonada de outros bens que poderiam ter sido produzidos com os mesmos fatores. Esse autor dedicou-se ao estudo da alocação de recursos produtivos à luz da Teoria da Utilidade. Em seu entendimento, os custos se originam da própria limitação do ato de produzir, pois à medida que se toma uma decisão de produção, dada a escassez de recursos, os fatores de produção ficam comprometidos com aquele uso particular, sendo importante, a partir daí, conhecerem-se os valores dos bens que poderiam ter sido produzidos com aqueles recursos e não o foram. Esse raciocínio promoveu o interesse dos autores da Teoria Econômica para o que, mais tarde, se chamaria custos de oportunidade.
Green	A "Lei de Wieser", como era conhecida a teoria defendida por aquele autor, enfim, foi "batizada" por Green como custos de oportunidade, mediante artigo no qual ele se refere a custos como uma combinação de fatores, dentre os quais o sacrifício de oportunidades.
Wicksteed	Entendeu que os custos de oportunidade não influenciavam o preço do bem. O conceito, porém, era importante para a decisão de alocação de recursos. Dessa forma, esse autor procurou vincular o conceito a decisões futuras, minimizando sua importância no resultado de decisões passadas.
Davenport	O autor se dedicou a um estudo detalhado dos conceitos de custos. Concluiu haver tipos diferentes de custos de oportunidade. Em sua opinião, o conceito deve variar de acordo com o enfoque do problema econômico sob análise; por exemplo, numa decisão de investimento, o custo de oportunidade pode ser o juro que seria obtido sobre o capital consumido. Segundo Davenport, custos de oportunidade sempre existirão, a menos que não haja aplicações alternativas para o recurso em questão. Em suas observações, também enfatizou o uso do conceito de custos de oportunidade como um fator a ser considerado pelo decisor antes da tomada de decisão.

A literatura contábil e financeira, ciente do papel da Contabilidade como provedora de métodos de mensuração de eventos econômicos e controle patrimonial, reconhece a relevância do conceito de custos de oportunidade para o processo decisorial e busca estudá-lo com o propósito de dar-lhe um sentido prático. Observa-se, entre os autores, a preocupação em tratar o tema, inserindo-o de forma objetiva no ambiente contábil, ou seja, procurando ajustá-lo a vários conceitos e métodos contábeis de avaliação existentes, usados com frequência pela contabilidade gerencial.

De forma sumarizada, apresentam-se no Quadro 11.3 algumas contribuições de autores sobre o tema, dentro da ótica contábil.

Quadro 11.3 – Outras contribuições literárias sobre custos de oportunidade

AUTOR	ENTENDIMENTO
Glautier e Underdown	"Pode ser medido como o valor da próxima melhor alternativa abandonada, ou o recebimento líquido de caixa perdido como resultado da escolha de uma alternativa em vez da melhor seguinte."
Dopuch e Birnberg	"O custo de oportunidade de qualquer ativo é o valor que pode ser recebido se o ativo for usado em sua próxima melhor alternativa."
Shillinglaw	"Custo diferencial mensurado pela entrada líquida de caixa, que se perderá se este for desviado de seu melhor uso alternativo. Esse custo diferencial é conhecido como o custo de oportunidade."
Matz e Frank	"Custo de oportunidade é o valor mensurável de uma oportunidade secundária pela rejeição de um uso alternativo de recurso."
Benke e Edwards	"É a medida de sacrifício feito no sentido de seguir um curso particular de ação."

Resumem-se no Quadro 11.4 os pontos mais representativos da evolução do conceito de custos de oportunidade tratados neste capítulo.

Quadro 11.4 – Resumo das contribuições literárias sobre custos de oportunidade

AUTOR	CONTRIBUIÇÃO
Solomons	Solomons assume que os custos envolvidos numa decisão não se restringem aos desembolsos. Para ele, o custo de utilização de um ativo é o maior valor que poderia ser obtido se aquele ativo tivesse sido empregado em outra alternativa. Esse autor introduz o conceito de que a base de avaliação das alternativas, para fins de comparação de resultados, é o valor presente do fluxo de benefícios líquidos esperado para cada alternativa.
Fisher	Buscou relacionar a essência dos custos de oportunidade com os custos efetivamente incorridos. Segundo esse autor, custos devem ser analisados sempre sob dois diferentes enfoques: como o valor da alternativa abandonada e como uma consequência direta de uma política ou programa executado. Apesar de essa parecer uma posição óbvia dos autores da Escola Contábil, poucos são os que buscam uma conciliação entre os dois conceitos de custos.
Gray e Johnston	Esses autores entenderam que custo de oportunidade é um lucro que poderia ter sido obtido se um conjunto de recursos tivesse sido aplicado em um uso alternativo. Aqui, vemos introduzido o conceito de conjunto de recursos, o que nos parece lógico, pois, uma decisão, normalmente, envolve mais do que o consumo de um recurso, e a análise do conjunto parece mais razoável do que avaliar o custo de oportunidade de cada elemento componente. Os autores também introduzem o conceito de custos de oportunidade positivos e negativos, sendo positivos quando, num processo de escolha, deixa-se de conseguir algum lucro e, negativo, quando simplesmente se evita uma despesa em função de alguma política ou decisão adotada.
Martins	Também para Martins, os custos de oportunidade representam o quanto a empresa sacrificou-se, em termos de remuneração, por ter aplicado seus recursos numa alternativa em vez de em outra. Entretanto, esse autor ressalva que, no momento de cada decisão, as alternativas podem ter níveis diferentes de riscos, o que dificulta a comparação direta entre os resultados potenciais. Martins defende que os custos de oportunidade devem ser vistos a partir de dois diferentes enfoques: custo de oportunidade em relação a alternativas de igual risco ou, para efeito de comparação de resultados, tomando-se como base o investimento de risco zero, ou seja, a taxa de juros praticada pelo mercado para papéis governamentais. Martins observa ser necessária a comparação dos resultados das alternativas com moedas de mesmo poder aquisitivo, isto é, deve ser considerado o efeito inflacionário.
Leininger	Leininger propõe que os custos de oportunidade sejam analisados com base em duas dimensões diferentes: sob a situação de lucro e sob a situação de custo. Para a situação de lucro, o custo de oportunidade é a diferença entre o lucro, se a política correta tivesse sido adotada, e o lucro resultante da política empregada. Para a situação de custo, o custo de oportunidade é a diferença entre o custo incorrido e o custo que poderia incorrer caso tivesse sido adotada a política correta. A contribuição desse autor consiste principalmente na tentativa de recortar a abrangência das definições existentes sem afetar a essência do conceito de custos de oportunidade.
Schlatter e Schlatter	Propõem um modelo de aplicação do conceito de custos de oportunidade através do custo do capital próprio, calculado através de uma taxa de juros aplicada sobre o valor do ativo fixo.

AUTOR	CONTRIBUIÇÃO
Anthony	Também aplica o conceito de custo de oportunidade através do custo do capital próprio, mensurado através de taxa ponderada pela estrutura de capital da organização, próprio e de terceiros. Diferentemente de Schlatter e Schlatter, entretanto, a base para a obtenção do valor dos juros é o valor dos recursos consumidos nas operações.
Catelli	Catelli aplica o conceito de custos de oportunidade na apuração dos preços de transferência entre atividades. Ele define que o valor a ser transferido é o do menor preço de mercado a vista, por entender que essa seria a melhor oportunidade de compra que uma "área-cliente" teria se adquirisse o material necessário às suas atividades diretamente do mercado. A essência do conceito é também aplicada para o financiamento de ativos, nesse caso, as áreas remuneram à área financeira o custo do capital utilizado. Os juros são calculados através da menor taxa de captação de mercado por representar o melhor negócio possível para as áreas, caso tivessem de captar os recursos diretamente do mercado. O conceito de margem operacional também representa um enfoque dos custos de oportunidade. Se positiva, representa que a decisão correta foi tomada, se negativa, significa um custo de oportunidade em decorrência de a decisão tomada não ter sido a mais apropriada. Catelli também emprega o conceito de juros sobre o capital próprio concomitantemente ao de custos de oportunidade.
Stewart III	Stewart III associou o conceito de custo de oportunidade do investidor à taxa de retorno do investimento. Desenvolveu um modelo de mensuração voltado à avaliação de administradores com a aplicação direta do conceito de custos de oportunidade.

As discussões sobre o impacto econômico de cada decisão no resultado da empresa estimularam, e ainda estimulam, os debates sobre custos de oportunidade. A Teoria Econômica, a partir dos estudos sobre a teoria do valor, iniciou os debates em torno do assunto, motivando o interesse de autores das Teorias Contábil e Financeira que ampliaram as discussões, acrescentando-lhe detalhes que hoje permitem sua aplicação a problemas de decisão de escolha.

A literatura acadêmica forneceu os meios para que o conceito fosse aplicado de forma flexível, orientando-o para a mensuração do resultado, de forma a serem conhecidas as verdadeiras consequências das decisões econômicas. A característica básica de custos de oportunidade envolve sempre a ideia de benefícios sacrificados em decorrência da implementação de uma decisão de escolha entre várias alternativas disponíveis e, sob o ponto de vista de uma empresa, é consequência da própria atividade operacional.

Na empresa, em um nível analítico, os custos de oportunidade ocorrem em suas áreas de atividades, nas quais o universo existente de alternativas de escolha é específico e relacionado diretamente às missões de cada uma delas, dependendo a aplicação do conceito, ainda, das circunstâncias que envolvam o problema sobre o qual se está decidindo.

A aplicação do conceito de custos de oportunidade não se restringe às decisões ocorridas nas áreas de atividades. Em alguns casos, os problemas de decisão, dada a abrangência de suas consequências, podem envolver a participação de mais de uma área. Decisões dos tipos: comprar ou alugar, fabricar ou terceirizar, investir etc., por serem mais complexas, podem também requerer que o uso do conceito seja associado ao de técnicas de matemática financeira e de estatística, como, por exemplo, cálculo do valor presente e probabilidades, para que as consequências futuras da decisão sejam simuladas, possibilitando a avaliação dos resultados de cada alternativa de escolha, após a consideração do impacto dos custos de oportunidade.

Para efeito de mensuração do resultado econômico de uma decisão, além do custo de oportunidade relacionado às alternativas renunciadas em um processo de escolha, existe também o custo do capital consumido em cada decisão. Esse custo representa a remuneração líquida mínima que o investidor espera obter por ter investido seu capital na alternativa-empresa, em vez de em qualquer outra.

O custo do capital próprio é o custo de oportunidade do investidor, pois representa a expectativa de retorno do capital que ele possui, e é o parâmetro que utilizará para decidir-se entre aplicar seu capital na empresa ou em outras oportunidades de negócios. Por essa razão, o custo do capital é intrínseco à atividade operacional da organização e, mesmo não sendo fruto direto da renúncia de alternativas de escolha por parte do decisor, é um dos elementos que compõem o verdadeiro custo de uma decisão tomada, da qual se espera sempre resultado suficiente para cobri-lo, justificando-se os recursos utilizados na implementação da decisão.

O custo de oportunidade é um fator relevante a ser considerado na avaliação prévia de alternativas de decisão. Sua importância é a de auxiliar o gestor na minimização do custo da decisão, através da simulação dos resultados possíveis das alternativas sob análise, de forma que a escolha final reflita o curso de ação que produzir o melhor resultado líquido.

O conceito também é importante após o curso de ação escolhido ter sido implementado. A mensuração do impacto dos custos de oportunidade no resultado de uma decisão tomada permite que o gestor seja avaliado segundo sua capacidade de decidir entre diferentes alternativas existentes para a aplicação de um mesmo recurso.

Na análise da conveniência de se adotar determinado curso de ação entre os vários possíveis, o decisor deve estar atento para o fator risco, variável sempre presente em situações que requeiram decisões. Cada alternativa de escolha envolve riscos que podem ser diferentes. A simples comparação entre alternativas, sem a consideração dessa variável, pode distorcer o resultado da avaliação, posto que elas podem ser incomparáveis.

É importante salientar que os riscos inerentes a cada decisão estão associados aos prazos de obtenção do resultado desejado, aos meios disponíveis para se alcançá-los, aos fatores políticos, sociais e econômicos inerentes ao ambiente da decisão e a outros aspectos que devem ser observados pelo decisor, com o claro propósito de se considerarem alternativas de forma justamente comparáveis.

A aplicação do conceito de custos de oportunidade, entretanto, implica, fundamentalmente, na racionalidade do gestor, em sua experiência e no conhecimento que ele tem do negócio que administra ou que ajuda a administrar.

Diante do exposto, entendemos ser a aplicação do conceito de custos de oportunidade plenamente praticável no contexto empresarial. As discussões do assunto pelas Teorias Econômica, Contábil e de Finanças proporcionaram, até aqui, amplos subsídios para que a administração de uma empresa do conceito se utilize, no sentido de otimizar seus recursos e, consequentemente, seu resultado.

11.2 O papel da empresa segundo a visão econômica

No século XXI, a Ciência Econômica reforçou seu papel de criar instrumentos que permitam aos gestores tomarem decisões que otimizem o resultado das organizações, possibilitando a estas retornarem a seus cotistas, da forma mais rápida e segura possível, o capital nelas investido. Sob esse enfoque, as empresas não existem por si ou para si, apenas. As riquezas produzidas por elas, simplesmente, não lhes pertencem. São revertidas para seus patrimônios, que representam o elo entre elas e seus investidores. Assim, os recursos consumidos em suas operações devem representar o interesse na obtenção dos melhores resultados possíveis.

O gerenciamento dos recursos de uma organização deve, obrigatoriamente, caminhar para a eficácia em sua administração, de forma que o objetivo final seja sempre atingido, ou seja, a maximização da riqueza de seus proprietários. Outros interesses, como governamentais, de credores e de empregados, não são enfatizados pela Economia. A razão é que, como já mencionado, o principal objetivo a ser atingido pela empresa é, primeiro, a satisfação dos donos do empreendimento.

Os empregados não são colocados em um plano inferior de interesse. Para estes, o enfoque dado é diferente. Segundo a visão de Graham (1965), "a empresa não gera riqueza ou renda para seus empregados. Estes são quem geram suas próprias rendas e riquezas por meio da oferta de serviços, os quais são comprados pela empresa". A ênfase nos interesses dos donos do negócio, portanto, leva os economistas a se voltarem para o impacto dos custos de produção de um bem no resultado de uma empresa.

Para avaliar esse impacto, a Economia continuou a estudar a natureza dos custos procurando identificá-los e caracterizá-los, indicando alternativas de mensuração, de forma que o resultado gerencial apurado nas operações de uma empresa leve em consideração todos os aspectos que podem, ou poderiam, afetar sua acurácia. No entanto, a preocupação não é apenas com o resultado apurado, que é tido como um fim, mas também com os meios que levam à sua obtenção. Em outras palavras, a Ciência Econômica tenta contribuir com o fornecimento de instrumentais que auxiliem gestores nos processos decisórios das empresas e, para isso, estuda os recursos consumidos em processos produtivos sob diversos enfoques, emergindo, a partir desses, conceitos de custos que muito se diferenciam daqueles aplicados pela Contabilidade Tradicional.

11.3 A mensuração dos custos de oportunidade

Não há como se negar a subjetividade implícita no conceito de custos de oportunidade. É realmente difícil de se conceber a possibilidade de mensuração do resultado de algo que não tenha efetivamente ocorrido, no caso, benefícios abandonados por não ter-se optado por uma alternativa de decisão em vez de outra. Também não se pode desprezar que, apesar disso, o conceito tem aplicabilidade para toda situação de decisão. Assim, sob a perspectiva empresarial, na qual julga-se a qualidade de uma administração pelo seu grau de eficácia no manuseio e consumo de recursos, devem-se buscar e encontrar formas alternativas de detecção, mensuração e de registro dos custos de oportunidade.

O primeiro passo para isso é a própria delimitação do conceito. Nesse sentido, sua aplicação deve levar em conta que, em uma empresa, existe, sim, um ilimitado leque de alternativas para a aplicação de um determinado recurso. Entretanto, quando levamos em conta as missões de suas áreas, muitas dessas opções de escolha não concorrem entre si, isto é, não competem umas com as outras.

Um gestor de uma área de compras, por exemplo, toma decisões relacionadas especificamente com essa atividade. Se partirmos do raciocínio de que a missão dessa área é a de abastecer a organização com os insumos e serviços de que ela necessita para operar, então, o custo de oportunidade decorrente das decisões tomadas pelo gestor da referida área está estritamente relacionado a prazos e preços, entre outros aspectos relacionados a suprimentos. Em outras palavras, o leque de opções para a aplicação do conceito de custos de oportunidade se reduz consideravelmente, facilitando a sua aplicação.

Ao se analisarem as possibilidades das decisões no âmbito de uma empresa, verifica-se que, apesar de estas ocorrerem em grande volume, em sua maioria, elas são rotineiras, estruturadas, e as correspondentes alternativas de escolha, quando isso for visto sob a perspectiva das missões das áreas, não são tão diversificadas, o que facilita a sistematização do processo decisório e o controle dos custos de oportunidade nele existentes.

Não se afirma com isso que qualquer tipo de decisão possa ter mensurado o custo de oportunidade a ele associado. Existem aquelas que são tomadas para se alcançarem objetivos de longo prazo e que, por essa razão, pode não fazer sentido se acompanharem possíveis benefícios que seriam obtidos com outra alternativa de escolha. Isso ampliaria muito a subjetividade do conceito discutido neste capítulo. Da mesma forma, não se deve desprezar que nem sempre as decisões em uma empresa observam apenas parâmetros monetários. Há aspectos estratégicos que muitas vezes são levados em consideração pelo decisor. Nesses casos, embora haja custos de oportunidade envolvidos na escolha efetuada, pode ser irrelevante essa preocupação.

Contudo, é possível aplicar o conceito às decisões de caráter operacional, rotineiras, que são, em sua maioria, aquelas que mais afetam o resultado econômico da empresa. É nesse sentido que se sugere um modelo que possa facilitar a tarefa de decidir de um gestor, bem como a posterior avaliação de seu desempenho. Para melhorar o entendimento dessa questão, a seguir se apresentam as principais áreas organizacionais e as decisões mais comuns às suas atividades.

11.3.1 Área de marketing

A missão da área de marketing é mapear o mercado, de forma a identificar as preferências de consumidores e a demanda por bens e serviços já produzidos pela empresa, ou a oportunidade de lançamento de novos produtos ou serviços, sempre buscando reforçar a imagem institucional da organização, criando os meios para que as vendas se concretizem de acordo com as expectativas, e a ampliação de vantagens competitivas da empresa em relação aos seus concorrentes, satisfazendo aos consumidores de seus produtos, alcançando maior participação no mercado no qual ela atua como um meio de assegurar a continuidade e prosperidade da empresa, através da identificação e conquista das preferências e da fidelidade dos consumidores.

Propositalmente, iniciamos a apresentação dos mencionados modelos por marketing, cuja missão é a de um caso típico de área para a qual se denota grande dificuldade de se mensurarem os custos de oportunidades das decisões tomadas durante a execução de suas atividades e que, por essa razão, o modelo apresentado visa apenas auxiliar o gestor em seu processo decisório, e não a avaliação de seu próprio desempenho.

Diferentemente de outras áreas organizacionais, a de marketing lida com variáveis sobre cujos comportamentos a empresa pode apenas inferir, de forma científica, mas ainda assim subjetiva. Entretanto, mesmo que apenas para a orientação do gestor e não para efeito da avaliação de seu desempenho, o conceito de custos de oportunidade pode ser aplicado, por meio da assunção de premissas que orientem a sua aplicação.

Destacam-se a seguir alguns tipos de decisões não estruturadas, ou semiestruturadas, que são tomadas na área de marketing. Apesar de rotineiras, elas têm uma natureza estratégica e dependem sobremaneira de elementos imponderáveis de natureza ambiental, justificando-se, por essa razão, a dificuldade existente para a formalização do conceito de custos de oportunidade para a avaliação do gestor que as tomou, apesar de auxiliá-lo no processo de decisão. Entre elas, estão as de:

O conceito de custos de oportunidade na atividade decisorial **291**

a) lançar um novo produto, ou investir em algum outro já produzido e comercializado;

b) oferecer ao mercado um *mix* ou outro de determinado produto;

c) comunicar-se com os clientes e consumidores dos produtos da empresa através da mídia, ou de outras formas.

Há outros tipos de decisões para os quais é possível a utilização do conceito de custos de oportunidade, tanto para facilitar a tomada de decisão quanto para avaliar o gestor que a tomou. Exemplo nesse sentido é a escolha entre diferentes tipos de embalagens para um mesmo produto e aquilo que elas almejam comunicar aos clientes, assim como o estabelecimento de preços de vendas adequados, com base numa expectativa de demanda. Esses tipos de decisões são passíveis de mensuração do custo de oportunidade sob as duas perspectivas analisadas. Contudo, para efeito de apresentação de um modelo para a aplicação do conceito em situações que envolvam incerteza e subjetividade, apresenta-se especificamente um caso de uma decisão semiestruturada. Por exemplo, o primeiro item acima: a mensagem transmitida ao cliente pela embalagem de um novo produto ou o seu lançamento.

Lançamento de um novo produto

Mesmo diante das dificuldades mencionadas de mensuração do custo de oportunidade em caso de decisões cujos resultados dependam de outros fatores ambientais, é razoável supor-se que a empresa realize uma pesquisa de mercado que a permita avaliar o retorno econômico que se espera obter com o lançamento de um novo produto, bem como os valores totais orçados para o seu lançamento e outros dados relativos ao mercado que se busca atingir.

Sendo assim, a forma como a decisão é tomada, por exemplo, lançar um novo "produto A", leva em conta os fatores a seguir mencionados, considerando-se que a outra alternativa de decisão pudesse ser a de, em vez de lançar-se "A", utilizar-se a verba que isso demandaria para seu uso no aumento de quantidades, e escoamento de um "produto B" já existente.

Veja-se a seguir um modelo segundo o conceito estudado que poderia ser aplicado à decisão.

	VALORES ASSOCIADOS ÀS OPÇÕES	
Descrição	Lançar "A"	Aumentar "B"
Receita líquida de vendas	150.000	100.000
Custos variáveis de vendas	(80.000)	(75.000)
Despesa com levantamento do mercado	(25.000)	0
Propaganda e publicidade	(15.000)	(7.500)
Outras despesas	(10.000)	(10.000)
Resultado antes do custo de oportunidade	20.000	7.500
Custo de oportunidade	(7.500)	(20.000)
Resultado econômico	12.500	(12.500)

Assim, o custo de oportunidade da escolha em produzir-se "A" seria o benefício sacrificado pelo abandono da alternativa "B", isto é, $ 7.500, enquanto para a escolha de "B" e o abandono de "A" tal custo seria o de $ 20.000, pois nessa situação "B" seria a alternativa não adotada.

Note-se que ambas as alternativas apresentariam, antes da consideração do custo de oportunidade, resultado positivo. Se a decisão pela produção de "B" fosse exclusivamente do gestor da área de marketing, isto é, se ela não fosse do conhecimento da administração, o gestor certamente seria bem avaliado, pois segundo os conceitos tradicionais de mensuração contábil, mesmo a adoção da alternativa "B" poderia parecer interessante, o que poderia levar a uma boa avaliação de desempenho do gestor que a teria adotado.

É óbvio que outras premissas poderiam ter sido adotadas para tornar o exemplo mais completo, como, por exemplo, o ciclo de vida previsto para ambos os produtos, ou mesmo os impostos incidentes sobre lucros que uma e outra alternativa poderiam proporcionar, mas esses e outros aspectos foram desprezados por simplificação.

Como mencionado, na área de marketing também ocorrem decisões estruturadas, para as quais seria possível a utilização do conceito, tanto para a avaliação dos potenciais resultados econômicos que poderiam ser auferidos, quanto para a avaliação dos gestores, mas esse assunto será abordado em tópicos seguintes deste capítulo.

A seguir, comentam-se as decisões que ocorrem na área de vendas para as quais o conceito pode ser aplicado.

11.3.2 Área de vendas

A missão da área de vendas é conhecer o mercado no qual atua a empresa, atender aos seus clientes, entender as suas preferências e outros aspectos a eles relacionados, fidelizando-os por meio de um atendimento apropriado. Compete ainda a esta área, com base no conhecimento do mercado, fornecer à produção previsões de vendas acuradas, que lhe permitam programar-se para atendê-las nas condições de qualidade e prazos requeridos.

Nesse sentido, nessa área são tomadas decisões de naturezas puramente operacionais, que podem ser avaliadas com o uso do conceito de custos de oportunidade, tanto para a avaliação dos negócios, antes que estes se efetivem, quanto para a avaliação dos profissionais da própria área, após suas efetivações. Mencionam-se a seguir algumas dessas decisões, estritamente associadas à missão da área, para mais uma análise da aplicação do conceito objeto deste capítulo. Entre elas, podem-se destacar:

a) previsão moderada ou mais agressiva de quantidades de produtos a serem vendidos;

b) concessão ou não de descontos para a preservação de um cliente; e

c) concessão ou não de prazos mais elásticos de recebimento.

O universo de decisões operacionais tomadas na área não se restringe às três apresentadas, sendo ampla a quantidade de casos em que os custos de oportunidade são passíveis de mensuração. O objetivo de apresentação de um limitado leque de decisões visa apenas possibilitar a apresentação do modelo de mensuração referido. Para tanto, destacar-se-á especificamente o item (a) – previsão moderada ou mais agressiva de quantidades de produtos a serem vendidos.

A menos que a empresa esteja iniciando as suas atividades, ou que existam casos de lançamentos de novos produtos para os quais não se conhecem as reações dos consumidores a eles, pressupõe-se que os profissionais mais graduados da área de vendas possuam amplo conhecimento a respeito do mercado no qual a empresa atua. Além de conhecerem as expectativas da administração com relação ao alcance de resultados, os profissionais devem conhecer com profundidade os perfis dos clientes e as suas necessidades, sendo isso uma precondição para que o gestor da área atue com sucesso à sua frente.

Da mesma forma, a fidelização de clientes através de descontos nos preços ou na concessão de prazos elásticos para o recebimento de títulos é um item que pode afetar de forma significativa o resultado da empresa e, por essa razão, merece atenção especial no que se refere à mensuração dos custos de oportunidade nos momentos em que as vendas são efetuadas e naqueles em que todos os seus efeitos são conhecidos. Esse fato permite a correção de rumos da área, bem como uma justa avaliação de seu gestor, principalmente nos casos em que seus profissionais são beneficiados com remuneração variável, recebida quando as metas são alcançadas.

Previsão moderada ou mais agressiva de quantidades de produtos a serem vendidos

Para efeito de mensuração dos custos de oportunidade, aplicar-se-á o modelo apenas para o item (a), previsão moderada ou mais agressiva de vendas, sendo o conceito aplicável de forma semelhante também às demais situações fornecidas nesta seção, entre outras.

Nas empresas, é natural que haja receio por parte do gestor da área de vendas em prever a quantidade de unidades a ser vendida, levando-o a adotar projeções orçamentárias mais conservadoras do que elas deveriam ser, isso para aliviar potenciais pressões por causa de níveis elevados de estoques, ociosidade na área de produção e superdimensionamento de outros recursos projetados a partir do orçamento de vendas. Essa visão proporciona uma zona de conforto para quem atua na área, o que pode ocasionar baixo nível de esforços para o alcance de metas, levando a empresa aos custos de oportunidade decorrentes.

O modelo de mensuração prevê situações nas quais o verdadeiro lucro econômico somente pode ser assim considerado depois de deduzidos os custos de oportunidade relacionados aos benefícios monetários da próxima melhor alternativa abandonada. Para efeito de ilustração e simplificação desse exercício, suponha-se uma situação de uma empresa que comercializa e apenas um produto, cujo preço líquido de vendas é $ 5 por unidade, e que existem possibilidades de se venderem as seguintes quantidades:

a) previsão moderada – 200.000 unidades; e

b) previsão realista – 270.000 unidades.

Considerando esses dados, e supondo-se que o gestor da área tenha adotado uma previsão conservadora de vendas, teríamos:

DESCRIÇÃO	DRE ORÇADA X REALIZADA
Quantidade de unidades vendidas	200.000
Receita líquida de vendas	1.000.000
Despesas variáveis de vendas	(100.000)
Custo dos produtos vendidos	(500.000)
Despesas fixas de vendas	(300.000)
Resultado das vendas	100.000

Neste exemplo, as despesas variáveis de vendas seriam de 10% do valor da receita líquida; os custos dos produtos vendidos, 50%, e as despesas fixas o montante de $ 300.000.

Considerando-se que todas as variáveis tivessem sido rigorosamente confirmadas, após a execução do plano a área de vendas teria proporcionado à empresa um lucro econômico de $ 100.000, o que provavelmente satisfaria a sua administração, uma vez que a projeção se confirmou, e permitiria uma boa avaliação do gestor da área.

Agora, analise-se a hipótese de que, ao ver que as metas foram alcançadas, a área de vendas decidiu postergar para o ano seguinte negócios já efetivados, equivalentes a 70.000 unidades adicionais, que se entregues aos clientes de acordo com os interesses da empresa, teriam proporcionado vendas totais de 270.000 unidades no ano. Considerando-se essa informação, e com a aplicação do conceito de custos de oportunidade, teríamos a seguinte situação:

	MENSURAÇÃO DO CUSTO DE OPORTUNIDADE	
DESCRIÇÃO	DRE ORÇADA/ REALIZADA	ALTERNATIVA REJEITADA
Quantidade de unidades vendidas	200.000	270.000
Receita líquida de vendas	1.000.000	1.350.000
Despesas variáveis de vendas	(100.000)	(135.000)
Custo dos produtos vendidos	(500.000)	(675.000)
Despesas fixas de vendas	(300.000)	(300.000)
Resultado das vendas	100.000*	240.000**
Custos de oportunidade	**(240.000)****	**(100.000)***
Lucro econômico	(140.000)	140.000

Observe-se que a adoção de um plano de vendas excessivamente conservador proporcionou uma decisão que afetou o resultado da empresa, em vez de lhe ter proporcionado lucro econômico. Depois de considerado o custo de oportunidade, na realidade, produziu um prejuízo econômico de $ 140.000, após deduzido o que a empresa deixou de ganhar caso a decisão da área de vendas tivesse sido a correta. Isso ocorre porque, na Economia, aquilo que se deixa de ganhar por não se optar pela melhor escolha acaba se tornando uma perda, não reconhecida pela Contabilidade. Se a previsão de vendas tivesse sido realista e confirmada, e a decisão tomada tivesse sido a correta, essa perda teria se convertido em lucro, como se observa na última linha da tabela.

Em casos como o demonstrado, a contabilidade demonstra um lucro que pode ser útil para a avaliação do desempenho da empresa, pois, afinal, a primeira coluna refletiria efetivamente o resultado planejado, sem surpresas. Contudo, sob o prisma da avaliação do gestor, esse ótimo instrumento não refletiu aquilo que de fato ocorreu, tornando injusta a avaliação de desempenho do profissional da área de vendas, no caso apresentado, corroborando com conflitos de agência e com os princípios de boas práticas de governança corporativa.

11.3.3 Área de compras

A missão da área de compras é a de disponibilizar em tempo hábil para uso todos os materiais e serviços necessários para a operação da empresa, respeitando as condições mais favoráveis para ela, bem como outras relacionadas à ética, à qualidade e à responsabilidade social sob a perspectiva dela. Essa área deve ter como foco permitir o contínuo e harmonioso funcionamento do sistema empresa, poupando outras de preocupações com os meios que lhes serão necessários para produzir os bens e os serviços.

É de sua responsabilidade a observação de fornecedores, com o desenvolvimento de alternativas que lhe permitam cumprir a sua missão sem o risco à operação organizacional. Também deve ser vista como uma fonte de redução de custos e despesas da empresa, por meio da realização de negócios vantajosos para a empresa.

Como já mencionado, na área de compras, as decisões dizem respeito a aspectos rotineiros, e as alternativas de escolha de decisões, como em outras áreas, formam pares diretamente relacionados, isto é, "é escolher uma alternativa ou outra", o que facilita a identificação dos custos de oportunidade. Este é outro exemplo de área para a qual a mensuração do conceito de custos de oportunidade é aplicável, tanto sob a perspectiva de otimização do resultado da empresa, quanto para avaliação do desempenho do próprio gestor responsável.

Entre as decisões para as quais existem alternativas pares inequívocas, mencionam-se as seguintes, embora existam inúmeras:

a) comprar materiais no país ou importar;

b) comprar a prazo ou a vista;

c) estocar ou não determinado material, e

d) adquirir ou não lotes econômicos de materiais, para se evitarem custos mais altos.

Seguindo a metodologia adotada nas seções anteriores, nas quais se procurou introduzir o modelo de mensuração para apenas um tipo de decisão, a seguir destacam-se os principais pontos a serem observados pela área, para evitarem-se custos de oportunidade, relacionados especificamente à escolha entre comprar um material no país ou importá-lo.

Ao tomar uma decisão, o gestor responsável deve avaliar cuidadosamente o seu grau de risco. No caso dessa ilustração, comprar no país ou importar, há aspectos que não podem ser desprezados, tais como: *lead time* entre a compra e o recebimento dos materiais, necessidade de manutenção de níveis elevados de estoque, riscos cambiais, dificuldade de devolução em caso de materiais defeituosos, dificuldades na alfândega, entre outros. Esses aspectos devem ser analisados com atenção, pois são potenciais causadores de custos de oportunidade superiores aos que a outra alternativa, comprar de fornecedores nacionais, poderia trazer para a empresa.

Como ilustração, suponha-se que a empresa tenha a opção de comprar no próprio país uma determinada matéria-prima ao custo de $ 100.000. Se a importasse de outro, pagaria $ 80.000 com todos os encargos de importação incluídos. Porém, para isto a empresa teria de manter um nível extra de estoque no valor de $ 50.000, o que implicaria em custo financeiro de $ 500,00 (que é o valor que ela teria deixado de ganhar por não aplicar o recurso correspondente em um banco, em vez de em estoques), isto é, o custo total do material importado seria de $ 80.500. Considere-se, ainda, que nenhum dos riscos inerentes a essa decisão tenha a possibilidade de se materializar. Então, a escolha seria óbvia, e o seu resultado econômico pode assim ser demonstrado, já se considerando a aplicação do conceito de custos de oportunidade:

	COMPRAR NO PAÍS	IMPORTAR
Custo efetivo	(100.000)	(80.500)
Decisão alternativa	80.500	100.000
Custo de oportunidade	**(19.500)**	**19.500**

A missão da área de compras não é a de gerar receitas para a empresa. Ela está relacionada à minimização de custos. Assim, o modelo de mensuração dos resultados das decisões dessa área, no que concerne ao assunto custos de oportunidade, deve ser adaptado para essa missão. No caso apresentado, o benefício abandonado, conforme o conceito, não diz respeito a lucro, mas sim ao menor custo que seria possível à empresa obter com a decisão tomada. Dessa forma, para se avaliar o seu resultado, compara-se o valor envolvido em cada alternativa de decisão, de forma a orientar o gestor sobre qual ele deve adotar.

Assim, para a aplicação do modelo, subtraem-se os valores de ambas as alternativas. Ao se proceder dessa forma, comparando-se as opções entre comprar a matéria-prima localmente ou importá-la, percebe-se que a sua compra no mercado local produziria um efeito negativo de $ 19.500 no resultado da empresa. Adquirindo-se o material em outro país, pelo contrário, produziria um resultado positivo de $ 19.500. A decisão é óbvia.

Porém, se não houvesse o monitoramento do resultado, caso a matéria-prima tivesse sido adquirida no país, poderia parecer que a decisão tomada teria sido a mais apropriada, desde que o montante envolvido estivesse dentro das expectativas constantes do plano de negócios da empresa e esta tivesse sido a meta estabelecida para a área de compras.

Destaque-se que a intenção primordial da aplicação do modelo não é a de inibir o gerente no exercício de suas atividades. Pelo contrário, visa auxiliá-lo a desempenhá-las e tornar mais justa a sua avaliação.

O fato de sempre haver incertezas envolvendo as alternativas de escolha de decisões não significa que aquelas tomadas com objetivos operacionais, isto é, de curto prazo, não devam ser reavaliadas após as suas implementações, não com o propósito de se fazer um julgamento negativo de quem as tomou, caso não tenham refletido sobre as melhores escolhas, mas sim o de encorajar atitudes construtivas, criar históricos e outros elementos que permitam o aperfeiçoamento do processo decisório da empresa.

A seguir, apresenta-se mais um exemplo de modelo para a aplicação do conceito, dessa vez na área de produção.

11.3.4 Área de produção

A missão dessa área é a de transformar insumos em produtos, disponibilizando-os para sua comercialização, obedecendo-se os padrões requeridos de produtividade, prazo de entrega e qualidade.

A área de produção é uma das que possuem maior número de variáveis a serem administradas, normalmente relacionadas à programação da produção. Dependendo da quantidade de itens a serem produzidos, essa atividade pode ser bastante complexa. Apesar disso, os problemas de escolha têm um reduzido leque de alternativas, o que torna possível a utilização do modelo de mensuração dos custos de oportunidade e, por conseguinte, a facilitação da avaliação da contribuição da área e de seus gestores para com o resultado econômico da empresa. São decisões típicas da área, entre outras:

a) fabricar componentes internamente ou terceirizá-los;

b) utilizar-se da linha X ou da Z para fabricar determinados produtos;

c) fabricar ou não lotes econômicos de componentes ou produtos;

d) dar férias coletivas ou não aos funcionários.

Seguindo o mesmo raciocínio anteriormente empregado, a seguir demonstrar-se-á a análise do problema apontado no item (a), para fins de aplicação do modelo de mensuração.

Fabricar componentes internamente ou terceirizá-los

Há situações específicas nas quais a empresa prefere terceirizar parte de sua produção devido à necessidade de concentrar os seus recursos produtivos em atividades que agreguem mais valor ao produto, ou simplesmente para diminuir o *lead time* de produção, entre outros aspectos. Como ilustração, imagina-se a situação segundo a qual a empresa se defronte com o seguinte dilema: se fabricar internamente todos os componentes de um dado produto, sua capacidade produtiva é de 100.000 unidades de produtos acabados por mês, a um custo total de $ 500.000. O preço unitário de vendas de cada unidade, líquido de imposto, é de $ 7. Naquele mês, detectou-se uma demanda adicional pelo mercado de 30.000 unidades extras. A área de produção teria então as seguintes alternativas de decisão:

* fabricar as 30.000 unidades, a um custo adicional de $ 185.000, levemente mais elevado do que aquele necessário para as 100.000 unidades, dada a necessidade de realização de horas extras;

* terceirizar parte da produção de componentes, de forma a ter capacidade produtiva sem necessidade de realizar horas extras, pagando por essa terceirização o custo de $ 180.000; ou

* não atender à demanda adicional.

Ao se utilizar de um mecanismo de mensuração comum para a tomada de decisão ter-se-ia:

	NÃO ACEITAR ADICIONAL	PRODUZIR TODAS AS UNIDADES	TERCEIRIZAR PARTE DAS UNIDADES
Receita líquida de vendas	700.000	910.000	910.000
Custo dos produtos vendidos	(500.000)	(685.000)	(680.000)
Lucro bruto	200.000	225.000	230.000

Ao se proceder à análise da tabela apresentada, percebe-se que a melhor alternativa de escolha seria a de terceirizar parte da produção da empresa. Naturalmente que essa decisão pode requerer maior esforço por parte do acompanhamento de todo o processo, e isso deve ser avaliado pelo gestor da área de produção.

Utilizando-se ainda do quadro exposto, e do exemplo inerente, mas agora demonstrando-o de forma simplificada, com a aplicação do conceito de custos de oportunidade, teríamos:

	NÃO ACEITAR A DEMANDA ADICIONAL	PRODUZIR TODAS AS UNIDADES	TERCEIRIZAR PARTE DAS UNIDADES
Descrição	200.000	225.000	230.000
Custo de oportunidade da próxima melhor alternativa rejeitada	(230.000)	(230.000)	(225.000)
Custo de oportunidade	**(10.000)**	**(5.000)**	**5.000**

Apesar da simplicidade do exemplo, note-se que os resultados econômicos das alternativas de escolha mudam, consideravelmente, após a aplicação do conceito de custos de oportunidade. Diferentemente do que se vê na tabela anterior, quando todas as decisões apresentavam resultados econômicos positivos, agora nota-se que algumas delas trariam, na verdade, prejuízo econômico à empresa. Na prática, em muitos casos, o conceito é intuitivamente aplicado. Entretanto, quase nunca evidenciado pelo gestor, tornando o processo de avaliação de desempenho menos justo.

Ressalte-se que em qualquer decisão sempre haverá um custo de oportunidade. O que importa, entretanto, é que o resultado econômico das alternativas de escolha seja o melhor, depois de deduzidos tais custos, mesmo que, em alguns casos, ele seja negativo.

Os exemplos de decisões operacionais que podem ter os seus resultados monitorados a partir da aplicação do conceito de custos de oportunidade não se esgotam nestes apresentados. Escolhas que envolvam investimentos, tais como comprar ou alugar, investir no mercado financeiro ou em estoques, pagar a vista aos fornecedores ou a prazo e tantas outras que ocorrem no âmbito de cada área organizacional, são passíveis de mensuração dos custos de oportunidade inerentes, tanto antes de a decisão ser tomada, para o auxílio do gestor nesse processo, quanto após a sua efetivação, para a avaliação justa do desempenho do gestor.

Como já mencionado, a subjetividade do conceito de custos de oportunidade não impede a sua aplicação às decisões operacionais, tampouco às de natureza estratégica, ou seja, esse conceito pode ser aplicado a quaisquer decisões, observadas as devidas peculiaridades.

12

SISTEMAS DE APOIO À GESTÃO

Toda a dinâmica da empresa, envolvendo as suas atividades operacionais e os instrumentos de controles gerenciais requeridos para um apropriado balanceamento dos processos críticos inerentes à produção de bens e serviços, tem como objetivo primário o ajuste dela às expectativas e necessidades de seus clientes.

Todavia, esse não é o único pressuposto para que a empresa assegure de forma sustentável a continuação de suas operações. Há outra condição básica para a sua existência, que é o nível de atratividade exercido por ela sob a perspectiva de seus donos, isto é, ela deve ser capaz de gerar resultados econômicos suficientes para remunerar satisfatoriamente o capital por eles investido.

As premissas de que uma empresa deva ao mesmo tempo satisfazer aos seus clientes e também aos seus proprietários, ambos com expectativas de auferirem vantagens em suas relações com ela, não são incompatíveis, mas requerem de sua administração o uso ponderado e equilibrado dos recursos necessários para a produção dos bens objetos de sua existência.

É nesse contexto que se sustentam as discussões sobre uma administração eficaz e sobre os critérios e instrumentos de controles e apoio gerencial, entre os quais se destacam os indicadores de avaliação de desempenho organizacional.

Resta aos administradores a complexa tarefa de encontrar entre as várias alternativas existentes de conjuntos de indicadores aqueles que realmente representem uma ferramenta de orientação adaptada às particularidades do negócio e que, ao mesmo tempo, transmitam segurança para os gestores e todos os envolvidos no processo de gestão da empresa.

Os indicadores de avaliação de desempenho podem ser equiparados a uma bússola que orienta a gestão quanto ao caminho a seguir, e se o percurso até então percorrido por ela está de acordo com as expectativas da administração da empresa. Os indicadores representam padrões de comportamento administrativo e operacional, no que se refere ao que se espera de contribuição de cada área de atividade para a obtenção de resultados ótimos. Estão, portanto, relacionados às medidas de consumo de recursos contrapostas à geração de resultados, sempre tendo em vista a sustentação do negócio que a empresa explora.

Existem indicadores clássicos que se aplicam a qualquer atividade empresarial, porém, é necessário cuidado especial quanto às especificidades de cada segmento mercadológico. Nesse sentido, há de se observar que não existem receitas prontas e únicas que se apliquem, de igual forma, a todas as empresas.

Percebe-se que há a proliferação de sugestões variadas sobre conjuntos de indicadores para o acompanhamento da gestão empresarial. Muitas vezes, são prometidos por eles produtos que não podem ser desenvolvidos e entregues à empresa que os encomendou, embora cada metodologia de métricas existente no mercado tenha os seus méritos. O que pode ocorrer em alguns casos é a escolha inadequada dos indicadores ou o engessamento da empresa por um modelo que não pode ser adaptado à sua realidade específica.

Os indicadores não asseguram a perenidade de uma empresa, pois sua prosperidade depende fundamentalmente da habilidade, talento e experiência dos gestores responsáveis pelas decisões das quais dependem os seus resultados. No entanto, eles são direcionadores importantes que possibilitam à administração da empresa avaliar permanentemente o seu desempenho, prevenindo e corrigindo eventuais desvios que possam comprometer o alcance de seus objetivos. Além disso, sob a perspectiva dos funcionários, os indicadores orientam as suas atividades, facultando-lhes organizarem-nas e, também, autoavaliarem as suas contribuições para o resultado da empresa.

Para ser eficaz, o conjunto de indicadores deve ser sistemicamente organizado, ou seja, os seus elementos precisam estar conectados entre si de forma racional, levando-se em consideração a lógica sequencial dos processos críticos organizacionais que são, em síntese, os fatores determinantes para que a empresa atinja o resultado desejado. Assim, se, por exemplo, o prazo de entrega de produtos a clientes for uma variável importante para a competitividade da empresa, então os indicadores inerentes a esse fator devem estar distribuídos por todas as áreas organizacionais que, de uma forma ou outra, interferem no processo relacionado a esse fator.

Outro aspecto relevante a ser levado em conta pela administração da empresa é a forma de divulgação dos indicadores aos profissionais designados para o seu acompanhamento, e que orientarão as suas atividades a partir deles. Obviamente, eles sabem que tal instrumento também servirá para o monitoramento de seu próprio desempenho e isso poderia implicar falta de comprometimento, manipulação de dados ou até mesmo resistência quanto à sua adoção. A grandeza com a qual isso ocorrerá dependerá unicamente da tolerância da administração da empresa para o fator resistência de funcionários à sua implementação.

É necessário, nesse sentido, um trabalho pedagógico, por parte da administração, de conscientização dos envolvidos em cada processo crítico sobre a função do indicador e sua correlação com os outros relacionados a um mesmo processo crítico. Mais do que isso, a administração deve ser cautelosa ao explicar o conjunto de indicadores em sua totalidade. Não se trata necessariamente de construí-lo com a participação de todos os funcionários, mas sim de implementá-lo com os seus apoios e, fundamentalmente, com as suas consciências a respeito dos objetivos pretendidos pela organização com a sua implementação.

Na seção seguinte deste capítulo, apresenta-se um modelo, concebido pelos autores desta obra, que visa à estruturação sistêmica de um conjunto de indicadores voltados ao controle dos objetivos organizacionais e de seus resultados.

12.1 SIC – Sistema Integrado de Controle

Não basta haver um conjunto de indicadores dispersos baseados em filosofias que os relacionem tão somente à comunicação de uma estratégia, escolhida através da realização de um planejamento meticuloso e complexo.

É necessário que os indicadores estejam conectados aos processos críticos da empresa.

Não é errado a estratégia ser informal. Muitas vezes, ela pode simplesmente ser o fruto da experiência isolada do empreendedor, o que não é desprezível, pois ele entende que ela só se justifica se mantiver a continuidade sustentável do empreendimento no médio e longo prazo. Isto é, deve satisfazer a duas condições básicas, que são: a satisfação total dos clientes da empresa, de forma a aceitarem conscientemente pagar pelos seus produtos um preço justo e, ao mesmo tempo, ver atendida a própria satisfação do empreendedor, materializada por meio dos resultados econômicos satisfatórios gerados pela organização.

Nesse sentido, o SIC incorpora uma filosofia de conjunto de indicadores que busca atender de forma plena a ambas as situações, aplicando-se tanto às empresas mais estruturadas, que possuam um processo clássico de planejamento formalizado, quanto àquelas que optam pela simplicidade de conceberem sua estratégia a partir da experiência e convicção de seu empreendedor de que o cliente deve ser o foco de qualquer iniciativa da empresa para ela manter-se equilibrada em seu ambiente, além da geração de riquezas para si próprio.

O modelo se classifica em duas vertentes: a primeira de controle operacional, denominada SICO – Sistema de Indicadores de Controle Operacional –, que diz respeito aos processos críticos que impactam diretamente o relacionamento da empresa com seus clientes e os interesses de seus proprietários. A segunda, SICA – Sistema de Indicadores de Controle Administrativo –, que compreende o controle de processos administrativos que afetam indiretamente o funcionamento da organização, tanto aqueles que produzem reflexos indiretos em preços e lucro quanto outros de cujo funcionamento sistêmico depende o resultado da primeira vertente.

12.2 SICO – Sistema de Indicadores de Controle Operacional

O SICO parte da premissa de que existem diferentes dimensões apreciadas por um cliente e que, se satisfeitos os requisitos intrínsecos a elas, tornam a empresa que as observa a parceira perfeita de negócios, sendo aquela à qual os clientes devotam fidelidade e que, por isso, preferem em relação a outros fornecedores. Consideram-na a empresa que proporciona a eles, aos clientes, uma relação da qual eles raramente cogitam abdicar. Essas dimensões são as de preço, qualidade, pontualidade, atendimento e responsabilidade social. Elas podem não se esgotar nestas ora apresentadas, pois o propósito desta obra é apresentar apenas um modelo que pode ser ampliado ou modificado, dependendo da área de atuação da empresa. Em síntese, é apenas um conceito.

O modelo também prevê outra importante dimensão, cujo propósito é o de atender aos interesses específicos do dono do negócio, isto é, o aumento de sua riqueza. A seguir, evidencia-se uma representação gráfica simplificada do modelo SICO, cujos desdobramentos e dimensões estão sintetizados na Figura 12.1 apresentada a seguir.

Figura 12.1 – SICO – Sistema de Indicadores de Controle Operacional

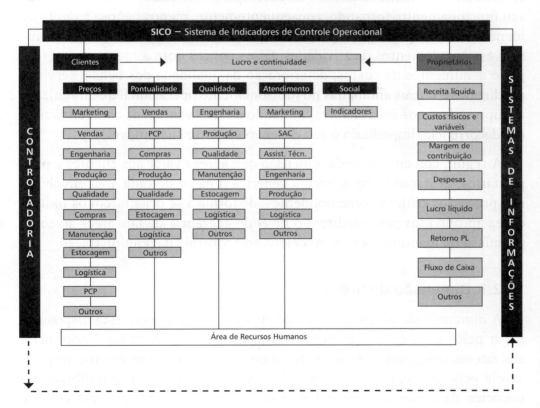

A visão integrada do Sistema de Indicadores de Controle Operacional permite ao administrador visualizar as áreas cujas atuações exercem influências nos processos críticos diretamente associados aos objetivos da empresa, isto é, relacionadas diretamente à sua capacidade de atender às expectativas de seus clientes e aos interesses de seus donos. Essa visualização simplificada se dá através dos indicadores globais de cada área, que traduzidos numericamente e associados ao nome da área deveriam ser, idealmente, igual ao fator 1,0, o que significaria que, sob a perspectiva daquele processo crítico, a área que o alcançar estará contribuindo com 100% do bom andamento da etapa daquele processo sob sua responsabilidade.

A formação desse indicador será mais bem explorada na sequência deste livro, quando será desdobrada cada dimensão de satisfação de clientes e proprietários.

Essa visão sistêmica proporcionada pelo SICO possibilita que o administrador analise os processos críticos da empresa em seu conjunto. Permite, fundamentalmente, a análise do desempenho de cada área envolvida em seu funcionamento, tornando, consequentemente, menos penosa a tarefa de identificarem-se pontos dos processos que requeiram melhoria, ou que causam estrangulamentos de atividades. Esses pontos normalmente dizem respeito a: aumentos de custos, deterioração da qualidade dos bens e serviços produzidos e outras anomalias no funcionamento operacional que fragilizam a empresa face aos seus clientes, minando as suas vantagens competitivas e, em decorrência, impedindo o seu desenvolvimento sustentável.

A seguir, comenta-se cada dimensão que agrega valor aos clientes e proprietários, destacando-se de forma genérica o papel de cada área envolvida nos processos críticos correspondentes, de forma a se orientarem os indicadores apropriados para medirem o nível de aderência de tais áreas ao compromisso de manterem esses processos sob controle da administração.

12.2.1 Dimensão de preço

A dimensão de preço diz respeito ao valor que o cliente está disposto a pagar pelos bens e serviços produzidos pela empresa e, como decorrência, aos fatores determinantes de custos a eles associados, diretamente responsáveis pela margem de lucro que deve sustentar de forma equilibrada os negócios da empresa, proporcionando o retorno econômico esperado por seus proprietários.

As áreas envolvidas nos processos relacionados aos preços dos produtos devem estar ajustadas às necessidades de se produzirem bens ou serviços a custos baixos sem o sacrifício de suas qualidades, tanto quanto possível, de forma a possibilitar à empresa condições para que ela pratique preços competitivos, mas sem erosão de margens de lucro, sem que isso se torne um fator impeditivo para a obtenção de resultados econômicos satisfatórios para a remuneração do capital nela investido. A filosofia que deve orientar os gestores envolvidos nos processos críticos inerentes a preços não pode ser outra que não seja a otimização dos recursos consumidos por eles para a geração de resultados.

Área de marketing

Uma das funções da área de marketing no processo de satisfação de clientes, no que tange a permitir à empresa a prática de preços competitivos, é a de dimensionar adequadamente a demanda do mercado por determinado bem ou serviço. Esse quesito, em princípio, pode parecer insignificante. Todavia, para garantir preços que satisfaçam às expectativas de clientes, tem-se que levar em consideração todas as variáveis relativas aos custos e às despesas envolvidas no entorno da produção dos bens que a eles se destinam.

Dessa forma, superdimensionamento de mercados levam, invariavelmente, à aquisição de matérias-primas em excesso, cujo consumo pode se tornar moroso, causando custos explícitos de estocagem, sucateamento e o dimensionamento inadequado dos outros fatores de produção, levando a perdas que são inevitavelmente repassadas aos preços do produto ou ao sacrifício do lucro da organização.

Inversamente, mercados subdimensionados levam aos custos implícitos, ou custos de oportunidade, que são as receitas e os lucros não obtidos em função de a empresa não ter aproveitado uma demanda existente para os seus produtos.

Na Figura 12.2, apresenta-se uma visão simplificada do quadro de indicadores da área de marketing exclusivamente relacionados a preços.

A série de indicadores apresentados para essa área, e para outras sobre as quais se seguirão comentários específicos, não deve ser limitada à quantidade conforme esta que se expõe no exemplo representado pela Figura 12.2. Em vez disso, devem-se levar em consideração as características de cada empresa e, principalmente, todos os aspectos associados aos processos críticos relacionados à dimensão preço nos quais a área de marketing esteja envolvida.

Figura 12.2 – Indicadores para a área de marketing relacionados à dimensão preço

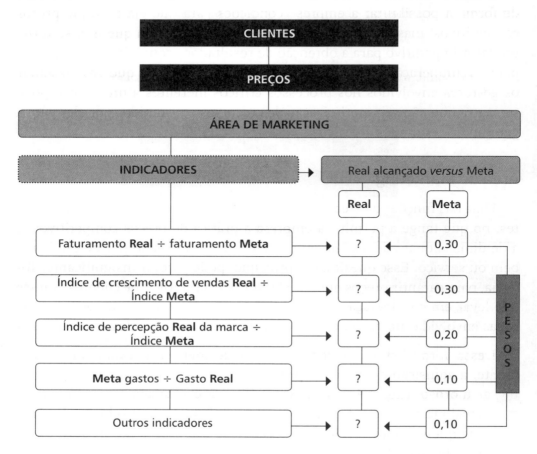

Observe-se na Figura 12.2 que os indicadores são formados a partir de metas que se esperam sejam cumpridas de forma a possibilitar o adequado desempenho da área, nesse caso especificamente relacionado à dimensão preço, contrapostas àquelas que de fato foram alcançadas pela área nesse sentido. Ao lado da figura, destacam-se pesos para cada indicador, de forma que o seu conjunto represente o grau do desempenho global da área sob a perspectiva da dimensão monitorada. Idealmente, os indicadores realizados da área somados deveriam representar um nível de eficácia igual ou superior à meta, nesse caso, como já mencionado, representada pelo fator 1,0, o que significaria que a área está alcançando no mínimo 100% daquilo que dela se espera.

Os pesos referidos no parágrafo anterior devem ser atribuídos pela alta administração da empresa.

A análise do quadro de indicadores permite à empresa a rápida identificação do item que afeta negativamente o resultado da área como um todo, isto é, evidencia entre os itens qual deles pode eventualmente estar apresentando um desempenho inferior ao desejado com relação ao processo crítico monitorado, ou seja, menor do que o fator 1,0 esperado.

Esses comentários não se aplicam apenas à área de marketing, ou especificamente à dimensão preço, mas sim a todas as áreas envolvidas em todos os processos críticos que compõem as cinco dimensões de satisfação dos clientes e à dimensão particularmente aplicável aos proprietários da empresa.

Ressalte-se que o que deve ser ponderado na implementação do SIC por uma empresa não é a quantidade de indicadores para cada área organizacional, mas sim a sua qualidade e a correta identificação da participação das áreas na cadeia de processos críticos existentes no entorno de determinada dimensão.

Área de engenharia

A engenharia é uma área que pode prestar contribuições expressivas para que os preços praticados pela empresa a tornem competitivos em relação aos seus concorrentes.

Após a identificação de uma demanda existente para um dado produto, a velocidade com a qual ele é desenvolvido, a escolha da tecnologia empregada para a sua construção, a otimização dos recursos necessários para a sua produção, tanto materiais quanto humanos, entre outros, são fatores que podem aumentar ou diminuir o custo de um determinado bem, traduzindo-se em aproveitamento ou desperdício de oportunidade para se vendê-lo, ou simplesmente em prejuízos econômicos decorrentes da não obtenção de uma margem de lucro ótima.

Essa área também tem outros tipos de interferência direta nos custos dos produtos, tanto no que se refere ao nível de perfeição do projeto, por meio da redução de perdas de materiais durante a produção, quanto aos índices de devoluções de produtos por defeitos, em decorrência de imperfeições de projetos, o que onera os custos gerais da empresa e, como consequência, os de todos os outros produtos que ela fabrica, sobrecarregando-os com os gastos ocorridos devido às necessidades de retrabalhos, ou, simplesmente, com os custos inerentes a produtos que se tornam sucatas.

A engenharia desempenha outro papel importante na redução de custos, que é a homologação de novos componentes ou materiais decorrentes da necessidade de mudança de fornecedores, e os indicadores de avaliação dessa área também devem refletir esse aspecto.

Mas não se encerram nessas etapas as contribuições que a área de engenharia pode prestar para a manutenção de custos baixos de produção e, consequentemente, de preços competitivos para os bens ou serviços oferecidos pela empresa ao mercado. Essa área deve revisar periodicamente as estruturas de custos de cada produto, buscando alternativas de componentes e materiais com qualidade, mas com preços inferiores aos daqueles já utilizados, bem como procurando facilitar o processo produtivo, de forma a propiciar o aumento da produtividade. Isso deve ser um trabalho contínuo e como tal deve ser monitorado.

A Figura 12.3 sintetiza, mas não esgota, um quadro de indicadores úteis para o monitoramento da área de engenharia, no que tange à dimensão preço, contemplando variáveis importantes como determinantes de custos que podem ser otimizados por essa área. Naturalmente, os conceitos aqui discutidos devem ser adaptados às peculiaridades de cada organização.

Área de vendas

Uma vez que o mercado para seus produtos já seja conhecido pela empresa e que estes já existam, a área de vendas pode se tornar uma das origens do aparecimento de custos indesejáveis tanto para o cliente quanto para o dono do negócio. Isso pode ocorrer a partir da previsão de vendas.

É a previsão de vendas o instrumento que orienta as áreas de recursos humanos, produção e a de suprimentos para se prepararem para dado volume de bens produzidos. Se a quantidade de unidades for superdimensionada, a compra de materiais também o será, implicando a existência de fatores de produção que teriam um giro mais lento do que aquele desejado e, como decorrência, em perdas financeiras decorrentes da aquisição de estoques.

Erros expressivos de previsão de vendas também podem provocar um contingente de funcionários maior do que o necessário, tanto no processo produtivo quanto na área de armazenagem, entre outras, representando custos que, numa situação de normalidade, poderiam ser evitados.

Figura 12.3 – Indicadores para a área de engenharia relacionados à dimensão preço

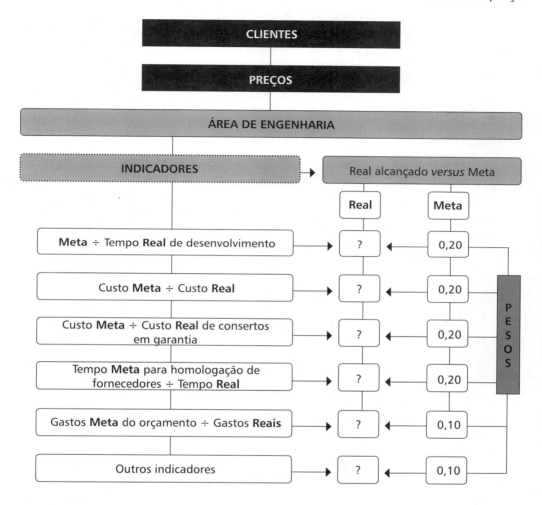

Por outro lado, se a área de vendas subavalia as quantidades a serem vendidas e produzidas, à empresa resta a alternativa de assumir o custo de oportunidade de vendas perdidas ou, simplesmente, suprir-se com os recursos extras de produção, materiais e humanos, de forma não planejada. Isso dificulta a possibilidade de uma melhor negociação na aquisição de insumos em condições mais vantajosas de preços e prazos de pagamento, ou mesmo causa diminuição na produtividade da fábrica, em função da presença inesperada de novos funcionários, ou do desgaste físico de funcionários experientes, motivado por cargas horárias extras de trabalho.

Outro aspecto relacionado à área de vendas que pode contribuir sensivelmente para a diluição dos custos fixos da empresa é o aumento da base de clientes. Naturalmente, quanto maiores forem as quantidades vendidas, maior a plataforma sobre a qual serão diluídos os custos e as despesas fixas da empresa. Dessa forma, a área deve ter como meta o aumento constante de *market share* da empresa ou, em outras palavras, das quantidades vendidas.

Uma ilustração de situação que, em muitos casos, pode implicar a absorção pela empresa de custos de oportunidade ou outros em função de obsolescência de estoque é o nível de giro dos estoques acabados, cujo escoamento é de responsabilidade da área de vendas. Assim, o indicador relacionado a este particular visa voltar a atenção da área de vendas para itens cujas produções foram solicitadas à área industrial no passado e que ainda permaneçam em estoque, implicando custos extras de armazenagem e, principalmente, financeiros devido à aplicação de recursos para a produção daqueles itens sem a correspondente entrada de recursos, consequência do fato de não terem sido vendidos no tempo previsto.

Ainda no tocante à existência de oportunidades para a diminuição de custos e despesas desnecessários, os erros de procedimentos administrativos ocorridos na área de vendas afetam as outras áreas, como as de faturamento, expedição, crédito e cobrança, contabilidade, entre outras. Isso ocorre devido ao fato de que essas áreas, usualmente, têm as suas estruturas montadas para apoiar a área de vendas. São, portanto, sensíveis aos erros que esta comete, e essa sensibilidade invariavelmente repercute desfavoravelmente em gastos que podem ser imperceptíveis, mas são reais, quando os procedimentos administrativos da área de vendas não são adequados.

A área de vendas é aquela que determina o início do funcionamento do sistema empresa e a natureza dos *inputs* que ela fornece às demais é determinante para a qualidade das atividades desenvolvidas, interferindo diretamente em seus gastos e, por conseguinte, no custo e no resultado. Como ilustração de eventos dessa natureza, mencionam-se os diversos tipos de erros administrativos que podem ser gerados na área, por desatenção ou por inexperiência de funcionários, como, por exemplo, erros de cadastramento de prazos de pagamento, de entrega, de quantidade e tipo de produtos e daí por diante.

Os erros de procedimentos originados na área de vendas nem sempre se dispersam na própria área. Quando detectados fora dela, uma sucessão de eventos nocivos à operação da empresa e aos seus clientes já ocorreu, tais como ocupação do tempo de funcionários das áreas financeira, fiscal, contábil, de armazenagem, logística, entre outras. Além do efeito indireto nos custos, podem causar desembolsos explícitos com transportes, avarias de produtos durante sua realização, retrabalhos e outros tantos existentes. Por essa razão, a qualidade das atividades administrativas desenvolvidas pela área de vendas deve ser monitorada.

Além disso, destaque-se que essa área, como todas as demais, deve estar atenta para que as despesas necessárias à realização de suas atividades não superem o montante para isso planejado.

A seguir, na Figura 12.4, apresentam-se alguns exemplos de indicadores que representam metas relacionadas aos processos críticos determinantes de custos, cuja responsabilidade pelos seus alcances deve ser imputada ao gestor da área de vendas.

Figura 12.4 – Indicadores para a área de vendas relacionados à dimensão preço

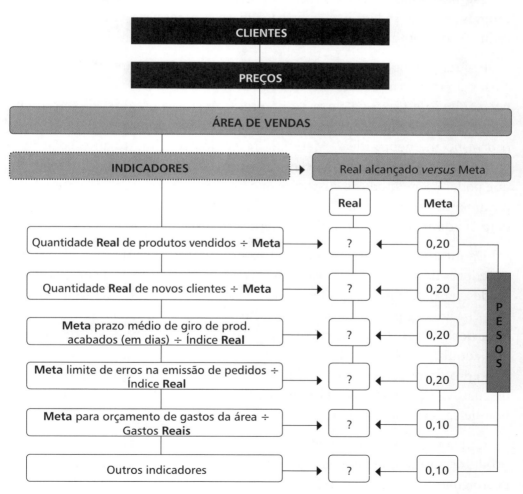

Compras

A área de compras é uma daquelas sobre as quais se deve exercer maior nível de controle, pois ela desempenha atividades extremamente sensíveis para os custos dos produtos ou, em outras palavras, para o preço final cobrado por eles.

Os bens são produzidos sob certos pressupostos de custos elaborados pela área de engenharia, ou seja, a partir de um custo meta. À área de compras compete assegurar que esse custo seja aquele que, na pior das hipóteses, se realizará. À proporção que os bens são produzidos e os custos se tornam realidade, a área de compras deve ater-se à observância dos parâmetros estabelecidos quando tomada a decisão de se produzir determinado bem e, mais do que isso, buscar meios, através de negociações permanentes com fornecedores, para se reduzi-los. Com base nisso é necessário um indicador que reflita e controle a eficácia da área neste particular.

Espera-se ainda que o gestor dessa área tenha uma ampla visão de negócios, pelo menos aquela relacionada ao processo produtivo e ao seu impacto no resultado e fluxo de caixa da empresa. Assim, a área deve estar atenta para o prazo de entrega das matérias-primas, devendo primar para que isso ocorra no momento ideal. Materiais recebidos com muita antecedência, e em volumes superiores aos necessários, implicam custos de armazenagem que podem ser evitados e custos de oportunidade financeiros decorrentes de pagamentos a fornecedores que poderiam ser postergados de acordo com a data em que o recebimento dos materiais deveria idealmente ocorrer.

Da mesma forma, requer-se da área de compras o controle sobre os fornecedores de materiais para a empresa, pois eventuais erros de programação ou de atraso de entregas podem levar a custos adicionais de ociosidade ocorridos na área de produção, somados a custos de oportunidades por perdas de negócios e insatisfação de clientes por atrasos de entrega dos produtos por eles adquiridos. Assim, torna-se natural que a área de compras seja integrante do processo crítico envolvendo a dimensão preço e os seus determinantes de custos, merecendo, por isso, especial atenção por parte da administração no que se refere a sua atuação.

Outro fator que pode afetar a rentabilidade da empresa e o custo de seus produtos são os prazos médios de pagamentos aos fornecedores. Esse aspecto guarda uma estreita relação com a capacidade de solvência da empresa e com a eventual necessidade de captação de recursos para a aquisição de matérias-primas a vista ou para pagamentos a prazo a fornecedores.

Em uma situação normal, pressupõe-se que a empresa deva em primeiro lugar adquirir os materiais de que necessita, transformá-los em produtos para somente então vendê-los, convertendo-os em contas a receber e, mais raramente, imediatamente em caixa. Dependendo do *lead time* de produção e do tempo requerido para a venda dos produtos correspondentes, essa situação pode causar um efeito perverso no fluxo de caixa da empresa, se ela tiver que primeiramente pagar ao fornecedor para, somente após a venda, receber de seus clientes.

Assim como é importante o recebimento de materiais no tempo oportuno em que serão utilizados pela produção, é também crucial que a área de compras persiga prazos de pagamentos, junto aos fornecedores, extensos o suficiente para que primeiro ocorra o recebimento da receita e somente então o desembolso referente à dívida contraída com a aquisição dos materiais.

É óbvio que isso somente se transformaria em uma vantagem se a área de compras exercesse influência sobre os fornecedores da empresa ao ponto em que estes não embutissem em seus preços um custo financeiro superior àquele que a empresa pagaria, caso tivesse de captar no mercado financeiro o montante necessário para os pagamentos, ou ao que ela obteria como receita financeira aplicando as suas sobras de caixa e, por fim, ao custo financeiro embutido pela empresa em seu preço de venda.

São os mencionados fatores aqueles que devem motivar a adoção de métricas de prazos médios de pagamentos aos fornecedores, favoráveis à empresa e que devem se tornar metas a serem perseguidas pela área de compras.

A área de compras deve também ter como uma de suas metas a busca contínua por fornecedores que, observando-se as condições de prazos e qualidade, proporcionem à empresa a redução de seus custos.

Embora se observe um certo conservadorismo entre as empresas quanto à troca de fornecedores, elas devem sempre buscar nestes as mesmas condições que seus clientes esperam delas próprias: preços competitivos, prazos de entrega convenientes, bom atendimento, qualidade e responsabilidade social. Assim, embora isso deva ser feito com certo cuidado, a área de compras deve ser estimulada a ter fornecedores alternativos e a promover rodízios entre eles sempre que uma dessas condições deixar de ser atendida por algum deles. A seguir, na Figura 12.5, apresentam-se exemplos de indicadores que podem ser aplicados à área de compras para o atendimento à dimensão preço.

Figura 12.5 – Indicadores para a área de compras relacionados à dimensão preço

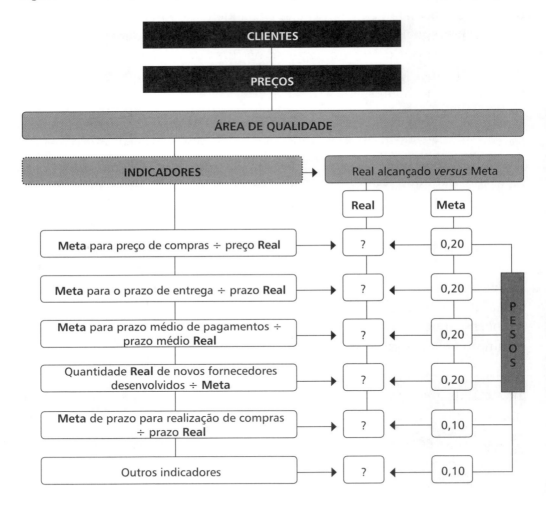

Produção

O processo produtivo é um dos mais relevantes para a manutenção da lucratividade do negócio, e isso se dá a partir da forma como essa área administra os fatores de produção sob sua responsabilidade, sendo eles as matérias-primas e outros materiais, os equipamentos e os recursos humanos. A combinação do uso de tais fatores é determinante para o grau de produtividade. Os cuidados tomados para se garantir a otimização do uso de cada um deles, e de seu conjunto, se traduzem em ganhos de eficiência, evitando-se custos que possam dificultar o alcance da competitividade por parte da empresa e, ao mesmo tempo, o seu intento de lucratividade.

A ocorrência de eventos como horas extras, perdas de materiais no processo produtivo, horas de ociosidade, quantidade de sucatas ou de peças retrabalhadas, falta de controle de processos, utilização inadequada de máquinas e equipamentos, entre outros, são fatores que afetam negativamente os custos de produção como um todo e, portanto, devem ser tratados com atenção pela administração da empresa através de um estreito monitoramento.

Quando se refere ao processo de transformação de insumos em bens ou serviços, a área de produção tem também um papel de destaque. É nessa área que se concentra o maior volume de consumo de recursos da empresa, sejam eles materiais, mão de obra ou equipamentos. A quantidade de variáveis nesse processo, se inadequadamente conduzida, pode suscitar a existência de custos indesejáveis irreparáveis que são, invariavelmente, repassados aos preços dos produtos ou, simplesmente, deduzidos do lucro, diminuindo-o e contrariando os interesses dos proprietários do negócio.

A capacidade de produção deve estar adequada segundo a capacidade de vendas. Nesse sentido, a área deve ser monitorada quanto a sua habilidade de adaptar-se às sazonalidades ou flutuações de volumes decorrentes de alterações de humor do mercado, tanto quanto possível. A administração da empresa deve estar atenta a esse aspecto e acompanhar, via indicadores, a produtividade da área, procurando torná-la ascendente ou, no mínimo, linear.

Há, ainda, outros aspectos a serem considerados para a área de produção, no que tange à sua contribuição para a dimensão preço. O *lead time* de produção é um deles. A fabricação de cada produto deve passar por um meticuloso estudo por parte da engenharia de processos, no sentido de se identificar o tempo exato requerido para a sua fabricação. Quanto maior for o tempo despendido pela linha de produção para a fabricação de um item, maior será a necessidade de materiais em processos, que implicam desembolsos já ocorridos ou em compromissos de pagamento assumidos junto aos fornecedores.

Dessa forma, produtos cujo *lead time* exceda ao limite estritamente necessário implicam custos que devem ser evitados. À administração da empresa compete valorizar os trabalhos da engenharia de processos, motivando-a a realizar revisões periódicas nos métodos e processos de produção, no sentido de procurar encurtar racionalmente o tempo despendido para a fabricação de um produto, visto que, além do volume de recursos em trânsito nas linhas de produção, se devem também evitar os custos de oportunidade por não se terem os produtos correspondentes para vendas imediatas, evitando-se a perda de negócios ou, simplesmente, o seu retardamento.

Os indicadores para essa área, relacionados aos processos críticos associados à dimensão preço, podem ser ampliados. Todavia, na Figura 12.6, apresentam-se ilustrações da quantidade mínima destes com as quais a empresa deve se preocupar.

Figura 12.6 – Indicadores para a área de produção relacionados à dimensão preço

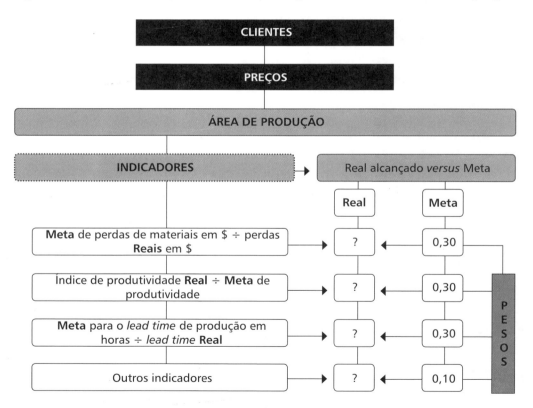

Qualidade

À área de qualidade é reservado um papel que deve ser preventivo, o qual, se desempenhado satisfatoriamente, permite a produção de bens sem sobressaltos ou custos adicionais decorrentes de paradas de linhas de produção ou mesmo a devolução de produtos por causa de defeitos de fabricação.

Em vez disso, se a área de qualidade não estiver focada nos processos críticos nos quais ela deve estar envolvida, tal fato pode representar não só o aumento imprevisto de custos, como também a insatisfação dos clientes no que tange às perdas de oportunidades que eles possam ter caso os produtos providos por seus fornecedores tenham, de alguma forma, a sua qualidade reprovada, causando devoluções que prejudicam, em síntese, tanto clientes quanto fornecedores.

Assim, a área de qualidade deve atuar no momento que precede a entrada dos materiais na empresa, através de suas inspeções físicas diretamente nas instalações dos fornecedores correspondentes, durante todo o processo produtivo e em seu final, sempre buscando a garantia de que o índice de produtos acabados defeituosos seja mínimo, preservando a empresa quanto à anulação de vendas já realizadas, devido à falta de qualidade de produtos, e a sua própria imagem e, por conseguinte, a sua marca.

Pelas razões expostas, a área deve estar inserida no rol daquelas que podem interferir positivamente nos custos finais dos produtos, garantindo que eles sejam produzidos de acordo com as expectativas dos clientes e de todos os interessados na continuidade dos negócios da empresa. Apresenta-se, na Figura 12.7, exemplos de indicador, e seus pesos para a área de qualidade.

Figura 12.7 – Indicadores para a área de qualidade relacionados à dimensão preço

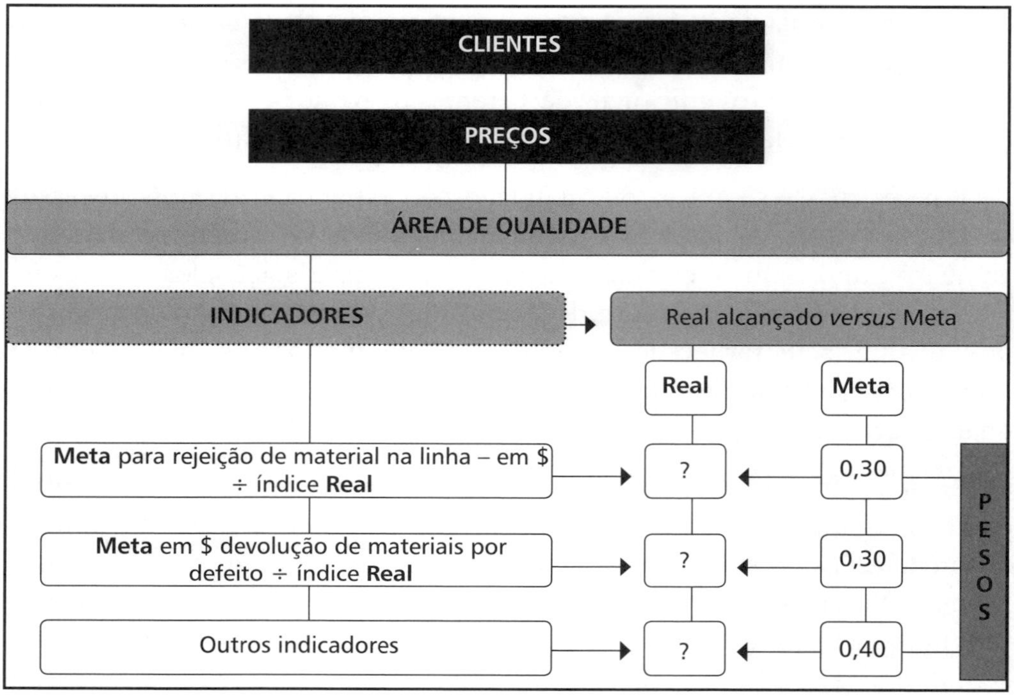

		Real	Meta
Meta para rejeição de material na linha – em $ ÷ índice **Real**	→	? ←	0,30
Meta em $ devolução de materiais por defeito ÷ índice **Real**	→	? ←	0,30
Outros indicadores	→	? ←	0,40

CLIENTES — PREÇOS — ÁREA DE QUALIDADE — INDICADORES → Real alcançado *versus* Meta. PESOS.

Manutenção

A manutenção adequada das máquinas, equipamentos e outros artefatos da fábrica é um requisito fundamental para que a área de produção e outras dependentes dela atuem sem interrupções inesperadas e custosas. A missão da área de produção não deve ser consertar máquinas, equipamentos e outros e sim mantê-los sempre em funcionamento. Porém, isso deve ser alcançado através de programas de manutenção preventivos que não impliquem diminuição do ritmo de operação da empresa. O zelo no cumprimento dessa premissa deve ser acompanhado de perto pela administração da empresa, pois horas paradas inesperadas para conserto de quaisquer que sejam os equipamentos significam funcionários ociosos e os custos que eles representam distribuídos por produtos que não deveriam por eles ser responsáveis. Veja-se na Figura 12.8 como monitorar a área de manutenção.

Figura 12.8 – Indicadores para a área de manutenção relacionados à dimensão preço

Armazenagem

A apropriada movimentação e guarda física dos materiais e produtos acabados são fatores preventivos de custos não esperados, pois com isso se evitam danos desses ativos com consequência direta nos preços dos produtos ou em sua rentabilidade. Da mesma forma, a disponibilização tempestiva de materiais e bens para as áreas de produção e expedição, obedecendo-se, quando aplicável, a ordem de data em que eles ingressaram na empresa ou foram produzidos, previne a existência de itens morosos ou obsoletos.

Outro fator que deve merecer a atenção por parte do gestor da área de armazenagem diz respeito ao zelo na guarda física e no apropriado registro de entradas e saídas de itens do estoque. O controle de estoques é um instrumento que deve ser adotado com acuidade pelo gestor da área, evitando-se diferenças físicas de estoques que impliquem ajustes de inventários e outros efeitos danosos aos custos dos produtos, e o indicador associado a isso faz parte da cadeia de outros pertencentes aos processos críticos relacionados à dimensão preço do SICO. Esses comentários, convertidos em indicadores, podem ser apreciados na Figura 12.9.

Figura 12.9 – Indicadores para a área de armazenagem relacionados à dimensão preço

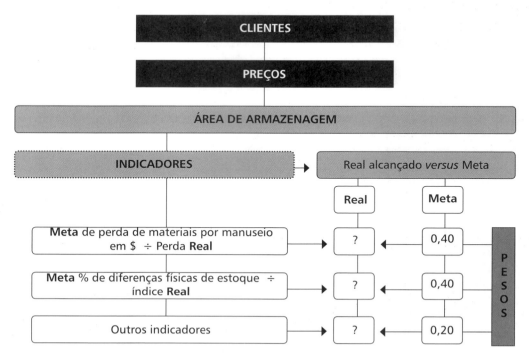

Logística

A eficiência da área de logística no que se refere ao transporte de matérias-primas para a empresa e de produtos acabados para os seus clientes tem estreita relação com os custos finais dos bens e, como decorrência, com os valores cobrados de clientes por eles.

Danos físicos decorrentes de manuseio inapropriado de materiais e produtos acabados podem ocorrer em uma frequência superior ao nível aceitável e devem ser reduzidos, posto que suas consequências produzem resultado negativo, tanto no que concerne às perdas econômicas explícitas com retrabalho quanto a outras relacionadas à insatisfação de clientes, que de uma forma ou de outra acabam sendo afetados por elas, seja na diminuição da qualidade do produto ou simplesmente por atrasos causados a sua entrega.

Deve, também, interessar à empresa manter apenas os níveis de estoques suficientes para a alimentação de sua produção, observando-se os casos especiais em que isso não for possível. Assim, o aspecto logístico ganha relevo, pois a falta de materiais para a produção é também um fator indesejável. Para trabalhar de forma ideal, é necessário que a área de produção e outras dependentes dela estejam resguardadas quanto a essa possibilidade. A área de logística também é importante sob a perspectiva de clientes, quanto ao recebimento de produtos por estes nas datas combinadas.

Por conseguinte, tanto no caso de recebimentos quanto no de entregas de produtos, o correto funcionamento dos meios de manuseio e transportes utilizados pela empresa pode evitar custos de oportunidades decorrentes de paradas da linha de produção, da prorrogação de recebimentos de valores de clientes, ou mesmo da perda destes.

Algumas áreas na empresa têm influência em processos críticos relacionados a várias dimensões associadas aos clientes, como são os casos da engenharia, compras e logística, entre outras. Esta última, por exemplo, também interfere nas dimensões de qualidade e pontualidade, assunto que será tratado na seção 12.2.2. Na Figura 12.10, ilustram-se alguns exemplos de eventos cujos monitoramentos devem ser realizados na área de logística.

Figura 12.10 – Indicadores para a área de logística relacionados à dimensão preço

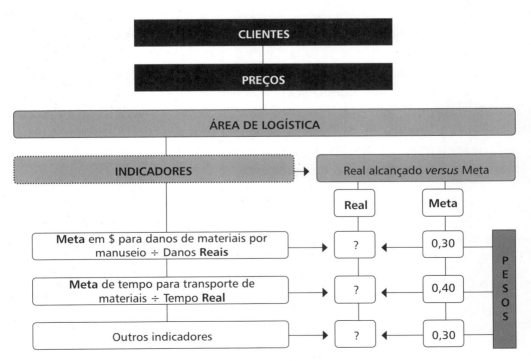

12.2.2 Dimensão de pontualidade

No mundo dos negócios, a pontualidade na entrega de produtos por fornecedores permite às empresas aplicarem apenas o montante estritamente necessário de recursos para manterem as suas produções em condições ótimas de concluírem os seus processos produtivos ou de vendas, buscando, por conseguinte, a satisfação de seus próprios clientes. Assim, a pontualidade na entrega é um dos fatores que dão credibilidade a toda a cadeia de valor no entorno de um determinado negócio.

A pontualidade na entrega permite às empresas otimizarem os seus recursos, sejam estes financeiros, de armazenagem e outros que tenham repercussão econômica. Além disso, a sua inobservância pode provocar perdas maiores aos clientes da empresa, posto que isso eventualmente implica em paradas de linhas de produção e não atendimento ao cliente final, ampliando-se as perdas econômicas relacionadas aos seus próprios processos produtivos.

Apesar dos riscos envolvidos com decisões de se operar com níveis baixos de estoque, dependendo do ramo de negócio, é natural que as organizações procurem se poupar de dispêndios com fatores de produção que devam ser oportunamente disponibilizados por fornecedores de forma que as atividades operacionais não parem.

A pontualidade é um elemento essencialmente crítico, pois a inexistência de confiança do cliente na capacidade de seu fornecedor de atender a esse requisito o levará, em um primeiro momento, a manter níveis de estoques elevados, com as consequências econômicas já mencionadas e, em um segundo momento, a buscar no mercado o parceiro comercial que atenda às condições elementares de entrega de seus produtos nos prazos estabelecidos. Dada a importância desse quesito no SICO, a dimensão de pontualidade é um dos fatores tratados com destaque.

A seguir, pontuam-se alguns comentários e indicadores referentes às principais áreas integrantes dos processos críticos relacionados à dimensão pontualidade, conforme sinteticamente ilustrado na Figura 12.11.

Área de vendas

Uma vez que os produtos já estejam desenvolvidos e considerados disponíveis para a sua comercialização, compete à área de vendas a elaboração da previsão de vendas, que orientará outras áreas no que se refere à compra de materiais e programação de produção, entre outras atividades.

A previsão de vendas deve ser revisada mensalmente e, além das implicações que o seu grau de acurácia pode ter sobre os custos da empresa, conforme comentado quando discutido esse assunto na dimensão preço, a destreza do gestor da área em elaborá-la e disponibilizá-la tempestivamente para as demais pode auxiliar ou dificultar o encadeamento das atividades que se seguirão após a sua liberação, implicando diretamente a pontualidade de entrega de produtos a clientes.

A criticidade desse aspecto é o que deve motivar a administração da empresa a monitorar os indicadores relacionados a esse fator.

Como em outras ilustrações de indicadores apresentadas neste capítulo, existem influências da área de vendas no que se refere a sua contribuição para que os produtos sejam entregues aos clientes de acordo com as suas necessidades. Normalmente, estas dizem respeito à forma como essa área gerencia as suas atividades administrativas. Uma delas, entre várias outras possíveis, é o tempo decorrido entre uma venda realizada e o cadastro ou registro do pedido correspondente no sistema de informações que é compartilhado pelas demais áreas que darão continuidade ao processo da venda.

Após a emissão dos pedidos de vendas, seguem-se as rotinas necessárias para que os seus detalhes sejam conhecidos por todos aqueles que estarão envolvidos na etapa de produção e entrega dos produtos a eles inerentes. Atividades tais como análise de crédito, separação de materiais, produção e programação de entrega, entre outras, são elementos críticos para que a venda seja concluída com êxito em todos os seus aspectos e a satisfação do cliente, garantida. Assim, as atividades desenvolvidas na área de vendas não se restringem simplesmente à venda em si, mas envolvem procedimentos adicionais para que ela seja plenamente bem-sucedida.

A seguir, apresenta-se a Figura 12.11, na qual se destacam dois indicadores para a área de vendas, especificamente relacionados às atividades administrativas que guardam relação com a dimensão pontualidade de atendimento a clientes.

Figura 12.11 – Indicadores para a área de vendas relacionados à dimensão pontualidade

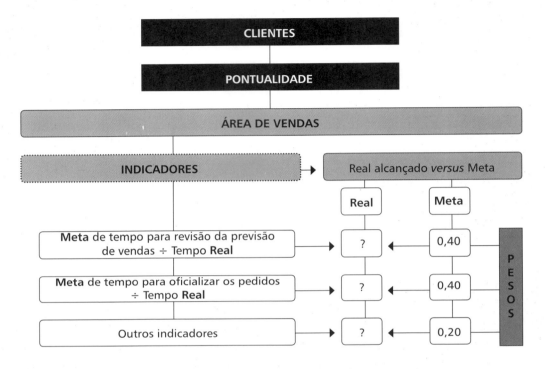

Planejamento e controle da produção

O planejamento e o controle de produção são atividades responsáveis pela organização do melhor arranjo da fábrica para tornar possível a otimização das linhas de produção, dos recursos humanos e dos equipamentos necessários para o adequado atendimento às demandas de prazos de entregas a clientes. Essa é uma área que deve trabalhar em sintonia com as de vendas e compras e deve munir-se de flexibilidade, dentro do possível, para alternar o funcionamento das linhas de acordo com a dinâmica e o perfil dos negócios realizados, sempre buscando preservar a produtividade da fábrica.

A importância das funções dessa área decorre do fato de ser ela a responsável pela liberação da relação de materiais a serem adquiridos pela de compras para atendimento de dado volume de produção e, nesse sentido, ambas devem trabalhar próximas, tornando-se necessária a sincronização entre as datas de solicitação de materiais e o *lead time* requerido pelos fornecedores para o suprimento dos materiais correspondentes.

Mas não é apenas com a área de compras e a de vendas que o PCP deve trabalhar em sintonia. Em muitos casos, determinados bens requerem a fabricação prévia de produtos intermediários, de forma que o gestor dessa área deve estar atento para a apropriada manutenção desses estoques, trabalhando em conjunto com a área de produção, no sentido de que a fabricação desses itens intermediários seja concluída sem o comprometimento do prazo final para a disponibilização dos produtos acabados para a área de armazenagem.

Em muitas empresas, é também a área de PCP que executa o fechamento das ordens de produção, sendo a inserção dessa informação no sistema no tempo requerido um importante fator de redução de riscos de atrasos de entregas de produtos a clientes. Exemplos de indicadores para o acompanhamento do desempenho da área podem ser verificados na Figura 12.12.

Figura 12.12 – Indicadores para a área de PCP relacionados à dimensão pontualidade

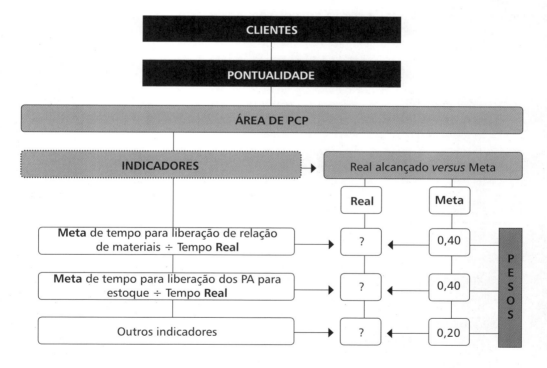

Área de compras

É a área de compras que se encarrega da manutenção de contatos com os fornecedores. Além dos aspectos relacionados às condições comerciais, deve manter um estreito relacionamento com estes, no sentido de aferir o seu grau de aderência às necessidades de prazos de entregas de materiais no tempo requerido pela área de planejamento e controle da produção.

Dessa forma, sob a perspectiva da dimensão de pontualidade, os indicadores sob a responsabilidade do gestor de compras devem visar ao monitoramento do tempo de atrasos de entrega por parte de fornecedores, observando-se uma tolerância para isso que não implique retardamento do processo produtivo, conforme pode ser apreciado na Figura 12.13.

É também necessária atenção no que se refere ao tempo compreendido entre o momento em que a área recebe a lista de material do planejamento e controle da produção e aquele em que emite e encaminha ao fornecedor o pedido de compras correspondente, sendo esse um elemento que antecede o monitoramento de eventuais atrasos de entrega por parte de fornecedores.

Figura 12.13 – Indicadores para a área de compras relacionados à dimensão pontualidade

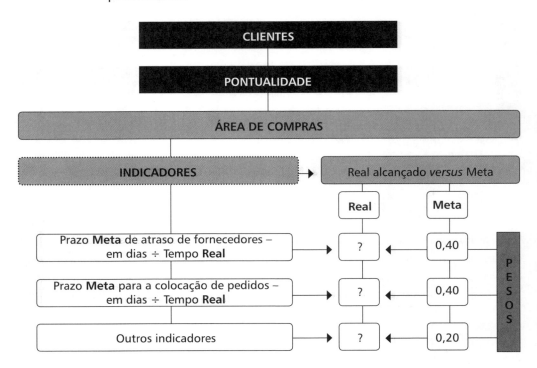

Área de produção

No que se refere aos processos críticos relacionados à dimensão pontualidade, a área de produção é o eixo onde existe a maior quantidade de variáveis que pode afetar a disponibilização oportuna de produtos para a sua comercialização e entrega.

Além do fato de que o *mix* de produtos pode implicar em diferentes tipos de *setup* de equipamentos e processos, há também outros elementos, como a mão de obra, equipamentos e fatores relacionados aos processos críticos que se iniciam em outras áreas que, se não bem conduzidos, podem respingar na atividade produtiva, prejudicando o seu funcionamento. Cada um desses fatores deve ser administrado de forma proativa e preventiva pelo gestor da área, sob o risco de que os atrasos de produção se sucedam e, o que é pior, com tendência de se avolumarem, perdendo-se o controle sobre eles.

Na Figura 12.14, sintetizam-se os indicadores da área de produção associados à dimensão pontualidade. Todavia, a ilustração de um único indicador não deve ser vista como um fator de simplificação das atividades desenvolvidas na área. Ao contrário, este e outros podem e devem ser desdobrados em quantos forem necessários de forma que as variáveis que possam afetar o funcionamento da área, e que não estejam já identificadas por outros indicadores sob a responsabilidade de outras áreas envolvidas nesse processo crítico, possam ser preventivamente avaliadas, evitando-se os danos que o inadequado funcionamento dessa área possa causar à dimensão pontualidade.

Figura 12.14 – Indicadores para a área de produção relacionados à dimensão pontualidade

Área de qualidade

À área da qualidade compete garantir que tanto as matérias-primas utilizadas no processo produtivo quanto os produtos acabados liberados para vendas tenham qualidade assegurada sem que isso implique em atrasos de produção.

A rotina da área de qualidade deve abranger procedimentos preventivos de inspeção que visem diminuir os riscos de que os materiais entregues na empresa por seus fornecedores, quaisquer que forem as razões, impliquem em atrasos da produção.

O processamento pela produção de materiais que não atendam aos requisitos qualitativos ou de prazos de entrega preestabelecidos pela empresa pode implicar paradas de linhas de fabricação para o seu respectivo reparo ou reposição, o que significa retardar o processo produtivo e o comprometimento da pontualidade de entrega de produtos.

A Figura 12.15 procura retratar, não de forma exaustiva, dois indicadores para orientação do gestor da área de qualidade, no que tange à dimensão pontualidade de satisfação de clientes.

Figura 12.15 – Indicadores para a área de qualidade relacionados à dimensão pontualidade

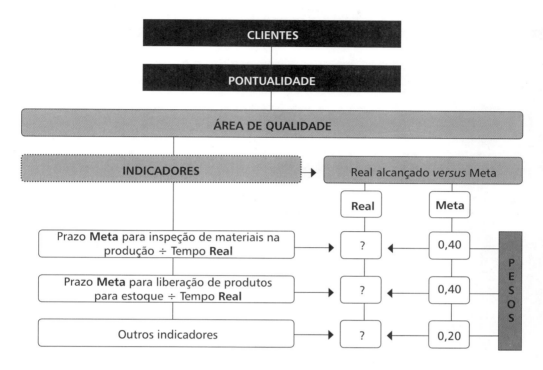

Área de logística

A função da área de logística é, primordialmente, assegurar que os produtos sejam entregues aos clientes em perfeito estado de conservação e no prazo por eles estipulados. Essa área tem importância destacada no contexto das cinco dimensões de satisfação do cliente, posto que é ela aquela que finaliza o processo da venda. Dessa forma, sua maior contribuição se presta quando não existirem reclamações de atrasos de entrega decorrentes de problemas com transportes ou transportadoras, ou outros motivos.

O início do trabalho da área de logística se dá em momento diferente da efetiva entrega do produto. Para que esse objetivo seja alcançado com êxito, é necessário que a área se organize de forma a proceder às coletas dos produtos nos locais em que estiverem armazenados, aos carregamentos necessários de veículos e aos contatos necessários com o cliente para agendamentos de entregas, quando isso for aplicável.

A Figura 12.16 busca refletir esses principais indicadores.

Figura 12.16 – Indicadores para a área de logística relacionados à dimensão pontualidade

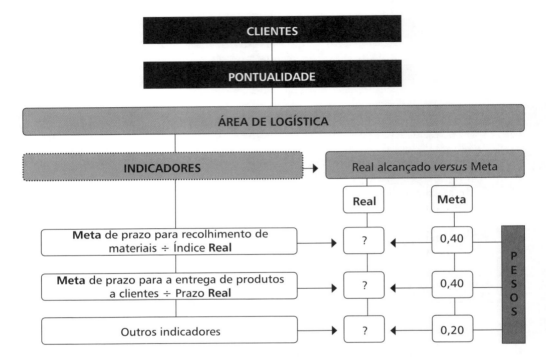

12.2.3 Dimensão de qualidade

Assim como o preço, a dimensão da qualidade é uma das mais sensíveis para os clientes e por isso um importante balizador da relação que eles mantêm com os seus fornecedores, tornando-se uma respeitável vantagem competitiva para aqueles que a atendem plenamente. Preço e qualidade são dois requisitos fundamentais para a estratégia mercadológica de uma empresa e essa é a percepção que ela espera que seus fornecedores tenham sobre o assunto.

O preço pode ser o principal direcionador de uma estratégia empresarial quando, em determinados segmentos, a empresa visar atender ao mercado de consumidores de baixa renda. Entretanto, mesmo assim, embora o quesito qualidade possa ser secundário, ele nunca deve ser negligenciado, pois ainda que o preço possa ser o principal elemento de decisão do consumidor no ato da compra, a empresa que o supre resguardando a qualidade de seus produtos, tanto quanto possível, certamente terá vantagens competitivas em relação aos seus concorrentes.

Saliente-se que organizações que se orientam unicamente pela oferta de produtos a preços baixos a qualquer custo elegem para si um padrão negativo de imagem que tende a ser a sua marca registrada.

Já no caso de empresas que visam ao atendimento a consumidores finais mais exigentes, e por isso dispostos a pagar um diferencial de preço pelo que adquirem, a estratégia adotada deve estar intimamente associada à confiabilidade e à garantia de qualidade de seus produtos. Nessa hipótese, os atributos preço e qualidade não devem se dissociar, sob pena de a empresa expor ao risco a sua própria continuidade.

Contudo, quando empresas fornecem componentes intermediários para outras que os utilizam na fabricação de bens destinados a consumidores finais, a qualidade é um atributo indispensável e como tal pode significar a preferência de um cliente por um determinado fornecedor em detrimento de outro. Dessa forma, os processos críticos internos que a determinam devem merecer especial atenção por parte da administração da empresa, por meio do monitoramento das áreas organizacionais por eles responsáveis. Seguem-se comentários especificamente relacionados a alguns dos itens que devem ser observados e administrados pelos gestores das áreas.

Área de engenharia

Os principais aspectos relacionados à qualidade estrutural de um produto têm relação direta com a forma como ele é desenvolvido. Nesse particular, produtos cujos projetos sejam conduzidos pela área de engenharia com a combinação harmônica da tecnologia necessária ao seu correto funcionamento e a especificação dos componentes mais adequados e confiáveis para a sua construção tendem a apresentar melhor resultado no que concerne à qualidade.

A aplicação dos conhecimentos técnicos da engenharia deve levar em conta essencialmente as condições sob as quais os produtos serão utilizados, bem como o tipo de aplicação ao qual se destinam. Uma empresa não produz bens para si mesma, mas sim para seus clientes, cujas necessidades devem ser conhecidas, e esse conceito deve ser incorporado no desenvolvimento desses bens. Se assim não o fosse, não haveria justificativa lógica para seu lançamento no mercado.

Tipos apropriados de componentes, a confiabilidade de seus fornecedores e a adoção de testes exaustivos da funcionalidade do produto são outros fatores que determinam a sua qualidade final. Não obstante existirem aspectos não estruturais que também a afetem, e que são causados por falhas em processos críticos sob a responsabilidade de outras áreas, é a habilidade da engenharia em combinar os fatores mencionados o elemento preponderante para que os problemas de qualidade detectados sejam apenas pontuais e mais fáceis de serem corrigidos.

Se a capacidade de planejamento e desenvolvimento dos produtos por parte dessa área for reduzida, ampliam-se consideravelmente as chances de produtos que apresentam defeitos contínuos, com consequências desastrosas para a empresa em relação à satisfação de seus clientes.

Embora existam diversas formas de se medirem as contribuições da área de engenharia para a dimensão qualidade de produtos, e todas elas mereçam um estreito acompanhamento, há um fator para o qual a empresa deve devotar cuidados especiais, que são as devoluções dos produtos em período de garantia, decorrentes de defeitos estruturais de funcionamento reputáveis a erros de projeto de engenharia.

Nesse sentido, podem-se estabelecer vários tipos de indicadores que auxiliem o monitoramento dessa questão, porém, recomenda-se isolarem-se esses indicadores de forma a que problemas de qualidade estruturais sejam sumarizados em um único indicador, conforme demonstrado na Figura 12.17.

Figura 12.17 – Indicadores para a área de engenharia relacionados à dimensão da qualidade

Área de produção

As atividades da área de produção são complexas e a combinação eficaz do uso dos fatores de produção, sejam eles materiais, tecnológicos ou humanos, se reflete de forma direta na qualidade dos produtos por ela fabricados. O conjunto de variáveis que envolvem o processo produtivo torna essa área suscetível a eventos que podem prejudicar o seu bom funcionamento, originando-se, a partir disso, maiores possibilidades de ocorrências de falhas que resultam em produtos acabados defeituosos. É nessa área onde se origina a maior parte de defeitos não estruturais nos produtos fabricados pela empresa.

Entre as muitas variáveis que dificultam as atividades produtivas, algumas têm a sua origem em outras áreas da empresa, como a de compras, por exemplo, mas, sob a perspectiva da dimensão da qualidade, estas devem ser tratadas pelos respectivos gestores dessas áreas.

À área de produção compete administrar os processos críticos especificamente relacionados às linhas de produção. A gestão adequada do fluxo de materiais entre máquinas e homens, dos limites físicos destes, entre outros, são elementos que poupam a empresa de devoluções de produtos inicialmente considerados perfeitos, mas que são rejeitados por clientes em função de terem a sua qualidade comprometida.

O indicador fundamental para o monitoramento da acuidade com a qual a área de produção executa as suas atividades é o índice de devolução de produtos por clientes, retratado na Figura 12.18. É esse o indicador que deve alertar a administração da empresa para a eventual necessidade de correções em seu processo produtivo, e aquele indicador que deve servir de base para a avaliação geral dos processos críticos da empresa que afetam a dimensão da qualidade, conforme a figura apresentada no início deste capítulo. Outros deverão existir para a orientação do gestor da área para o alcance de bons resultados do indicador central.

Figura 12.18 – Indicadores para a área de produção relacionados à dimensão da qualidade

Área da qualidade

A área da qualidade é a guardiã da reputação da empresa junto aos seus clientes. O papel que ela deve exercer nos processos críticos relacionados à dimensão da qualidade é o de filtrar problemas que possam refletir na qualidade dos produtos que são entregues aos clientes, tanto no que se refere ao controle desse quesito sobre as matérias-primas quanto na inspeção final dos produtos fabricados a partir dela. Um bom controle de qualidade é um fator decisivo para a eliminação de desgastes entre clientes e fornecedores, causados pela necessidade de devolução de produtos defeituosos.

A criticidade da função exercida pela qualidade é o fator que elege como indicador mais aplicável para a sua avaliação o volume total de unidades devolvidas, seja isso decorrência de causas estruturais ou por quaisquer outras razões. A seguir, apresenta-se a Figura 12.19, na qual se retrata o mencionado indicador.

Figura 12.19 – Indicadores para a área da qualidade relacionados à dimensão da qualidade

Área de manutenção

A apropriada manutenção preventiva de equipamentos, além de ser um elemento relevante para manter a fábrica em operação, e para evitarem-se custos com horas paradas de linhas, é também um dos aspectos que podem interferir na qualidade dos produtos fabricados, dependendo de suas naturezas.

Máquinas com funcionamento precário podem levar à geração de produtos finais com defeitos, que necessitam retrabalho depois de entregues aos seus clientes, ou com baixa resistência, o que se traduz em pouca durabilidade, sendo ambos os fatores elementos de impacto negativo da imagem da empresa em seu mercado de atuação.

Destaca-se na Figura 12.20 o indicador que permite à administração da empresa acompanhar a qualidade da participação da área de manutenção nos processos críticos relacionados à qualidade de produtos.

Figura 12.20 – Indicadores para a área de manutenção relacionados à dimensão da qualidade

Área de armazenagem

Dependendo do tipo de componentes usados na fabricação, ou das características físicas dos produtos acabados, sua estocagem adequada pode ser um diferencial para a preservação de suas funcionalidades, de forma a diminuírem-se as possibilidades de funcionamento inadequado ou mesmo de defeitos posteriores apresentados pelos produtos, sendo nesse sentido que essa atividade deve ser monitorada, sob a perspectiva da dimensão da qualidade de satisfação do cliente.

Destaque-se também a necessidade de manutenção de um adequado controle de estoque que permita ao responsável da área controlar o tempo de fabricação de componentes ou de produtos, evitando-se que suas características físicas sejam alteradas e, por consequência, suas qualidades sejam afetadas.

É nesse sentido que se apresenta a Figura 12.21, com uma ilustração de um tipo de indicador que pode ser usado pela área para orientá-la na execução de suas atividades e, ao mesmo tempo, permitir o seu próprio monitoramento.

Figura 12.21 – Indicadores para a área de armazenagem relacionados à dimensão da qualidade

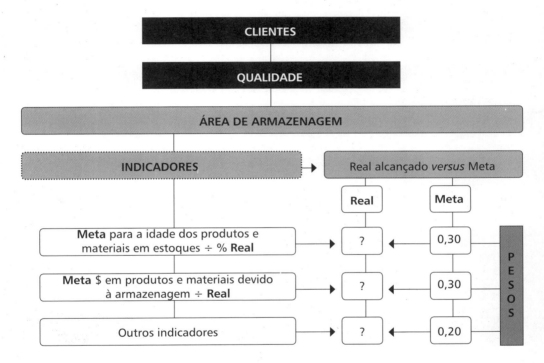

Área de logística

Por fim, a área de logística é aquela que, numa situação normal, encerra o ciclo de vendas de produtos a um cliente. Além da pontualidade, como já discutido, essa área deve assegurar que os produtos sejam entregues aos seus destinos sem avarias, quer sejam estas nas embalagens ou no próprio produto. Todo o trabalho feito pelas demais áreas componentes do processo crítico de dimensão da qualidade ficaria comprometido se, por negligência no transporte dos produtos, estes não fossem entregues em perfeita ordem aos seus destinatários.

Apresenta-se na Figura 12.22 um exemplo de indicador que pode ser utilizado pela empresa para monitorar a qualidade de entrega de produtos aos seus clientes.

Figura 12.22 – Indicadores para a área de logística relacionados à dimensão da qualidade

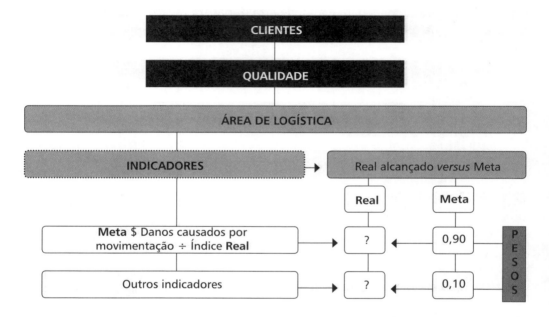

12.2.4 Dimensão de atendimento a clientes

O atendimento é um dos fatores que aproximam ou distanciam clientes e fornecedores. O bom atendimento nas fases de pré e pós-vendas traz para as empresas o benefício do estreitamento de relações, ampliando possibilidades de realizações de negócios recorrentes, gerando confiança entre parceiros comerciais, facilitando o seu relacionamento e tornando-se até mesmo um atenuante quando outros aspectos também valorizados pelos clientes não forem, eventualmente, satisfeitos completamente.

Inversamente, o atendimento insatisfatório não apenas dificulta a realização dos negócios, por meio do afastamento de clientes, mas pode se tornar um estigma que interfere na reputação da imagem da empresa, produzindo consequências diretas em seu resultado econômico.

Em razão do exposto é que a questão atendimento deve ser tratada com zelo pela empresa, constituindo-se em uma dimensão própria da gestão empresarial, pois um cliente atendido de forma satisfatória torna-se mais propenso a aceitar abordagens de seus fornecedores sempre que isso for conveniente para ele.

A dificuldade maior que ocorre nessa dimensão sob a perspectiva dos clientes é que o atendimento envolve áreas organizacionais que não são visíveis para eles, mas que devem apoiar aquelas que eles consideram como a sua porta de entrada no fornecedor, como as de vendas e serviço de atendimento ao cliente. Por isso, o SICO trata com destaque a dimensão atendimento a clientes, no sentido de permitir à administração da empresa monitorar o desempenho das áreas no que diz respeito aos processos críticos existentes em seu entorno.

A seguir, comentam-se os principais aspectos relacionados às áreas organizacionais envolvidas nos processos críticos dessa dimensão.

Área de vendas

A área de vendas é uma das portas de entrada dos clientes na empresa. O contato entre ambos pode ser iniciativa do cliente, situação em que ele espera ser atendido com presteza, atenção e cordialidade. Não importa ao cliente as dificuldades internas de seu fornecedor. Aquilo que o cativa é a capacidade da empresa de gerenciar tais dificuldades sem afetá-lo. Essas mesmas expectativas são válidas quando o contato ocorre por iniciativa do fornecedor. O cliente espera que, no mínimo, o fornecedor o aborde de forma articulada e, principalmente, oportuna.

É de interesse da administração da empresa, e da própria área de vendas, entenderem qual a percepção de seus clientes sobre o tratamento que recebem das equipes que o atendem. Assim, pesquisas de satisfação de clientes devem ser uma rotina incorporada entre os procedimentos que a empresa adota para conhecer as suas deficiências de atendimento e saná-las, com vista a manter-se próxima destes.

Tais pesquisas podem atualmente ser incorporadas no próprio sistema de telefonia da empresa, de forma que ao final do atendimento o próprio cliente avalie a sua satisfação com o atendimento que recebeu. É nesse sentido que os indicadores de satisfação devem ser implementados.

Na Figura 12.23, destacam-se os indicadores de monitoramento do nível de satisfação de clientes com o atendimento que recebem da área de vendas.

Figura 12.23 – Indicadores para a área de vendas relacionados à dimensão de atendimento

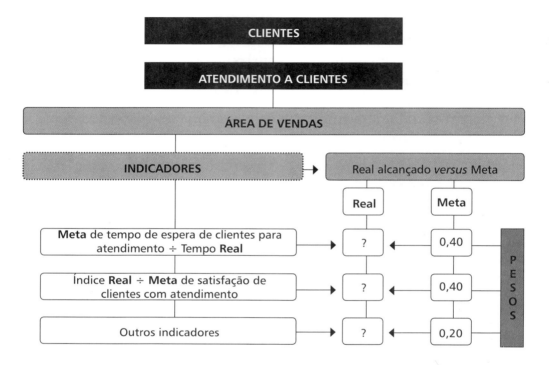

SAC – Serviço de Atendimento ao Cliente

O SAC é a segunda mais importante porta de entrada do cliente em seu fornecedor. O fato de essa área ser acionada significa que algo anormal aconteceu para levar o cliente a procurar esse serviço oferecido pelo fabricante. As causas para esse contato podem variar desde a necessidade de esclarecimentos sobre a funcionalidade de um produto até mesmo para a manifestação de insatisfação do cliente com o fabricante por qualquer razão.

Espera-se da área de serviços de atendimento ao cliente que ela resolva os problemas ou questões relacionadas à chamada, em um período de tempo que satisfaça as expectativas dos clientes. Essa área deve atuar como embaixadora do cliente perante as demais da organização, envolvidas nos processos críticos relacionados com essa dimensão.

Da mesma forma que a área de vendas, os atendimentos realizados pelo SAC devem ser monitorados, de preferência por meio de um sistema que permita ao próprio cliente atribuir o seu grau de satisfação no que tange ao tempo em que esperou para ser atendido, à cordialidade do atendente, à solução do problema e ao tempo decorrido entre o primeiro contato dele com o SAC e à solução final do fato que o levou a acionar essa área. Retrata-se, na Figura 12.24, dois dos principais indicadores que auxiliam a gestão da área a corrigir eventuais desvios dos padrões de atendimento a clientes requeridos pela administração da empresa.

Serviços de assistência técnica

A área de assistência técnica é semelhante ao SAC e é outra daquelas em que o seu simples acionamento por parte do cliente reflete a sua insatisfação com o produto adquirido, isto é, já retrata uma tensão no relacionamento entre ele e a empresa. Por essa razão, esta é uma área sensível, pois os problemas que chegam até ela têm diferentes graus de complexidades, que devem ser ponderados, e o resultado dessa ponderação, registrado, de forma a orientar os indicadores que deverão refletir a meta a ser alcançada pela área.

Fatores tais como tempo de espera para ser atendido no primeiro contato, cordialidade, tempo despendido para a solução do problema, assertividade são aspectos que devem nortear a escolha das métricas que devem ser utilizadas para o acompanhamento do desempenho da área no que se refere à eficácia segundo a qual a área desempenha o seu papel nos processos críticos relacionados à dimensão de atendimento a clientes. A Figura 12.24 busca ilustrar os principais indicadores que permitem acompanhar tal desempenho. De forma geral, essa figura é aplicável tanto ao SAC, quanto à assistência técnica, diferindo-se apenas as atividades que não sejam coincidentes.

Figura 12.24 – Indicadores para a área de SAC relacionados à dimensão de atendimento

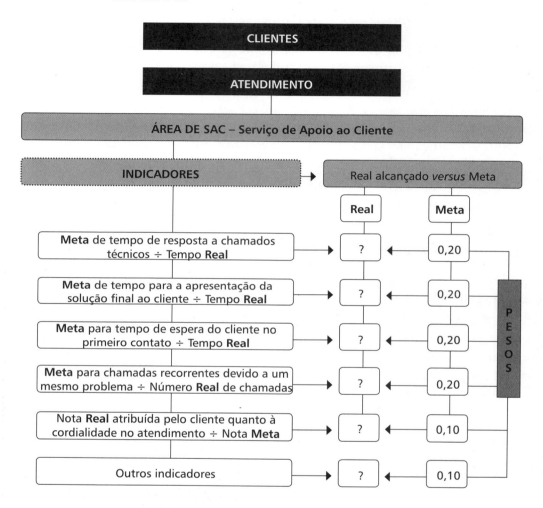

Áreas de engenharia e de produção

Sob a perspectiva da dimensão de atendimento, as áreas de engenharia e a de produção exercem papéis semelhantes no processo de atendimento a clientes.

Existem defeitos em produtos cujas soluções transcendem a capacidade da área de assistência técnica de resolvê-los, implicando, muitas vezes, a necessidade de participação de outras em uma investigação mais profunda das causas que originaram tais defeitos, caso da área de engenharia, e no cuidado e a velocidade segundo os quais devem ser realizados eventuais retrabalhos, que é o caso da produção. Espera-se de ambas as áreas que os mencionados problemas sejam definitivamente sanados, evitando-se, dessa forma, a recorrência do chamado por parte do cliente.

Assim, o fator tempo de resposta e a qualidade da solução dos problemas apresentados por produtos acabam se tornando um caminho crítico para que a empresa minimize os efeitos negativos decorrentes dos chamados de clientes por razões relacionadas à qualidade do produto. A Figura 12.25 ilustra as principais métricas para o monitoramento desses fatores.

Figura 12.25 – Indicadores para as áreas de engenharia e produção relacionados à dimensão de atendimento

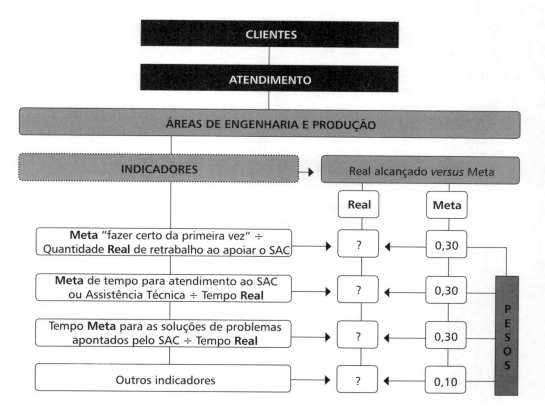

Área de logística

Em muitas empresas, após a realização da venda, a área de logística é acionada diretamente pelo cliente para a obtenção de informações relacionadas à entrega dos produtos adquiridos, podendo ser feita diretamente pela área de compras do cliente ou por outras que ele eventualmente tenha estruturado para esse fim. O fato é que há comunicação entre o cliente e a área de logística, e ela deve ser de boa qualidade.

A área de logística, como as demais integrantes dos processos críticos relacionados à dimensão de atendimento, deve ser monitorada sempre se levando em conta a tolerância do cliente com relação ao fator tempo de espera.

O ideal é que a empresa fornecedora possua uma área de pós-vendas estruturada e, a partir dela, monitore a satisfação do cliente no que se refere aos itens comuns de satisfação que devem ser observados por todas as áreas envolvidas nos processos críticos da dimensão estudada nesta seção. Caso isso não seja possível, deve-se então criarem-se mecanismos que permitam o monitoramento individual de cada uma dessas áreas.

Apresentam-se na Figura 12.26 os indicadores específicos para a área de logística.

Figura 12.26 – Indicadores para a área logística relacionados à dimensão de atendimento

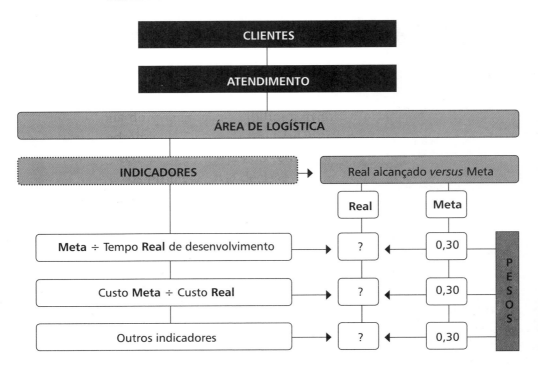

12.2.5 Dimensão de responsabilidade social

Com a evolução industrial impulsionada pelo capitalismo, a sociedade humana sente o peso de seu próprio desenvolvimento, experimentando o temor de que determinados segmentos da tecnologia e outras criações humanas sejam capazes de tornar inabitável o planeta. As mudanças aceleradas no planeta despertaram a consciência de governos e empresas para a atenção que o meio ambiente e seus habitantes requerem. Parte da sociedade não está disposta a pagar um alto preço pelo bem-estar que o desenvolvimento proporciona no curto prazo, e tenta refrear o crescimento da deterioração do ambiente natural e deter o perecimento de entes humanos por questões básicas de alimentação, ambientação e recursos naturais.

A partir disso, governos, preocupados com a fonte de recursos financeiros necessários à manutenção de programas sociais, via arrecadação de impostos, e com a própria sobrevivência do planeta, e empresas centradas na preservação de seus mercados, e procurando mostrarem-se presentes como partes das soluções dos problemas ambientais que afligem a humanidade, se unem e passam a requerer das entidades econômicas que estas tenham e demonstrem responsabilidade social.

A responsabilidade social tornou-se uma bandeira que vem a cada dia diferenciando as empresas que as fazem constar da lista de suas prioridades. Dessa forma, torna-se frequente que clientes, sejam estes governos ou entidades privadas, requeiram de seus fornecedores que estes comprovem a sua responsabilidade com o meio ambiente, e com o justo repasse de impostos e contribuições adicionados aos preços de seus produtos pagos, em síntese, por seus consumidores.

As métricas para as quais as empresas devem estar atentas não fogem à necessidade de as empresas monitorarem as questões para as quais são requeridas. A Figura 12.27 apresenta alguns dos aspectos que requerem a atenção da administração da empresa que, se desprezados, podem representar o seu preterimento pelo cliente em relação a outro fornecedor.

Figura 12.27 – Indicadores relacionados à dimensão de responsabilidade social

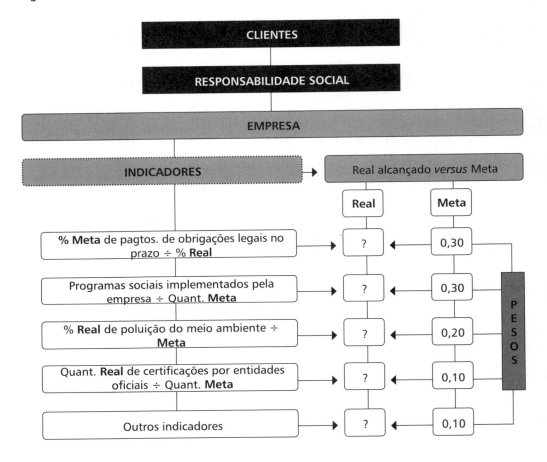

O papel exercido pela área de recursos humanos nos processos críticos

A área de recursos humanos é uma das principais para o alcance de um nível eficaz de controle sobre os cinco fatores de atração de um cliente por dado fornecedor, ocorrendo isso, simplesmente, porque é essa área a responsável pela seleção e recrutamento de profissionais com habilidades e competências compatíveis com cada função relacionada aos processos críticos associados à satisfação desse cliente, e que são capazes de mantê-los sob um equilibrado controle.

A seleção de funcionários com qualificações, no que se refere aos quesitos técnicos e pessoais necessários para o exercício de suas funções, e um trabalho contínuo de conscientização destes pela área de recursos humanos, a respeito da importância que eles têm para a otimização dos recursos consumidos pela operação da empresa, podem ser o diferencial que permita à empresa oferecer aos seus clientes preços competitivos, afetando diretamente a dimensão preço de satisfação ao cliente.

Ainda relacionado à dimensão preço, essa área tem responsabilidade indireta pelos índices de *turnover* de funcionários por ser ela quem os seleciona, fator que se traduz em custos, pois, quanto maior forem esses índices, maiores os dispêndios com rescisões de contrato de trabalho e ainda com os custos de aprendizagem de novos funcionários, substitutos daqueles que deixaram a empresa. Por essa razão, os indicadores de monitoramento dessa área devem contemplar itens que permitam o acompanhamento do desempenho da área de recursos humanos quanto à rotatividade de funcionários.

Outro ponto que merece atenção especial da administração da empresa é o tempo médio que a área de recursos humanos despende para a reposição de funcionários, visto que a demora no recrutamento de profissionais pode afetar a operação de determinada área em todos os sentidos, comprometendo o seu desempenho no que se refere a sua participação nos processos críticos, nesse caso, sob a perspectiva das cinco dimensões de satisfação de clientes, não somente aqueles relacionados a preços.

As atividades da área de recursos humanos são ainda mais valiosas quando contemplam cuidados especiais com a melhoria contínua, isto é, com a implementação de um programa constante de treinamento de funcionários, visando sempre aperfeiçoar as habilidades e competências dos profissionais da empresa em todos os processos críticos relacionados às cinco dimensões quando existente e aplicado com eficácia tal programa. Sintetizam-se na Figura 12.28 exemplos de indicadores relacionados a esses aspectos.

Figura 12.28 – Indicadores para a área de recursos humanos relacionados a todas as dimensões

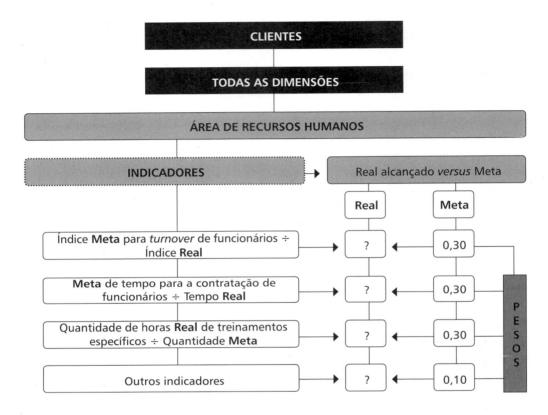

O papel da área de tecnologia da informação nas cinco dimensões de satisfação de clientes

A informação é, sem dúvida, o elemento mais importante para o gerenciamento adequado dos processos críticos relacionados aos clientes da empresa. A sua tempestividade, clareza e acurácia são requisitos fundamentais para que a administração organize tais processos de forma a mantê-los sob controle e, na ocorrência de desestabilização de dado processo, a informação é o monitor que identifica as disfunções a ele inerentes e a sua correção.

Nesse sentido, a área de Tecnologia da Informação tem participação especial no bom andamento de todos os processos críticos, se essa área executar as suas atividades como se espera.

O adequado suporte aos usuários da informação, tanto no que se refere à manutenção do sistema utilizado pela empresa, sem interrupções, quanto ao desenvolvimento de programas que visem melhorar a qualidade da informação, são fatores essenciais para que os processos críticos tenham o seu desenvolvimento natural.

Ressalte-se também que a área de tecnologia da informação tem outras funções quanto aos seus clientes internos. Assim, essa área deve prover serviços de atendimento e apoio sempre que requeridos, e a velocidade e qualidade com a qual isso se realiza é outro aspecto importante relacionado ao desempenho da área e que, por essa razão, deve ser monitorado pela administração da empresa.

Na Figura 12.29, ilustram-se os principais indicadores para a área de TI.

Figura 12.29 – Indicadores para a área de tecnologia da informação relacionados a todas as dimensões

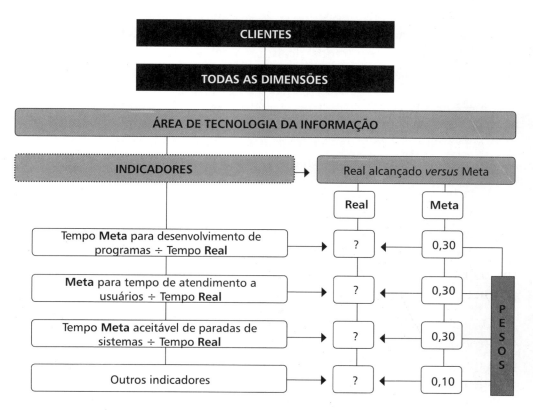

O papel da área de Controladoria nas cinco dimensões de satisfação de clientes

A área de Controladoria se notabiliza por ser a principal provedora de informações para o processo decisório organizacional, seja isso nos momentos da elaboração do plano de negócio e de outras fases do processo decisório organizacional.

Essa área também é responsável pela integração das demais, de forma que os efeitos finais da combinação dos planos de cada área sejam convergentes com o plano de negócios da empresa e, como consequência, para os seus objetivos.

A área de Controladoria é também a responsável pela comunicação das informações aos gestores, necessárias para que estes tomem as decisões inerentes à execução do plano de negócios e, numa fase posterior, pela divulgação aos gerentes e à administração das informações sobre eventuais desvios observados entre os resultados alcançados pelas áreas de atividade, contrapostos aos planejados.

Dadas as características das atividades desenvolvidas por essa área, ela adquire relevância especial no processo de promoção da eficácia organizacional, que se dá quando todas as áreas atuam consistentemente voltadas para a otimização do resultado global da empresa.

A natureza das informações prestadas pela área de Controladoria pode ampliar a qualidade das decisões operacionais diuturnamente tomadas por gestores e, mais do que isso, possibilita a avaliação de seus desempenhos, permitindo à administração perceber o pulso da organização, corrigir o seu rumo quando necessário e até mesmo reorientar os gestores quanto às suas posturas frente aos problemas de decisão.

O recurso informação é o principal instrumento necessário para que a Controladoria cumpra a sua missão que, de forma ampla, é a de contribuir para que o processo administrativo se desenvolva de forma que a empresa amplie e aperfeiçoe a sua capacidade gerencial e alcance resultados ótimos. Essa é a razão para a existência dessa área, e é nesse contexto que a informação deve ser por ela tratada.

A informação deve conter atributos que não desviem o seu usuário dos objetivos que pretende obter com ela. Assim, sua tempestividade, clareza e acurácia são alguns dos atributos indispensáveis para que parte da missão da Controladoria seja cumprida. A neutralidade da informação é outro elemento que completa esse conjunto de atributos, visto que gestores são avaliados a partir de seus resultados.

Ao observar esses atributos com atenção e materializá-los em seus relatórios, a área de Controladoria cumpre o seu papel de promover a integração entre as demais áreas e a eficácia organizacional.

O SICO deve ser um dos elementos usados pela área de Controladoria para exercer o seu papel. Essa área é a guardiã do conjunto de indicadores desse sistema, usado para o monitoramento do comportamento organizacional no que se refere ao adequado funcionamento dos processos críticos.

O que a torna a área de maior relevância no âmbito do SICO é o fato de ser a área de Controladoria a responsável pela manutenção do banco de dados contábil, e de outros que o apoiam, dos quais são extraídas as principais informações para a sua alimentação.

É a relevância dos atributos da informação e da própria área de Controladoria no processo de implementação, e manutenção do SICO, o fator que deve nortear os indicadores para o monitoramento dessa área, conforme pode ser apreciado na Figura 12.30.

Figura 12.30 – Indicadores para a área de controladoria relacionados a todas as dimensões

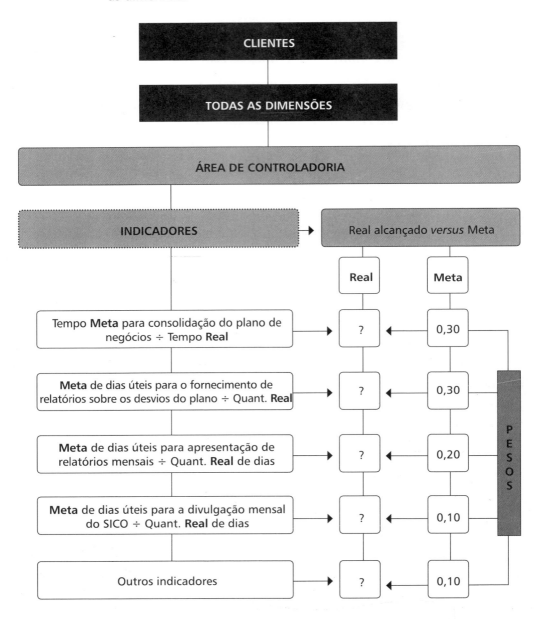

12.3 SICA – Sistema Integrado de Controle Administrativo

O Sistema Integrado de Controle Administrativo é conceitualmente semelhante ao SICO, tendo a mesma finalidade desse sistema, qual seja, a de controlar as atividades das áreas que direta ou indiretamente influenciam a imagem da empresa frente ao seu mercado e ao seu resultado econômico.

O que diferencia o SICA em relação ao Sistema Integrado de Controle Operacional, o SICO, é o seu foco. Embora não se restrinja a isso, o SICA focaliza prioritariamente a relação cliente/fornecedor existente entre as áreas organizacionais da empresa, isto é, esse sistema está voltado para as áreas de apoio, muitas das quais se envolvem apenas de forma indireta nos processos críticos relacionados às cinco dimensões de satisfação de clientes e a outra especificamente associada aos interesses dos proprietários da empresa. Essas áreas devem ter como suas missões a facilitação da atuação das áreas mais diretamente envolvidas com os processos críticos, embora elas também possam, mais raramente, ter envolvimento direto com estes.

Nesse sentido, o SICA engloba um conjunto de indicadores cuja finalidade deve ser a de nortear a administração da empresa quanto ao nível de eficácia segundo o qual as áreas de apoio executam as suas tarefas básicas.

Em uma empresa, a existência de uma área sempre terá uma razão de ser; se isso não se aplicasse a alguma delas, então esta não deveria existir. Essa razão de ser é a missão para a qual foi criada a área. No caso das áreas que estão no contorno do eixo vendas/produção/faturamento, caso das de vendas, engenharia, armazenagem, compras, produção, entre outras, essa missão é mais clara, bem como mais evidentes os efeitos causados ao sistema empresa quando não funcionam bem.

Já com relação às áreas de apoio, embora se saiba a razão pela qual elas existem, nem sempre está evidente para os seus gestores que um dos principais aspectos de suas missões é a função básica de apoiar as áreas do referido eixo, conferindo-lhes um verdadeiro e compromissado tratamento de clientes. Apesar de essa ser uma filosofia conhecida pelas empresas, nem sempre isso está difundido entre os seus gestores ou, sob outro ângulo, nem sempre eles a praticam, o que dificulta a atuação da administração da empresa na busca do perfeito equilíbrio de seus processos críticos.

Há casos de áreas de apoio que finalizam processos críticos, como as de contas a pagar e a receber, que além de apoiarem outras áreas, também têm a capacidade de influenciarem diretamente o resultado econômico da empresa. Independentemente desse aspecto, a simples existência de uma área significa que a qualidade com a qual ela executa as suas atividades deve ser controlada pela administração da empresa.

A operacionalização do SICA visa basicamente controlar o desenvolvimento das atividades das áreas de apoio no que se refere à qualidade da interação que elas devem ter com aquelas diretamente responsáveis pelo adequado balanceamento dos processos críticos relacionados às dimensões de satisfação de clientes e proprietários do negócio, cujas atenções estão concentradas no primeiro modelo de sistema de indicadores apresentado, o SICO.

Muitas empresas atrofiam as suas operações devido ao funcionamento inadequado de suas áreas de apoio, não raras as vezes atuando fora do foco daquelas que deveriam ser as missões que guiam as atividades, entretanto, em empresas em estágio de crescimento e amadurecimento isso é algo bastante comum. Nesse sentido, quando a administração da empresa compreende que a importância de tais áreas para o equilíbrio do sistema empresa é fundamental, cria-se a condição básica necessária para a implementação de um modelo de monitoramento de suas atividades que permita avaliar não apenas a eficácia de seus funcionamentos, mas também o nível de entendimento de seus gestores sobre a sua importância sistêmica no contexto da gestão empresarial.

É nesse sentido que a implementação do modelo SICA deve caminhar. A seguir apresenta-se a Figura 12.31, que reflete a síntese dos comentários que se fizeram nesta seção.

Figura 12.31 SICA – Sistema de Indicadores de Controle Administrativo

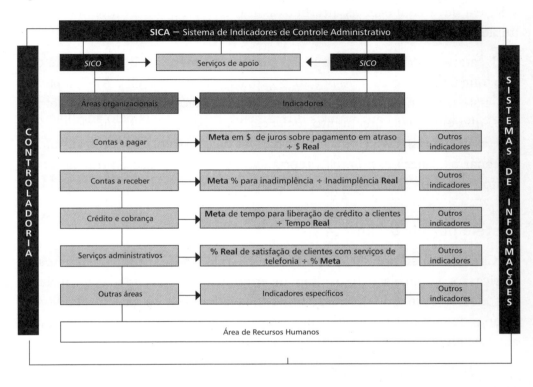

A seguir, destacam-se outros sistemas e instrumentos de controle empresarial, já consagrados pela literatura sobre o assunto.

12.4 Outros sistemas e instrumentos de controle empresarial

A literatura sobre esse assunto é vasta e os instrumentos sugeridos por ela também são extensos. Não cabe esgotar nem um nem outro assunto, sendo o objetivo deste capítulo apresentar alguns deles. Há, entre as alternativas de controle empresarial, sistemas, métodos, indicadores, filosofias etc. Cada uma delas deve ser amplamente analisada antes de sua implementação, assim como é possível que a empresa adote várias delas dependendo de suas reais necessidades e objetivos. A área de Controladoria aparece fortemente nesse processo, pois além de ela ter o conhecimento teórico sobre cada uma, ela deve informar aos gestores e encarregados por suas escolhas quais as formas de funcionamento e de implementação, não se abstendo de expor as consequências das possíveis adoções, seus benefícios e suas desvantagens, os possíveis resultados a serem alcançados com o auxílio de cada uma, ou seja, ela deve conhecer as alternativas e traçar cenários simulando as suas implementações para aquela empresa em questão.

Nesta seção do Capítulo 12, são tratados os métodos e sistemas de custeio, que abarcam o custeio por absorção, o custeio variável, o ABC, o padrão e o custeio meta; os indicadores e sistemas utilizados para avaliar desempenho, que englobam orçamento, *Balanced Scorecard*, EVA, *Benchmarking*, ROI – *Return On Investment*; e outras alternativas de controle, tais como simulação de cenários, *kaizen, just in time*, teoria das restrições, preço de transferência, conforme exposto na sequência do texto.

Custeio por absorção

Caracteriza-se por ser o método de custeio no qual todos os custos de fabricação, variáveis e fixos, são inventariáveis. Consiste na apropriação de todos os custos de produção aos bens elaborados; os gastos relativos ao esforço de fabricação são distribuídos para todos os produtos, sendo aquele que respeita os princípios contábeis geralmente aceitos.

No âmbito gerencial, outros critérios têm surgido, no entanto, esse é o que continua sendo adotado pela Contabilidade Financeira, portanto, válido tanto para fins de Balanço Patrimonial e Demonstração de Resultados como também, na maioria dos países, para Balanço e Lucros Fiscais (MARTINS, 2004).

Custeio variável

O primeiro artigo relevante que divulgou, de forma sistemática, o custeio variável e suas vantagens foi de Jonatham N. Harris, intitulado "What Did We Earn Last Month?", publicado em 1936. Nesse método, todos os custos de produção e despesas são separados em fixos e variáveis, e só os variáveis são considerados para cômputo final dos custos e despesas (SANTOS, 1999). Os custos fixos são tratados como custos do período em que ocorrem e incluem custos de produção e despesas de venda e administração. Por não ser aceito para fins de legislação fiscal e por não se enquadrar dentro dos Princípios Fundamentais de Contabilidade, as aplicações desse método estão no âmbito da contabilidade gerencial, para fins de auxiliar a tomada de decisão dos gestores das empresas.

O custeio variável também é utilizado quase indistintamente como custeio direto, pois como os custos diretos são geralmente variáveis e os indiretos quase sempre são fixos, o que acontece é a utilização do variável, o qual só distingue os custos e despesas variáveis dos custos e despesas fixos. Nessa linha, Vartanian (2000, p. 72) concluiu que custeio variável não é a mesma coisa que custeio direto, pois, neste último, custos fixos que porventura sejam diretamente identificáveis com os objetos de custeio, tais como a linha de produto, o centro de custos, o departamento, a estes são levados, o que não ocorre no custeio variável.

ABC – Custeio baseado em atividades

Esse método de custeio baseia-se na premissa de que são as atividades, e não os produtos, que provocam o consumo de recursos e, portanto, formam os custos dos produtos (KAPLAN; COOPER, 1998).

O primeiro artigo publicado a respeito do sistema de custeio baseado em atividades o foi em 1971, nos Estados Unidos, intitulado "Activity costing and input-output accounting", porém, há indícios de sua utilização em empresas a partir da década de 1940.

Custeio Padrão

A ideia de custo padrão é decorrente do custeio de um produto na situação ideal de produção. A partir de estudos sobre produtividade, considerando um cenário de adequado desempenho operacional, levando-se em conta eventuais deficiências existentes nos materiais e insumos de produção, na mão de obra etc., normalmente realizados pelo setor de engenharia de processos, torna-se viável estabelecer padrões de produção para a área produtiva da empresa. Esse método de custeio é ainda hoje um dos principais instrumentos para a gestão e o controle dos custos de produção.

O custeio padrão consiste em um instrumento de controle dos custos de produção. Não se deveria iniciar a fabricação de um produto sem conhecer previamente qual o seu custo padrão. Essa informação deveria ser a bússola utilizada por todos no processo produtivo, bem como pelas áreas que o apoiam, para que a empresa alcance a margem de lucro desejada para um dado produto. A partir da estrutura de materiais e processos prescrita pela área de engenharia para um produto, pode-se chegar perfeitamente ao seu custo padrão, que passa a ser a referência a ser seguida por todos os envolvidos no processo de fabricação, bem como pela área de Controladoria, que tem a incumbência de apontar a diferença entre este custo e o real, e de sinalizar os principais itens divergentes, para que as áreas envolvidas no processo produtivo os justifiquem.

Custeio Meta

O custeio meta consiste no processo de planejamento de resultados, no qual os preços de venda estabelecidos pelo mercado e as margens estabelecidas pela empresa ganham realce. Os custos, nesse método, são definidos no momento da projeção de novos produtos ou na reengenharia de outros já fabricados, analisando-se todas as etapas que se incorrerão desde as suas produções até as suas disponibilizações.

Na realidade, eles são mensurados a partir da equação *preço possível de vendas – margem de lucro esperada*. Por isso, a metodologia se denomina custo meta, posto que se torna um objetivo para a engenharia, compras e produção encontrarem alternativas que viabilizem economicamente a fabricação do produto. A impossibilidade de alcance dessa meta implicaria na não obtenção da margem de lucro desejada para ele, devendo essa constatação ocorrer na fase de desenvolvimento, de reestruturação, de rejuvenescimento, ou outras situações criadas para aumentar-se a lucratividade do produto. Nesse caso, possivelmente, a decisão seria a de não se lançá-lo ou, se já existente, descontinuá-lo.

Balanced Scorecard

O BSC foi desenvolvido por Robert S. Kaplan e David P. Norton, os quais acreditavam que as medidas de desempenho tradicionais (financeiras) já não correspondiam às medidas de desempenho da era da informação.

Sob o ponto de vista evolutivo, pode-se considerar que o BSC é proveniente de outros sistemas de avaliação de desempenho já existentes. O precursor dos sistemas de medição foi o Tableau de Bord, que surgiu na França e começou a ser utilizado depois da crise de 1929. Essa metodologia, de acordo com Voyeur (1994), foi desenvolvida por engenheiros de produção com o objetivo de testar as causas e os efeitos dos processos produtivos por meio de indicadores financeiros e não financeiros, passando, com o tempo, a ser usado em todos os níveis da organização. Então, depreende-se que o

Balanced Scorecard procurou preencher as lacunas de sistemas preexistentes, com o mérito de levar em consideração os fatores essenciais para que uma empresa planeje e possa controlar se o que foi planejado está efetivamente sendo realizado, usando, para isso, indicadores que tendem a abarcar todo o sistema organizacional.

O BSC pode ser entendido como um sistema de suporte à decisão, visto que reúne os elementos-chave para o acompanhamento do cumprimento da estratégia da organização. Um sistema de suporte à decisão sofre alterações à medida que os gestores avançam na compreensão das necessidades do sistema empresa e, nesse sentido, o BSC pressupõe alterações nas suas composições e nas relações de causa e efeito entre as ações, refletindo o equilíbrio entre os objetivos de curto e longo prazo, entre medidas financeiras e não financeiras, entre indicadores de tendências (*leading indicators*) e de ocorrência (*lagging indicators*) e entre perspectivas interna e externa de desempenho (KAPLAN; NORTON, 1997).

EVA (*Economic Value Added*)

Baseando-se nos conceitos existentes em torno da taxa de retorno do investimento, e em torno dos custos de oportunidade, G. Bennett Stewart III desenvolveu uma técnica de avaliação de desempenho econômico, e de gestores: o EVA, que no início da década de 1980 trouxe de forma compreensível a aplicação dos trabalhos teóricos da área financeira, e, em particular, o modelo econômico do valor para a empresa, criado pelos Prêmios Nobel Merton H. Muller e Franco Modigliani. O EVA, segundo Stewart (1990), permite aos gestores avaliarem se eles estão tendo o retorno adequado com o seu negócio.

De fato, o conceito do EVA, por levar em consideração o custo de oportunidade do capital investido, possibilita ao executivo mensurar o quanto ele foi eficaz na utilização dos recursos em sua administração. Assim, quando os lucros forem maiores que o custo de oportunidade, pode-se afirmar que a empresa está gerando valor agregado.

Benchmarking

Benchmarking consiste no processo contínuo de comparação dos produtos, serviços e práticas empresariais entre os mais fortes concorrentes ou empresas reconhecidas como líderes no segmento em que a empresa analista está atuando. Esse processo permite à empresa realizar comparações de processos e práticas entre ela e as demais de seu segmento para possibilitar a criação de novos padrões e melhorar processos que ocorrem em seu ambiente interno (TEN HAVE, 2003).

A prática de *benchmarking* pode efetivamente contribuir para o avanço do desempenho operacional das empresas, primeiro por meio da melhoria da rentabilidade e da compreensão de sua posição competitiva diante do mercado, bem como de seus pontos fracos e fortes em relação aos seus concorrentes. Em segundo lugar, através de um processo sistemático de mudança com vistas ao que foi aferido.

ROI – *Return on Investment*

Segundo Martins (2004, p. 208), "a melhor maneira de se avaliar o grau de sucesso de um empreendimento é calcular o seu retorno sobre o investimento realizado". Aí surge o ROI, que nada mais é do que o lucro antes do Imposto de Renda e antes de despesas financeiras, dividido pelo ativo total da empresa. Isso define o desempenho global da empresa, ou seja, quanto os seus proprietários conseguiram obter sobre os investimentos realizados, depois de descontados os custos e as despesas operacionais.

Sistemas de simulação

A simulação pode ser definida como uma técnica que possibilita, através de experimentos, estudar o comportamento de um sistema ou de um modelo que o represente de forma simplificada. Permite, por meio de análises, avaliar os resultados que serão encontrados em situações reais, ampliando a compreensão do comportamento de sistemas ou mesmo avaliando estratégias frente aos fatos dos quais não se conseguem vislumbrar os resultados finais ou a totalidade de suas implicações.

Possibilita a verificação e a manipulação de variáveis que compõem o modelo problemático em estudo, para determinar a sensibilidade e o comportamento do sistema em relação a essas mudanças, além de apontar quais ajustes são necessários para que os efeitos das mudanças possam ser maximizados ou mesmo minimizados.

Na simulação, podem-se utilizar modelos, já consagrados na área da pesquisa operacional, para projetar e analisar as repercussões de cada alternativa de decisão no resultado da empresa. A pesquisa operacional preocupa-se com as operações e sua execução. Dentre alguns modelos da pesquisa operacional, podem-se citar: teoria das filas, diagramas de árvores de decisão, teoria dos jogos, redes neurais, programação linear, programação não linear e *goal programming*. A simulação de um ou mais modelos amplia a quantidade e a qualidade das informações disponíveis, tornando as decisões coerentes aos objetivos da empresa.

Kaizen

O custo-kaizen (*kaizen costs*) visa suportar o processo de redução de custos dentro do contexto do atual sistema produtivo e dos atuais produtos fabricados na empresa. Ele guarda uma diferença em relação ao custeio meta, por exemplo, pois enquanto no *kaizen* busca-se um conjunto amplo de pequenas melhorias na produção atualmente realizada, a lógica do custeio meta pode implicar a necessidade da introdução de inovações tecnológicas na fase de desenvolvimento de produto (MONDEN, 1993).

O custo-kaizen pode ser utilizado dentro de duas situações genéricas para compatibilizar as diferenças entre o custo real e o custo-meta quando da entrada de novos produtos em linha, geralmente após um curto período de produção, e para a redução dos custos atualmente existentes a partir de uma ação cotidiana no chão de fábrica.

No segundo caso, torna-se necessário distinguir as técnicas e a forma de atuação sobre os custos, tendo como base a diferença entre os custos fixos e os variáveis. Para os variáveis (por exemplo, energia, materiais diretos, pintura etc.), os custos analisados estão referenciados a determinado custo de melhorias (custo-kaizen) por unidade. Isso é lógico na medida em que os custos variáveis são facilmente alocáveis diretamente aos produtos. Já os custos fixos são tratados de forma diferenciada. Nesse caso, utiliza-se basicamente o gerenciamento por objetivos, baseado na quantidade global de custos fixos existentes. Isso se torna transparente na medida em que os custos fixos servem para a produção de todo o leque de produtos.

De forma geral, um ponto importante a considerar consiste em perceber a necessidade de redução contínua tanto dos custos fixos como variáveis.

Just-in-time

O foco das empresas voltadas ao *core business* e as exigências de práticas voltadas à qualidade condicionaram o relacionamento com fornecedores e compradores para serem parcerias de fato, ou seja, deve existir a participação no processo produtivo, aliado ao progresso dos sistemas de comunicação e informação. Assim, surgiram técnicas como o *just-in-time* (JIT).

O *just-in-time* é uma filosofia japonesa de organização da produção, onde os estoques são vistos como causa da possível ineficiência existente no processo produtivo. Para os seguidores dessa filosofia, os estoques não existem, mas se existirem devem ser eliminados com vistas a reduzir ao máximo os custos de produção.

Segundo a filosofia do *just-in-time*, sempre que possível, nenhuma atividade deve acontecer enquanto não houver extrema necessidade dela. Isso significa entender que as compras de insumos devem ser feitas conforme a necessidade, eliminando-se estoques desnecessários, que podem depreciar, deteriorar e aumentar substancialmente os custos da empresa.

Teoria das restrições

A teoria das restrições surgiu nos anos 1970, sendo criada, pensada e difundida por meio de estudos de um físico israelense chamado Eliyahu Goldratt. O autor desse conceito desenvolveu uma formulação matemática para o planejamento de uma fábrica que acabou se tornando a base para a formulação do *software* OPT (*Optimized Production Technology*), voltado à programação de produção. Ao mesmo tempo em que o *software* fora evoluindo, formulavam-se princípios que resultaram na ferramenta OPT – Tecnologia da Produção Otimizada.

Em meados da década de 1980, o físico, em conjunto com Jeff Cox, escreveu um livro chamado *A meta*, divulgando a sua criação, a Teoria das Restrições (*Theory of Constraints* – TOC), a qual é uma evolução do pensamento da tecnologia da produção otimizada. Neste livro, Goldratt critica os métodos de administração tradicionais, incluindo a contabilidade e os custos.

A teoria das restrições se baseia no princípio de que existe uma causa comum para muitos efeitos e que isso nos leva a uma visão sistêmica da empresa, ou seja, a empresa é um conjunto de elementos entre os quais há alguma relação de interdependência. Cada elemento depende um do outro de alguma forma e o desempenho global do sistema depende dos esforços conjuntos de todos os elementos.

Preço de transferência

Os preços de transferência são associados aos bens ou serviços trocados entre as subunidades de uma empresa. Na maioria das vezes, o termo é associado a materiais, componentes ou produtos acabados. Em um sentido mais básico, toda alocação de custos é uma forma de preço de transferência.

O preço de transferência é um conjunto de regras usado por várias empresas para distribuir a receita entre os centros de responsabilidade. Essas regras podem ser arbitradas quando há um alto nível de interação entre os centros de responsabilidade e estes determinam os valores de transferências internas, os quais distribuirão as receitas arrecadadas na empresa para os centros de lucros individuais, afetando o lucro informado de cada centro.

O conceito pode, ainda, ser usado para se estabelecerem os preços cobrados pelos produtos fabricados por uma divisão e transferidos para outra. O preço cobrado afeta as receitas da divisão que está transferindo e os custos da divisão que está recebendo. Como resultado, o retorno sobre o investimento e a avaliação do desempenho gerencial em ambas as divisões são afetados.

O objetivo primordial do preço de transferência gira em torno de proporcionar a cada segmento informações relevantes para avaliação de custos e obtenção de receitas, induzir as decisões com congruência de objetivos (aumento do lucro da unidade com aumento também no lucro da empresa), avaliar o desempenho econômico dos centros de lucro e se mostrar simples de entender e fácil de administrar (ANTHONY; GOVINDARAJAN, 2002).

A principal razão da existência de sistemas de preço de transferência pode ser a comunicação de dados que ajuda a resolver os principais problemas das operações entre custo e benefício e os relacionados à congruência de objetivos.

CONSIDERAÇÕES FINAIS

Este livro apresentou a Controladoria sob duas perspectivas. A primeira, como um ramo do conhecimento, na qual se expuseram as principais teorias administrativas que têm repercussão nos trabalhos desenvolvidos pelos profissionais da área, no sentido de lhes dotar com os conhecimentos teóricos e culturais que devem servir de pilares para que eles possam entender uma empresa de forma sistêmica, incluindo as particularidades que envolvem o seu ambiente externo e interno.

O profissional da Controladoria, por definição, não toma decisões, pois, por um princípio de controle, quem toma alguma ação não deve controlá-la. Em vez disso, ele as facilita e as clarifica quando necessário. Dessa forma, abordaram-se com a extensão necessária os aspectos teóricos que permitem ao profissional da área compreender os modelos de decisões de gerentes e os aspectos que os norteiam, envolvendo desde a abordagem da empresa como um sistema até os elementos que formatam o seu modelo de gestão, a partir das crenças e valores de seus líderes e de outros fatores culturais que impactam o seu funcionamento.

Em outras palavras, na Parte 1 deste livro buscou-se subsidiar o profissional e estudiosos da área de Controladoria no aprendizado de como e por que os decisores e líderes de uma empresa pensam de determinada forma.

A Parte 2 tratou dos instrumentos utilizados pela área de Controladoria para apoiá-la em sua missão de prover os gestores com informações que os levem à tomada de decisões corretas, e à própria administração no processo de monitoramento dos desempenhos dos gestores. Nesse sentido, tratou-se de temas diretamente relacionados à natureza operacional da Controladoria, abordando-se as principais ferramentas das quais ela se utiliza para o cumprimento de sua missão. Entre estas, destacaram-se os sistemas de controles internos, o processo de planejamento, compreendido pelo estratégico e pelo operacional, os custos de oportunidade como um instrumento de gestão e outros elementos dos quais ela se utiliza para apoiar o processo decisório, tais como os sistemas e filosofias de apoio à gestão.

BIBLIOGRAFIA

ACKOFF, R. L. *A concept of corporate planning*. New York: John Wiley, 1970.

ANDREWS, Kenneth R. The concept of corporate strategy. In: MINTZBERG, H.; QUINN, J. B. *Strategy process*. New Jersey: Prentice Hall, 1996.

ANSOFF, H. I. *Corporate strategy*: an analytic approach to business policy for growth and expansion. New York: McGraw-Hill, 1965.

ANTHONY, R. N.; GOVINDARAJAN, V. *Sistemas de controle gerencial*. São Paulo: Atlas, 2002.

_____. *Contabilidade gerencial*: uma introdução à contabilidade. São Paulo: Atlas, 1970.

ARGENTI, J. *Corporate planning*. London: George Allen & Unwin, 1969.

ATKINSON, A.; BANKER, R. D.; KAPLAN, R. S.; YOUNG, M. *Contabilidade gerencial*. São Paulo: Atlas, 2000.

ATTIE, William. *Auditoria*: conceitos e aplicações. São Paulo: Atlas, 2006.

BARBIERI, C. *BI – Business Intelligence*: modelagem e tecnologia. Rio de Janeiro: Axcel Books, 2001.

BASS, B. M.; AVOLIO, B. J. Transformational leadership and organizational culture. *PAQ*, Spring 1993. p. 112-121.

BENKE, JR., R. L.; EDWARDS, D. *Transfer pricing*: techiniques and uses. New York: National Association of Accountants, 1980.

BERTALANFFY, L. V. *Teoria geral dos sistemas*. Petrópolis: Vozes, 1977.

BOGARDUS, E. *A evolução do pensamento social*. Rio de Janeiro: Fundo de Cultura, 1965.

BOURDIEU, P. *O poder simbólico*. Lisboa: Difel, 1989.

372 CONTROLADORIA • Nascimento, Reginato

BOWDITCH, J. L.; BUONO, A. F. *Elementos de comportamento organizacional*. São Paulo: Pioneira, 1992.

BROUSSEAU, K.; DRIVER, M. J.; HOURIHAN, G.; LARSSON, R. *O executivo e seu estilo de decisão*. Boston: Harvard Business School, p. 55-65, ago. 2006.

BROWN, W.; MOBERG, D. *Organizational theory and management*: a macro approach. New York: Jonh Wiley, 1980.

BURNS, Tom; STALKER, G. M. *The management of innovation*. London: Tavistock, 1977.

CARDOSO, R. L.; FANA, R. *Analisando as metodologias de acompanhamento da estratégia em entidades de pesquisa e desenvolvimento*. São Paulo: Enanped, 2001.

CASADO, T. Comportamento organizacional: fundamentos para a gestão de pessoas. In: SANTOS, R. C. *Manual de gestão empresarial*. São Paulo: Atlas, 2007.

CATELLI, Armando. *Controladoria*: uma abordagem da gestão econômica GECON. São Paulo: Atlas, 2001.

CHANDLER, A. D. *Strategy and structure*: chapters in the history of the industrial enterprise. Massachusetts: MIT Press, 1990.

_____. *Strategy and structure*. Cambridge, MA: MIT Press, 1962.

CHENHALL, R. H. Management control systems design within its organizational context: findings from contingency-based research and directions for the future. *Accounting, Organization and Society*, v. 28, p. 127-168, 2003.

CHILDE, G. *A evolução cultural do homem*. Rio de Janeiro: Zahar, 1965.

_____. *Evolução social*. Rio de janeiro: Zahar, 1951.

COVALESKI, M. A.; DIRSMITH, M. W.; SAMUEL, S. Managerial accounting research: the contributions of organizational and sociological theories. *Journal of Management Accounting Research*, v. 8, 1996.

CRUZ, T. *Sistemas de informações gerenciais*: tecnologia de informação e a empresa do século XX. São Paulo: Atlas, 1998.

CUVILLIER, A. *Sociologia da cultura*. São Paulo: Universidade de São Paulo, 1975.

DAFT, R. I. *Administração*. São Paulo: Pioneira Thomson Learning, 2004.

_____. *Organizações*. São Paulo: Cengage Learning, 2005.

DAVENPORT, Herbert. *The economics of enterprises*. London: Macmillan, 1913.

DAVIS, G. B.; OLSON, M. H. *Management information systems*: conceptual foundations, structure, and development. New York: McGraw-Hill, 1985.

DAVIS, K.; NEWSTROM, J. W. *Comportamento humano no trabalho*: uma abordagem organizacional. São Paulo: Thomson, 2002.

DESS, Gregory. Consensus on strategy formulation and organizational performance: competitors in a fragmented industry. *Strategic Management Journal*, EUA, v. 8, p. 259-277, 1987.

D'IRIBARNE, Philippe. *Cultures et mondialisation*. Paris: Seuil, 2002, 352 p.

DONALDSON, L. Teoria da contingência estrutural. In: CLEGG, Stewart; HARDY, Cynthia; NORD, Walter (Org.). *Handbook de estudos organizacionais*: modelos de análise e novas questões em estudos organizacionais. São Paulo: Atlas, 1999.

DOPUCH, N.; BIRNBERG, J. *Accounting data for management's decisions*. Illinois: Hartcourt, Brace & World, 1969.

DRUCKER, P. F. *Inovação e espírito empreendedor*. São Paulo: Pioneira, 1977.

EMERY, F.; TRIST, E. The causal texture of organizational environments. *Human relations*. New Jersey, v. 20, p. 17-31, 1987.

ETZIONI, A. *Organizações complexas*. São Paulo: Pioneira, 1975.

_____. *Organizações modernas*. São Paulo: Pioneira, 1974.

EVAN, W. M. Index of the hierarchical structure of industrial organizations. *Management Science*, 9 April 1963, p. 468-477.

EWING, D. *The practice of planning*. New York: Harper & Row, 1968.

FAYOL, H. *Administração industrial e geral*: previsão, organização, comando, coordenação, controle. São Paulo: Atlas, 1989.

FISCHMANN, Adalberto A. Implementação de estratégias: identificação e análise de problemas. São Paulo. Tese de Livre-docência. Departamento de Administração, Faculdade de Economia e Administração, São Paulo: USP, 1987.

FISHER, Gene. *Cost considerations in systems analisys*. New. York: American Elsevier, 1971.

GEHRKING, G. C. *Strategic planning*: process and evaluation. Texas: UMI, 1997.

GERSICK, Kelin; DAVIS, John; HAMPTON, Marion M.; LANSBERG, Ivan. *Generation to generation*: life cycles of the family business. Boston: Harvard Business School Press, 1997.

GIBSON, J.; IVANCEVICH, J.; DONNELLY, J. *Organizações*: comportamento, estrutura, processos. São Paulo: Atlas, 1988.

GINEVICIUS, R.; VAITKUNAITE, V. Analysis of organizational culture dimensions impacting performance. *Journal of Business Economics and Management*, v. VII, n. 4, p. 201-211, 2006.

GLAUTIER, M.; UNDERDOWN, B. *Accounting theory and pratice*. London: Pitman, 1986.

GLAUTIER, M. W.; UNDERDOWN, S. *Accounting theory and practice*. London: Pitman, 1976.

GRAHAM, Pearson. *Managerial economics*. New York: University Press, 1965.

GRAY, J.; JOHNSTON, K. *Contabilidade e administração*. São Paulo: McGraw-Hill, 1977.

GREINER, L. E. Evolution and revolution as organizations grow. *Harvard Business Review*, July-August 1972.

GUERREIRO, R. *Modelo conceitual de sistemas de informação de gestão econômica*: uma contribuição à teoria da comunicação da contabilidade. Tese de Doutoramento, Universidade de São Paulo – USP, São Paulo: 1989.

HAGE, J. An axiomatic theory of organizations. *Administrative Science Quarterly*, 10, p. 289-320, Dec., 1965.

HAIRE, M. *Psicologia aplicada à administração*. São Paulo: Pioneira, 1974.

HALES, C. *Managing through organisations*. Surrey: Thomson Learning, 1993.

HALL, R. *Organizações, estrutura e processos*. Rio de Janeiro: Prentice Hall, 1984.

HAMPTON, D. R. *Administração*: comportamento organizacional. São Paulo: McGraw-Hill, 1990.

HANSEN, D. R.; MOWEN, M. M. *Gestão de custos*: contabilidade e controle. São Paulo: Pioneira Thomson Learning, 2002.

HENDRIKSEN, Eldon S.; VAN BREDA, Michael. *Teoria da contabilidade*. São Paulo: Atlas, 1999.

HERSEY, P. *Psicologia para administradores de empresas*: a utilização de recursos humanos. São Paulo: EPU, 1974.

HERZBERG, Frederick. One more time: how do you motivate employees? *Harvard Business Review*, v. 46, p. 53-62, jan./fev. 1968.

HICKS, J. *A review of demand theory*. Oxford: Clarendon Press, 1954.

HILEY, D. R. Power and values in corporate life. *Journal of Business Ethics*, n. 6, 5, p. 343-353, 1987.

HODGSON, Geoffrey M. *The economics of institutions*. London: Edward Publishing, 1993.

HOFSTEDE, G. *Culturas e organizações*: compreender a nossa programação mental. Lisboa: Sílabo, 1991.

_____. *Culture's consequences*: comparing values, behaviors, institutions and organizations across nations. 2. ed. London: Sage, 2001.

_____. *Culture's consequences*: international differences in work-related values. London: Sage, 1980. 328 p.

HOFSTEDE, G.; McCRAE, R. R. Personality and cultuOaks, v. 38, n. 1, p. 52-88, Feb. 2004.

HORNGREN, C. T.; FOSTER, G.; DATAR, S. M. *Contabilidade de custos*. 9. ed. Rio de Janeiro: LTC, 2000.

HREBINIAK, L. G. *Fazendo a estratégia funcionar*. São Paulo: Bookman, 2005.

IUDÍCIBUS, Sérgio de. *Teoria da contabilidade*. 6. ed. São Paulo: Atlas, 2000.

JONES, G. R. *Organizational theory*: text and cases. New York: Addison-Wesley, 1995.

KANTER, R. *The change masters*: innovation and entrepreneurship in the American corporation. New York: Simon & Schuster, 1983.

KAPLAN, R. S.; COOPER, R. *Custo & desempenho*: administre seus custos para ser competitivo. São Paulo: Futura, 1998.

_____; NORTON, D. P. *A estratégia em ação*: balanced scorecard. Rio de Janeiro: Campus, 1997.

KATZ, D.; KAHN, R. L. *Psicologia social das organizações*. São Paulo: Atlas, 1973.

_____. *The social psychology of organizations*. New York: John Wiley, 1978.

KEEN, P. G. W. Information technology and the management theory: the fusion map. *IBM System Journal*, v. 32, n. 1, p. 17-38, 1993.

KIMBERLY, J. R.; MILES, R. H. Preface. In: KIMBERLY; MILES. *The organizational life cycle*: issues in the creation, transformation, and decline of organizations. San Francisco, CA: Jossey-Bass, 1980.

KLUCKHOHN, R. *Culture and behavior*. United States of America: The Free Press of Glencoe, 1962.

KOPECKY, LeRoy Paul. *Organizational culture and its impact on strategic planning*. Wisconsin-Milwaukee: UMI, 1996.

KOTTER, J. P.; HESKETT, J. L. *A cultura corporativa e o desempenho empresarial*. São Paulo: Makron, 1992.

LAWRENCE, P. R.; LORSCH, J. W. *Organization and environment*: managing differentiantion and integration. Illinois: Richard D. Irwin, 1969.

LEININGER, Wayne. Opportunity costs: some definitions and Examples. *The Accounting Review*, v. III, jan. 1977.

LENZ, Maria Heloisa. Categoria econômica renda da terra. Dissertação (mestrado) – Faculdade de Ciências Econômicas da Universidade Federal do Rio Grande do Sul, 1980.

LIEDTKA, J. M. Strategic thinking: can it be taught? *Long Range Planning*. London: v. 31, p. 120-129, 1998.

376 CONTROLADORIA • Nascimento, Reginato

LIKERT, R. *A organização humana*. São Paulo: Atlas, 1975.

LITTERER, J. *Análise das organizações*. São Paulo: Atlas, 1970.

LORANGE, Peter. Strategy implementation: the new realities. *Long Range Planning*, Inglaterra, v. 31, p. 18-29, 1998.

LUFTMAN, J. N.; LEWIS, P. R.; OLDACH, S. H. Transforming the enterprise: the alignment of business and information technology strategies. *IBM Systems Journal*, v. 32, n. 1, p. 198-221, 1993.

MARTIM, Roger. Como pensa um líder de sucesso. *Harvard Business Review*, Jun. 2007.

MARTINS, Eliseu. *Contabilidade de custos*. São Paulo: Atlas, 2004.

MATZ, H.; CURRY & FRANK, J. *Contabilidade de custos*. São Paulo: Atlas, 1973.

MAXIMIANO, A. C. A. *Introdução à administração*. São Paulo: Atlas, 1995.

MCCLARNEY, C. *Navigating through a hurricane*: an investigation of strategic planning effectiveness. Ottawa: National Library of Canada, 1997.

MCGEE, J.; PRUSAK, L. *Gerenciamento estratégico da informação*. Rio de Janeiro: Campus, 1994.

MCGREGOR, D. *The human side of enterprise*. New York: McGraw-Hill, 1960.

MENGER, Karl. *Principles of economics*. Chicago: Free Press, 1950.

MEYER, M. W. *Leadership and organizational structure*, v. 81, n. 3, p. 514-542, 1975.

MILLER, D.; FRIESEN P. H. A longitudinal study of the corporate life cycle. *Management Science Journal*, v. 30, n. 10, p. 1161-1183, Oct. 1984.

MILLIKEN, F. J. Three types of perceived uncertainty about the environment: state, effect and response uncertainty. *Academy of Management Review*, v. 12, p. 133-143, 1987.

MINER, J. B. The real crunch in managerial manpower. *Harvard Business Review*, v. 4, 11, p. 3-14, 1977.

MINTZBERG, H. *The rise and fall of strategic planning*: reconceiving roles for planning, plans, planners. New York; Toronto: Free Press, Maxwell Macmillan Canada, 1994.

_____. Five Ps for strategy. In: MINTZBERG, Henry; QUINN, James Brian. *The strategy process*. New Jersey: Prentice Hall, 1996.

MINTZBERG, H. *The rise and fall of strategic planning*. New York: Free Press, 1994.

MONDEN, Y. *Cost reduction systems*: target costing and kaizen costing. USA: Portland, 1993.

MOORE, J. H. *Tomada de decisão em administração com planilhas eletrônicas*. Porto Alegre: Bookman, 2005.

MOSCOVE, S.; SIMKIN, M.; BAGRANOFF, N. *Sistemas de informações contábeis*. São Paulo: Atlas, 2002.

MURDICK, R. G.; ROSS, J. E. *MIS in action*. New York: West Publishing, 1975.

NASCIMENTO, A. M.; GUIDINI, M. B.; REGINATO, L. Um estudo sobre os efeitos dos estilos de gestão nos resultados econômicos das empresas. XII EnANPAD, Rio de Janeiro, 2008.

_____; REGINATO, L.; ALVES, T. W.; LERNER, D. F. Um estudo sobre o efeito da avaliação de desempenho operacional e de gestores no resultado econômico da empresa. XXXI EnANPAD, Rio de Janeiro, 2007.

NEE, V. Sources of the new institutionalism. In: BRINTON, M. C.; NEE, V. *The new institutionalism in sociology*. Stanford: Stanford University Press, 2001.

NORTH, Douglass. *Institution, institutional change and economic performance*. Cambridge: Cambridge University, 1990.

O'BRIEN, J. *Sistemas de informação e as decisões gerenciais na era da internet*. São Paulo: Saraiva, 2004.

OTLEY, D. T. Management control in contemporary organizations: towards a wider framework. *Management Accounting Research*, v. 5, p. 289-299, Sept. 1994.

OUCHI, W. *Teoria Z*: como as empresas podem enfrentar o desafio japonês. São Paulo: Fundo Educativo Brasileiro, 1982.

PARETO, V. *Manual de economia política*. São Paulo: Abril Cultural 1984, v. 1.

PENG, M. W. The resource-based view and international business. *Journal of Management*, v. 27, p. 803-829, 2001.

PETERS, T.; WATERMAN, R. In search of excellence: lessons from America's best -run companies. New York: Harper & Row, 1982.

PFEFFER, J.; SALANCIK, G. R. *The external control of organizations*: a resource dependence perspective. New York: Harper and Roll, 1978.

PIDD, M. *Modelagem empresarial*: uma ferramenta para a tomada de decisão. Porto Alegre: Bookman, 1998.

PORTER, M. *Estratégia competitiva*. Rio de Janeiro: Campus, 1999.

POWELL, W. W.; DIMAGGIO, P. J. Introduction: POWELL, W.; DIMAGGIO, P. *The new institutionalism in organizational analysis*. Chicago: The University of Chicago Press, 1991.

PRADO, D. S. *Teoria das filas e da simulação*. Belo Horizonte: Editora de Desenvolvimento Gerencial, 1999.

PUGH, D. S.; HICKSON, D. J.; HININGS, C. R.; TURNER, C. Dimensions of organization structure. *Administrative Science Quarterly*, p. 65-91, 13 June 1968.

QUIGLEY, C. *A evolução das civilizações*. Rio de Janeiro: Fundo de Cultura, 1963.

QUINN, R. E.; CAMERON, K. Organizational life cycles and shifting criteria of effectiveness: some preliminary evidence. *Management Science*, v. 29, n. 1, Jan. 1983.

RIBEIRO, D. *Processo civilizatório*. Rio de Janeiro: Civilização Brasileira, 1968.

RICARDO, David. *Princípios de economia política e do imposto*. Rio de Janeiro: Atenas, 1937.

ROBBINS, S. P. *Comportamento organizacional*. São Paulo: Pearson Prentice Hall, 2006.

_____. *O processo administrativo*: integrando teoria e prática. São Paulo: Atlas, 1978.

_____. *Organization theory*: the structure and design of organizations. New Jersey: Prentice Hall, 1983.

ROEHL-ANDERSON, J. M.; BRAGG, S. M. *Manual del controler*: funciones, procedimientos y responsabilidades. Bilbao: Ediciones Deusto, 1996.

RUTHERFORD, M. *Institutions in economics*: the old and the new institutionalism. Cambridge: Cambridge University, 1996.

SAKURAI, M. *Gerenciamento integrado de custos*. São Paulo: Atlas, 1997.

SAMUELSON, Paul Anthony. *Introdução à análise econômica*. Rio de Janeiro: Agir, 1973.

SANTOS, R. V.; NININ, A. C. S. Realidade dos sistemas de custos em empresas de grande porte. VI Congresso Internacional de Custos. Braga, Portugal, 1999. *Custos e estratégia empresarial*. Portugal: Universidade do Minho, 1999. CD-Rom.

SCALAN, B. K. *Princípios de administração e comportamento organizacional*. São Paulo: Atlas, 1979.

SCHEIN, E. H. *Guia de sobrevivência da cultura corporativa*. Rio de Janeiro: José Olympio, 1991.

_____. *Organizational culture and leadership*. EUA: John Wiley, 2004.

SCHLATTER, C. F.; SCHLATTER W. J. *Cost Accounting*. 2. ed. New York: John Willey, 1957.

SCOTT, M.; BRUCE, R. Stage of corporate development. Part 1, Case nº 9-371-294, *Intercollegiate Case Clearing House*, Boston: Harvard Business School, 1971.

SCWARTZ, S. H. Universals in the content and structure of values: theoretical advances and empirical tests in 20 countries. *Advances in Experimental Social Psychology*, 25, p. 1-65, 1992.

SELZNICK, P. Institutionalism old and new. *Administrative Science Quarterly*, v. 41, issue 2, p. 270-277, Jun. 1996.

SHILLINGLAW, Gordon. *Managerial cost accounting*. New York: Richard D. Irwin, 1982.

SILVA, P. R. Programação não linear. In: CORRAR, Luiz João; THEOPHILO, Carlos Renato (Org.). *Pesquisa operacional*: para decisão em contabilidade e administração. São Paulo: Atlas, 2004.

SIMON, H. A. *Comportamento administrativo*. Rio de Janeiro: USAID, 1965.

_____. *The new science of management decision*. New York: Harper & Brothers Publishers, 1960.

SIU, R. G. H. *The craft of Power*. New York: John Wiley, 1979.

SKINNER, B. F. *Ciência e comportamento humano*. São Paulo: Martins Fontes, 2003.

SMITH, Adam. *A riqueza das nações*. São Paulo: Global, 1980. Livro I, Cap. IV.

SNYDER, N.; GLUECK, W. Can environmental volatility be measured objectively. *Academy of Management Journal*, EUA. v. 25, p. 185-192, 1982.

SOLOMONS, David. *Studies in cost analisys*. New York: Richard D. Irwin, 1968.

STAIR, R. M. *Princípios de sistemas de informação*: uma abordagem gerencial. Rio de Janeiro: LTC, 1998.

STEINER, G. A. *Top management planning*. New York: Macmillan, 1969.

_____; MINER, J. B. *Política e estratégia administrativa*. Rio de Janeiro: Interciência, 1981.

STEWART III, Bennett G. *The quest for value*: the EVA. New York: Harper Collins Publishers, 1990.

STINCHCOMBE, A. On the virtues of old institutionalism. *Annual Review of Sociology*, v. 23, issue 1, 1997.

STONER, J.; FREEMAN, R. E. *Administração*. Rio de Janeiro: Prentice Hall, 1985.

TAYLOR, F. W. *Princípios de administração científica*. São Paulo: Atlas, 1995.

TEN HAVE, S. *Modelos de gestão*: o que são e quando devem ser usados. São Paulo: Pearson Prentice Hall, 2003.

THÉVENET, M. *Cultura de empresa*: auditoria e mudança. Lisboa: Monitor, 1989.

TORBERT, W. R. Pre-Bureaucratic and post-bureaucratic stages of organization development. *Interpersonal Development*, v. 5, 1-25, 1974.

TSURU, Shigeto. *Institutional economics revisited*. Itália: Banca Commerciale Italiana, 1997.

VARTANIAN, G. H. *O método de custeio pleno*: uma análise conceitual e empírica. 2000. Dissertação de mestrado em Controladoria e contabilidade – Departamento de Contabilidade e Atuária da Faculdade de Economia, Administração e Contabilidade da Universidade de São Paulo, São Paulo.

VECCHIO, R. P. *Organizational behavior*. South-Western: Thomson, 2006.

VOSS, Christopher A.; AHLSTROM, Kate Blackmon Par. Benchmarking and operational performance: some empirical results. *International Journal of Operations & Production Management*, v. 17, 10, p. 1046-1058, 1997.

WICKSTEED, Philip Henry. *The common sense of political economy*. London: Macmillan, 1937.

WILSON, R. M. S. *Management controls and marketing planning*. London: Heinemann, 1986.

WOODWARD, J. *Industrial organization*: theory and practice. London: Oxford University Press, 1965.

ZALTMAN, G.; DUNCAN, R.; HOLBEK. *Innovations and organizations*. New York: Wiley-Interscience, 1973.

ZYLBERSZTAJN, D. *Estruturas de governança e coordenação do agribusiness*: uma aplicação da nova economia das instituições. 1995. Tese de livre-docência. Faculdade de Economia e Administração da Universidade de São Paulo, São Paulo.

Formato	17 x 24 cm
Tipografia	Iowan 11/13
Papel	Offset Chambril Book 75 g/m² (miolo)
	Supremo 250 g/m² (capa)
Número de páginas	392
Impressão	Yangraf